TA 핵심개념, 자아상태

TA 핵심개념, 자아상태

Charlotte Sills, Helena Hargaden 엮음 • 가족연구소 마음 옮김

Σ 시그마프레스

TA 핵심개념, 자아상태

발행일 | 2017년 6월 1일 1쇄 발행

편저자 | Charlotte Sills, Helena Hargaden
역　자 | 박의순, 강진경
발행인 | 강학경
발행처 | (주)시그마프레스
디자인 | 송현주, 김은경
편　집 | 이호선

등록번호 | 제10-2642호
주소 | 서울특별시 영등포구 양평로 22길 21 선유도코오롱디지털타워 A401~403호
전자우편 | sigma@spress.co.kr
홈페이지 | http://www.sigmapress.co.kr
전화 | (02)323-4845, (02)2062-5184~8
팩스 | (02)323-4197

ISBN | 978-89-6866-824-1

Ego States

Key Concepts in Transactional Analysis Contemporary Views

＊책값은 뒤표지에 있습니다.
＊이 도서의 국립중앙도서관 출판예정도서목록(CIP)은 서지정보유통지원시스템 홈페이지 (http://seoji.nl.go.kr)와 국가자료공동목록시스템(http://www.nl.go.kr/kolisnet)에서 이용하실 수 있습니다.(CIP제어번호 : CIP2017011206)

역자 서문

TA 핵심개념 : 자아상태는 제목 그대로 TA의 핵심개념인 자아상태의 개념과 연구, 임상 경험을 다루고 있다. 1961년 Berne이 자아상태 개념을 언급한 이래 자아상태의 개념과 모델은 계속하여 발전하고 있다. 이 책은 연구자들과 상담가들, 교사들, 관리자들과 조직의 자문위원들이 개인, 커플, 가족, 집단을 대상으로 TA의 핵심개념인 자아상태를 어떻게 보고 있으며, 어떻게 활용하고 있는지를 통합적으로 보여주는 시리즈의 첫 번째 결과물이다.

자아상태 개념과 모델, 그리고 적용에 대한 여러 관점을 파악하기 전에 심리상담가는 보다 깊은 수준의 성찰이 필요하다. 즉 인간의 존재와 발달에 관한 자신의 관점이 무엇인지를 스스로에게 질문해 봐야 한다. "인간이 삶에서 추구하는 것은 무엇인가? 무엇이 인간을 움직이게 하는가? 살아가면서 성격은 어떻게 변화해 가는가? 무엇이 인간을 고통스럽게 하는가? 변화는 과연 일어나는가? 어떻게 변화가 일어날 수 있는가? 상담가는 변화를 촉진하기 위해 무엇을 할 수 있는가?" 이러한 질문들에 대한 답은 단기간에 얻어낼 수 없을 것이다. 자아상태모델의 사용 방식을 다양하게 적용해나가면서 임상 경험이 축적됨에 따라 질문들에 대한 답도 얻어질 것이다. 편저자들이 언급한 바와 같이 그 질문들에 대한 단 하나의 정답은 없다고 본다. 번역 작업을 하는 가운데 회의를 하면서 역자들도 동일한 질문들을 계속 떠올리며 답을 추구하고자 하였다.

자아상태의 개념에 대한 합의가 되는 시점이 올 때까지 TA 상담가들, TA 연구자들은 끊임없는 토론과 논쟁이 필요하다고 본다. 그러나 의미가 일률적이라는 것은 영적인 약

v

점과 같다고 본 Jung(1968)의 견해처럼 의미의 통일성이 부족하다는 것은 TA의 약점이 아닌 주요한 강점 중 하나로 볼 수 있다는 데 역자들 역시 동의한다.

TA 상담이론이 소개되고 한국TA상담협회와 TA상담 연구회가 활동을 하면서 다양한 TA 서적들과 연구 결과들이 출판되고 상담현장에서 적용된 지는 그리 오래되지 않지만 그동안의 성장속도는 매우 놀랍다. 21세기의 급격한 사회적 변화의 물결 속에서 개인과 가족, 더 나아가 거대한 조직은 새로운 변화와 적응을 해 나가야 한다. 다른 성격이론과는 차별적으로 심리적 에너지의 방향을 찾아 깊이 있게 심리내적인 조망을 하는 TA 상담은 정신역동 이론에서 그 근원을 찾을 수 있다. 각 장은 추동이론, 자아심리학, 대상관계이론, 자기심리학과 TA의 핵심개념인 자아상태를 심도 깊게 연결하여 설명하고 있다. 경험적, 전기적, 은유적, 관계적인 패러다임을 가지고 현상학적으로 자아상태를 진단하는 TA 상담은 복잡하고 혼란스러운 시간과 공간에 존재하는 개인의 자율적이고 긍정적인 성장을 돕는 강력한 도구가 될 것으로 기대된다.

1장은 자아상태의 개념을 시간의 흐름에 따른 두뇌 신경망의 활성화로 보고 질적으로 다른 두 기억체계의 상호연결과 관련하여 설명하고 있다. 2장은 어린이 자아상태를 감정과 신체에 기초하여 체계를 조직하고 동기부여를 하는 매트릭스로 보고 그동안 간과되었던 신체와 감각운동 영역에 대한 연구의 중요성을 강조한다. 3장은 발달의 연속선상에서 각 연령 단계에 상응하는 어린이자아의 하위체계를 개념화하고, 이러한 하위체계와 역동적인 동기를 부여하는 힘의 관련성을 삼차원 모델을 통해 살펴보고 있다.

4장은 자아심리학과 구성주의적 접근에 기반을 두고 매일 새롭게 재창조되는 자아상태와 이를 가능케 하는 거울 연습이라는 역동적인 기법을 제시하고 있다. 5장은 어버이자아상태의 심리내적인 기능을 명확하게 제시하고, 내사된 어버이 자아상태에 대한 심층적이고 통합적인 TA 심리상담 방법의 개요를 서술하고 있다. 6장은 상담가가 내담자의 어버이 자아상태를 가지고 생생한 상담 작업을 하는 사례가 제시되고 있다.

7장은 자아상태의 개념을 맥락과 문화를 반영한 좀 더 포괄적인 관점에서 저자의 개인적인 사례에 적용하여 살펴보고 있다. 8장은 TA를 교류적 정신분석으로 개념화하고, 어른 자아상태 내에서 나타나는 무의식적인 의사소통이론을 확장하여 전이이론의 관점에서 의사소통 규칙의 새로운 사용을 가정하고 검토하고 있다. 9장은 자아상태와 인종 차별과 문화의 요소가 내담자와 상담가의 심리외적 및 심리내적 과정에 미치는 영향에 초점을 두고 있다. 10장은 자기의 발달과 욕구에 초점을 두고, 무의식의 형태를 명료화 하는 방법으로 초기 대상관계와 관련된 세 가지 전이 영역을 제안하고 있다.

11장은 상호 창조와 현재 중심의 관계 맺기에 기반을 둔 통합하는 어른 자아상태의 재구성을 제시한다. 12장은 자서전적 기억으로부터 현상학적인 이야기를 구분해 내는 것의 중요함을 강조하고 자아상태 네트워크의 개념을 제시한다. 13장은 저자가 경험하 고 이해한 상담의 여정과 임상 사례를 통해 상담가와 내담자의 기여가 모두 중요한 TA 상담의 미래 방향을 제시하고 있다.

번역에 최선을 다했지만 역량 부족으로 인해 저자들의 의도를 제대로 파악하지 못한 부분이 있을 것임을 솔직하게 고백하게 된다. 그럼에도 TA 핵심개념인 자아상태에 관한 새로운 관점과 모델을 발견하였거나 적용해 보고자 하는 학자들, 상담가들, 학생들에게 실제의 지식 습득뿐 아니라 임상을 돕기 위한 지침서로 유용하게 쓰일 것이라고 믿는다.

마지막으로 출판을 기쁘게 맡아 주신 (주)시그마프레스와 세밀하게 교정을 담당해주 신 이호선 선생님께 감사를 표한다. 초고를 다듬고, 색인을 맡아 수고해 준 양한나 연구 원에게도 고마운 마음을 전한다.

2017년 5월
역자 일동

차례

서문, 반영과 도전

01 어린이 자아상태의 초기 발달과 두뇌

서문, 반영과 도전!

Charlotte Sills와 Helena Hargaden, 편저자

TA 핵심개념 : 자아상태는 자아상태에 초점을 맞춘 시리즈의 첫 번째 책으로, 원래
는 TA에 대한 접근을 탐색하고자 영국에서 시작되었다. 90년대에 우리 편저자들
은 우리만의 모델을 개발하고자 개념과 연구문헌 고찰 그리고 임상 경험을 공유하고,
자아상태에 대한 다른 관점들이 문헌에 주기적으로 등장하고 그러한 관점에 기반한 심
리상담이 흥미롭고 설득력이 있었던 경우에는 이 또한 공유하였다. 처음 우리의 모델
(Hargaden & Sills, 1999)을 출간하면서, 사람들이 자아상태를 얼마나 다르게 볼 수 있
는지 그리고 자아상태가 얼마나 효과적으로 작업될 수 있는지에 대해 관심을 갖게 되었
다. 이러한 차이는 개인, 커플, 집단, 가족 혹은 초기 발달과 '지금-여기'를 다루며 심리
내적으로 혹은 상호 심리적으로 작업하는 상담가 외에도 교사와 학생, 관리자와 조직의
자문위원을 도울 수 있는 TA의 다재다능함을 반영하고 있다. 우리는 영국 내에서와 해
외에서 여러 방향으로 발전해 온 TA 확장의 규모로부터 영감을 얻었다. 그러므로 이 책
을 쓰게 된 첫 번째 동기는 한 권 안에 다른 모델들을 모두 포함시켜 영국에서의 '자아상
태' 책을 만들어보자는 것이었다. 1999년 우리는 이를 위해 영국 TA 학회(ITA)에 협조
를 요청했고 그들도 흥미를 보였다. 이러한 이유로 독자들은 영국인의 기고문이 많은 것
을 발견하게 될 것인데 우리는 기획에 기꺼이 참여해 준 동료들에게 감사를 드린다.

그러나 우리는 영국인 기고자들에 대한 강조가 세계 다른 지역에서의 TA의 흥미로운
발전을 의도치 않게 무시한다는 것을 즉시 깨닫게 되었고 이 점을 폭넓게 고려하여 국
제적 수준의 적용과 모델을 포함하기로 결정했다. 다른 국가에서 그리고 다른 문화에서
자아상태의 실재는 어떻게 사용되어 왔는가?

여기에는 불가피하게 약간의 어려운 결정들이 수반된다. 모든 TA 저자들의 다양한 접근을 포함하는 것은 한 권의 책이 아니라 몇 권의 책을 필요로 한다. 공간상의 이유로 어쩔 수 없이 우리는 이미 *Transactional Analysis Journal*에 자아상태에 관한 아이디어를 최근에 게재하였던 저자들은 이 책에 포함시키지 않았다. 이들의 논문은 TA 세계에 이미 잘 알려져 있다. 예를 들어, Drego(1993), Hine(1997), Avery와 Milhollon(1997), Thunissen(1998), Cox(1999), Woods(1999), Allen(2000, 2001), Allen과 Allen(2000), Jacobs(2000), Summers와 Tudor(2000), 그리고 그 외의 저자들이 있다. 최근의 연구는 아니지만 TA 주요 문헌으로 이미 확고하게 자리 잡고 있는 Haykin(1980)이나 Blackstone(1993)과 같은 모델들도 포함시키지 않았다. 하지만 이 기준의 한 가지 예외로 우리는 아직도 우리가 개발한 모델에 대해 설명하고 싶은 내용이 더 있었기 때문에 최근에 게재된 자기모델(model of the self, Hargaden & Sills, 2001)을 염치불구하고 이 책의 10장에 실었다!

우리는 특정한 방식의 추론으로 자아상태를 적용해 최근에 작업한 몇 명의 저자들과 연락을 취했다. 다시 말해서 이들은 독특한 이해 또는 기본 개념을 적용해서 자신만의 상담 유형을 설명하는 임상가들이다.

결과적으로 독자는 서문에서 다양한 상담가들을 만나게 될 것이다. 그중 일부는 현대 TA 심리상담의 형성에 이미 영향을 주었고, 또 다른 일부는 새로운 아이디어와 비전을 제시하고 있다.

다면적 개념의 자아상태

자아상태의 개념과 사용은 TA의 핵심이다. Berne(1970)에 따르면 자아상태는 "TA의 초석이며 특징이다. 자아상태를 다루는 것은 무엇이든 TA이고, 간과하는 것은 무엇이든 TA가 아니다"(1970, p. 243). 또한 자아상태는 접근 방식에 있어서 차이와 다양성이 가장 풍부한 영역일 것이다. 1961년 Berne의 첫 번째 상세한 언급 이후 20년 만인 1983년에 Trautmann과 Erskine은 Berne과 동료들이 기술한 다른 자아상태모델의 개요를 썼다.

그들은 Berne 문헌 내의 개념적, 구조적, 기능적, 이차 구조의 네 가지 유형의 모델을 확인하면서 그 당시에 이미 다소 다른 모델들을 묘사해 온 16명이나 되는 저자들을 언급했다. 또 한 번의 20년이 지났고 점점 더 많은 임상가들이 원래의 전제로부터 새로운 관점을 발견함에 따라서 이론의 발전은 계속되고 있다. 1977년에 자아상태의 본질에 대한 국제 TA 학회(ITAA) 시카고 콘퍼런스에서 '대논쟁'을 하게 되었고 그 이후에 Richard Erskine, Petruska Clarkson, Bob Goulding, Martin Groder, Carlo Moiso가 자아상태에 관해 저술했다(Erskine et al., 1988). 이 논쟁은 1988년 Marjory Friedlander가 편집한 자아상태에 대한 *Transactional Analysis Journal* 특집에서 계속되었다. 또한 이는 1991년 국제 TA 학회 스탠퍼드 콘퍼런스(Novey et al., 1993)에서의 자기개념과 자아상태에 관한 패널 토론에서도 계속되었다. 이러한 대화는 각본과 그 외에서도 이후 10년간 계속되었다.

우리는 여기서 자아상태와 자아상태의 기원에 대한 심층적인 고찰을 제공하려는 것이 아니다. 그보다는 이 책의 여러 장에 포함되어 있는 문헌을 통해 자아상태에 대한 풍성한 연구 및 다양한 모델들을 분류하거나 조직하는 방법을 제안하고 있다. 간략히 언급하자면 Schegel(1998)은 인지, 행동 및 정신역동적 상담의 창조적인 조합을 묘사하는 방법론으로 TA 이론을 조직한다. Oller-Vallejo(1997)는 현대 TA의 세 가지 주요 모델의 통합을 보여 준다. Erskine(1998)은 이론을 통합하기 위해 동기부여 및 성격이론을 제시한다. Allen(2003), Allen과 Allen(2000)은 자아상태를 두뇌의 구조와 이야기의 창조에 연결한다.

Pearl Drego(1981, 1993, 2000)는 그들이 발전시켜온 패러다임을 확인하기 위해 Berne 모델의 '배후'를 조사한다. Drego는 자신이 Berne의 주요한 'Cowpoke 패러다임'(Berne, 1957/1977)이라고 부른 것을, Berne의 네 가지 자아상태 진단 방법과 일치하는 네 가지 자아상태에 대한 관점을 드러내어 설명한다. 즉 현상학적 모델은 **경험적 패러다임**, 역사적 모델은 **전기적 패러다임**, 행동적 모델은 **은유적 패러다임**, 그리고 Drego의 관점에서 보면 사회적 모델에서 가장 분명하게 나타나는 **관계적 패러다임**이다. Drego는 Trautmann과 Erskine(1983)이 강조하였듯이 모든 모델은 맥락과 내담자와 문제와 계약이 어떠하냐에 달려있을 수 있다고 강조한다.

우리는 이 아이디어를 가지고 모델 '배후'의 또 다른 단계로 더 나아가기를 원한다. 자아상태, 자아상태모델 그리고 그들의 적용에 대한 관점을 파악하기 전에 더 높은 수준의 성찰이 있어야 함을 제안한다. 이 단계는 심리상담가가 인간의 존재 및 발달에 대한 자신의 관점이 무엇인지를 스스로에게 묻는 것과 관련된다. 여기에는 "인간은 삶에서 무엇을 추구하는가? 그들에게 동기를 부여하는 것은 무엇인가? 성격은 어떻게 발달하는가? 고통의 원인은 무엇인가? 변화는 어떻게 일어날 수 있는가? 그리고 마지막으로 이 변화를 촉진하기 위해 상담가가 할 수 있는 것은 무엇인가?"에 대한 질문이 관련된다. 우리는 이 질문들에 대한 답이 자아상태모델 및 이를 사용하는 방식의 선택을 끌어낼 것이라 믿는다. 그리고 우리는 그 질문들에 단 하나의 정답은 없다고 믿는다. 인간은 다양하고 그들의 삶에는 다른 단계가 있으며, 무엇이 그들 자신이 되게끔 하는지에 대한 답은 다양할 수 있다.

자아상태의 정의가 최종적으로 합의될 때까지 TA 상담가는 토론이나 논쟁을 계속 할 것이다. 그러나 우리는 의미가 일률적이라는 것은 영적인 약점과 같다고 본 Jung(1968)의 의견에 동의한다. 우리의 관점에서 볼 때, 의미의 통일성이 부족하다는 것은 TA의 약점이 아니라 오히려 주요한 강점 중 하나이다. 우리는 TA가 인간 및 인간의 기능을 볼 수 있는 다양한 방법으로 교육과 조직의 일뿐 아니라 심리치료와 상담에 접근한다는 사실을 치하하고 싶다. 하나의 접근 방식으로서 TA는 개인과 그 개인을 둘러싼 독특한 상황에 유연하게 반응할 준비가 이미 되어 있다.

이러한 노력 중에 우리는 Pine(1990)의 *Drive, Ego, Object and Self*에서 영감을 받았다. Pine은 심리내적 과정에 대한 이해로 네 가지 기본적인 정신분석의 견해를 설명했고, 이것이 어떻게 정신분석 임상에서 불가피하게 다른 성격이론과 다른 방법론을 이끌었는지 설명했다. Pine은 이를 네 가지 동기부여 유형으로 본다. 그는 때로는 양립할 수 없고 때로는 분리할 수 없는 이 네 가지 조망이, 사실 게슈탈트의 전경과 배경 개념처럼 인간 발달이나 삶 안에서 시간에 따라 형상이 나타나는 인간 기능의 측면이라는 견해를 제시한다. 그 네 가지는 추동이론, 자아심리학, 대상관계이론 그리고 자기심리학이다. 정신분석 세계의 발달로부터 비롯되었고 다른 주요한 심리학 세력을 발달시킨 사고를 끌어낸에 포함되었다. 이 또한 세상을 통제하고 본능적이 되는 반응 양식을 정당화시키는 하나의 방식으로서 자아심리학의 일부였다. 대상관계의 반복 속에서 비록 고통스러울지라도 원래의 관계를 생생하게 유지하려 하는 시도와 심리내적인 관계와 대인관계를 해결하려고 애쓰는 시도에 인간 기능의 중심이 있다고 보았다.

정신분석의 네 번째 발달은 자기 정의, 자아존중감, 주체, 역사의 경계 획득과 같은 현상과 관련하여 자기의 주관적인 경험에 초점을 두었다. 필수적으로 환경과 관련되어 발달하는 동안 응집성 있고 일관성 있는 자기감의 개념은 성장하는 영아와 아동의 본질적인 발달과업으로 고려되었다. 이미 언급되었던 정신분석학자들, 특히 대상관계 이론가들이 포함시켰던 이 개념은 Kohut(1971, 1977)와 그의 추종자들의 작업에서 중심이 되었고, 이후 Stern(1985)의 작업에서는 연구 기반이 되었다. 어머니 혹은 의미 있는 타인의 역할은 개인의 가치를 확신하고, 관계를 맺는 능력과 목표 및 가치를 발달시키는 능력에서 결정적인 것으로 강조되었다. 관계를 맺고 조절하는 영아의 친활동성은 적어도 하나의 '출현자기'가 출생부터 실존한다는 증거로 보였다. 어머니의 반응과 달래는 능력, 감정을 억누르고 관리하고 조율하는 능력은 영아가 그 이후 반복적으로 보여 주는 패턴을 결정했다. 또한 자기 및 타인과 관련 있는 패턴을 반복하려는 충동은 인정되었지만 자기 경험의 심리학에서 이것은 '나'의 동조적인 감각의 항상성을 유지하기 위해 필요한 것으로 이해되었다. 관계를 맺은 후 다음에 일어나는 신경 경로의 고정을 묘사하는 최근의 신경과학의 발견들은 반복의 불가피함을 설명하는 데 많은 기여를 한다.

Pine(1990)은 이 네 가지 심리학을 여러 방면에서 서로 얽혀 있고 중복되는 인간 기능의 다양한 측면으로 본다. 어떠한 행동의 일면도 네 가지 중 어떤 관점으로 볼 수 있다. 예를 들어, 울고 있는 영아는 자신의 배고픈 추동을 표현하고 있거나 자신의 환경을 조작하는 법을 검증하고 있을지도 모른다. 또는 영아는 어머니와의 접촉을 요구하는 것일 수도 있고, 안정적인 자기 경험의 상실로 인해 유발된 불안을 표현하는 것일 수도 있다. 어머니와의 접촉을 피하려는 아동은 자신의 자기 경계를 보존하려고 시도하거나, 혹은 거절의 역동을 유발하거나 상황에 대한 통제감을 얻으려 애쓰면서 공격적인 충동을 관리할 수 있다. 실제로 우는 행동은 모두 다 동일하게 맞을 수 있는 개별적인 의미보다는 다층적인 방식으로 더 잘 이해될 수 있다.

유사하게 상담실에서 인간과 증상이나 문제는 네 가지 중 어느 관점에서나 이해될 수 있다. 상담가의 인정을 받고자 하는 내담자의 요구는 만족감에 대한 필요나 낮은 수준의 충동 조절을 보여 주는 것으로 이해될 수 있다. 결국 '과도하게' 거절당했던 과거의 관계적 역동이 내담자에게서 재현되는 것으로 이해될 수도 있고, 혹은 이상적인 타인으로부터 진가를 인정하는 거울화를 위해 충족되지 않았던 발달상의 갈망을 표명하는 것일 수도 있다.

Pine(1990)은 영아의 생애 최초 순간부터 존재하는 네 가지 심리학을 전 생애를 통해 발달하는 네 가지 동기유형으로 보았고, 각각은 다른 발달단계 및 과업과 연결되어 있고 다른 시기에 형태를 갖추게 되는데, 이는 개인의 특정한 경험에 달렸다고 본다. 따라서 Pine은 각 개인마다 고유한 동기의 위계를 발달시키며, 이는 상담실에서 드러나게 될 것이라고 생각한다. 추동은 첫 번째 사람에게는 형상으로 보일 것이고, 두 번째 사람에게는 자아기능의 몇 가지 결함으로, 세 번째 사람에게는 파괴적인 관계의 반복으로, 네 번째 사람에게는 자기 정의와 관련된 거리감과 친밀감의 갈등으로 보일 것이다. Pine(1990)은 분석가에게 어떤 특정 회기에서 어떤 동기가 중심이 되는지 알아차리기 위해 환자에게 세심한 주의를 기울일 것을 권고한다. 그는 이론들을 '적용하는 것'에 대해 경고하지만 "나는 내가 어떤 것을 이해한다고 느낄 때까지 고르게 맴돌면서 주의를 집중하며 경청한다."(p. 51)고 말한다. '고르게 맴돌면서 주의집중'(Freud, 1912)을 하는 개념은 '수평적' 주의집중을 하면서 경청하기에 좋도록 가정과 전제를 괄호 처리하는 게슈탈트 상담 혹은 실존 치료의 현상학적인 질문을 불러일으킨다(Spinelli, 1989, Sillls, Fish, & Lapworth, 1995 참조). 상담가 마음에서 개방성의 감각과 질문 방식은 이제 TA의 핵심개념이 되었다(Erskine, 1993). 그것은 또한 내담자에게 주의집중 하는 것에 대한 Berne의 설명(1961, 1966)에서도 나타나 있다.

따라서 Pine과 맥을 같이 하여 우리는 그 누구도 완벽하게 이해하지 못한다고 제안한다. 비록 전통적으로 TA 상담가는 Freud가 의도한 방식으로 상담가의 무의식이 내담자의 무의식에 사용 가능하도록 하는 것을 보통은 목표로 하지 않지만, 내담자와 상담가 사이에는 불가피하게 무의식적 과정이 일어난다. 우리는 상담가가 이 과정에 주의를 기울이는 정도는 자신에게 미치는 영향, 상담가 자신의 창의적이고 상상력이 풍부한 성향, 성격 유형 그리고 한 개인으로서 자신을 형성해 온 역사적 영향에 달려 있는 것으로 본다. 예를 들어, 만약 상담가가 자신의 무의식을 알아차리면 상담은 그 길로 더 나아갈 가능성이 높다(Hargaden & Sills, 2002). 만약 상담가가 자신의 무의식적 과정을 알아차리지 못하면 상담은 인지적인 길로 나아갈 가능성이 높다. 자아상태의 개념과 같은 이론의 역할 또한 각 사람에 따라 차이가 있을 것이다. 상담가들이 상상력과 직관을 가지고 견고히 작업할 때 이론적 구조와 설명들은 그들의 느낌들과 감정들에 대해 검증하고 사고하기 위한 가치 있는 도구를 제공한다. 이론은 자연스럽게 분류하고, 해결하고, 초점을 두고 사고하려는 사람들에게 그들의 현재의 인지적 구조들을 지지하는 도구를 제공하며, 감정이나 직관을 통해 의사소통하는 다른 경로를 여는 방법을 알려줄 수 있다.

그러므로 예를 들어, 한 상담가가 울고 있는 아기나 증상을 보이는 내담자를 어떻게 해석할지는 내담자의 독특한 제시뿐만 아니라 불가피하게도 가장 중요하게는 심리상담가가 어떤 사람인지에 의해 영향을 받게 될 것이다. Pine의 패러다임에서 암묵적이라는 것은 여러 가지의 정신적인 흥미가 있다고 이해하는 것이다. 상담가가 추구하기로 선택한 것이 무엇이냐 하는 것은 아마도 상담가의 주의를 가장 불러일으킨 바로 그것이 될 것이다. 이것이 바로 TA의 유연성이며, 이는 경직되지 않기에 매우 다양한 태도가 발달하고 이론 학습이 발달하는 것을 허용한다. 그리고 우리가 앞으로 보겠지만 TA는 수많은 다양한 접근들로부터 성장해 왔다.

이제 TA, 특히 자아상태로 돌아가고자 하는데, 이는 심리학으로 진입하는 이러한 접근들의 위치를 정확하게 찾아보기 위해서이다.

TA에서의 추동

추동 심리학은 추동 길들이기, 만족감 그리고 사회화를 강조한다(Pine, 1990, p. 50). Berne(1961)은 자아상태모델 내에 '원초아'를 포함시키지 않았다. 그는 정신분석 세계의 융통성 없는 독단주의에 대항하였고, 그가 많은 권한을 주고자 했던 자신의 내담자에게 즉각적으로 유용하며, 접근하기 쉽고, 사용 가능한 이론과 실제를 만들고자 시도하였다. 그는 의사이자 실용주의자였고 자신이 과학적 접근을 선택한 것에 대해 자부심을 가졌다. 또한 Berne은 그 당시 미국 내에서 한창 성장 중이었던, 사실적이고 관찰 가능한 것을 강조하는, 인지 행동적 방법론의 영향을 받았다는 것도 확실하다.

그러므로 우리는 무의식에서 불안정하게 억압된, 요동을 치며 압도하는 추동의 개념이 특별히 도움이 되어 보이지 않았다고 가정할 수 있다. 그러나 Berne은 어린이자아를 기아, 진정한 감정, 욕구와 소망의 자리로 묘사했고, 성격의 나머지 부분에 의해서 중재될 필요가 있는 것으로 설명했다. 그는 어버이자아를 초자아가 아닌 진정한 어버이 자아상태(authentic Parent ego state), 즉 사회화하는 힘의 내면화로 설명했다. 이러한 개념이 추동이론으로부터 멀어지게 했다. 그러나 Berne은 "어버이자아의 기능은 '자동적이고' 상대적으로 흔들리지 않는 어떤 결정을 내림으로써 에너지를 보존하고 불안을 줄이는 것이었다."라고 말했다(Berne, 1961, p. 76). 이 설명으로 우리는 추동이론의 핵심인 불안에 대항하는 방어라는 발상으로 곧장 돌아갈 수 있다. 이 책에서 우리는 Gildebrand(1장)가 설명한 자아상태와 두뇌 사이의 연결에서 추동 개념을 발견할 수 있다. 다른 명명법을 사용하여 신경과학적 증거를 제시함으로써 1장은 인류를 보는 심리상담 방법의 타당도를 더 높이고 있다. 이는 이후 Cornell(2장)이 정신으로부터 신체로 자연스럽게 이동하여 연구하였는데, 신체 연구는 어린이 자아상태에서 자주 무시된 요소였다. 또한 본래 Freud의 정신분석적 의미에서가 아닌, 소망, 욕구, 기아의 의미에서 본 추동의 개념은 어린이 자아상태의 하위체계와 역동적인 동기를 부여하는 힘을 관련시킨 English(3장)의 연구에서 볼 수 있다.

TA에서의 자아심리학

자아심리학은 내면세계에 대한 방어의 발달, 외부세계에 대한 적응, 그리고 내면과 외부세계에 대한 현실 검증을 강조한다(Pine, 1990, p. 50). TA가 자아심리학이라는 점은 분명하다. '자아상태'라는 단어가 많은 것을 암시하고 있을 뿐 아니라, TA 접근의 수많은 중심 아이디어가 자아심리학의 이론과 양립하고 있다. 적응, 현실 검증, 자율성, 자기 책임은 모두 TA의 핵심적인 특성이다. 특히 '가치와 사실과 감정'을 가끔씩 감소시키는 '단순 구조' 모델(simple structural model)은 '불안을 견디고 통제하며, 행동화를 억제하는 내담자의 능력'을 급격히 증가시키는 도구이다(Berne, 1961, p. 77). 이는 어버이자아를 양육적인 것과 통제적인 것으로 나누고 어린이자아를 자유로운 또는 자연스러운 것과 순응과 반항을 포함하는 적응적인 것으로 나눈 기능모델로 발달되었기 때문에, 단순하지만 정교한 도구는, 예를 들어, 자연스러운 어린이자아 감정과 충동을 자유롭게 할 필요가 있으며(English의 표현 추동, pp. 105-106) 어버이자아의 통제 혹은 어른자아의 계획을 발달시킬 필요가 있는 내담자에게 제공된다.

자아심리학은 어느 정도는 이 책 전반에 걸쳐 제시되고 있는데, TA로의 구성주의적 접근에 기반을 두고 역동적 기법을 설명한 Lee의 작업(4장)에서, 어버이 자아상태에 대한 다채로운 개념화를 제시하고 심리상담의 이론과 실제에 대해 설명하는 Erskine(5장)과 어버이 자아상태 작업의 '생생한' 상담 사례를 제공하는 Erskine과 Trautmann(6장)의 집필에서 특히 더 그렇다. 또한 4장에서 6장은 모두 대상관계를 포함하고 있으며, Erskine과 Trautmann의 관계욕구 이론(theory of relational needs)에서 자기심리학의 요소들을 포함하고 있다.

철학적으로 Berne과 인본주의자들은 인간이 'OK' 상태로 태어난다고 제안했다. 그 당시 Berne과 Freud 사이에는 근본적인 철학적 차이가 있었는데, 이는 이론에 반영되어 있다. 예를 들어, TA에서는 몰이꾼(drivers), 금지령, 각본, 게임 등을 개인의 삶에서 발생하는 어려움에 대한 창의적인 반응으로 본다. 정신건강과 Berne의 **자연의 변화 원리**(physis)에서 나타나는 건강을 향한 타고난 분투가 병리학과 나란히 병치되고, 따라서 어려움을 겪는 사람을 때로는 정신분석의 경우에서보다 좀 더 균형 잡혔다고 이해하며 보통의 인간적인 방식으로 이해할 수 있다.

방법론적인 면에서 정신분석의 주요 기법인 자유연상, 꿈의 분석 및 해석은 TA의 도구가 아니다. Berne은 무의식의 중요성을 믿었지만 그것은 각본에서 조작할 수 있게 될 때 가장 유용하게 인식된다고 여겼다. 그러므로 그는 '구체적인' 자료를 가지고 작업했다(Berne, 1966). 그러나 Berne이 직관과 자아상에 대해 초점을 둔 것은 내담자의 무의식 뿐만 아니라 상담자의 무의식의 힘에 대해 계속적인 관심을 가졌음을 보여 준다. Berne이 정신분석을 배웠다는 사실과 그의 학생들도 정신분석을 배울 것을 기대했다는 것은 명백하며, 이는 TA 상담가들에게 이론적인 근거의 다양성이 열려 있음을 알려준다. 그것은 또한 동시에 TA 안에 갈피를 못 잡게 만드는 많은 모순이 내포되어 있음을 의미한다. 또한 추동이론과 자아심리학으로부터 나온 이론과 아이디어의 요소들을 통해 TA가 인간 존재와 인간의 동기부여에 대해 어떻게 이해하고 있는지를 명확하게 인식할 수 있다.

TA에서의 대상관계

유사하게, 대상관계이론과 발달하는 자기의 개념 또한 분명하다.

> 대상관계이론에서는 (동일시와 내재화된 대상관계를 통해) 우리의 대상관계 역사의 기록을 내면으로 가져오는 작업과 동시에 관계의 절대적인 제약으로부터 우리를 자유롭게 하는 작업에 초점을 맞춘다. 대상관계의 역사는 인간성에 필수적이며 사회생활에 기반이 되는데, 작업을 통해 새로운 경험은 어느 한도 내에서는 새로운 것으로 환영받을 수 있고, 현재 그들 자신들에게 반응할 수 있게 된다(Pine, 1990, p. 50).

Pine은 또한 초기 대상관계의 발달을 "초기 아동기로부터 파생된 내적인 드라마로 의식적 혹은 무의식적 기억으로 내부에 지니고 다니며, 그 안에서 개인은 하나 또는 그 이상의 역할을 연기한다."라고 설명한다(Pine, 1990, p. 35). 이는 자아상태와 각본에 대한 순수한 정의가 될 수 있다. 확실하게, 2차 구조가 소개되고(Berne, 1961) 실제 내재화된 부모의 개념이 정립되자마자(Federn, 1952, Berne, 1961), TA 상담가들은 대상관계의 작동모델을 제공받았다. 초반의 초점은 어떻게 초기 관계가 교류와 게임을 통해 재현되는가에 있었다. 후에는, Haykin(1980), Moiso(1985), Novellino(1984, 1985), Blackstone(1993) 등과 같은 상담가들이 이러한 역동 뒤의 심리내적인 과정에 주의를 더 집중시켰다.

이 책에서 Shmukler(7장)는 대상관계와 무의식적 과정들에 중점을 두고 있는데, 그는 다양한 맥락에서 자아상태의 유용성을 반영하며, 심리상담 관계 내의 무의식적인 대화와 관련된 중요한 쟁점을 제기한다. Novellino(8장)는 어른자아와 어른자아 사이의 치료적 관계 내에서 무의식적인 대화 수준을 제안한다. Shivanath와 Hiremath(9장)는 인종 및 문화와 관련지어 그들의 자아상태모델을 설명한다. Erskine(5장)은 실제의 접근 가능한 내재화된 대상으로 어버이 자아상태를 묘사한다. 이는 Erskine과 Trautmann(6장)의 어버이 자아상태 심리상담의 해설과 축어록에 잘 나타나 있다. Hargaden과 Sills(10장)는 무의식의 형태를 도표화하는 방법으로 초기 대상관계와 관련된 세 가지 전이 영역을 제안한다.

TA에서의 자기

> 자기심리학은 주도성의 중심이자 내면 삶의 주인으로서 자기를 확립하고, 계속되는 주관적 가치감을 발달시키는, (타인들과 대조 구별되어 있으면서 타인들과 연결된) 차별화된 전체 자기감을 형성하는 다양한 과업에 초점을 맞춘다(Pine, 1990, p. 50).

자기에 대한 문헌은 TA 상담가들이 발달하는 자기와 자기 경험에 초점을 두고 있다는 함축적 내용으로 가득 차 있다. 자기심리학(Kohut, 1971, 1977 그리고 추종자들)에서 도출된 아이디어는 불과 지난 십 년간 대체로 나타났다(Erskine, 1993, 1997, Blackstone, 1993, Erskine & Trautmann, 1996, Hargaden & Sills, 2001). 그러나 정체성 및 타인과 관련된 자기감을 발달시키면서 변화하는 환경에서 자신이 되도록 성장하는 아동의 자기 경험의 개념은 예를 들어, 초기 결단의 아이디어를 가지고 작업하는 어떤 상담가의 작업에서나 암묵적이다.

이 책에서, 관계적 욕구에 대해 설명한 Erskine(5장), 이러한 욕구를 다루는 작업을 설명한 Erskine과 Trautmann(6장), 그리고 어린이 자아상태로서 자기모델을 제공한 Hargaden과 Sills(10장)는 자기의 발달과 욕구에 초점을 두고 있다.

이 책의 다른 장들은 여기에 새로운 차원을 추가하여 논의되는 모든 카테고리를 기반으로 한다. Tudor(11장)는 상호 창조와 '현재 중심의' 관계 맺기에 기반한 어른 자아상태의 재구성을 제안한다. Gilbert(12장)는 자서전적 기억으로부터 현상학적 이야기를 구분해 내는 것이 중요함을 강조하고 자아상태의 구체화에 대해서 경고한다. Oates(13장)는 자신이 경험하고 이해한 개인적인 여정과 자아상태모델의 사용을 설명하는데, 여기서 여정이란 자신의 과거와 잠재적인 미래가 함께 공명하는, 어른자아 자기감(sense of an Adult self)으로 요약된다.

TA 실제를 위한 함축성

TA는 정신분석적 사고에서 유래되었지만, 또한 오늘날 증거에 기초한 실제의 전조인 심리학의 세계가 과학적이고 관찰 가능하며 측정 가능한 것을 존중하는 시대에 발전되었다. Berne과 그의 동료들은 앞서 설명한 모든 이론들을 접하게 되었다. Berne은 또한 더욱 실용적인 방법론의 영향을 받았음이 분명하다. 즉, 그가 받은 의학적 훈련과 20세기 중반 미국에서 '할 수 있는' 것, 관찰 가능하고 증명 가능한 것에 두는 최우선 순위는 '설명 불가능한' 것을 허용하는 접근으로부터 그를 멀어지게 하려 했다. 이는 그 당시 2차 세계대전 이후 새로운 낙관주의와 자신감, 각자 자신의 일을 하는 것이 최고라는 개인을 숭배하는 분위기와 동시에 일어났다. 사람들은 '정신을… 놓아 버리고 감각으로 깨어나'(Perls, 1969, p. 50)도록 그리고 '당위성과 도덕주의'로부터 멀어지도록 고무되었다.

Berne은 자신만의 모델을 발전시키면서 그의 방법이 분명히 무의식의 조작화와 자아 기능의 발달을 이해하는 한 가지 방법이 될 수 있도록 의도했다. 그러나 우리는 그가 인간의 존재 및 인간의 기능에 대한 **모든** 아이디어들을 포함할 수 있는 접근을 발견하기 위해 노력하고 있었다는 것을 안다. 여기에는 OK와 자기 책임의 철학, 분석적 이론의 복합성뿐만 아니라 인지적 분석의 실용적인 방법론 등이 포함된다.

이러한 다재다능함의 결과로 TA는 내담자의 욕구에 대해 상담가가 유연한 태도를 지지할 수 있는 좋은 입장에 있게 되었다. 예를 들어, 한 여성이 친밀한 관계를 유지하지 못하는 것에 대해 불평을 한다. 탐색을 통해 그녀는 파트너가 자신에게 가까이 다가올 때 불안하고 짜증나기 시작하는 것으로 드러난다. 이것은 자유와 자기표현 또는 심지어 불안하고 긴장된 반응을 방어하려는 통제에 대한 소망을 표명하는 것으로 그 현상을 이해할 수 있다. 내담자는 자신의 어린이자아 감정과 반응을 인식하는 데 있어서 도움이 필요할 수 있다. 마찬가지로, 파트너의 존재는 그녀에게 적응을 요구하며, 이것이 분하게 여겨졌다고 말할 수 있을 것이다. 이 사례에서, 자아상태 양식의 기능모델은 내담자가 반응하는 전체 범위를 탐색하는 데 사용될 수 있다. 이는 내담자가 학습된 '사회적 행동'을 통합할 뿐만 아니라 공손한 관계 맺기를 유지하는 하나의 방식으로 자신의 감정을 표현하도록 하기 위해서이다. 그녀는 적절한 반응을 선택하기 위해 어른자아를 사용하고 정서 파악력을 연습하면서 어버이 자아상태의 힘과 영향력에 의문을 갖도록 고무될 것이다.

문제를 이해하는 또 다른 방식은 내담자가 이용당하고 학대당했다고 느꼈던 아버지와의 관계를 회상함으로써 파트너와의 관계를 살펴보는 것이다. 이 사례에서 상담가는 역동의 이해를 촉진하기 위해 게임의 교류 도표를 사용할 수 있다. 혹은 내담자가 감정을 재경험하고 추후의 관계에 대해 재결단을 하도록 제2유형의 임패스(impasse)를 확인할 수 있고, 원래 경험했던 관계에서 '초기 장면을 찾기'(Goulding & Goulding, 1979) 위해 내담자를 초대할 수 있다. 만약 초기 대상관계가 말하기 이전 또는 비언어적인 관계로 여겨진다면, 상담가는 내담자가 자신의 반복되는 패턴을 자각하고 이해하도록 돕기 위해서 치료적 관계에서 그것의 징후를 조심스럽게 분석할 수 있다.

마지막으로, Pine의 분류법 용어로 내담자의 불편감은 자기 경계의 침범에 대한 두려움으로 이해될 수 있는데, 이는 아마도 그녀가 어렸기 때문에 어머니에 의해 '소유되었고', 어머니의 감정이 다소 내담자를 사로잡았다는 단서로 이해될 수 있다. 다시 이 사례에서, 상담가는 이 불편감의 표명을 그들 사이의 관계에서 발생한 것으로서 탐색하거나 제3유형 임패스의 관점에서 생각할 수 있다. 혹은 상담가는 주의 깊은 공감적 관계를 통해서 해결이 될 수 있었던 초기 관계에서 결핍이 있었다고 진단할 수도 있다.

이러한 해석들 중 일부 혹은 전부는 타당할 것이다. 각각은 그 주제를 이해하는 데 있어서 다른 관점을 취하고 각각 다른 자아상태모델을 사용하며 다소 다른 처치 계획을 필요로 한다. 내담자 생애의 서로 다른 시기에, 이러한 측면들 중 한 가지 또는 다른 한 가지 측면에 초점을 맞추는 것이 적절할 것이다. 심리상담가의 의무는 내담자가 자신의 생애 중 이 시기의 증상의 의미를 발견하도록 돕기 위해 자아상태 진단을 사용하여 내담자의 자료를 탐색하는 것이다. 자아상태 진단은 '지금-여기'(행동적 진단), 내담자의 현상학적인 진실(현상학적 진단), 발달적 단계, 그리고 드러나는 자아상태의 과거 경험(역사적 진단)에서 문제가 어떻게 표명되는지를 설명할 것이다. 상담가의 역전이 반응의 사용(사회적 진단) 또한 매우 중요한 측면인데, 이는 치료적 관계 안으로 감정을 끌어올려, 문제의 본질이 되는 단서를 줄 수 있다. 예를 들어, 상담가는 그 회기에서 내담자가 짜증내 하는 것을 발견했다거나 고질적인 불안감을 느끼기 시작했다는 것을 알아차릴 것이다. 상담가는 심지어 내담자가 말해 왔던 것과 아무 관련이 없는 것처럼 보이는 감정들도 알아차릴 수 있다. 위에서 언급한 모든 것으로 무엇이 정확히 '문제'인지 이해하는 데는 시간이 걸릴지도 모른다.

정확한 진단의 어느 정도는 문화적 관점을 통합해야만 한다. 심리학자들, 정신과 의사들, 심리치료사들, 상담들과 마찬가지로 우리는 내담자의 프로파일이 변화해 왔다는 사실에 주목해 왔다. Freud와 Berne의 시대가 다르듯이 우리는 지금 다른 시대를 살고 있다. Berne은 대공황 이후 전쟁, 가난, 박탈의 시대에 이어 자신감이 쇄도하고, 개인을 찬양하고, 속박으로부터의 해방에 대한 욕구로 인해 의기양양한 여파(aftermath, 역자 주 : 롤링스톤스의 1966년 정규 음반 제목) 속에서 살았다. 이 시대의 전형적인 내담자는 자신의 자유로운 어린이자아를 자유롭게 하고 통제하는 어버이자아를 조절하도록 요청받았다. 이제는 상황이 변했다. 판도라의 상자는 열렸고 우리가 알고 있는 것처럼 상자에서 나온 것은 절대 다시 들어갈 수 없다. 시간은 억압과 권위주의적인 통제의 시대부터 억제와 통제 또는 억압하는 것이 아무 것도 없는 것처럼 보이는 시대까지 흘러왔다. 사회학자들은 가족의 붕괴를 원인으로 기록할 것이고, 다른 사람들은 페미니즘, 약물, 히피, 펑크 또는 단지 롤링스톤스를 비난할지 모른다. 이유가 무엇이든지 간에 일반적인 내담자는 20년 또는 30년 전과는 다른 프로파일을 가지고 있다. 상담가는 그의 욕구를 알아차리고 반응할 필요가 있다. 내담자들은 더욱 분열된 자기감을 나타내고 있다. 공통적으로 표현된 특징은 안정감의 상실, 정체성의 결여, 자기의 불안정한 경험과 만족의 결여이다. 작업 동맹의 필수 요소인 계약은 내담자의 특정한 주제와 문제에 대해 상담자와 내담자가 주의 깊게 탐색해야 한다는 내용을 반영해야만 한다. 상담가는 '모든 것에 적합한 하나의 치료적 접근'을 적용하려고 애쓰지 않으면서, 인간의 동기나 기능의 어떤 영역이 관련되어 있는지를 확인하면서 내담자와 함께 그의 이야기를 경청한다. 상담가는 자아상을 보기 위해, 화성인처럼 생각하기 위해 자신의 직관을 사용할 것이다. 즉, 상담가는 그가 들은 것을 이해하기 위해 그의 사고뿐만 아니라 그의 감정들, 그의 감각들의 증거를 사용할 것이다. 상담가는 무엇보다도 무엇이 문제이고 무엇이 치료법인지에 대한 내담자의 감각을 포함한 이 모든 것을 기반으로 처치 계획을 발전시킬 준비를 할 것이다.

도전

'Charge of the Light Brigade(역자 주 : 우리나라에서는 '경기병대의 돌격'이라는 제목으로 번역되었다).'라는 영화에서 경외감에 사로잡혔지만 끔찍해 하는 목격자를 "훌륭한 시도였지만 그 정도로는 어림없다(*C'est magnifique mais ce n'est pas la guerre*)."고 논평했다. 그것은 훌륭하지만, 전쟁이 아니다. TA 상담가들이 이런저런 상담 접근들에 대해 "TA가 아니다!"라고 불평하는 것을 듣는 일은 근래에 드물지 않다. 우리는 이용 가능한 많은 다양한 자아상태모델이 사실은 약점이 아니라 강점이라고 생각하는데, 이는 다양한 모델들이 우리로 하여금 내담자가 누군지, 어디에 있는지에 대한 반응을 할 수 있게 해주기 때문이다. 인간 존재에 대한 새로운 이해, 새로운 연구 결과, 새로운 발견에 반응하는 자아상태의 개념을 아는 것은 흥미롭다.

우리는 시간이 지나면서 본성이 변화하는 누군가 또는 무언가로 신(God)을 보여 주는 **프로세스 신학**(process theology)의 기독교 가르침을 생각하게 된다. 프로세스 신학에서 그는(또는 그녀는) 불변의 존재로서 묘사되지 않는다. 만약 그가(또는 그녀가) 불변의 존재로 있다면 어떻게 진심으로 사랑할 수 있겠는가? 사랑은 타인에게 영향을 주기도 하고 받기도 하는 관계에서 존재한다. 대신 프로세스 신학은 신을 그녀의/그의 사람들에게 반응하여 진화하는 존재로 본다. Richardson과 Bowden(1983)은 요구되는 대상에 대한 투사를 회상하게 하는 묘사의 관점에서 신을 설명한다. 따라서 인류는 수 세기를 걸쳐 변화하고 발전해 왔기 때문에 신에 대한 경험도 변화해 왔다. 처음에는 구약성서 모세오경의 '통제하는 어버이자아' 신, 즉 사람들에게 직접적으로 나타나 무엇을 할지 명확하게 말하며 불복종에 대해서는 처벌하는 신과 매우 관련이 되어 있었다. 이후에 그는 그의 사람들이 스스로 법을 새기게 하고, 스스로 책임감을 갖도록 하는, 보다 유순하지만 거리감 있는 신이 된다. 최근에 그녀/그는 페미니스트, 정치운동가 등, 요컨대 사람들의 욕구에 반응적인 신으로 다양하게 나타난다. 우리는 심리상담이론, 이 경우에는 TA 이론이 임상가의 아이디어의 발전과 내담자의 욕구에 따라 이와 유사한 방식으로 진화한다고 생각한다. 이는 TA 상담가에게 도전은 자아상태를 신만큼이나 반응적이 되도록 변화시켜 나가는 것을 의미한다!

참고문헌

Avery, B. & Milhollon, B. (1997) The altered state: a missing link in ego state theory? *Transactional Analysis Journal* 27(4) 295-97
Berne, E. (1961) *Transactional Analysis in Psychotherapy,* New York: Ballantine Books
Berne, E. (1966/1994) *Principles of Group Treatment,* Menlo Park, CA. Shea Books
Berne, E. (1970) *Sex in Human Loving,* New York: Simon and Schuster
Berne, E. (1977) 'Ego states in psychotherapy' in P. McCormick (ed) *Intuition and Ego States: the origins of transactional analysis.* (pp.121-144) San Francisco: TA Press. (article first published 1957)
Blackstone, P. (1993) 'The dynamic Child: integration of second order structure, object relations and self psychology', *Transactional Analysis Journal* 23(4):216-234
Bowlby, J. (1969) *Attachment and Loss Vol 1. Attachment,* New York: Basic Books

Bowlby, J. (1973) *Attachment and Loss Vol 2. Anger and Anxiety,* New York: Basic Books

Bowlby, J. (1980) *Attachment and Loss Vol 3. Loss and Depression,* New York: Basic Books

Cox, M. (1999) The relationship between ego state structure and function and diagrammatic formulation' *Transactional Analysis Journal,* 29(1) 49-58

Drego, P. (1993) Towards an ethic of ego states *Transactional Analysis Journal,* 30(3)192-206

Drego, P. (1981) Ego state models in *Tasi Dahan* 1(4)119-145

Drego, P. (1993) Ego state paradigms and models, *Transactional Analysis Journal* 23(1)5-29

Drego, P. (2000) Toward an ethic of ego states *Transactional Analysis Journal* 30(3)192-206

Erskine, R.G. (1988) Ego structure, intrapsychic function and defense mechanisms: a commentary on Berne's original theoretical concepts in *Transactional Analysis Journal* 18(1)15-19

Erskine, R. G. (1993) Inquiry, attunement and involvement in the psychotherapy of dissociation, *Transactional Analysis Journal* 23(4)184-190

Erskine, R.G. (1997) *Theories and Methods of an Integrative Transactional Analysis - a Volume of Selected Articles,* San Francisco: TA Press

Erskine, R.G. (1998) The therapeutic relationship: integrating motivation and personality theories in *Transactional Analysis Journal* 28(2)132-42

Erskine R.G., Clarkson, P, Goulding, R.L., Groder, M.G. and Moiso, C. (1988) Ego state theory: definitions, descriptions and points of view in *Transactional Analysis Journal* 18(1)6-14

Erskine, R.G. & Trautmann, R. L. (1996). Methods of an integrative psychotherapy, *Transactional Analysis Journal* 26 (4) 316-328

Fairbairn, W. R. D. (1941) A revised psychopathology of the ipsychoses and psychoneurosis *International Journal of Psychoanalysis* 22, 250-79

Federn, P. (1952) *Ego Psychology and the Psychoses.* New York. Basic Books

Freud, S. (1905) Three essays on the theory of sexuality. *The Complete Psychological Works: Standard Edition* 7:135-243. New York: Norton

Freud, S. (1912) Recomendations to physicians practising psychoanalysis. *The Complete Psychological Works: Standard Edition* 12:111-120. New York: Norton

Freud, S. (1915) Instincts and their vicissitudes. *The Complete Psychological Works: Standard Edition* 14:117-140. New York: Norton

Freud, S. (1926) Inhibitions, symptoms and anxiety, *The Complete Psychological Works: Standard Edition* 20: 87-172. New York: Norton

Freud, S. (1926) Analysis terminable and interminable, *The Complete Psychological Works: Standard Edition* 23: 216-52. New York: Norton

Frielander, M. (ed) (1988) Theme Issue: Ego States. *Transactional Analysis Journal* 18(1)

Goulding M. M. & Goulding R. L. (1979) *Changing Lives Through Redecision Therapy,* New York: Grove Press

Hargaden, H. & Sills, C. (1999) The Child ego state: an integrative view. *ITA News, Spring Edition*

Hargaden, H. & Sills, C. (2001) Deconfusion of the Child ego state *Transactional Analysis Journal* 31(1)55-70

Hargaden, H. & Sills, C. (2002) *Transactional Analysis – A Relational Perspective.* London: Routledge

Hartmann, H. (1939) *Ego Psychology and the Problem of Adaptation* New York: International Universities Press

Haykin, M. (1980) Typescasting: the influence of early childhood experience on the structure of the Child ego state, *Transactional Analysis Journal* 10(4) 354-64

Hine, J. (1997) Mind structure and ego states *Transactional Analysis Journal*, 27(4)278-89

Jacobs, A. (2000) Psychic organs, ego states and visual metaphors *Transactional Analysis Journal* 30(1)10-22

Jung, C.G. (1968) *The Collected Works*, Vol.12 edited by H. Read, M. Fordham, and G. Adler, translated by R.F.C. Hull, London: Routledge & Kegan Paul

Klein, M. (1975/88) *Envy and Gratitude and Other Works 1946 -1963* London: Virago Books

Kohut, H. (1971) *The Analysis of the Self*. New York: International Universities Press

Kohut, H. (1977) *The Restoration of the Self*. New York: International Universities Press

Luborsky, L., Singer, B., & Luborsky, L. (1975). Comparative studies of psychotherapies: Is it true that "Everyone has won and all must have prizes"? *Archives of General Psychiatry, 32,* 995-1008

Moiso, C.M. (1985). Ego states and transference. *Transactional Analysis Journal* 15(3)194-201

Novellino, M. (1984). Self-analysis of countertransference. *Transactional Analysis Journal* 14(1)63-67

Novellino, M. (1985). Redecision analysis of transference: a TA approach to transference neurosis. *Transactional Analysis Journal* 15(3)202-206.

Novey, T.B., Porter-Steele, N., Gobes L. and Massey, R.F. (1993) Ego States and the Self Concept in *Transactional Analysis Journal* 23(3)123-38

Oller-Vallejo, J. (1997) Integrative analysis of ego state models *Transactional Analysis Journal* 27(4) 290-94

Oller-Vallejo, J. (2001) The ego states and the three basic functions *Transactional Analysis Journal* 31(3)167-71

Perls, F.S. (1969) *Gestalt Therapy Verbatim*. Moab, UT: Real People Press.

Pine, F. (1990) *Drive, Ego, Object and Self: A Synthesis for Clinical Work*. New York: Basic Books

Richardson, A. & Bowden, J. (1985) *The Westminster Dictionary of Christian Theology*. London: Westminster John Knox Press

Schegel, L. (1998) What is Transactional Analysis? *Transactional Analysis Journal* 28(4) 269-287

Sills, C., Fish, S. & Lapworth, P. (1995) *Gestalt Counselling*. Oxon: Winslow Press

Spinelli, E. (1989) *The Interpreted World: an Introduction to Phenomenological Psychology*. Sage London

Stern, D. N. (1985) *The Interpersonal World of the Infant*. USA: Basic Books

Stewart, I. (2001) Ego states and the theory of theory: the strange case of the Little Professor *Transactional Analysis Journal*, 31(2)133-47

Summers, G. and Tudor, K. (2000) Co-creative transactional analysis *Transactional Analysis Journal* 30(1)23-40

Thunnissen, M. (1998) The Structural development of the Child ego state *Transactional Analysis Journal* 28(2)143 - 51

Trautmann, R. & Erskin, R. G. (1981) Ego state analysis: a comparative view. *Transactional Analysis Journal* 11(2)178-185

Weiss, E. (1950) *Principles of Psychodynamics*, New York: Grune & Stratton

Winnicott, D. (1956) Primary maternal preoccupation. In *Collected Papers* (pp300-305). New York: Basic Books

Winnicott, D. (1958) *Collected Papers*. New York: Basic Books

Winnicott, D. (1965) *The Maturational Processes and the Facilitating Environment*. New York: Basic Books

Woods, K. (1999) A retrospective on states of the ego *Transactional Analysis Journal*, 29(4) 266-72

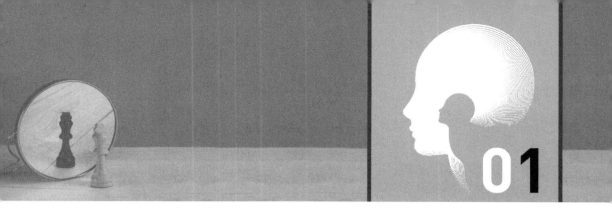

어린이 자아상태의 초기 발달과 두뇌

Katarina Gildebrand

心리상담에 대한 기대, 상담 작업에 정보를 주는 자아상태의 이해와 인간 발달에 대한 이해는 최근에 현저히 발전되었다. 특히 새로운 연구방법은 두뇌의 구조 기능을 이해하는 데에 중요한 한 걸음을 내딛게 했다.

우리와 같은 임상가들은 가능성과 한계라는 변화의 과정 속에 있다. 두뇌 과정과 관련되어 있는 자아상태에 대한 개념 틀은 임상가로서의 작업을 수행하는 데 유용할 수 있다. 무엇을 작업하고 무엇을 작업하지 말아야 하는지, 누구와 작업하고 왜 하는지에 대한 질문은 임상에서 핵심이다. 그리고 이에 대한 지금까지의 이해는 흔히 연구에서 주요한 도구로서 임상 질문을 사용하여 도달한 추측된 가정에 근거했다. 치료적 관계 질의 중요성과 같은 가정들은 계속 갱신되고 있으며 현재 진행 중인 연구를 통해 검증되고 있다.

스스로 신경학자라 칭하며 신경학 분야를 제안했던 Freud는 심리학적 관점으로 당시

미개척지였던 마음의 이해를 발전시키기에 신경학이 유용한 도구가 되지 않는다고 보았다. 대신 그는 정신 현상의 심층적인 연구를 제안하고 시작하였다. 자신과 많은 타인을 관련된 이론을 가지고 관찰한 결과, 정신병리학과 치료적 과정 이해에 대한 근거를 형성했다.

그러나 특히 지난 십 년 동안 신경학적인 관점에서 두뇌에 관한 이해가 엄청나게 발전되었다. 기능적인 두뇌 영상과 분자생물학과 같은 새로운 연구방법들은 두뇌가 어떻게 기능하는지에 대한 이해를 도약시켰다. 물론 이러한 흥미진진한 발전은 아직은 시작 단계에 있고 의심할 여지없이 새로운 발견들은 이 장에서 설명하는 가정과 이해 중 일부를 갱신할 것이다.

Freud가 상상했듯이 심리학과 신경학 분야는 이제 서로 영향을 주기 시작한다. 임상가로서 우리는 실제 임상에서 세운 가정들을 증명하고, 갱신하고, 변화시키기 위해서 신경학 분야로부터 배운 것을 활용할 수 있음을 깨닫기 시작한다. TA 임상가로서 우리는 Eric Berne 당시의 제한된 연구방법에 의한 신경학적 발견의 일부에 근거하여 자아상태의 개념을 이어받았다.

이 장에서 나는 서로 관련 있지만 분리된 두 기억체계에 기초한 하나의 모델을 소개할 것이다. 하나는 '상위' 기능 수준[1]으로 적어도 부분적으로는 잠재적으로 자각이 가능한 체계이다. 다른 하나는 '원시' 기능 수준으로 본능적이고 스스로 자각할 수 없는 체계이다. 나는 Daniel Stern의 아동발달모델과 관련 있는 이 기억체계를 어린이 자아상태 개념에 연결한다. 또한 나는 이 장에서 Jenny Hine(1997)의 자아상태 이론과 관련되어 있는 어버이 자아상태와 어른 자아상태를 논하고자 한다. 이 장 전체를 통해 제시된 자료를 보여 주기 위해 임상 사례를 사용할 것이다. 논의에서 나는 독자들이 일반적인 심리학의 가능성과 제한, 변화, 자아상태에 대한 개념 틀을 발전시키는 데 도움을 주고자 한다. 완전한 자아상태모델을 제안하는 것은 아니지만, 두뇌와 관련되어 있는 자료들을 개관하여 독자들이 자아상태 개념을 보다 더 탐색하도록 할 것이다. 두뇌와 관련된 포괄적인 어린이 자아상태의 모델을 제공하기 위해 Helen Hargaden과 Charlotte Sills의 너에게 나는 누구인가?와 이 장을 연결 지을 수 있다.

배경

예전의 방식

지금 우리가 이해하는 자아상태의 개념은 1950년대 초 신경외과 의사인 Wilder Penfield의 유명한 실험에서 비롯된다. Penfield의 발견은 Eric Berne의 자아상태 이론의 발전에 영감을 주었다. Penfield는 자아상태가 그가 정신기관이라고 언급했던 근본적인 신경 구조의 기능적 표명이라고 가정했다. 현대의 기준에 의하면 Penfield는 두뇌 기능 연구에 있어서 원시적인 방식을 사용했다. 간질 증상을 완화시키기 위해 수술하고 있는 환자의 측두엽을 절개했다. 환자의 동의하에 Penfield는 전기 자극을 사용하여 절개되어 있는 두뇌 표면의 다른 영역에 자극을 주었다. 환자의 측두엽 영역에 자극을 주었을 때 환자들은 과거의 기억을 생생하게 보고했다.

Berne(1965)은 Penfield의 결과를 반영하여 다음과 같이 기록했다.

> 측두엽의 어떤 영역에 가한 전기 자극은 여기에서 자아상태라고 불리는 것과 똑같은 감각으로 과거 사건의 재경험을 유도한다(p. 281).

또한 Berne은 Penfield가 다음과 같이 추측했다고 언급한다.

> 이러한 관점에서 두뇌는 자아상태라고 인식된 형태로 완전한 경험을 일련의 순서대로 보존하는 테이프 리코더 같이 기능하는데, 여기서 자아상태는 전체로서의 경험을 경험하고 기록하는 자연스러운 방식을 구성한다(p. 281).

Berne은 행동에서 자아상태가 '여기를 누르면 자아상태 X가 활성화된다.'는 식의 직선적으로 보이는 생각에 매료되었다.

그러나 Berne은 Penfield의 연구 결과와 자아상태 사이의 연결에 대한 심층적인 그의 사고를 설명하지 않았다. 실제로 Penfield의 연구 결과는 좀 더 복잡한 상태를 보여 주었다. 예를 들면, Susan Greenfield(1997)는 "그들의 기억 자체는 비디오상의 특정한 기록과 같지 않았고 컴퓨터의 기억과는 전혀 달랐다."고 논의했다. 그녀는 같은 영역이 다른 자극을 받았을 때 다른 기억을 만들었고, 때때로 다른 영역을 자극했지만 똑같은 기억이 떠올랐다는 것을 인용했다. 이러한 결과는 Berne이 이야기했던 것보다는 더 역동적이고, 덜 정적인 상태를 보여 주는 것 같다.[2]

현재의 방식

성숙되기를 기다리고 있는 엄청난 수의 뇌세포를 가진 우리의 두뇌는 출생 시에 이미 거의 발달되어 있다고 가정되어 왔다. 이 사고를 반영하여 Berne(1964)은 *Games People Play*에서 초기 부정적 영향으로부터 우리 자신을 벗어나게 할 가능성에 대해 논의했다.

> 사실, 개체는 자각, 자발성, 친밀성이 가능한 자율적인 상태로부터 시작하기 때문에 이러한 해방이 가능하다(p. 161).

Berne은 그 당시에 흔히 생각했듯이 적합한 조건하에서 활성화될 준비가 된, 자율성의 능력을 뒷받침해 주는 기능적 구조가 일반적으로 출생 시부터 심지어 성인기까지 남아 있을 것이라고 가정한 것으로 보인다.

그러나 최근 수년간 두뇌에 대한 이해는 변화하고 있다. 두뇌는 생애 초기에 수많은 '잠재적인' 신경망을 가지고 있지만,[3] 이 신경망의 대부분은 활성화되지 않으면 휴면 상태로 있기보다는 쇠퇴하거나 죽어버린다. 영아기 초기에는 신경망이 아직 연결되어 있지 않다. 두뇌는 기능적 구조에 있어 **잠재적인** 형태로 무한한 가능성을 가지고 발달한다. 그러나 신경망은 반복적인 자극을 통해서 '준비된 후에야' 기능할 수 있다. 마치 소켓에 끼우지 않은 전자제품처럼, 신경망은 그 자체로는 쓸모가 없다. 이러한 신경망에 충분한 자극이 주어지지 않는다면 신경 연결을 위한 초기의 가능성은 사라진다.

루마니아의 고아원에서 충분한 자극을 받지 못하고 자란 아이들의 두뇌는 영구적인 손상을 입은 것처럼 보인다. 시각장애인으로 태어난 사람은 영아기 발달의 결정적 시기에 시각 사용을 배우기 위한 신경 연결이 만들어지지 않았기 때문에 성인기에 시각을 어떻게 사용하는지 배우지 못한다. Glaser(2001)는 심각한 방임이 두뇌의 실제 신경 구조에 영향을 준다는 것을 보여 주었다.

'자각, 자발성 그리고 친밀성의 능력'을 갖고 태어났다는 당시의 Berne의 주장은 오늘날의 지식에 비춰 볼 때 면밀하게 검토되고 있지 않다. 우리는 반복적인 자극을 통해서 신경배선이 연결된 후에야 진정으로 이런 능력을 가질 수 있다. 무한한 가능성으로 우리 두뇌가 형성될 때 연결의 일부는 충분한 자극을 통해 발달하지만 어떤 것들은 결코 드러나지 않는다. 발달의 결정적 시기에 그러한 능력을 뒷받침해 주는 신경망이 충분히 자극받지 못한다면, 누군가에게는 자율성을 위한 자각, 자발성, 그리고 친밀성은 거의 도달 불가능한 목표일지도 모른다. 심리상담가로서 우리는 각 내담자가 성취할 수 있는 것에 대한 기대에 재적응할 필요와 최선의 작업을 위한 방법을 재평가할 필요가 있다.

두뇌는 어떻게 발달하는가

두뇌는 걷는 것과 말하는 것을 배우듯이 미리 프로그램된 발달과업에 따라 발달한다. 기술을 발달시키려는 동기와 능력, 그리고 학습의 방향성은 타고난 것이며, 이미 갖추어진 패턴에 따라 전개된다. 어떤 아동은 다른 아동들보다 좀 더 일찍 말하고 걷기 시작하지만, 전체적인 발달의 패턴은 보편적이다.

그러나 두뇌는 외부의 격려 없이는 발달할 수 없다. 두뇌는 환경적인 영향, 특히 어머니-영아[4] 관계의 반응으로부터 성숙하는 것으로 알려져 있다(Schore, 1994). 이러한 관계는 두뇌의 구조화와 다양한 부분이 어떻게 상호 연결되는지에 직접적으로 영향을 준다.

두뇌의 독특한 양상은 아동기의 급성장 기간 동안 영아가 능동적으로 필요한 자극 유형을 찾는 것으로 연결이 발달하도록 예정되어 있다. 흥미롭게도 두뇌에 자리 잡기 위해서는 자극 그 자체로는 충분치 않다. 신경구조의 변화는 우리의 관심을 요구한다(Robertson, 1999). 충분히 관계를 맺음으로써 우리는 학습의 용어로, 혹은 신경회로의 발달로 보다 쉽게 우리의 경험을 각인시킨다.

성장과 적응에 의한 두뇌의 반응 과정은 '햅의 가소성'[5] 혹은 가소성으로 알려져 있다(LeDoux, 2008). 앞에서 설명한 것처럼 유아는 신경 연결의 무한한 가능성을 가지고 태어나며 두뇌의 발달에 따르는 뉴런들 사이의 강화와 가지치기의 연결 과정을 거친다.

"쓰지 않으면 잃는다."[6]는 속담은 우리 마음에도 잘 적용된다. '함께 발화하는 신경은 함께 연결된다'(Post & Weiss, 1997). '유전'과 '환경' 사이의 전통적인 구분은 두뇌에 대해서는 더 이상 도움이 되지 않는 사고로 보인다. 환경이냐 유전이냐는 서로에 의해 영향을 주고받는 그 둘의 끊임없는 상호작용에 달려 있다. 그 둘은 춤을 출 때 함께 보조를 맞추고 상대를 따라가도록 이끌어 주는 파트너와 같다.[7]

기본 구조가 충분히 발달하는 한, 성인기에 두뇌가 스스로 재형성할 수 있는 능력이 있다는 점은 이전보다 분명해졌다. 그러나 두뇌의 영역에 따라 가소성의 수준은 다양하다. 특히 보다 더 중앙부의 전두엽은 변연계와 관련된 원시 구조에서 일어나는 것보다 훨씬 더 높은 가소성을 가지고 있는 것처럼 보인다. 일반적으로 발달단계 후기에 발생한 병리는 변화시키기가 덜 어렵다고 한다.

세 겹의 두뇌

두뇌의 구조를 쉽게 개념화하는 방법 중 하나는 내적으로 연결된 세 겹의 구조 체계로 보는 것이다. 간단히 말해서 인간의 두뇌는 다음과 같이 구성되어 있다.

- 자율신경 과정을 통제하는 뇌간과 소뇌
- 감정의 뇌인 변연계
- 합리적 사고를 담당하는 대뇌 피질

신경망으로 개념화된 자아상태는 이 체계들의 일부로 형성된 두뇌의 신경배선이 활성화된 특정 조합의 결과인 것처럼 보인다. 나는 자아상태와 가장 직접적으로 관련된 변연계와 대뇌 피질에 초점을 맞출 것이다. 그러나 때로는 발달에 있어서 자율신경계의 과정을 탐색해 보는 것도 흥미로울 것이다.

다음은 두뇌의 구조 및 상호관계에 대한 간략한 개관이다.

뇌간과 소뇌

이 구조들은 호흡, 심장박동, 혈압과 같은 자율신경 과정과 자동적 행동을 통제한다. 예를 들어, 고혈압이나 면역체계의 부전과 같은 과정에서 초기 발달문제가 내담자들을 방해할지도 모른다.

변연계

피질 아래 두개골 깊은 곳에 자리 잡고 있으며 신경 구조망으로 알려져 있는 영역을 집합적으로 변연계[8]라 한다. 두뇌의 이 영역은 무의식적이며 스스로 자각할 수 없다. 하지만 경험의 영향을 깊게 받으며 위에 있는 피질과 밀도 있게 연결된다.

요약하면 변연계는 시각, 후각, 청각과 같은 감각 입력과 관련되어 있는 **시상**, 신체가 환경에 적응하도록 해 주는 **시상하부**, 1차 감정의 자리인 **편도체**, 장기기억을 책임지는 **해마**로 구성되어 있다.

우리의 자아상태를 이해하기 위해 변연계를 적용할 때는 다음에 나오는 편도체와 해마 구조를 더 자세하게 살펴보는 것이 도움이 된다. 편도체와 해마는 피질과 함께 우리가 자아상태라고 언급한 마음의 다른 상태를 만들어 내는 신경망의 세 집합 기능과 아주 밀접하게 관련된다.

편도체　편도체는 생존에 결정적이다. 이것은 기쁨, 슬픔, 두려움, 분노, 놀람, 혐오와 같은 기본적인 감정[9]을 만들어 낸다(Damasio, 1999). 1차 감정, 특히 두려움이 없다면 우리는 지금의 위험한 환경에 굴복할 것이고 아마 멸종될 것이다. 두려움을 느낄 수 있는 능력이 없다면 우리는 자신을 보호할 수 있는 방법을 배울 수 없다.

편도체는 출생 시 거의 성숙에 가깝다고 여겨진다. 여기서 기억은 본래 그대로이고 과잉 일반화하며 과거와 현재를 구분할 수 없다.[10] 이러한 기억들은 도움 없이는 의식적으로 회상하는 것이 불가능하다. 예를 들면, 검은 옷을 입은 남성이 왜 무섭게 느껴지는지 모른다. 그 사건에 대한 의식적인 기억은 없을지라도 검은 옷을 입은 남성에 의해 거칠게 다루어졌던 초기 기억이 활성화된다. 이런 종류의 기억은 암묵적 기억으로 알려져 있는데, 이후에 좀 더 자세히 탐색해 보겠다. 초기 감정적 기억은 피질 구조의 발달에 의해 뒷받침되면서 정서적인 삶의 청사진의 형태로 나타난다.

해마 해마는 최근의 의식적 기억을 저장하고 학습하는 것과 피질 내에 장기기억에 필수적이다.

충분히 반복적이거나 특별한 의미가 있다면, 해마의 도움을 받은 기억은 피질 구조에 장기기억으로 자리 잡게 된다. 이는 우리 대다수가 뉴욕과 워싱턴에 가해진 9.11 테러 당시 무엇을 하고 있었는지를 회상할 수 있는 이유를 설명한다. 먼저 정서적으로 축적된 기억은 학습하기가 더 쉽다. 시험을 치루기 위해 공부한 내용과 같은 기억은 잘 잃어버릴 수 있고 다시 기억나지도 않는다.

해마는 상호 조정하는 기억(co-ordinating memories)에서 핵심적인 역할을 하기 때문에 들은 것, 본 것과 같은 다른 피질 구조 안에 있는 기억들을 하나의 사건으로 기억되게 한다. 따라서 우리는 벽난로 안에서 불이 타는 것은 두려워하지 않지만 집이 불타는 것을 볼 때에는 두려워한다.

심각한 스트레스를 받게 되면 해마는 외상적인 사건을 회상할 수 없도록 '차단하는 것'처럼 보인다. 또한 지속적인 스트레스 기간은 기억이 저장되도록 하는 해마의 역량에 치명적인 영향을 미친다.

예를 들면 PTSD(Post Traumatic Stress Disorder : 외상 후 스트레스 장애)를 겪은 베트남 참전 용사는 다른 참전 용사들보다 해마 세포 조직이 8% 적었고, 성폭행에서 살아남은 성인 생존자는 해마 세포 조직이 12% 적었다(Bremner et al., 1997). 계속되는 신체적 혹은 정서적인 학대 환경에서 자라나는 아동들은 의식적인 기억을 하고 저장하는 면에서 해마의 기능이 빈약할 것이다. 다시 말해서 학습이 충분히 가능하지 않고 충동 조절이 약하며 경험으로부터 배울 수 없고 계획을 세울 수 없으며 삶에 대해 매우 단절된 기억을 가지고 있는 등의 결과로 고통받을 수 있다.

의식할 수 있는 기억을 갖기 시작하는 3세쯤에 해마는 충분히 성숙하게 되며, 이 시기를 기억하지 못하는 성인을 '아동기 기억상실'이라고 부른다. 가장 초기의 기억은 무의식적인 편도체에 근거한 기억체계 안에서만 드러난다.

　가브리엘라는 낮은 자아존중감, 관계의 어려움, 내적 공허감과 같은 일반적인 증상에 도움이 필요해 심리상담을 받게 되었다. 초기 개인사로는 증상을 완전하게 설명할 수 있는 것이 아무것도 없었다. 그러나 수년 동안 상담을 받던 중 가브리엘라는 어느 날 밤 친구 집에 가게 되었는데 친구의 침대에서 거의 잠이 들 뻔 했다. 그곳은 친숙한 환경이 아니었고 두 살 반 때 가족이 친구들과 머물렀던 방과 비슷한듯 했는데, 그것은 성적으로 학대받았던 정서적인 감정과 신체적인 경험을 다시 느끼게 했다. 그녀는 입 안이 가득 찬 것처럼 숨이 막히고 골반이 짓눌려 조종당하는 듯한 공포를 느꼈다. 가브리엘라는 초기 감각들의 재경험과 자신의 개인사로부터 알게 된 것을 합하여 성적 학대를 받았다는 것을 확신하게 되었다. 가브리엘라에게 있어 이것은 잃어버린 퍼즐 한 조각과 같았다. 그것은 그녀의 어려움을 이해하는 데에 도움을 주었고 다음 발달단계로 넘어갈 수 있도록 했다. 우리가 함께 퍼즐을 짜 맞추어 볼 때, 그러한 사건이 역사적으로 정확하게 일어났는지 아닌지의 여부는 결코 알 수 없을 것이다. 그러나 가브리엘라의 초기 기억과 초기 개인사 그리고 현재의 증상을 재경험하는 것은 그녀가 자신의 증상에 새로운 의미를 부여하게 해 주었다.

　사람들은 때때로 해마가 기능하는 시기 이전의 초기 기억을 기억한다고 주장한다. 그렇지만 아마도 누군가가 그 사건을 제시했기 때문에 그 경험은 마치 외부 관찰자의 시각으로 자신을 바라보는 것처럼 '밖으로부터 안을 보는 것'으로 흔히 이야기된다.

　내담자 엘사는 최근 상담 중에 초기 아동기 경험을 떠올렸다. 그녀는 눈물을 쏟으며 "어리둥절해 하면서 현관에 서 있는 한 살 반짜리의 나를 볼 수 있어요. 왜 아무도 나를 알아보지 못하는지 의아해 하고 있고, 완전히 외롭고, 버려진 것 같고 뭐가 뭔지 모르겠어요."라고 말했다. 엘사는 이 사건을 기억하면서 버려진 것과 혼란스러움을 암묵적 기억에 그려 나갔고, 후에 성인이 되어 외부 관찰자 시점에서 자신을 바라보면서 현관에서 있는 유아로서의 자신을 이후 구조에 추가했다.

대뇌 피질

특히 전두엽 피질은 환경으로부터 배우고 환경에 적응하는 능력을 갖게 하는 극도로 복잡한 그 과정을 가능하게 해 준다. 150만 년 전부터(Carter, 1998) 사고하고 계획하고 조직하고 의사소통하도록 하는 두뇌를 가진 매우 큰 두개골이 점진적으로 발달했다. 암컷이 출산한다고 알려져 있는 동물 세계에서 인간은 가장 머리가 큰 종이다.

의식적 경험(Damasio, 1999)이[11] 이제 가능해진다. 특히 대뇌 피질 앞쪽에 자리 잡고 있는 전전두엽(그림 1.1 참조)은 우리로 하여금 '인간'의 특질을 갖도록 하며 경험으로부터 섬세한 것들을 배우도록 한다. 전전두엽은 현실을 지향하고 과거에 있었던 것과 미래의 기대에 대한 자각을 가능하게 할 뿐 아니라 우리로 하여금 지금-여기에서 의식한 것을 행동하게 한다. Hine(1997)은 다음과 같이 어른 자아상태와 인간의 이 독특한 특성을 연결한다.

> …과거 경험에 기초하여 위험을 평가하고 다가오는 행동 계획을 선택하는 어른자아[12]의 능력은 인간에게 더 크고, 더 빠르고, 더 강한 어떤 다른 창조물보다 엄청난 이득을 부여해 준다(p. 286).

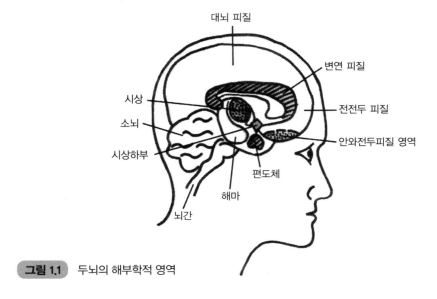

그림 1.1 두뇌의 해부학적 영역

며 그때 연결이 된다.

생후 첫 몇 달 동안, 영아의 두뇌는 때때로 '공백'이 나타나는 것과 같은 강도를 가지고 연결시키느라 바쁘다. 두뇌는 EEG에서 임시적으로 평류 안테나 판독(flat-line readout, 역자 주 : 기억장치에서 정보를 읽어 내는 일)에서 보여 주듯 짧은 시간 동안 과부하된다(Channel Four UK TV, 2000). 아마도 최적의 신경 연결을 만들기 위해 경험을 '소화'시킬 필요가 있는 유기체의 욕구 때문에 정서조절 능력의 중요한 측면을 형성하는 철회 기간이 있다. 사실 현대 생활에서 잠재적인 스트레스의 근원 중 하나는 우리의 두뇌가 과거의 사건을 효과적으로 다루는 데 필요한 비활성 기간의 부족으로 알려져 있다.

핵심자기(2개월부터 7~9개월까지)

Stern(1995)은 전체로서 완전한 신체적 존재[24]로 자신의 경험을 학습하는 것으로 핵심자기를 묘사한다. 이 단계 동안 발달의 초점은 영아의 신체적 욕구, 제한 그리고 능력이다. 두뇌는 엄청난 속도로 성장을 계속한다(그림 1.3 참조). 이 책의 Sills(1995) 그리고 Hargaden과 Sills(2003)는 주 양육자와 상호적으로 충분히 조율된 경험을 하는 영아가 어떻게 응집적이고 기본적으로 OK인 핵심자기감을 발달시키는지 설명하는데 이는 영아의 '정서적 삶의 청사진'을 발달시키는 한 부분을 형성할 것이다.

생존에 위협을 받은 무기력한 아기는 조율되지 않은 단계를 경험한다. 그때 그 관계

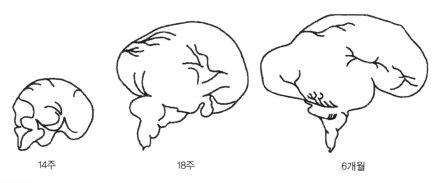

| 14주 | 18주 | 6개월 |

그림 1.3 영아의 두뇌발달

의 기억은 외상 경험으로 새겨진다. 신체적으로 통합되고 영아의 완전한 자기감 발달은 쉽게 분절되며, 세상에서의 안전에 대한 영아의 신뢰감은 손상될 것이다. 영아는 not OK로 자신을 경험한다. 이러한 외상은 암묵적 기억체계에 저장될 것이고 이후 삶의 관계에서 오직 무의식적으로만 드러날 것이다.

앞에서 보았듯이, 활성화된 기억은 편도체에 기반한 기억체계에 새겨지지만, 이러한 초기의 경험은 영아의 대뇌 피질 발달에도 영향을 줄 것이다. 아직 대뇌 피질은 더 나이든 아동에게 기대할 수 있는 의식적인 기억을 가질 만큼 충분히 성숙되지 않았고, 그래서 성인기 동안 그러한 사건을 회상할 수 없을 것이다. 그러나 아동의 신경회로는 계속적으로 이후의 능력에 영향을 주는 경험에 반응하여 만들어진다.

영아는 어머니와 상호작용하는 적극적인 대상이다. 이 관계에서 OK 경험은 핵심자기의 OK감을 낳을 것이다. '충분히 좋은' 경험은 어머니와의 상호작용으로부터 숙달한 초기 경험을 통해 어른 자아상태 발달에 단단한 근거를 형성하는 것처럼 보인다.

조나단의 어머니는 산후우울증으로 고통받았고, 오랫동안 조나단을 심리적으로 불편하게 했다. 자녀에게 반응했을 때마저도 어머니의 내면 상태로 인해 반응 수준은 무척 둔했다. 그래서 조나단은 결국 울지 않는 것을 배웠는데, 즉 그는 '착한 아기'가 되었다. 반면에 그의 아버지는 그와의 상호작용이 보다 쉬웠다. 그러나 그는 갑자기 큰소리를 치고 자주 조나단을 겁주었다. 조나단은 곧 아버지가 그에게 주었던 관심을 잃기보다는 두려움을 감추는 것을 배웠고 그는 아들의 스트레스를 알아채지 못했으며 조나단은 깊은 공허감을 가지고 자랐다. 성인이 된 그는 빠른 속도로 오토바이를 타고, '벼랑 끝에' 사는 것처럼 매우 강한 자극 수준을 찾는 것으로 내적 구조의 결핍을 보상하기 시작했다. 그것은 그에게 내적으로 부족했던 존재감을 채워 주었다. "나는 흥분된다./두렵다.[25] 그러므로 나는 존재한다." 그는 아주 흥분되었다고 말했고, 자신이 누구였는지 전혀 몰랐고, 핵심자기감 분절의 징후와 이 발달단계에서 필요한 전체로서의 경험 부족으로 인해 이러다가 미쳐버리지 않을까 하는 두려움을 느꼈다.

상호주관적 자기(9개월부터 15~18개월까지)

영아는 7~9개월에 발달적으로 중요한 단계에 도달한다. 신체적으로 완전한 존재로 발달한 영아는 '타인'을 분리된 존재로 지각할 수 있다. 전두엽은 인지의 첫걸음을 뗄 만큼 충분히 발달되었고, 영아는 항상 있는 존재로 어머니에 대한 일반화된 표상을 발달시키기 시작한다. 영아의 핵심자기는 '타인'의 출현을 외적인 것으로, 혹은 그 자신과 분리된 것으로 여길 만큼 이제 충분히 발달한다(Hargaden & Sills, 2001). 인간의 경험에서 매우 중요한 전전두엽 피질은 이 발달단계에 깊게 관여한다. Edme(1988)은 성장의 가장 강력한 촉진자는 전전두엽 피질의 모양을 만들고 발달시켜 주는 초기 친밀성의 경험에 있다고 논한다.

전전두엽피질은 엄마가 공감해 주고 달래줄 때 활성화되는 안와전두피질 영역을 포함한다. 발달의 결정적 시기 동안 안와전두피질 영역은 영아가 스트레스를 관리하는 데 도움을 주는 변연계와 연결하느라 분주하다. 이것은 편안한 존재와의 충분히 반복되는 삽화를 통해 추측되며, 영아는 경험을 내재화하고 그래서 어떻게 스스로를 위로하는지 배울 것이다.

영아는 이제 낯선 사람을 보고 수줍어하는데, 안심시켜 주는 어머니가 그곳에 없을 때 특히 그렇다. 그들은 이제 자신과 다른 사람들이 마음을 가지고 있으며 그 마음상태가 공유될 수 있다는, 전두엽의 신경구조를 발달시키는 것을 포함하는 기본적인 방법을 '안다'. 예를 들어, 영아는 타인의 손가락이 가리키는 방향을 따라갈 수 있고, 가리키는 대상을 바라볼 수 있다(Stern, 1985). 몇 개월 전 영아는 손가락 표현에 매료되었지만 그 이상은 아니었다. 하지만 이제는 추상적인 사고를 공유하기 위해 다른 사람과 함께 주의집중을 할 수 있다.

영아발달의 이 단계에 유명한 실험이 수행되었다(Stern, 1985). 기어 다니는 아기는 원하는 대상을 향해 가기 위해서 시각절벽 장치를 건너가야 했다. 일반적으로 유아는 아래의 '절벽'을 눈치 챘을 때, 주저하며 피드백을 받으려 어머니 쪽을 바라보았다. 그들은 잠재적인 위험을 인식했지만 어떻게 반응할지에 대한 어머니의 지시를 기다렸다. 어머니가 웃음으로 격려해 주었을 때 영아는 그 절벽을 건너갔다. 우리는 이 경험이 대인 관계 상호작용에 포함되어 있는 성취감을 높여 주었다는 것을 짐작할 수 있다. 어머니가 두려움을 보였다면 영아는 후퇴하고 불안해져서 마치 실패한 것으로 경험했을 것이다. 이 실험에서 영아는 엄마로부터 어떻게 반응할지 안내를 받는다.

정서상태의 공유는 이 단계의 아동발달에 전형적이며 앞서 언급했듯이 어머니와 영아의 우반구가 연결되는 듯하고, 특히 영아의 신경 발달에 공헌한다. 건강한 발달에서 어머니와 영아는 비슷한 심리·생리적 내적 상태를 함께 만들어 가면서 전형적으로 공명한다(Allen, 2000).

그러나 조율의 실패 혹은 공감의 실패[26] 가능성은 엄청난 것이다. 조나단의 예에서 그가 채워야 하는 욕구는 책임 없는 어머니뿐만 아니라 거슬리고 둔감한 아버지에 의해 무시되었다. 부모는 각각 자신들의 방식으로 그의 감정 상태를 '읽어 주고' 반응하는 데 실패했다. 아마도 어린 소년으로서 유기 또는 침해의 징후에 대해 적응해야만 했던 경계의 결과로 조나단과의 상담 중 나는 우리의 관계에서 범불안 혹은 두려움을 경험했다.

이제 전전두엽은 단순 추론능력을 가질 만큼 충분히 발달되었다. 앞의 예에서 어머니가 영아의 스트레스에 반응적이었다면 재조율할 수 있을 것이고 균열된 것을 바로 잡아 영아를 도울 수 있다. 영아는 초기 추론을 사용해 자기 자신에 대한 OK로 자신에 대한 신념을 사용하기 시작한다. 그러나 균열을 다루지 않는다면 not OK라는 자신에 대한 초기 신념의 잠재성이 훨씬 커진다.

어머니와의 관계에서 조율되는 경험은 두뇌의 안와전두피질 영역의 발달에 영향을 준다(그림 1.1 참조). 안와전두피질 영역을 사회적 상호작용의 '고위간부'라 부른 Schore(2001)에 따르면 초기 환경, 특히 어머니와의 관계는 두뇌 피질의 최종적인 배선에 직접적으로 영향을 준다. Bowlby(Holmes, 1993/95)는 두뇌의 안와전두피질 영역이 특히 정서와 관련된, 가장 높은 수준의 행동 통제를 수행한다고 주장한다. 우리의 감정을 조절하는 능력은 발달단계 동안의 두뇌에 달려 있다. 치료적 관계 혹은 연인 관계 안에서 제공되는 것과 같은 성인 삶에서의 관계는 십중팔구 '우뇌 대 우뇌' 상호작용을 통해 제공되는 조율로 감정을 관리하고 유지하는 것을 배울 기회를 제공할 수 있다.

'치료적 긴장'은 종종 최적의 변화를 돕는다고 알려져 있는데, 내담자의 경험에 상담가가 완벽하게 조율하지는 못하더라도 '충분히 좋은' 조율 및 관계의 균열과 보수를 다루는 것을 필요로 한다는 사실을 생각해 보면 흥미롭다. 이러한 방식으로 균열을 성공적으로 다루어 본 경험(Hine, 1997)은 새로운 신경회로의 발달에 기여하는 것 같다. 그러한 경험들은 환경, 즉 '책임 있는 존재'에 대한 초기의 통제감(Hine, 1997)에 기여할 수 있는데, Hine은 이를 어른 자아상태에 기인하는 경험이라고 제시하였다.

루크는 자살 시도 후 나에게 상담을 받으러 왔다. 성공한 회사원인 그는 결혼하여 두 자녀를 두었다. 그는 직업상 해외출장이 잦았고 회사에서 공로상을 받을 만큼 힘과 능력이 대단했다. 그에게 가정과 가족은 매우 중요했지만 같이 사는 사람들이라기보다는 안정감의 상징이었다. 그는 지갑에 가족사진을 보물처럼 들고 다니지만 실제로 그들과 함께하는 시간은 적었다. 그는 성격적으로 과장된 자기 가치감을 가졌고 굉장히 열정적이며 적극적이었다. 그는 친밀감과 성적 욕구를 외도로 채우고 다음 파트너를 만날 때까지 매번 미친 듯이 사랑에 빠졌다.

루크는 터지기 직전의 풍선과 같았고, 아내가 이혼을 청구했을 때 존재감을 잃어버리는 것 같았다. 루크는 자살 시도에 뒤이어 깊은 우울증에 빠졌고 자신이 한 모든 것에 의구심을 가졌으며, 현재까지의 인생이 모두 실패한 것처럼 느꼈다. 또한 루크는 자신이 사랑받지 못한다는 신념과 지금까지 성공적으로 방어했던 초기의 버림받은 고통에 직면하게 되었다.

이 위기로 루크는 상담을 통해 도움을 받고자 동기부여 되었다. 우리의 관계를 포함한 그의 관계에 대한 기대와 질, 그리고 그의 이야기를 분명하게 하면서 그의 초기 신념체계를 함께 탐색했다. 천천히 그리고 고통스럽게 많은 슬픔을 표현하면서, 그는 학대와 방임이 있었던 관계가 정상이 아니라는 것을 알게 되었다. 성인이 된 이후 처음으로 루크는 성관계 없이 가깝고 친밀한 관계를 맺기 시작했다.

루크는 자신에 대해 깊게 자리 잡고 있는 not OK라는 신념을 알게 되었다. 루크는 일과 결혼생활에서 모두 성공했다고 스스로에게 말하며 그 not OK 감각을 방어했다. 하지만 그는 친밀감을 너무 갈망했다. 그가 어렸을 때 어머니는 피상적인 지지로 끊임없이 그의 경험의 대부분을 끌어내렸다. 그의 어머니는 자신의 가치감에 대한 확신으로서 아들을 다른 사람에게 '보여 줄' 수 있는 대상으로 삼아 자신의 자아존중감을 채우려 했다. 어머니는 자신이 자랑스럽게 느끼는 경험에만 선택적으로 조율했기 때문에 진정한 루크를 보는 데는 실패했다. 그 결과 그는 세상과 관계 맺으며 '거짓자기'를 발달시켰다.

상담 종결 10년 후에 루크는 직장에서 알게 된 여성과 이제 진정한 친밀한 관계를 맺기 시작했다.

언어적 자기(15~18개월 이후)

15개월쯤부터 영아는 말하기 시작한다. 이 발달적 도약은 언어 발달을 맡고 있는 좌반구의 성장 급등과 동시에 나타난다. 이 나이 이전에, 영아는 거울 속에 있는 자신을 볼 때, 스스로를 보고 있다는 것을 전혀 알지 못한다. 영아는 자신이 본 것의 관심을 끌기 위해 전형적으로 거울을 가리킨다.

18개월 이후에 유아는 거울에 반사된 자신을 보면서 손으로 가리킬 것이다(Stern, 1985). 이것은 외부의 사람이 보는 것처럼 자신을 보는, 진정한 자기 의식이 가능하다는 것이다. 추상적 사고 능력은 상징적 언어의 매체 발달에 필수적이며, 피질은 이에 필요한 신경 연결을 제공한다. 유아는 이전에 해 본 적이 없던 의사소통을 배운다. 다른 사람과 경험을 공유할 수 있고 자신의 경험에 대한 이야기를 구성할 수 있다. Hine(1997)은 외부세계와 자신에 대한 이해 및 통제를 위해 애쓰는 과정에서 '원인과 결과'에 대해 배울 때 A_2 어른 자아상태가 발달한다고 제시한다. 언어의 사용은 이 과정에서 절대적으로 필요한 것이다.

정서 조절자로서의 언어

언어는 이제 정서 조절자로서 활동하기 시작한다. 부모들은 본능적으로 무엇이 일어나고 왜 일어나는지 자녀를 이해시키기 위해 언어로 설명하기 시작한다. 이 과정을 통해 자녀는 감정을 억누르는 데 도움을 받고자 언어적 논리와 이해를 사용하는 능력을 만들어 내기 시작한다.

나는 최근에 4세 딸을 가진 친구의 집을 방문했다. 하루를 신나게 보내고 나서 어머니는 잠시 전화를 하려고 방을 나갔다. 어린 소녀는 울음을 터뜨렸고 어머니를 쫓아가려 했다. 그 아이의 스트레스에 예민한 아버지가 아이를 안으며, 어머니가 언제 돌아올 것인지 왜 방을 떠났는지에 대해 아이에게 설명해 주었다. 그 유아는 집중해서 들었고 그 후에도 조금 더 울었다. 하지만 아이는 곧 다시 놀기 시작했으며 자기 자신에게 "엄마는 곧 돌아올 거야, 엄마는 전화하고 있어."라고 말했다. 그 아이는 자신의 슬픔을 위로하기 위해 주어진 정보를 사용하는 법을 배웠다.

뇌 영상 기법으로 암묵적 기억체계에서의 활동을 측정하는 실험을 통해 이런 과정을 보다 잘 살펴볼 수 있다(Robertson, 1999). 이 실험에서 연구 대상에게 사진을 보여 주며 두려움을 나타내는 표정을 찾으라고 했다. 이때 표정에 따라 편도체의 활동이 증가하였다. 그러나 두려움을 나타내는 표정에 이름을 붙여 달라는 요청에 성공적으로 반응했을 때, 편도체의 활동은 감소하였다. 단어를 통해 경험을 상징화하는 행동은 원시적 반응을 관리하도록 학습하는 하나의 방식이다. 즉, 이러한 방식으로 언어는 정서 조절자로 이용될 수 있다.

흥미롭게도 우뇌 피질은 좌뇌 피질[27]에 비해 변연계와 더 밀접하게 연결되어 있고 정서를 자각하는 데 중요한 역할을 하는 것으로 보인다. 좌반구는 정서에 이름을 붙이거나 그 이유를 밝혀줄 수 있고, 그렇게 함으로써 경험한 감정을 다루는 데 우반구의 반응을 억제하는 역할을 맡는다. 이러한 방식으로 좌반구와 우반구는 서로 관여하며, '제멋대로의' 편도체로부터 떠오르는 원시적인 충동 및 정서를 조절하는 데 기여한다.

요약 및 결론

Berne(1972)은 구조화기아, 자극기아, 인정기아라는 세 가지 주된 추동 또는 기아를 설명했다. 이는 인간으로서의 우리에게 주어진 가장 중요한 두 가지 과업과 관련이 있다. 첫째는 구조화기아 및 자극기아로, 우리가 환경을 통제하기 위해 노력하는 것과 관련된다. 둘째는 인정기아로, 우리가 관계 내에서 얻고자 하는 욕구와 관련된다.

Hine의 개념화(1997)를 이용하면 어버이 자아상태는 부모 대상을 내재화함으로써 생겨나는데, 이는 배우지 않아도 주어진다는 장점을 가지고 있다.

환경 통제에 대한 추동은 주로 어른 자아상태와 연관되는데, 전두엽에 자리한 신경망과 관련된 중요한 부분이다. 명시적 기억은 이러한 과정의 중요한 측면을 형성한다.

이 장에서 가장 초점을 맞춘 어린이 자아상태는 암묵적 기억과 관련된, 좀 더 원시적인 과정에 의존하므로 아마도 훨씬 더 무의식적이다. 그 과정은 우리 스스로의 경험을 포함한 우리의 관계와 타협하여 발생한다. 어린이 자아상태에 대한 암묵적 기억체계는 우리의 '정서적 삶의 청사진'을 보유하는 데 있어서 가장 중요하다.

내가 자아상태에 대해 이해한 것은 최근의 두뇌 연구 결과로부터 알게 된 것이다. 자아상태는 이 책에서 시간에 따라 확립되어 온 신경망의 활성화로 개념화되었다. 이러한 신경망은 서로 관련되어 있지만 분리된 두 가지 기억체계를 가져온다.

정의에 따르면, 원시적이고 과잉 일반화된 암묵적 기억체계는 무의식적이다. 명시적 기억체계는 적어도 이론적으로는 의식적인 자각에 접근할 수 있다. 보통 이러한 두 체계는 함께 작동하며 서로 정보를 주고받기 때문에 그것들은 하나의 연합된 체계의 일부로 보인다. 그곳에는 경험에 의미를 부여하기 위해 해마와 명시적 기억체계를 통해 경험을 통합하는 내재적인 '욕구'가 있는 것으로 보인다.

건강할 때는 다른 기억체계가 서로 정보를 주며 함께 작업을 하는 것으로 보인다. 하지만 전두엽은 여전히 편도체로부터 떠오른 원초적인 충동을 관리하고 있다(실제적으로 지금-여기의 위험에 반응하여 더 빠른 '투쟁 혹은 도피'라 불리는 반응이 있는 상황은 예외이다). 이 반응은 종종 '통합된 어른자아' 또는 '통합하는 어른자아'의 기능으로 언급된다. 그러나 자아상태가 신경망을 통합한다고 이해하는 데 있어서, 건강한 기능을 어른 자아상태 과정으로 본 아이디어는 재고해 볼 필요가 있다.[28]

출생 시 암묵적 기억체계는 잘 기능하는 것으로 보인다. 명시적 기억체계는 특히 어머니와의 관계를 통해, 또한 다른 자극과 탐색을 통한 경험에 반응하면서 점차적으로 발달한다. 특히 우반구에 위치한 피질은 해마가 충분히 성숙하는 시기인 3세쯤부터 의식적인 기억을 저장하는 능력을 발달시키면서 생애 초기 몇 년 동안 급격히 자란다.

생애 초기에 어머니와의 관계에서 우리는 암묵적 기억체계 내에 비언어적인 형태로 보유된 자신, 타인, 세계에 대한 인생 태도와 신념을 확립한다. 우리의 기본적인 OK감은 우리의 욕구와 신체적 기능과 어머니와의 반응의 상호작용 경험을 통해 발달한다.

대뇌 피질이 작동하기 시작하는 6개월쯤 우리 스스로에 대한 초기 신념을 발달시키는데, 이는 주 양육자와의 관계 내에서 균열을 극복하는 것과 양육적 관계에 대해 우리가 초기에 지각한 것에 달려 있다. 우뇌 대 우뇌의 상호작용을 통해 충분히 조율되고 '충분히 좋은' 어머니는 정서적인 지지를 통해 자녀의 정서에 대한 자기 조절 능력이 점차 증가함에 따라 응집된 자기감을 점차적으로 발달시키도록 허용한다.

언어가 좌반구 내에서 발달하기 시작하는 18개월 정도 되면 영아는 진정으로 자기의식적(self-conscious)이 될 정도로 충분히 자신의 경험을 상징화할 수 있다. 언어는 이제 전전두엽피질의 오른쪽 안와전두피질 영역이 발달함에 따라 제공되는 정서 조절과 함께 작동하는, 정서 조절자로서 기능한다.

피질은 '돌보는' 능력이나 감정과 사회적 상호작용을 조절하고 다루는 능력을 점차적으로 발달시킨다. 건강한 발달 안에는 점차적인 어머니와의 공생 해결이 있을 것이다. 그러나 불행히도 공생에 대한 욕구가 어느 정도는 미해결된 채로 남아 있다.

특히, 외상으로부터 초래된 초기 학습은 암묵적 기억체계에 남겨지며 불가능하지는 않지만 '원상태로 돌리기'가 어려운 것처럼 보인다. 그러나 명시적 기억체계는 상당히 높은 수준의 가소성을 가지고 있다. 여기서 우리는 새로운 신경회로를 확립할 수 있고, 이러한 회로는 반복적인 사용을 통해 초기에 새겨진 원시적 반응을 무시하고 넘어가기 시작할 수 있다.

정서 조절을 맡고 있는 우반구에서 새로운 신경 구조를 만들어 내는 가능성에 대한 증거들이 보고되고 있다. 이는 공감과 친밀감을 경험하는 관계를 맺음으로써 특별히 성장을 촉진하는 것으로 여겨지는 조건을 제공하는 것으로 보인다.[29] 이것은 새로운 아이디어는 아니다. 그렇지만 이제 신경과학에서 이를 지지하는 증거들을 찾기 시작했다. Shore(2000)는 효과적인 상담이 되려면 내담자의 '무의식적 정서조절 구조'를 다룰 필요가 있다고 논하는데, 이는 내담자의 어린이 자아상태의 일부로서 활성화되며 특히 우반구의 전전두엽 구조에서 발달한다.

　게다가 언어는 경험에 의미를 부여하는 것을 돕고, 낡은 건강하지 않은 신념체계에 도전하는 중요한 역할을 한다. 인지적 재구조화는 좌반구 내 위치한 언어중추와 관련된다. 고전적 TA의 초기에 이러한 과정은 주요한 치료적 접근이었다. 그러나 인지적 재구조화만으로는 충분하지 않다. 분절되고/분절되거나 적대적인 청사진을 발달시켜 온, 초기 어머니와의 관계에서 균열이 있었던 내담자에게는 발달적으로 초기 전이[21]의 부정적 측면이 치료적인 관계를 통해 다루어질 필요가 있을 것이다. 인지적 재구조화를 이룬 치유적 관계는 내담자가 새로운 신경회로를 확립하도록 하며, 이는 적어도 부분적으로는 낡은 원시적인 '청사진' 반응의 일부를 무시하고 넘어가며 억제할 수 있도록 해 준다. TA 상담가들이 상담 방법의 선택을 확장시키고 개선하는 문이 열렸으므로, 이제 그들은 내담자의 미묘하고 복잡한 자아상태에 반응할 수 있다.

주석

1 여기에서 '상위'(기억체계)라는 단어의 사용은 진화 과정에서 더 이후에 출현했다는 의미로 사용된다. 이는 과거에 흔히 생각되었듯이 더 뛰어난 기능 수준을 가져온다는 관점에서의 가치 판단을 의도하는 것은 아니다. 사실상 최근의 연구는 효율적인 인간으로서 전반적으로 기능하기 위한, 특히 관계와 감정을 일으키고 관계를 맺는 능력과 연관된 더욱 '원시적인' 기억체계가 상당히 중요하다는 것을 시사한다.

2 Allen(2000)은 정신기관은 "정적인 구조이기보다는 특정 신경망 활성화의 가능성이나 확률이 있는 개념으로서 가장 잘 간주된다(p. 261)."고 제안한다. 즉, 이것은 신경회로의 유동적이고 복잡한 연결을 더 포괄적으로 이해할 수 있도록 해 준다.

3 8개월에 영아는 최대치의 신경망을 갖는다(Nilsson, 2000). 그 후 대략 3세부터 비활성화된 신경망을 제거하기 위해 '가지치기' 과정을 시작한다.

4 '어머니'라는 단어는 주 양육자를 의미하는 형태로 이 책 전반에서 사용될 것이다.

5 햅의 가소성은 1949년에 Donald Hebb에 의해 붙여졌는데, 그는 학습이 장기 상승작

용(LTP)이라고 불리는 기제를 통해 2개의 세포가 동시에 활성화될 때 일어나는 신경 기능에서의 변화와 관련된다고 제안했다.

6 이러한 과정의 예는 타이피스트, 기계 작동자, 전자제품 수리공들의 두뇌 연구들을 통해 찾아볼 수 있다. 그 연구는 우리 몸의 다른 부분과 관련된 뇌세포와 비교할 때 손동작 협응을 관할하는 두뇌 영역 내의 뇌세포가 더욱 촘촘하게 가지가 뻗어져 있는 것을 보여 주었다(Robertson, 1999, p. 47).

7 Eric Berne은 부모는 "의도적이든 무의식적이든 자식이 태어난 이후로 그들에게 어떻게 행동하고, 생각하고, 느끼고, 지각하는지를 가르친다. 그것들은 **몸에 깊숙이** 배어 있기 때문에 이러한 영향으로부터 벗어나는 것은 쉬운 문제가 아니다…."라고 말할 때, 아마도 바깥 세상과의 관계 안에서 두뇌가 어떻게 정교하게 만들어지는지에 대해 직관적으로 감지했을 것이다(Berne, 1964/82, p. 161).

8 신경학계에는 어떤 구조가 대뇌의 변연계 안에 포함되는지, 심지어 어떤 용어가 유용한지에 대한 불일치된 의견들이 있다. 실제로 두뇌는 단순히 하위체계로 분리하기에 매우 복잡한 구조이다. 여기에 자아상태에 대한 함축성이 있다. 아마도 구조(또는 정신기관)보다는 기능에 초점을 맞출 필요가 있다.

9 Antonio Damasio(1999)는 여섯 가지 **일차적**이거나 보편적인 정서인 행복, 슬픔, 두려움, 분노, 놀람, 혐오를 서술했다. 이러한 정서들은 인간에게 내재되어 있고 모든 문화 속에서 보편적으로 나타난다. 그는 **이차적 정서** 혹은 **사회적 정서**라 용어화한 당혹감, 시기, 죄책감, 자부심 등과 **배경** 정서로 용어화한 온화함, 긴장 등으로부터 이러한 감정들을 구분했다. 이는 자연스러운 어린이 자아상태와 순응하는 어린이 자아상태 개념과 직접적으로 연관된다.

10 편도체 기억체계에 기반한 기억들은 마치 **지금** 일어나는 것처럼 경험된다. 기억의 활성화를 경험할 때, 시간에 대한 자각은 없다. 이전에 군인이었던 사람은 PTSD를 앓고 있는 환자의 재외상 경험을 잠재적으로 가지고 있으므로, 자동차 뒤쪽에 불이 난 것을 지금 막 총을 쏘는 것처럼 해석한다.

11 Mark Solms(2000)은 내적, 외적 대상 혹은 사건과 '나'를 함께 자각하는 순간을 의식

의 단위로 설명했다. Antonio Damasio는 *The Feeling of What Happens*(1999)에서 의식의 주체를 확장시킨다.

12 Hine(1997)은 세 가지 자아상태의 새로운 이해에 대하여, 신경망에 존재하는 어른 자아상태는 환경을 통제하고 이해하기 위한 노력과 연관이 있다고 논한다.

13 Freud는 이러한 형태의 기억을 각각 일차, 이차 과정으로 언급하였다.

14 다수의 암묵적 기억체계가 있으나, 논의를 위해 이 책에서 암묵적 기억체계는 정서적 암묵적 기억체계에 중점을 둘 것이다.

15 위험한 상황을 피하게 하는 적절한 편도체의 반응은 심각한 정서적 학대나 유기로 고통받은 내담자들에게서는 충분히 발달되지 않았는데, 이는 전전두엽 영역이 불완전하게 발달해서 보통 그러한 반응을 억제할 가능성이 있기 때문인 것으로 나타난다.

16 여기에서 책임이 있는 자아상태는 전통적으로는 아이가 경험한 학대와 같은 과거의 외상 경험으로부터 발생한, 고착화된 어린이 자아상태로 생각될 것이다.

17 라켓감정은 '한 감정이 다른 감정으로 대체되는 가짜 감정'으로 정의된다(English, 1971).

18 두뇌는 20대까지 계속 성장한다.

19 인생 초기에 심각한 학대나 유기가 있을 경우, 전전두엽 피질이 완전히 성장할 수 없다. 살인범들의 경우 오른쪽 안와전두피질 영역이 심각하게 손상되었고 이는 아동기의 학대, 유기와 관련되었다. 게다가 기능 영상화 연구는 전두엽이 살인범들에게서 덜 활성화되었음을 보여 주었는데, 이는 충동을 조절하는 능력에 영향을 주는 것 같다(Raine et al., 1997). 그러나 이러한 연구들은 아직 초기 단계이며 결론이 나지 않았다. 우리가 외부세계의 요구에 숙달하려 노력하고, 내적인 충동과 추동을 관리할 때, 공감적 조율은 우리의 사회 정서적 생활에서 이용되는 두뇌 구조의 발달을 위해 꼭 필요한 것임이 확실해지고 있다.

20 Hine(1997)은 한 사건에 대한 일반화된 표상을 '지식과 그 지식에 대한 반응으로 보는데, 그것은 같은 경험이 미래에 발생하는 데 대하여 기대된 고정관념이 될 때까지 비슷한 사건이 여러 번 다르게 발생한 것에 대한 지각으로부터 합성된 것'이라고 설

명한다(p. 297). Daniel Stern 또한 '일반화된 상호작용의 표상' 혹은 RIGS라는 용어로서 그러한 표현을 언급하였다(1984). Maria Gilbert는 이 책의 12장에서 이러한 개념을 더 심도 있게 다루었다.

21 Allen과 Allen(1991)은 암묵적 기억체계로부터 비롯한 전이의 세 가지 유형과 명시적 기억체계로부터 비롯한 한 가지 유형을 제안하여, 네 가지 다른 유형의 전이를 탐색했다.

22 William Cornell은 이 책의 2장에서 자아상태의 개념을 더 심도 있게 탐색한다.

23 Stern은 각각의 고유한 자기감 발달의 결정적 시기에 대해 설명한다. 그는 각각의 자기감은 전 생애를 통해 지속적으로 발달한다고 가정한다. 두뇌에는 특정한 시기에 경험한, 자기경험 발달의 특정한 단계를 지지하는 신경배선이 미리 배치되어 있다.

24 자기주도성(활동의 주체), 자기응집성(분절되지 않은 물리적인 전체로서 존재), 자기정서성(자신에게 속한 것으로 자신만의 정서를 경험하기), 자기역사성(시간을 통해 자신이 존재함을 알기)에 관하여….

25 두려움과 흥분에서 비롯된 생리적 반응은 유사하지만, 개인이 그 경험에 부여하는 의미는 하나 혹은 다른 범주로 분류된다.

26 Stern은 공감 실패의 다양한 형태의 예시로서, 비조율, 선택적 조율, 잘못된 조율, 가짜 조율, 과잉 조율에 대해 말한다.

27 피질에서 변연계로 들어서는 신경 연결보다, 변연계에서 피질로 들어서는 신경 연결이 더욱 촘촘하다. 변연계가 대체로 신체적 반응의 산물이기 때문에, 우리 두뇌의 배선을 보면 "가슴이 머리를 다스린다."라는 속담은 맞는 말이다.

28 Hine(1997)은 개인이 성숙하게 기능하는 것에 대해 언급할 때, '자아상태 네트워크를 통합하기'라는 용어로 소개한다.

29 나의 관점으로 Rogers(1951/1994)는 그의 시대 전에 치료적인 변화의 촉진을 위해 관계의 질이 주요 도구, 혹은 그의 모델에 따르는 주요 도구가 된다는 주장을 했다. 그는 관계욕구의 질로서, 세 가지 '핵심 조건'의 용어인 공감, 일치, 무조건적 긍정적 수용을 묘사했다.

참고문헌

Allen, J. R. (2000)Biology and transactional analysis II: a status report on neurodevelopment. *Transactional Analysis Journal*, 30(4)260-269

Allen, J & Allen, B (1991) Concepts of transference: a critique, a typology, an alternative hypothesis, and some proposals. *Transactional Analysis Journal*, 21(2)

Berne, E. (1961) *Transactional Analysis in Psychotherapy*. New York: Grove Press

Berne, E. (1964) *Games People Play*. Harmonsdworth: Penguin

Berne, E. (1965) *Principles of Group Treatment*. New York: Grove Press

Berne, E. (1982) *What Do You Say After You Say Hello?* London: Corgi Books (First published 1972)

Bremner, J.D., Randall, P., Vermetten, E. and Staib, L. (1997) *Biological Psychiatry* 41(1), 23-32

Carter, R. (1998) *Mapping the Mind*. London: Weidenfeld & Nicolson

Claparede E. (1951) Recognition and "me-ness". In D. Rapaport (Ed.), *Organization and Pathology of Thought* (pp. 58-75) New York: Columbia University Press. (First published in 1911)

Coleman, D. (1995) *Emotional Intelligence*. London: Bloomsbury

Damasio, A (1999) *The Feeling of What Happens*. Reading, Berks: Cox & Wyman

Edme, R. N. (1988) Development terminable and interminable. Innate and motivational factors from infancy. *International Journal of Psycho-analysis*, 69, 23-42

English, F. (1971) The substitution factor, rackets and real feelings. *Transactional Analysis Journal* (4), 225-230

Freud, S. (1912) Recommendations to physicians practicing psychoanalysis. *The Complete Psychological Works*. Standard edition (12)111-120

Glaser (2001) in Balick, A. (2001), "The 7th UKCP Professional Conference"(Warwick University, UK) The Psychotherapist, Issue No. 17

Greenfield, S. (1997) *The Human Brain – a Guided Tour*. Guernsey: Guernsey Press.

Hargarden, H. and Sills, C. (2001) Deconfusion of the Child ego state. *Transactional Analysis Journal*, 31(1), 55-70

Hickman, D. and Klein, L. (1994) *Baby, It's You*. Channel Four TV UK 25 May, part one.

Hine, J. (1997) Mind structure and ego states. *Transactional Analysis Journal* 27(4)

Holmes, J. (1995) *John Bowlby & Attachment Theory*. Routledge: London. (First published 1993)

Johnson, S (1994) *Character Styles*. New York: Norton

Karplan-Solms, K. & Solms, M. (2000) *Clinical Studies in Neuro-Psychoanalysis - an Introduction to Depth Neuropsychology*. London: Karnac Books

LeDoux, J. (1998) *The Emotional Brain*. London: Weidenfeld & Nicolson

Nilsson, A. (2000) Digital Högertrafic i Tankens Nätverk. *Psycholog Tidningen* 12-13/00

Pinker, S. (1997) *How the Mind Works*. Harmondsworth: Penguin Press

Post, R. and Weiss, S. (1997) Emergent properties of neural systems: how focal molecular neuro-biological alterations can effect behaviour. *Development and Psychology*, 9, 907-930.

Raine, A., Buchsbaum, M. S., Stanley, J. and Lottenberg, S. (1997) Selective reductions in prefrontal glucose metabolism in murderers. *Biological Psychiatry*, 36(6): 365-373

Robertson, I. (1999) *Mind Sculpture – Unleashing your Brain's Potential*. London: Bantam Books

Rogers, C. (1994) *Client Centered Therapy*. London: Constable and Company Ltd. (First published in 1951)

Schore, A. (1994) *Affect regulation and the Origin of the Self.* Lawrence Erlbaum: New Jersey

Schore, A. (2000) *Attachment, the Developing Brain and Psychotherapy.* The Bowlby Conference, London

Schore, A. (2001a) The effects of a secure attachment relationship on right brain development, affect regulation, and infant mental health. *Infant Mental Health Journal,* 2001, 22, 7-66.

Schore, A. (2001b) The effects of early relational trauma on right brain development, affect regulation, and infant mental health. *Infant Mental Health Journal,* 2001, 22, 201-269.

Sills, C. (1995) From ego states and transference to the concept of setting in transactional analysis: reviewing the healing relationship, *Panel Presentation Chair: Carlo Moiso. San Francisco. ITAA conference.*

Solms, M. (2000-2001) Lectures: *A Beginners Guide to the Brain.* The Anna Freud Centre, London.

Stern, D. (1985) *The Interpersonal World of the Infant; a View from Psychoanalysis and Developmental Psychology.* New York: Basic Books.

Wolff, P. H. (1966) The causes, controls, and organization of behaviour in the neonate, in *Psychological Issues 5, 17*

아기, 두뇌, 신체

어린이 자아상태의 신체적 토대

William F. Cornell

아기는 결코 병리적인 성인과 같지 않다…. 병리가 영아적이지 않다면 환자도 아기로 여겨질 수 없다. 병리는 영아가 경험한 것보다 더 오래 세상을 경험해온 개인 안에서 발달한다…. Kagan(1998)이 말했듯이 병리를 영아/아동의 경험에 대한 선형적인 결과라고 생각하기는 하는 것은, 매력적인 생각이기는 하지만 부정확하다. 성인은 영아가 아니며, 병리는 영아적인 것이 아닌 '성인적인' 것이다.

(Tronick, 2001, p. 189)

아기와 두뇌는 지난 20년간 연구실에서 큰 관심을 받아 왔다. 현재 신경생리학 연구와 영아/부모 상호작용에 관한 연구는 성인과의 심리상담의 본질과 관련하여 똑같이 급진적으로 적용되고 있고 심리발달이론도 급진적으로 수정되고 있다.

나는 이 장에서 TA 임상의 실제에서 핵심으로 여기는 Eric Berne의 어린이 자아상태 모델 연구의 임상적이고 이론적인 영향을 전달하고자 한다. 비록 Berne이 Federn(1952) 의 작업과 Penfield의 두뇌 연구의 확장으로 자아상태 이론을 발달시켰지만, Berne에 기 반한 임상적 결과는 Penfield의 추론을 더 이상 지지하지 않는다. 나는 이 점을 고려하여 TA와 신체중심(body-centered) 심리상담가로서 현재 연구와 나의 임상 경험에 기반하여, TA 상담가들이 생각해 온 어린이 자아상태의 수정을 제안한다.

TA 문헌에서 대부분의 임상 기록은 어린이 자아상태 기능의 역사적이며 고착화되고 퇴행하는 본질을 강조한다. 치료적 관계의 모델 혹은 은유가 어린이 자아상태의 본질을 강조하듯이, TA 상담가들은 아동기의 외상과 환경적인 실패에 반응하기 위해서 일종의 양육적, 교정적 혹은 보상적인 관계를 의도했다. 이 장에서 나는 아동기 경험이 고착화 된 저장소로서 그리고 방어적 각본과 특성적인 게임의 기반 구조로서 어린이 자아상태 를 받아들이는 것의 한계와 오류를 보여 주고자 한다. 또한 나는 시대에 뒤떨어진 어린 이 자아상태의 개념화에서 파생된 결과로 보이는 교정적이고 보상적인 치료적 관계 모 델에 도전할 것이다.

내가 어린이 자아상태 패턴의 퇴행적인 측면을 부인하는 것은 아니지만, 나는 TA 상 담가들이 어린이 자아상태라 이름 붙인 인간의 정신에는 **진보적**이고 **탐색적인** 강력한 기 능도 있다고 본다. 나는 역사적 경험의 저장소로서의 어린이 자아상태 개념화의 근본적 인 오류에 대해 생각해 왔다. 나는 지금까지 정신이 조직된다고 보는 TA 상담가들이 어 린이 자아상태가 개인의 생애 과정을 통해 조직되고 재조직되는, 정서적으로 신체적으 로 기반한 동기적인 힘의 매트릭스 안에서 **잠재의식적**으로 그리고 **무의식적**으로 형성된 다고 이해해 왔다. 나는 우리가 어린이 자아상태라 불러온 것이 심리 발달과 조직의 결 정적인 형태인 하위 상징적인(Bucci, 1997a, 1997b, 2001), 신경, 정서, 감각운동 과정과 관련된다고 제안한다. 이 과정들은 자아상태, 심지어 자아기능으로서 최상의 개념화는 아니지만, 활성화 상태(Hine, 1997, 2001) 혹은 마음상태(Allen, 2000)와 같이 TA 문헌 에서 보다 최근에 나타난 용어로 더 잘 이해될 수 있다.

나는 영아와 두뇌 연구가 이례적으로 빠르게 전개되고 있는 점을 이 장 시작에서 강조하고 싶다(Tronick, 1998, 2001; Fonagy, 1999, 2001; Lyins-Ruth, 1998, 1999; Panskepp, 1993, 2001; Emde, 1999; Lachmann, 2001). 나는 두 분야 중 어느 한 분야에서도 전문가는 아니지만, 학문적인 배경에 다소 동떨어진 매료된 임상가로서 수년간 두 분야의 전문서적을 읽어 왔다. 임상적 적용은 흥미롭지만 임상가들은 이 작업을 소화하는 시작 단계에 있기 때문에, 성인 심리상담에서 일반화 가능성은 확실하지 않다. 누구보다 Green(2000)은 특히 어머니/자녀의 부모자녀 관계 연구의 지나치게 평이한 적용에 대해 강력하게 비평한다. 유사하게 심리생물학자인 Panksepp(2001)은 수십 년간의 경험으로, "신경학과 심리학의 주목할 만한 진보에도 불구하고, 핵심적인 심리 과정을 신경 과정과 연관 지으려는 시도는 여전히 초보적인 단계이다."(p. 139)라고 경고한다. 그러므로 이 장은 확실한 진술이라기보다는 추측에 근거한 탐색적인 작업이다. 나는 TA 안의 자아상태 이론의 발전에 기여하고 중요한 질문을 제기하기 위해 이것을 염두에 두고 아기, 두뇌, 신체에 대하여 숙고한 것을 나누고자 한다.

자아심리학 내 TA의 근원

Berne이 정신분석 훈련을 받았던 1940년대 후반부터 1950년대 초반은, 고전 Freud 학파의 추동이론으로부터 시작한 자아심리학 모델이 미국을 지배하던 시기였다. 사실 Berne의 분석훈련가였던 Paul Federn과 Eric Erikson은 당시 자아심리학 운동을 주도한 이론가였다.

Berne이 여전히 정신분석학의 정체성을 가지고 있을 때 쓴 그의 첫 번째 책인 *The Mind in Action*(1947)의 용어 정리를 보면, Berne은 자아를 다음과 같이 정의했다.

> 이것은 한편으로는 외부세계와 다른 한편으로는 원초아 및 초자아와 접촉하는 마음의 부분이다. 이것은 현실 원리(Reality Principle)에 따라 실제적이고 효율적인 사고, 판단, 해석, 행동을 유지하고자 한다. 여기서 우리는 이 용어를 마음의 의식적인 부분과 거의 동의어처럼 다소 부정확하게 사용해 왔다(p. 303).

전형적으로 볼 때 다소 비형식적인 저술에서, Berne은 자아를 '…다소 신비로운 방식으로 그 자체를 볼 수 있는 체계'(p. 66)로 특징짓는다. 지금은 TA를 창시한 것으로 유명한 Berne이 1968년에 *The Mind in Action*을 개정했을 때, TA에 대한 내용이 포함되었고 자아상태의 정의가 용어 정리에 추가되었다. 그러나 용어 정리와 내용에서 자아에 대한 정의와 묘사는 변화되지 않았다. 자아와 그 기능에 대한 Freud만의 이해는 복잡했고, 그의 저서들을 거치며 변화되었다(Laplanche & Potails, 1973, pp. 130–143). '외부세계와의 접촉에서 원초아와 그 자체를 차별화하는 적응 주체(Laplanche & Pontails, 1973)'로서의 자아에 대한 이해는 2차 세계대전 전후에 이주한 분석가들에 의해 미국에 전해졌다. 정신분석의 자아심리학파는 20세기 중반에 미국을 지배하게 되었다. 자아에 대한 Berne의 이해는 그의 저서를 통해 거의 바뀌지 않는 것처럼 보였다.

TA를 창시하기 위해 정신분석학을 떠나면서, Berne은 그 당시 우세했던 분석적 모델보다 더 대인관계적이고 현상학적인 치료 과정과 메타심리학을 창시하려 노력했다. 그럼에도 그의 새로운 모델은 정확히 자아심리학 원리 안에 근거를 두고 있었다. Berne의 자아와 자아상태 이론을 고찰하면서 Rath(1993)는 다음과 같이 결론을 내렸다. "…자아심리학은 TA 내의 성격 구조와 역동에 대한 근거를 보여 준다"(p. 209). 심지어 자기심리학, 대상관계이론, 애착이론과 같은 일련의 종종 모순되는 정신분석모델과 접목될 때조차도 TA 상담가들은 오늘날 자아심리학의 이 토대를 당연시하는 것 같다.

문제가 있는 어린이 자아상태

자아심리학의 원리가 Berne의 업적에 공헌한 것은 사실이지만, 그가 처음에는 원형심리라고 부르고 나중에는 어린이 자아상태라고 부른 개념을 설명하려 시도했을 때 이 모델의 제한으로 인해 어려움을 겪었다. Berne이 개념화한 어린이 자아상태는 처음부터 TA 이론에 있어 문제아였다. Berne 자신은 어린이 자아상태에 대한 해결을 확실히 하지 못하였고, 그래서 어린이자아에 대한 그의 글은 모순들로 가득하다.

Berne의 원형심리와 어린이 자아상태에 대한 매우 다양한 기술은 이론적 어려움을 가

What Do You Say After You Say Hello?(1972)에서 Berne은 어린이자아에 대해 "··· 원시적 자아상태. 어버이자아의 지시에 따르는 순응하는 어린이자아는 어버이자아의 지시에 따른다. 자연스러운 어린이자아는 자율적이다."(p. 442)라고 집필했다(어떻게 한 자아가 원초적인 동시에 자율적일 수 있는지 의문이 된다).

많은 TA 임상가들은 원시적인, 고착화된, 방어적인 어린이자아의 기능을 강조한다. Rath(1993)는 이러한 관점을 다음과 같이 확장시켰다.

> 구어체로는 어린이자아로 알려진 어린이 자아상태 혹은 원형심리가 사고, 감정, 행동에서 보이는 일련의 부적절한(병리적인) 자아상태로 정의되는데, 이는 발달하는 동안 원형심리에 저장된 요소들이 지금−여기에서 명백하게 드러나고, 현상학적인 관점에서 발달 초기 단계로의 퇴행적 요소들과 심리적 반응이다.

비슷한 방식으로 Erskine(1998)은 다음과 같이 주장했다.

> 자아의 원시적 상태는 결정적인 아동기 초기의 접촉 욕구가 충족되지 않았을 때 일어나는 발달정지의 결과이다. 충족되지 않은 욕구의 심리적인 불편에 대항하는 아동의 방어는 자아고착화(egotized-fixated)된다. 그 경험은 이 방어기제가 해소될 때까지 어른 자아상태 안에 완전히 통합될 수 없다(p. 17).

이 견해에 따르면 원형심리/어린이자아는 원초적 정신병리의 저장고처럼 보이고, 이는 Berne이 제시한 것처럼 부드럽게 피는 꽃이기보다는 씨앗 저장소처럼 보인다.

Metanoia 연구소의 Clarkson과 동료들(Clarkson & Gilbert, 1988; Clarkson & Fish, 1988)은 Berne의 어린이자아의 정의에 대한 이론적 딜레마로 가장 많이 고심한 TA 임상가들이다. Clarkson(1992)은 다음과 같이 서술했다.

> Berne은 자아상태를 처음에는 성격 내에서 유지되는 잠재적 존재로서 의미와 감정이 동반된 과거 사건을 생생하게 이용할 수 있는 일시적 기록으로 받아들였다(Berne, 1980/1961, p. 19). 그러나 그는 어린이 자아상태의 다중적인 부분들을 다음과 같이 구분한다. (1) 원시적 자아상태로서의 어린이자아 (2) 고착화된 자아상태로서의 어린이자아···. 어린이 자아상태는 '역사적인 자아상태'라고 명명되는

것이 더 나을지도 모른다. 오늘날의 생생한 경험은 내일에는 자연스러운 원초적인 심리적 신기원으로 저장될 것이기 때문이다(pp. 44-45).

비록 이 어린이자아에 대한 개념화가 여전히 Berne의 기본적인 정의 및 아동기에 대한 강조와 일관되는 역사적인 경험의 현상학적인 저장고처럼 이해될지라도, 우리는 어떻게 어린이자아가 기능과 표현에 있어 고착화되고 순응되고 그리고 자율적으로 보이는지에 대한 질문을 해결하려 노력한다.

TA 이론가들과 임상가들은 이 진퇴양난을 오랫동안 인식해 왔지만 아직 만족스럽게 해결되지는 않았다. 원시적인, 고착화된 자아상태로서의 어린이자아의 개념화에 대해 일부는 도전했다. 예를 들어, Schiff와 동료들(Schiff et al., 1975)은 어린이자아를 다음과 같이 보았다.

어린이 자아상태는 모든 에너지의 원천이며 에너지 집중의 통제 안에 있다…. 어린이자아는 적응을 통제하는 것으로, 심리상담은 반대로 어린이자아를 통제하여서 적응을 발달시키는 것으로 간주될 수 있다(p. 26).

Gouldings(1979)는 다음과 같이 논했다.

TA 상담가 중 일부는 어린이 자아상태가 생애 초기에 발달을 멈춘다고 믿는다. 우리는 어린이자아를 과거에 가졌던 것과 현재 가지고 있는 경험의 총합으로서 계속 성장하고 발달하는 것으로 본다…. 어린이자아는 발달한다. 우리는 **어린이자아가 작동한 것**을 강조해 왔다. 어린이자아는 경험하고, 따라하고 그리고 통합한다(p. 20, 원본에는 이탤릭체).

Blackstone(1993)은 어린이 자아상태의 활동성과 가변성에 관한 논쟁을 확장시켰고 대상관계이론을 이용하여 어린이 자아상태의 심리내적 역동모델을 발표했다.

나는 어린이 자아상태의 정의 안에 역사적이고 고착화된 요소들을 포함하는 것이 잘못되었다고 논하는 것이 아니다. 그보다 나는 이 요소들을 강조하는 것이 어린이 자아상태의 본질을 충분히 설명하지 못한다고 제안하는 것이다. Berne의 정의에 계속 의존하는 것은 이론을 심각하게 제한하고, 임상 작업에서 상당한 편향을 갖게 한다.

암묵적 그리고 명시적 지식

최초의 학습과 정신 조직 방법은 자아의 상태나 기능으로 정확하게 묘사할 수 없는 하위 상징적, 감각 운동적 그리고 정서적인 경험의 수준에서 일어난다. 이 조직은 발달적으로 자아의 능력보다 앞서고, 인생 과정을 통해 어린이 자아상태, 어른 자아상태, 어버이 자아상태 본질의 기저를 이루고/동행하고/정보를 주고/형성하고/채색한다. 현대 신경생리학과 기억 연구의 관점에서 보면, TA에서 어린이 자아상태라고 부르는 심리 상태의 조직은 2세 중반까지 발달하지 않는다. 자아의 기능이라기보다는 지속적으로 무한하게 이루어지는 학습은 큰 틀에서 생후 18개월에 시작되어 전 생애를 통해 일어나고 있다.

두뇌와 기억 연구자들은(McClelland, 1998; Milner, Squire, & Kandel, 1998) 종종 다른 전문 용어를 사용하기도 하지만, 암묵적 기억(절차기억)과 명시적 기억(서술기억) 과정으로 분류하는 것에는 의견을 일치한다. 명시적 기억은 후에 발달하는 대뇌 피질의 기능이 필요하므로 암묵적 기억은 명시적 기억의 진화보다 먼저 일어난다. 암묵적 기억은 명시적 기억에 의해 대체될 수 없지만 생각해 본 적 없이 아는 영역이 명시적 기억과 나란하게 계속적으로 작동한다. Siegel(2001)은 최근 연구에서 다음과 같이 요약한다.

> 기억과정과 발달과정은 밀접하게 연관된다. 생애 첫해에 영아는 정서적, 행동적, 지각적 아마도 신체적(신체 감각의) 기억 형성을 포함하는 '암묵적' 형태의 기억이 가능하다…. 암묵적 기억이 활성화될 때, 회상되는 내적 감각을 가지지 않는다. 암묵적 기억은 과거의 경험과 연결되어서 자각되지는 않지만, 단지 지금—여기에서의 우리의 정서, 행동, 지각에 직접적으로 영향을 미친다.
>
> 18개월쯤 유아는 두 번째 기억의 형태인 '명시적' 기억을 발달시키기 시작한다(Bauer, 1996). 명시적 기억은 두 가지 주요한 형식을 포함한다. 즉, 사실적(의미) 기억과 자서전적('일화') 기억이다(Tulving, Kapur, Craik, Moscovitch, & Houle, 1994). 명시적 기억의 두 가지 형태 모두에서, 기억은 '나는 지금 무언가를 회상하

고 있다.'라는 내적 감각과 연관되어 있다(p. 74).

암묵적 기억의 감각은 Bollas(1987)의 책 중 '생각해 본 적 없이 아는'이라는 유명한 말에서 가져 왔다. 암묵적 지식은 신체적 활동과 정서적 경험을 통해 형성되고 유지된다. Pally(2000)에 의해 요약된 것처럼 암묵적 기억은 의식적으로 진행되지 않는, 역사적인 그리고 현재 경험의 측면으로 이해되는데, 이것은 의식적인 기억으로서 경험되지는 않지만 기능에 영향을 주는 학습과 경험의 패턴이다. Kihlstrom(1990)과 Izard(1993)는 암묵적 인지를 지각, 기억 학습을 포함하는 포괄적인 형태의 범위로 정의했다. 이러한 암묵적 경험과 학습의 영역들은 연구과 임상현장에서 Bucci(1997a, b)의 하위 상징적 과정, Ogden(1989)의 자폐에 근접한 양식, Mitrani(1996)의 의식되지 않는 경험 (unmentalized experience), Tronick(1998)과 Lyons-Ruth(1998, 1999)의 암묵 관련 지식, Shahar-Levy(2001)의 정서운동 기억군집, 그리고 La Barre(2000)의 비언어적인 행동으로 불리며 확장된다.

Berne이 각본원형처럼 정의한 것은 암묵적 기억을 좀 더 반영한다. 어린이 자아상태와 각본이론에 대한 Berne의 저술은 원래 명시적 기억에 근원을 두고 있지만, 비록 이것들이 영아의 감각적, 정서적, 운동적 조직, 예를 들어 관계 경험이 아닌 영아의 신체와의 관계에 대해 말하는 것이 거의 없다고 해도, 현재 TA 관점은 암묵적 기억 영역과 연결되는 애착과 공감적 조율모델에 기초한다. TA의 신경발달 연구의 영향에 관한 기사에서 Allen(1999, 2000)은 TA 이론에서의 암묵적 기억과 명시적 기억의 관련에 대해 논의하고 관찰했다.

> 암묵적 기억은 명시적 기억보다 더 일찍 발달한다. 이것은 비언어적이고 상징을 갖지 않지만 그렇다고 해서 덜 풍성하거나 더 원시적이지 않다. 또한 명시적 지식으로 대체되지도 않는다. 이것은 우리가 어떻게 느끼는지와 연관되며 관계에서 주요한 요소이다. 복잡한 음악은 암묵적으로 이해된다(2000, p. 262).

암묵적인, 비언어적인, 하위 상징적인 경험들은 생애 첫해에 한정되지 않는다는 점에 주목하는 것이 중요하다. 그것은 지금-여기에서 경험의 명시적이며 서술적인 영역과 나란히 공존하는 경험을 심리적으로 조직하는 지속적인 요소이다. 언어로 표현될 수 있는 삶이 꼭 더 건강하거나 더 풍요롭거나 더 성숙한 것은 아니다. 즉, 이는 단순히 다른 종류의 심리조직일 뿐이다. 건강한 기능은 암묵적인 지식과 명시적인 지식 둘 다를, 즉 조직의 하위상징적인/비언어적인 그리고 상징적인 수준을 모두 요구한다. 온전한 심리상담은 정신조직의 두 수준을 모두 다루며 작업해야만 한다. 상징적이고 언어적인 표상의 능력 발달을 촉진시키는 것이 주요한 상담 과업이라는 것은 확실하지만 감각적이며 하위상징적인 경험이 어떤 점에서는 퇴행하고 병적이라든지, 혹은 상징적이고 언어적인 지식의 성취로 향상될 것이라는 점이 반드시 사실은 아니다. 생각해 본 적이 없고 말해 본 적도 없는 경험 영역인 감각, 시각, 청각을 통해 우리가 사는 사회에서 우리의 마음을 끄는 작업을 위한 공연장과 미술관을 어떻게 세우는지 생각해 보아라.

실제 삶과 심리상담에서, 암묵적 지식의 영역과 하위상징적인 경험의 영역은 과거, 현재, 미래의 요소를 동시에 담고 있다. 이를 설명하기 위해서 다음 사례를 보자.

성공한 물리학자 벤은 부부 상담과 연결해서 개인 상담을 시작했다. 막내 자녀가 대학에 입학할 때 쯤 벤과 아내 모두 혼외 관계를 가졌다. 벤은 부부관계의 위기로 상담을 받는 동안 벤의 주의가 갑자기 생활 전반에서의 무감각으로 향했다. 반면 그는 새로운 파트너와의 짧지만 강렬한 성적 관계로 놀랄 만큼의 생동감과 열정의 경험을 했다. "저는 거의…." 벤이 말했다. "저는 세상에 흥미가 없어요. 전 아무 생각이 없고, 세상의 벼랑 끝에서 떨어진 것 같았고, 그것을 알아차릴 수조차도 없었어요."

상담은 극히 어려웠다. 상담 회기는 그 자신, 결혼 생활, 일, 동료, 나, 상담에 대한 쓸쓸하고 치명적인 불평으로 가득했다. 대부분의 상담 회기 끝에 벤은 "제가 무엇 때문에 당신에게 돈을 지불합니까?"라는 무시하는 질문을 했다. 나는 "우리가 이미 그것을 안다고 생각해요. 아마도 다음에 우리가 다시 만날 때 당신은 새로운 것을 생각해 낼 수 있을 거예요."라는 답변으로, 관찰과 직면 혹은 세밀하게 공감하려는 나의 노력을 보여 주었다. 그는 성급함과 업신여김으로 모든 것을 채색했다. 벤은 "그건 이미 알고 있는 거예요."라고 말하며 부모님이나 개인사를 말하려 하지 않았다. 나는 점차 말하기가 어려웠다. 나는 무슨 일인지 몰랐고, 우리의 대화가 쓸모없는 것처럼 느꼈다. 무엇을 말해야 할지 몰랐고, 우리의 대화가 의미 없어 보였다. 내가 좋아하고 존경했던, 그리고 내게 상당한 배려와 애정을 주었던 이 남자의 존재 앞에서 어떻게 이렇게 자주 말이 없어지는지 나 자신도 의아했다.

그 후 어느 날 저녁, 나는 바로크 콘서트에서 벤 부부와 마주쳤다. 다음 상담의 시작에서 벤은 "이 얘기를 하면서 약간 바보 같다고 느끼지만 사실 저는 콘서트에서 선생님을 바라보고 있었어요. 선생님은 가만히 앉아 있지 않았어요. 앉아서 춤을 추고 있는 것 같았죠, 도대체 무슨 일이 있었던 거죠?"라고 질문했다. 나는 약간 주저하며 말했다. "나는 가만히 앉아서는 그 음악을 들을 수가 없었어요. 나는 그 음악이 사람들로 하여금 안정시키려고 작곡되었다고 생각하지 않아요. 나는 그것이 사람들에게 영감을 주고, 사람들로 하여금 움직이게 하려고 작곡되었다고 생각해요. 음악은 나를 감동시켰고 내가 감동받았을 때 난 움직여요." 그러자 벤이 물었다. "음악을 들을 때 선생님 안에서 어떤 일이 일어나죠?" 나는 "그런 종류의 질문은 내가 하는 거라고 생각해요."라며 슬쩍 피했다. "제가 먼저 물어봤잖아요." 벤은 집요했다. 나는 신체 감각을 묘사하면서, 의자에서 춤을 추면서, 큰소리로 흥얼거리면서, 감정을 느끼면서, 창작의 방과 청중들이 어떻게 보였는지 상상하면서, 음악의 영감을 주는 것 같은 신 안에서 믿음을 가지는 순간을 바라면서, 악기 연주하는 것을 절대 배우지 못하게 했던 부모님에 대한 분노를 느끼면서, 연주자들이 연인들과 여행을 갔었는지 혹은 연주자 중의 일부가 서로 성적인 관계를 가졌는지 궁금해 하면서 그 음악을 느꼈다고 말했다. 나는 벤에게 물었다. "그러면 당신 내면에서는 무슨 일이 일어나고 있나요?" 그는 대답했다. "나는 그 음악의 구조를 분석하고 악보의 음표를 보려고 해요. 아주 대조적이죠, 그렇지 않나요? 이것이 바로 내 삶의 모든 면에서 내가 하는 거예요. 나는 그것을 분석하고 끝냅니다."

"그것을 끝냅니다."라고 한 순간, 그 회기는 갑자기 벤의 아동기의 기억, 감각, 이미지로 가득 차게 되었다. 즉, 부모님의 죽음, 부모님을 꼼짝 못하게 했던 무능함, 부모님(이후에는 아내)을 감동시키고 격려해 주고 싶었던 절망적이고 결코 이룰 수 없었던 소망, 항상 있었지만 결코 말하지 않았던 어머니의 우울증과 절망이 만들어 낸 집안의 분위기, 하루를 시작하는 아침 밥상에 혼자 앉아 있고 정원에서 혼자 신문을 읽으며 하루를 마감했던 아버지의 계속되는 회피와 고독으로 가득 찼다. 벤은 그가 자주 불평했던 무감각이 사실 자신이 스스로 만들어 낸 것임을, 또한 그가 얼마나 자신의 삶과 생동감을 혹사시키고 있었는지를 느끼게 되었다. 그의 부모처럼 벤은 살인자였다. 이제 그는 자신이 왜 상담을 받는지 알게 되었다.

이 사례는 어린이 자아상태의 퇴행과 진보를 둘 다 보여 준다. 심리상담에서 우리는 간단하게라도 (아마도 어린이 자아상태를 실제 아동기 및 정신병리와 동일시하는 것이 왜 쉬웠는지에 대한 강력한 요인) 초기의 과거 기억을 꺼내지 않고서는 미래의 정서적이고 관계적인 과정인 새 패턴을 거의 만들어 낼 수 없다. 과거와는 다른 미래를 소망하며 심리상담과 씨름하면서, 미래에 대한 가능성은 과거와 불가분하게 밀접한 관련이 있는 것처럼 보이고 과거의 제한에 의해 가려진 것처럼 보인다. 바로크 콘서트에 대한 논의는 벤이 감각적인 경험을 할 수 있도록 해 주었고, 이는 그를 본능적인/감각적인/시각적인 기억의 시간으로 돌아가게끔 했으며, 오랫동안 생각할 수 없었고, 바보 같았고, 불가능해 보였던, 생각하지 못했던 갈망의 영역으로 그를 던져 넣었다. 내가 이 대화와 계속된 상담이 어린이 자아상태에서 그를 이끌어내어 (종종 현대 TA 이론에서 통합되거나 통합하는 어른자아로 설명되는) 어른 자아상태로 그를 데려간다고 주장했던가? 그렇지 않다. 오히려 난 이 경험들이 자아반영 능력을 늘리고 그의 어른 자아상태를 강화할 것이라 생각한다. 나는 또한 이 경험들이 정서능력 강화와 풍부함을 제공하고 지금-여기에서 어린이 자아상태 기능을 강화시켰다고 제안한다. 나는 이 신체적인 경험을 단순히 아동기에 대한 단편이 아닌, 심리적이고 상호적인 기능의 다른 관점에 대한 현재의 계속되는 부속물로서 어린이 자아상태 본질의 생득적인 것으로 본다.

정서와 두뇌

나는 어린이 자아상태를 구조적이고 역사적인 용어보다는 절차적인 용어, 즉 조직과 동기가 응집되고 계속되는 체계로서 이해하게 되었다. 이 체계는 깊고, 때로는 강렬한 역사적인 뿌리를 갖고 있으면서 현재에도 존재하고 변화하는 체계이다. Levenson은 우리의 정서 반응 안에서 오래된 요소와 현재 요소가 동시에 일어나는 복잡성과 분명한 모순을 조사하였다. Levenson은 "인간의 정서 체계는 설계에 있어 걸작인가, 아니면 궁극적으로 조잡한 것인가?"라고 물었다(1999, p. 482). 그는 다음과 같이 대답했다.

인간 존재를 구성하는 구성물 중 정서 체계에서 일부가 진화적으로 가장 최신 것이면서 가장 오래된 것을 동시에 찾아 볼 수 있다는 것이 수수께끼이다. 이 오래된 것과 새로운 것의 합류가 흔히 삶의 스트레스와 도전과 기회로 우리를 안내하는 데에는 매우 잘 작동하지만 어떤 때에는 우리를 괴롭히고 고통을 주며 건강을 약화시키기도 하는, 극히 복잡한 체계를 만든다(p. 482).

두뇌의 두 가지 체계 설계에 대한 함축성은, 이 장에서 설명했듯이 일반적으로는 심리상담 프로젝트로, 특별히 어린이 자아상태의 본질에 대한 나의 이해를 근본적으로 심화시켰고 변화시켰다. 이는 전문 학술지에 개재된 수많은 논문들과 Lichtenberg(1989), Schore(1994), LeDoux(1996), Bucci(1997), Demasio(1999), Pally(2000) 등의 중요한 서적들에서도 논의된 바 있다.

Berne은 의식의 다른 수준과 다른 종류를 명백하게 나타내는 자아상태를 가지고 의식적인 마음의 이론과 치료법을 발전시켰다. 그 시대의 대부분의 자아심리학자와 마찬가지로 그는 방해받고 퇴행하는 비이성적인 특성의 양가적이고 의심스러운 것으로 정서와 감정을 보았다. 그러나 그 이후로 많은 것이 변화했다! 예를 들어, Levenson(1999)은 임상적 의미에서 풍부하고 대조되는 견해를 제공하였다.

정서는 전문 안무가로서 이질적인 반응 체계의 궁극적인 조직자로서의 기능을 나타낸다. 정서는 다중 반응 체계의 행동을 편성하여 문제를 해결하기 위해 일치된 방식으로 행동한다. 조직자로서 정서를 보는 관점은 혼란에 빠트리거나 **비조직자** 혹은 **방해꾼**이라고 자주 표현되는 정서의 관점과는 현저한 대조를 보여 주고 있다. 후자의 관점에서, 정서는 의도적 행동과 합리적인 사고의 적이다(p. 495, 원본에는 이탤릭체).

유사하게 Emde(1999)는 "정서적인 과정은 단지 전환기뿐만 아니라 모든 단계에서 발달적 변화를 향상시키며, 그 과정은 인지적 과정과 관련되어 있다."는 것을 강조하기 위해 정서와 감정에 대한 고전적 정신분석가와 자아심리학자의 오랜 편견에 도전했다(p. 323).

Panksepp(2001)은 이러한 정서의 조직화, 동기화 기능에 대한 견해를 밀어부쳤는데, 다음과 같이 TA 상담가에게 묘하게 친근한 용어로 결론지었다.

감성성(emotionality)은 두뇌 진화에서 현저히 오래된 것이기 때문에 기본적으로 사회인지적인 능력의 출현을 위한 기초로서 두뇌 체계가 작동된다고 믿기에 충분하다. 기본적인 두뇌의 감정 체계는 가치를 가진 환경적인 사건, 즉 '결합가 표시 (valence tagging)'로 가득하며, 감정 결핍은 뚜렷한 인지적, 사회적인 특이한 성격을 특징으로 하는 정신적인 문제를 일으킬 수 있다. 영아기의 발달에서 그러한 과정은 심리적으로 결정적일 수 있다. 영아는 근본적으로 감정을 세상으로 투사할 수 있고, 상당히 정서적인 방식으로만 인지구조를 초기에 동화한다… 이러한 감정과 인지에 대한 풍부한 해석이 각 아동의 삶에 대한 주요 심리 각본을 만든다(p. 141).

우리는 TA의 자아상태모델을 가지고 두뇌의 조직과 행동의 동기에서 어떻게 감정과 정서의 역할에 대한 이러한 관점을 조화시킬 수 있을까? 그것은 현재 자아상태모델의 위상처럼 쉬운 일이 아니다. 분명히 연구자들은 감정을 생애 초기의 단계에 **뿌리가 있다**고 보는 것으로 인용했지만 그 정서를 **고착화된** 혹은 원형으로 보는 것과는 상당히 다르다. 연구자들은 감정과 정서의 단계가 전 생애를 통해 인지를 형성하고 인지에 영향을 미친다고 제안한다. '현재의 실제에 적응된 자율적인 일련의 감정, 태도, 행동 패턴에 의해 특징지어지는'(p. 76) 어른 자아상태에 대한 Berne(1961)의 정의인가, 아니면 연구자들이 서술한 감정과 인지 모델을 적절하게 포함하는, 이후에 계속적으로 통합되거나 통합하고 있는 어른 자아상태의 이론적인 정교함인가? 나는 그렇게 생각하지 않는다. 나는 어린이 자아상태를 감정과 신체에 기초하여 **체계를 조직하고 동기부여하는 매트릭스로** 본다. 감각 운동적이고 암묵적이며 지식의 절차적인 형태에 기초한 어린이 자아상태는 어른 자아상태와 어버이 자아상태와는 완전히 별개인 조직과 동기 체계를 제공한다.

운동과 감각운동의 조직

비록 이러한 몸의 활동과 조직이 임상적인 이론화에서 거의 주목받지 못했지만, 아기와 두뇌의 공통점은 그것들이 확고히 영구적으로 몸에 붙어 있다는 것이다. 이론에서 몸을 고려해야 한다는 일관된 말로 Boadella(1997)는 상담실이 아니라 상담가를 상기시켰다.

> 모든 내담자는 상담에 문제뿐만 아니라 자신의 신체 또한 가져온다. 즉, 심지어 신체가 객관화되어 내담자의 것으로 내담자가 잊어 버렸을 때조차도 정신분열 과정으로서 신체를 기계적 대상으로 처리하거나, 건강염려증으로서 위협의 원인이 될 때조차도 내담자는 절대로 몸을 떼어 놓을 수 없다(p. 33).

중요하게도 감각운동의 조직과 활동의 심리적, 관계적 중요성은 신체중심 문헌에서 현재 관심을 받고 있다(Marcher, 1996; Boadella, 1997; Downing, 1996; Rothschild, 2000; Frank, 2001). TA 문헌에서도 감각운동의 영역에 대해 언급한 몇 명의 저자들이 있다(Steere, 1981, 1985; Ligabue, 1991; Waldekranz-Piselli, 1999). Downing은 오히려 명백한데 종종 간과된 사실들에 대해 말한다. 즉, 영아기에 신체는 외부에 있는 모든 것들로 통하는 운송수단을 의미한다. 발달 관점에서 보면 임상 이론에서 감각운동 과정에 대해 주의 깊게 보지 못하는 것은 이해할 수 없는 간과인데, 이는 몸과 마음을 이분화하는 시기 동안 두뇌와 마음과 관련된 심리학, 정신분석학, 많은 철학적인 전통, 무수한 종교에서 신체에 대한 편견과 무지의 오랜 역사를 반영하는 것이다. 반면 신체와 사고방식의 설정은 반대에 있다.

연구자인 Thelen과 Fogel(1989)은 개념적인 도전장을 내밀었다.

> 심리학자인 발달학자들은 '마음의 삶'의 복잡한 상징적, 감정적인 과정의 형성에 대해 근본적으로 고려해 왔지만 그에 비해 '사지의 삶', 즉 운동으로서의 개념 변환에 대해서는 주의를 기울이지 않았다. 그러나 영아는 사고는 거의 없이 많은 몸의 운동을 가지고 태어나며, 첫해 동안에는 정신 상태와 몸과 사지의 표현 간에 상징적이고 언어적인 중재 기제가 부족하다. 생애 주기의 이 단계에서 발달하는 마음과 발달하는 사지 사이의 연결은 특히 직접적일 수 있다. 우리는 이러한 표명

지 특히 중요한 공헌을 했다. 하위 상징적 과정은 언어에 의존하지 않는 정신조직과 학습 방법을 언급한다. 이러한 관점은 TA에 제공하는 바가 많다. Bucci(2001)에 따르면

> 하위 상징적 과정은 운동, 예술, 과학에서 상당히 발달된 기술을 설명하고, 사람의 신체의 지식과 정서적인 경험의 중심에 있다…. Balanchine(역자 주 : 소련 태생의 미국 안무가)은 기본적으로 이러한 양식을 통해 자신의 안무가와 의사소통 했다. 움직임의 양식에서 그의 의사소통은 의도적이고, 의식적이고, 체계적이고 복잡했다…. 그가 움직임이나 감각적인 양식들에 의존한 것은 언어적 표상이 억제되었기 때문이 아니라 단어로 포착될 수 없는 형태로만 정보가 존재했기 때문이다…. 우리는 여기서 '하위'라는 접두사가 열등하거나 원시적인 절차 방식이 아닌, 근본이 되는(underlying) 상징적인 표상으로서, 하위 상징적이라는 의미를 나타낸다는 것을 강조해야만 한다(pp. 48-49, 원본에는 이탤릭체).

Bucci(1997a)는 신체중심 심리상담의 경험에서 매우 익숙한 신체 감각을 효과적으로 불러 일으킨다.

> 이러한 감각적인 경험은 발차기, 울기, 빨기, 타인의 몸에 자신의 몸의 근거를 두고 형성하기 등과 같은, 입, 손, 신체 전체와 관련된 조직된 운동적 행동뿐 아니라, 기쁨과 고통의 신체적, 체내적 경험과 일치되어 일어난다…. 이러한 경험들은 언어를 습득하기 훨씬 이전에 정서적인 삶을 안내하고 통합한다(p. 161).

우리는 (정말 다행히도!!) 전 생애를 통해, 차고, 울고, 빨고, 고통과 기쁨을 경험하고, 타인의 몸에 자신의 몸을 형성한다. 이러한 경험은 영아기의 표명이나 아동기의 원시적 잔재일 뿐만 아니라, 한 사람의 전 생애를 통한 친밀감, 역할, 에로티시즘, 싸움, 섹슈얼리티, 양육을 드러내는 것이다. 이러한 하위 상징적 영역에서 상담 과정은 말은 없지만 의미상으로는 풍성할 수 있는, 일종의 탐색적이며 심리신체적인 동반 관계(교정적인, 유사 부모자녀 관계와 상당히 다르고 구별되는)가 된다. 다음의 임상 사례는 감각운동과 하위 상징적 활동의 조직적이고, 재조직적인 잠재성을 더 잘 설명한다.

2남 2녀 중 한 명인 애비는 야망 있는 중상층의 부모에게서 태어났다. 그 가족은 그들의 사회적, 정치적 성취에 자부심을 가졌고 자녀들은 사교적이고, 독립적이며, 사회적으로 유능하고, 학문적으로 성취해야 한다는 것에 대해 압력을 받았다. 애비는 종종 아동으로서도, 성인으로서도 표준에 도달하지 못한다고 느꼈다. 상담은 직업적 염려, 자기 회의, 아주 활동적인 아동을 키우면서 전문적인 여성으로 사는 것에 대한 스트레스에 초점을 맞춘 경향이 있었다. 동료나 가족에 대해 고심하는 이야기를 할 때 그녀는 주변 사람에 대한 분노나 실망을 거의 느끼거나 표현하지 않으면서 자신에 대해서는 매우 비판적이었다. 애비는 상당한 우려와 어려움이 있었는데 나에게는 분노와 실망을 표현할 수 있었다. 그녀가 나에게 말한 이 문제는 실질적이었고, 상담을 방해하거나 그로부터 멀어지게 했다기보다는 작업을 향상시키는 방식으로 이끌었다. 상담은 생산적이었으나 드러나는 근본적인 주제가 없어 보였다. 애비는 시간과 비용을 들이는 것이 옳은 것인가에 대한 여부와 상담을 하는 '진짜' 이유를 확신하지 못하고 있었다.

한 상담 회기 중 애비는 그녀를 매료시켰지만 방해한 잡지에서 본 한 장의 사진에 정신이 팔렸던 것을 지나가는 말로 언급했다. 그녀는 그 감정에 대해 뭐라고 말해야 할지에 대한 당혹감과 불확실한 감정을 느끼면서 그 사진을 몇 번이고 나에게 가져올까 생각했지만 주저했다. 그녀는 그 의미를 발견할 수 있기를 바라면서 마침내 그것을 그리기로 결심했다. 그 사진에 대해 그리고 다시 그리고를 몇 번이고 다시 한 후에 그녀는 그것을 상담에 가져오겠다고 했다.

그것은 진흙으로 뒤덮인 채 비에 흠뻑 젖어 등을 굽히고 경기장을 터벅터벅 걸어 나가는 3명의 축구 선수의 모습이었다. 선수들은 비와 습기에 젖어 알아보기 어려웠고 헬멧으로 얼굴을 가리고 있었다. 그 선수들은 위협적이고 피곤해 보였다. 그 남성들은 접촉하고 있으면서 신체적으로 가까웠고 분명히 한 팀의 일원이었다. 그 그림은 그림 자체로서 훌륭했고, 상당히 감동적이었다.

애비가 그 그림과 연관 짓기 시작했을 때, 그녀는 신체와 운동능력에 대해 자신감을 가지고 있던 아버지를 생각했고, 딸보다는 아들에 대한 선호, 약자를 괴롭힘과 자기애적인 권위와 자기-의(義)에 대해 생각했다. 애비는 이전의 상담과 이 모든 것이 유사했다고 말했고, 그 그림이 그녀를 그렇게 압도한 것이 무엇인지에 대해 찾을 수 없어서 당황했다. 나는 그 그림을 그리고 그것에 대해 말하기보다는 신체적으로, 문자 그대로 그녀의 몸으로 그것이 되어 보라고 제안했다.

　일련의 상담은 그녀가 일어나서 그 선수들을 흉내 내는 것으로 이어졌고, 그녀는 그 선수들이 움직일 것 같은 방식으로 걷고 움직이며, 점차적으로 자세를 취했다. 매 회기는 그녀가 내게 알려 주고 싶은 것이나 생각해 볼 필요가 있는 한 주간 있었던 사건이라면 무엇이든 간에 말한 다음, 일어서서 바닥에 그림을 두고 자신의 신체로 그림의 일부를 표현하는 것으로 시작했다. 우리는 거의 말하지 않았다. 나는 어떠한 해석도 없이 애비가 원한다면 그녀가 경험한 것과 관련된 것을 단순히 물으면서 근처에 서 있었다. 그녀는 그 그림 속의 남성들이 느꼈을 것 같은 감정을 감지한 것에 대해, 자신이 무엇을 느꼈는지 몸의 감각에 대해 때때로 언급하면서 많은 행동을 했지만 말은 거의 하지 않았다. 새로운 기억이나 통찰이 드러나지는 않았지만 그녀는 새로운 몸의 감각을 갖기 시작했다. 회기와 회기 사이에 사고와 감정에 대해 더욱 실체적으로 느끼면서 자기감을 다르게 인식하기 시작했다. 그녀는 더 자주 분노를 느끼는 것을 알아차렸다. 그녀는 사진에 매료된 존재로서, 즉 가족 안에서 딸로서의 자신을 부인해 온 사람의 방식으로서 움직이고 있었다. 그녀의 신체적인 활동과 탐색은 언어와 통찰을 이끌고, 정보를 주고, 풍성하게 했다.

　아기와 두뇌에 대한 다양한 분야의 연구가 임상이론과 합쳐질 때, Allen(2001)의 표현을 빌리자면 우리는 형성하고 지속하는 마음의 상태를 만들어 내는, 하위 상징적, 감각운동 과정의 힘을 인식하기 시작하는 중이다. 첫 번째 연구 분야에서는 현대 신경생리 및 두뇌 영상 연구가 피질의 상징적/언어적 기능과, 피질 하부 및 변연계 기능과 상호적으로 영향을 미치는 상호작용을 점차적으로 명료하게 입증하고 있다(Hadley, 1989; LeDoux, 1996; Bucci, 1997a; Siegel, 2001; Schore, 2001). 우리는 현재 일생 동안의 경험에 대한 두 가지의 구별되고 공존하는 경험 양식, 즉 상징적, 하위 상징적인 것과, 인지적, 신체적인 것이 끊임없이 정신적 삶을 형성하고 있다는 것을 알고 있다. 정신적 경험의 상징적인 영역과 하위 상징적인 영역 모두는 인생의 어떤 단계에서도 영향을 미칠 수 있고 변화할 수 있다.

　중요한 두 번째 연구 분야에서는 20년 이상 영아를 직접적으로 관찰한 결과 영아기,

영아/부모 쌍, 그리고 인간 두뇌가 사회적으로 구성된다는 본질에 대한 이해를 극적으로 바꾸었다. 인간은 출생에서부터 이후의 모든 인지적, 관계적 발달에 영향을 주고받는 피질하부 및 전인지의 형판으로 기능하는 정서와 감각운동 세계의 비언어적 도식을 형성하기 시작한다. 우리는 Bucci가 하위 상징적 과정이라 설명하고, Lichtenberg(1989)가 언어적인 표현이나 상징적인 형성 없이 작동하는 지각-정서-행동 양식이라고 묘사한 인간 기능의 신체적, 정서적, 비언어적 기반에 대한 통합된 이론의 시작점에 있다.

TA에서 진화된 개념들

현재 영아와 신경생리학 연구는 Berne의 자아상태모델에서는 적절하게 보여 줄 수 없었던 신경발달의 범위를 반영하는 것이 분명하다. 우리는 두뇌의 특정 부분을 PET 스캔으로 비추는 것으로는 절대로 자아상태를 볼 수 없을 것이다. Clarkson(1992)은 자기 상태의 언어를 소개하면서 TA의 자아상태 이론의 제한점을 언급했다. Hargaden과 Sills(2001, 2002)는 어린이 자아상태의 기본적인 모델을 유지하면서 인간 기능의 무의식적인 측면을 설명하기 위해 어린이 자아상태에서 자기상태의 개념을 확장해 왔다. Rath(1993)는 자기조직 체계의 개념을 이용하여 자아상태의 개념을 넓히려고 했다. 이와 관련된 방식으로 Gilbert(1996)는 도식과 일반화된 표상의 연구 모델을 그림으로써 자아상태 네트워크의 개념을 발달시켰다.

Hine(1997)은 암묵적 지식과 명시적 지식 간의 연결을 묘사하면서, 자아상태의 발달 및 분화에 대한 가설을 제시하기 위해 신경생리학 연구와 영아기 연구를 합성하면서, 신경망 모델을 좀 더 발전시켰다. 그중에서도 Churchland(1995), Edelman(1992), Nelson과 Gruendel(1981), Stern(1985)의 연구에서 Hine(1997)은 암묵적 기억과 학습에 크게 기반한 자아상태의 발달 및 조직이론을 제시하였다. 그녀는 "정신적 복잡성이 증가함에 따라 서로 연결되어 전체로 기능하는 표상의 응집된 네트워크로 이러한 근본적인 신경 과정이 형성된다고 강조했다. 자아상태는 강력한 구조화 과정에 대한 발전된 사례로 보인다."고 결론을 내면서, 경험의 일반화된 표상 개념을 강조했다(p. 278). 그녀는 다음을 관찰했다.

> 자아상태는 GR(generalized representation : 일반화된 표상) 체계의 몇 가지 특성을
> 나타낸다… 자아상태는 GR과 같이 비교적 안정적이고 응집된 체계가 된다… 자
> 아상태에서 정신적인 활동은 확장될 수 있고 사고, 감정, 행동을 포함할 수 있다.
> 이것은 Moscovitch(1994)에 의해 설명된 '일반화된 경험'을 구성하는 것과 유사하
> 다… 자아상태 체계에서 자아상태는 그들만의 특징적인 유형을 가지며, 내적 감
> 각과 외적 지각에 대한 그들만의 의미를 부여한다(p. 283).

Hine은 각각의 자아상태를 특징짓는 다른 형태의 정신적인 활동이 '각 자아상태 체계
의 형성 방식과 그 체계를 일으킨 지각이 어떻게 처리되고 조직되었는지'를 반영한다고
계속 제시했다(p. 284). 그녀는 이 관점에서 별개의 구별된 정신활동 및 조직화 체계 모
델을 유지해 왔다.

반면 Allen(2001)은 용어의 변경을 직접적으로 제안하지 않으면서 Berne으로부터 우
리가 물려받은 이론적인 딜레마에서 벗어나는 방법으로 언어의 변화를 제안했다. Allen
은 동시대의 두뇌 연구를 끌어와서 다음과 같이 저술한다.

> '온전한 자아상태의 선구자로서의 마음의 상태 : 널리 분포된 신경회로의 활성화'
> 는 어떻게 조절되는가? 이 기능은 '마음의 상태'라 불리는 것으로 보이는데, 이는
> 주어진 시간의 두뇌 내의 활성화의 전체 패턴이다. 그것은 다른 몇 개의 신경망을
> 한데 모았고, 그중 하나는 지배적인 에너지와 순간의 정보과정의 단위가 될 수 있
> 다… 시간이 흐르면서 응집된 상태는 자기상태로 점점 더 쉽게 활성화되고 합쳐
> 지게 된다. Post와 Weiss(1997)의 결론과 같이 "뉴런은 함께 활동하고 함께 생존하
> 며 함께 배선된다"(p. 930). … TA에서 우리는 그러한 신경망의 활성화를 '자아상
> 태'라 이름 붙인다(p. 261).

신경망 활성화 체계에 대한 Hine과 Allen의 설명은 마음의 심리적 구조로 우리에게 좀
더 익숙한 자아상태 이론보다는 현대 연구에서 드러나고 있는 역동적인 정신 과정의 이
해를 위해 이론적인 수준에서 좀 더 정확하게 설명한다. 자아상태라기보다는 **마음의 상**

태라는 Allen의 언급은 신체적, 정서적, 인지적, 행동적 조직의 성장과 변화를 고려하는 준거 틀에 열려 있다. Allen은 신경 조직의 도식이 '사회적으로 공유되고, 의사소통할 수 있는 언어가 포함되는' 관점에 도달하게 되면, 그것들이 마음의 상태라기보다는 자아상태로 개념화될 수 있다고 제안하려고 한다.

Allen의 관점은 또한 신체중심적인 상담가들에게 일반적인 것으로 보이고, 그들 중 상당수는 보통 '본능적인/정서적인, 감각운동의, 인지의'라고 정의되는 정신조직 상태의 흔적을 분화시키기 위해 훈련받는다. 발달적인 관점에서 변연계 영역의 본능적/정서적 체계는 신경생리적이고 대인관계적인 조직의 최초 단계를 지배하고, 감각운동 발달에 의해 촉진되고 확장되며, 대뇌피질의 인지적 과정에 의해 마무리된다. 각 체계는 건강하게 기능하기 위해서는 필수적이다. 본능적인/정서적인 그리고 감각운동 체계가 초기 영아의 발달을 지배하는 동안 그것들은 과거의 잔여물이나 저장소가 되지는 않지만, 개인의 삶을 통해 인지체계와 공존하는 정신조직의 중요한 체계로 남는다. 이러한 동등한 하위 상징적 체계는 개인의 삶에서 의미와 효율성을 만들어 내고자 하면서 과거와 현재, 사고와 느낌을 연결하는 진행 중인 심리상담 과정에서 활성화된다(그리고 활용되기를 바란다).

경험상의 하위 상징적인, 감정운동 영역에서의 가장 직접적이고 이론적으로 확고한 수단은, 비–언어적인 경험과 의사소통의 다양한 형태에 대한 체계적인 관심과 관련된다. 즉, 점차적으로 감각적인 자각에 초점을 두도록 하는, 몸으로 하는 직접적인 작업, 전이/역전이 관계의 상호작용에 주의집중, 그리고 무의식적인 환상의 탐색 등과 같은 개입 수단이 포함된다. 그것은 우리가 **구조**가 아닌 **과정**을 다루는 정신조직의 기초적인 영역 안에서 작업을 할 때 점점 더 명백해지는 것으로 보인다. 이러한 아는 것에 대한 암묵적이고, 절차적이며, 무의식적인 수단의 과정은 확실한 응집성을 갖지만, 그것들은 우리가 자기 또는 자아라고 부르는 마음상태의 고정성을 갖지는 않는다. 무엇이 일어났고 누가 그것을 했는지에 대한 더욱 친근한 질문에 덧붙여 우리는 이러한 것들이 **어떻게 일어나는지**를 다루고 있다. 상담과정의 이러한 영역에서 상담의 예리함과 변화의 수단을 창조하는 것은 추구하고, 움직이며, 탐색하는 활동이자 경험이다.

임상 적용

TA 심리상담은 생동감 있고 잘 성장하고 있다. 우리가 심리상담을 신체적인 과정과 두뇌발달의 관점에서 바라볼 때 상담 과정의 영역은 광범위하게 열려 있고, 오늘날의 TA에 가장 보편적인 치료관계 모델의 영역을 훨씬 넘어선다. 어버이의 부성 혹은 모성의 존재에 대한 모델과 은유는 상담가와 내담자에게 똑같이 강력하게 작용한다. 결국 내담자가 자신을 달래지 못한다면 누가 상담가보다 더 잘 달랠 수 있을 것이며, 내담자가 만약 자신을 이해하지 못한다면 누가 상담가보다 더 잘 이해하겠는가? Winer(1994)는 다음과 같이 이러한 부모모델과 심리상담의 상당한 다양성에 도전했다.

> 이는 상담가와 내담자가 그들 스스로를 부모와 자녀로 보기에는 너무 편안하며
> 심지어 그렇게 말하고 싶을지도 모른다. 우리는 모두 현명하고 보호적인 권위를
> 갈망한다. 내담자는 상담자에게 그러한 힘을 부여하고, 상담자는 내담자의 이상
> 화를 확인하는 데에서 안도감을 찾는다(p. 64).

Tronick(2001)은 영아 연구에서 얻어낸 통찰을 통해 심리상담 과정을 심도 있게 이해해 왔다. 그는 "두 명의 개인(2개의 두뇌)의 협동이 성공적이었다는 것을 통해 '양자 관계로 확장된 의식 상태' 모델을 제안했고, 각각은 그들의 응집성과 복잡성을 증가시키는 근본적 체계 원리를 만족시킨다"(p. 193). 그는 심리상담을 부모자녀 관계의 어떠한 형태로 변경하려는 경향이 있는 영아/부모 연구의 단순한 응용에 주의를 준다. 나는 치료적인 과정에 대한 TA의 어린이 자아상태와 우리의 접근 방식의 이해에서 중대한 문제를 일으키는 Tronick의 관점을 다음과 같이 상세히 인용한다.

> 성인은 한 때 영아의 능력을 가졌던 '존재'였지만, 그는 더 이상 영아, 걸음마기 유
> 아, 아동의 능력을 갖고 있지 않다(또는 더 이상 그것만을 갖지 않는다)…. 그것은
> 성인의 경험, 심지어 재경험(해석), 그들의 경험과 근본적으로 질적으로 다른 능력
> 이다…. 우리는 단순하고 무비판적인 방식으로 상담 상황에 어머니 영아/아동 상
> 호작용 모델을 적용해서는 안 된다. 영아는 내담자가 아니다. 어머니는 상담가가
> 아니다…. 나는 우리가 서로 비교하고 대조하는 것으로 상당하게 배울 수 있다고

본다. 그럼에도 불구하고 어머니와 영아, 내담자와 상담가를 혼동해서도 안 되고, 이야기를 만들어 내서도 안 된다(pp. 189-190).

Bonds-White와 나는(Cornell & Bonds-White, 2001) TA 심리상담에서 매우 보편적인 어머니/영아와 부모/자녀 관계의 미묘하지만, 그렇게 미묘하지는 않은 모델의 임상 적용을 조사했다. 우리는 부모/자녀 은유로부터 변화한 개념화를 제공하기 위해 관계(relationship)보다는 연결(relatedness)에 대해서 더욱 생각할 것을 제안해 왔다. 우리는 (관계와 대조되는) 반영하고, 궁금해 하고, 탐색하고, 움직이는 수단을 제공해 주는 치료적 공간의 설정을 강조한다. 신체중심적인 관점으로 보면, 심리상담은 내담자가 자신의 주체를 발견하는 도구이다. 암묵적인 이해, 신체적 활동, 감각/운동적인 조직과 함께 체계적으로 작업함으로써 상담은 내담자의 몸과 마음이 일치하도록 돕는다. 상담이 종결된 후에도 내담자가 지닐 암묵적, 신체적 이해이자 내담자의 신체 내에 남게 될, 신체적인 학습과 매개체를 촉진하는 것이 상담가로서의 나의 소망이다.

만약 우리가 육아, 양육, 이해를 넘어 활동과 욕구의 넓은 분야로 심리상담을 본다면, 심리상담가로서 우리의 이미지는 어떻게 될까? 심리상담은 불확실성과 잠재성, 놀이와 탐색, 행동과 공격, 욕구와 상상의 영역이 되었다. 정신분석가이자 재즈 음악가인 Knoblach(1996)는 *The Play and Interplay of Passionate Experience : Multiple Organizations of Desire*에서 생기를 불어넣는 신체적이고 대인관계적인 풍미를 정확하게 포착한다. 나는 치료적 과정에서의 욕구 및 놀이의 규칙에 대한 개념화가 치료적 활동의 양육과 다양한 교정모델로 꽉 차 있는 TA 이론의 오랜 구속과 사각지대로부터 벗어날 수 있는 길을 보여 준다고 생각한다. '놀이와 상호작용'은 치료과정에서 상호적인 탐색, 운동의 활성화, 전이 및 역전이의 무의식적인 매트릭스의 감각을 전달한다. 놀이와 상호작용은 마음과 자아구조 내에서와 마찬가지로 활동적이고 움직이는 신체 내에 아기와 두뇌에 근거를 두는, 아기와 두뇌 연구 결과들과 보다 일관된 상담모델을 제공한다.

욕구와 열정의 분야인 심리상담에서 최근에 많은 연구가 보고되고 있으며(Davies, 1994, 1998; Winer, 1994; Benjamin, 1995; Kloblauch, 1996; Eigen, 1996, 1998;

Mann, 1997; Dimen, 1999, 2001; Billow, 2000; Cornell, 2001) 그 연구는 이 장에서 나타난 문제에 많이 적용할 수 있도록 한다. 이러한 연구는 이 장의 범위를 넘어서지만 심리상담의 본질과 목적에 대한 사고 확장을 탐색하게 한다.

놀이와 잠재적인 공간 창조는 아동발달과 Winnicott(1971)의 치료과정에 대한 이해가 확실히 결정적이었다. 놀이는 복잡하고 다면적인 현상이다. 동시대의 두뇌 연구자들 중 Panksepp은 좀 더 나이가 든 아동의 두뇌발달 연구에 집중적으로 몰두해 왔고, 놀이에 대한 수많은 연구들을 수행해 왔다. Panksepp(2001)은 "어린 아동은 오랜 시간 동안 상당히 활동적인 경향이 있고, 모든 아동이 마구잡이(rough and tumble, R&T) 활동의 일일량을 필요로 한다는 것을 강조했으며, 이것은 두뇌발달을 최적화하도록 도울 수 있다."(p. 146)고 강조했다. Panksepp(1993)은 놀이의 중요성을 다음과 같이 요약했다.

> 인간의 놀이는 탐구의/감각운동의 놀이, 관계적인/기능적인 놀이, 건설적인 놀이, 극적인/상징적인 놀이, 규칙이 있는 게임 놀이, 그리고 마구잡이 놀이를 포함한 다양한 카테고리로 세분화된다. 아마도 마지막 형태인 마구잡이 놀이는 동물모델에서 연구하기에 가장 쉽지만… 인간 연구에서는 가장 관심을 받지 못했다. 야단법석을 떠는 것은 활기가 넘치지만 성인에게는 방해되고 잠재적으로 위험한 것으로 보이기도 한다는 것은 이해할 만하다. 하지만 그것은 아동에게 '즐거움'을 주기 때문에 당연히 아동은 그것을 좋아하고, 동물은 그 안에서 욕구를 충족할 수 있는 도구적 반응을 쉽게 학습한다(Panksepp, 1990, pp. 150-151).

Panksepp(2001)은 영아 감정에 대한 장기적인 정신 생물학 결과에 대한 이후의 저술에서 탐색, 놀이, 정욕, 보살핌이라는 네 가지의 일차적이고 지속적인 정서 체계를 명명한다. 대부분의 심리상담 모델(분명히 TA)은 철저하게 고정된 관리 구성요소를 갖는다. 아기와 두뇌 연구에 대해 내가 읽은 문헌에서는 심리상담가로서 우리가 탐색, 놀이, 정욕에 대해 훨씬 더 체계적인 주의를 기울이는 것이 시대착오적이라고 강력히 제안한다. 하지만 나는 심리상담 프로젝트를 위해 두 성인의 몸과 마음의 가능성의 최대치를 가져오는 성인 심리상담에 대한 마구잡이식의 접근 방식이 우리에게 필요하다고 생각한다.

결론

내가 어린이자아의 개념을 없애야 한다고 제안하고 있는가? 물론 아니다. 원형적, 고착화된, 방어적으로 조직된 자아기능의 확실한 측면이 있고, 그것은 Berne이 어린이 자아상태에 대한 설명에서 묘사한 것이며, 종종 TA 문헌에서 반영되어 온 것이다. 나는 이러한 상태가 자아기능의 진정한 측면이라는 점에 동의한다. 그러나 나는 TA가 임상으로 유의하게 확장될 때, 자아상태가 가지는 한계의 결과, 특히 어린이 자아상태의 개념화 내에서의 한계의 결과로, 심각한 이론적인 문제와 맞닥뜨릴 수 있다고 본다. 나는 어린이 자아상태가 하위상징적(전자아) 조직과 동기화의 암묵적, 정서적, 운동적 체계의 매트릭스로부터 드러난다고 제안한다. 마음이나 신경조직의 상태는 자아발달에 앞서며 심리조직의 무의식적이고 전의식적인 영역이다. 어린이 자아상태는 때때로 역사적으로 왜곡과 방어에 뿌리를 둔 현실에서의 기능을 반영하지만, 동시에 일상의 삶과 연결을 풍성하게 하는, 풍부한 감정적이고 절차적인 형태로 이해된다. 우리는 반드시 구조와 함께 과정에 대한 이론을 명확하게 표현해야만 한다. 나는 우리가 현재 심층적 심리상담의 과정에 활기를 주는 동기부여와 조직의 무의식적이고, 절차적이며, 신체적인 상태의 임상이론을 개발하는 중이라고 생각한다. 그리고 이것은 이 책의 여러 장에서 더욱 분명해질 것이다.

아기와 두뇌에 대한 동시대의 연구의 적용과 일관되게, 우리는 신체적이고 감정적인 조직 단계를 어린이 자아상태로부터 신경의 활성화, 조직 및 변화의 근본적이며 지속적인 과정으로 재개념화를 시작해야만 한다. 그때 우리는 욕구의 활성화, 가능성의 탐색, 생기가 있는 마구잡이식 연결에 대한 수단과 장소로서 TA 심리상담을 개념화할 수 있을 것이다.

참고문헌

Allen, J. (2000) Biology and transactional analysis: integration of a neglected area. *Transactional Analysis Journal.* 29(4)250-259

Allen, J. (2001) Biology and transactional analysis II: A status report on neurodevelopment. *Transactional Analysis Journal.* 30(4)260-268

Bauer, P.J. (1996) What do infants recall? Memory for specific events by one-to-two-year-olds. *American Psychologist.* 51: 29-41

Benjamin, J. (1995) *Like Subjects, Love Objects.* New Haven: Yale University Press

Berne, E. (1947) *The Mind in Action.* New York: Simon and Schuster

Berne, E. (1961) *Transactional Analysis in Psychotherapy.* New York: Grove Press

Berne, E. (1964) *Games People Play.* New York: Grove Press

Berne, E. (1966) *Principles of Group Treatment.* New York: Oxford University Press

Berne, E. (1968) *A Layman's Guide to Psychiatry and Psychoanalysis.* New York: Simon and Schuster

Berne, E. (1969) Standard Nomenclature. *Transactional Analysis Bulletin.* 8:111-112

Berne, E. (1972) *What Do You Say After You Say Hello?* New York: Grove Press

Berne, E. (1977) *Intuition and Ego States.* New York: Harper & Row

Billow, R.M. (2000) From countertransference to "passion." *Psychoanalytic Quarterly.* 69: 93-119

Blackstone, P. (1993) The dynamic child: Integration of second-order structure, object relations, and self psychology. *Transactional Analysis Journal.* 23: 216-234

Boadella, D. (1997) Embodiment in the therapeutic relationship: main speech at the First Congress of the World Council of Psychotherapy, Vienna, 1-5 July 1996. *International Journal of Psychotherapy.* 2: 31-43

Bollas, C. (1987) *The Shadow of the Object: Psychoanalysis of Unknown Thought.* New York: Columbia University Pres

Bucci, W. (1997a) *Psychoanalysis and Cognitive Science: A Multiple Code Theory.* New York: Guilford

Bucci, W. (1997b) Symptoms and symbols: A multiple code theory of somatization. *Psychoanalytic Inquiry.* 17: 151-172

Bucci, W. (2001) Pathways of emotional communication. *Psychoanalytic Inquiry.* 21: 40-70.

Call, J.D. (1984) From early patterns of communication to the grammar of experience and syntax in infancy. In *Frontiers of Infant Psychiatry, Vol. 2,* Call, J.D., Galenson, E. & Tyson, R.L. (Eds.), pp. 15-28. New York: Basic Books, Inc

Churchland, P.M. (1995) *The Engine of Reason, the Seat of the Soul: A philosophical Journey.* Canbridge, MA: The MIT Press

Clarkson, P. (1992) *Transactional Analysis Psychotherapy.* London: Routledge

Clarkson, P. & Gilbert, M. (1988) Berne's original model of ego states: Theoretical considerations. *Transactional Analysis Journal.* 18: 20-29

Clarkson, P. & Fish, S. (1988) Rechilding: Creating a new past in the present as a support for the future. *Transactional Analysis Journal.* 18: 51-59

Cornell, W. (2000) Transference, desire, and vulnerability in body-centered psychotherapy. *Energy & Character.* 30: 29-37

Cornell, W. (in press) The impassioned body: Erotic vitality and disturbance *Bodypsychotherapie in Theorie and Practise.* Germany

Cornell, W. & Bonds-White, F. (2001) Therapeutic relatedness in transactional analysis: The truth of love or the love of truth. *Transactional Analysis Journal* 31: 71-83

Cox, M. (1999) The relationship between ego state structure and function: A diagrammatic formulation. *Transactional Analysis Journal.* 29: 49-58

Davies, J.M. (1994) Love in the afternoon: A relational reconsideration of desire and dread in the countertransference. *Psychoanalytic Dialogues.* 4: 153-170

Davies, J.M. (1998) Between the disclosure and foreclosure of erotic transference-counter transference: Can psychoanalysis find a place for adult sexuality? *Psychoanalytic Dialogues.* 8: 747-766

DeMasio, A.R. (1999) *The Feeling of What Happens.* New York: Harcourt Brace

Dimen, M. (1999) Between lust and libido: Sex, psychoanalysis, and the moment before. *Psychoanalytic Dialogues.* 9: 415-440

Dimen, M. (2001) Perversion is us? Eight notes. *Psychoanalytic Dialogues.* 11: 825-860

Downing, G. (1996) *Korper und Wort in der Psychotherapie.* Munich: Kosel Verlag

Edelman, G.M. (1992) *Bright Air, Brilliant Fire: On the matter of the Mind.* New York: Basic Books

Eigen, M. (1996) *Psychic Deadness.* Northvale, NJ: Jason Aronson

Eigen, M. (1998) *The Psychoanalytic Mystic.* Binghamton, NY: ESF Publishers

Emde, R. (1999) Moving ahead: Integrating influences of affective processes for development and psychoanalysis. *International Journal of Psycho-Analysis.* 80: 317-339.

Erskine, R. (1988). Ego structure, intrapsychic function, and defense mechanisms: A commentary on Eric Berne's original theoretical concepts. *Transactional Analysis Journal.* 18: 15-19

Federn, P. (1952) *Ego Psychology and the Psychoses.* New York: Basic Books

Fischer, K.W. & Hogan, A.E. (1989) The big picture for infant development: Levels and variations. In *Action in Scoial Context: Perspectives on early Development,* Lockman, J.J. & Hazen, N.L. (Eds.), pp. 275-305. New York: Plenum Press

Fonagy, P. (1999) Points of contact and divergence between psychoanalytic and attachment theories: Is psychoanalytic theory truly different? *Psychoanalytic Inquiry. 19: 448-480*

Fonagy, P. (2001) *Attachment Theory and Psychoanalysis.* New York: Other Press

Frank, R. (2001) *Body of Awareness.* New York: Gestalt Institute Press

Gilbert, M. (1996) *Ego states and ego state networks.* Paper presented at the International Transactional Analysis Conference, Amsterdam, Netherlands

Giuli, M. (1985) Neurophysiological and behavioral aspects of the P-0, A-0, C-0 structures of the personality. *Transactional Analysis Journal.* 15: 260-262

Goulding, M. & Goulding, R. (1979) *Changing Lives through Redecision Therapy.* New York: Brunner/Mazel

Green, A. (2000) Science and science fiction in infant research. In *Clinical and Observational Psychoanalytic Research: Roots of a Controversy,* Sandler, J., Sandler, A-M, & Davies, R. (Eds.), pp. 41-72. Madison, CT: International Universities Press

Hadley, J.L. (1989) The neurobiology of motivational systems. In *Psychoanalysis and Motivation,* Lichtenberg, J.D., pp.337-372. Hillsdale, NJ: The Analytic Press

Hargaden, H., & Sills, C. (2001) Deconfusion of the child ego state: A relational perspective. *Transactional Analysis Journal.* 31: 55-70

Hargaden, H., & Sills, C. (2002) *Transactional Analysis: Relational Perspective.* London: Routledge

Hine, J. (1997) Mind structure and ego states. *Transactional Analysis Journal.* 27: 278-289.

Hine, J. (2001) Personal communication. October 18, 2001.

Izard, C.E. (1993) Four systems for emotion activation: Cognition and noncognitive proceses. *Psychological Review.* 100: 68-90.

Kagan, J. (1998) *Three Seductive Ideas.* Cambridge, MA: Harvard University Press.

Kihlstrom, J.F. (1990) The psychological unconscious. In *Handbook of Personality: Theory and Research*, Pervin, L.A. (Ed.), pp.445-464. New York: Guilford Press.

Knoblauch, S.H. (1996) The play and interplay of passionate experience. *Gender and Psychoanalysis.* 1: 323-344.

La Barre, F. (2000) *On Moving and Being Moved: Nonverbal Behavior in Clinical Practice.* Hillsdale, NJ: The Analytic Press.

Lachmann, F. (2001) Some contributions of empirical infant research to adult psychoanalysis: What have we learned? How can we apply it? *Psychoanalytic Dialolgues.* 11: 167-187.

Laplanche, J. & Pontalis, J.-B. (1973) *The Language of Psychoanalysis.* New York: Norton.

LeDoux, J. (1996) *The Emotional Brain.* New York: Simon & Schuster.

Levenson, R.W. (1999) The intrapersonal functions of emotions. *Cognition and Emotion.* 13: 481-504.

Levin-Landheer, P. (1982) The cycle of development. *Transactional Analysis Journal.* 12: 129-139.

Ligabue, S. (1991) The somatic component of script in early development. *Transactional Analysis Journal.* 21: 21-29.

Lichtenberg, J.D. (1989) *Psychoanalysis and Motivation.* Hillsdale, NJ: The Analytic Press.

Lyons-Ruth, K. (1998) Implicit relational knowing: Its role in development and psychoanalyic treatment. *Infant Mental Health Journal.* 19: 282-289.

Lyons-Ruth, K. (1999) The two person unconscious: intersubjective dialogue, enactive relational representation and the emergence of new forms of relational organization. *Psychoanalytic Inquiry.* 19: 576-617.

Mann, D. (1997) *Psychotherapy: An Erotic Relationship.* London: Routledge.

Marcher. L. (1996) Waking the Body Ego, Part 1: Core concepts and principles; Part 2: Psychomotor development and character structure. In *Embodying the Mind & Minding the Body*, I. Macnaughton, (Ed.), pp. 94-137. North Vancouver, BC: Integral Press.

McClelland, J.L. (1998) Complementary learning systems in the brain: A connectionist approach to explicit and implicit cognition and memory. *Annals of the New York Academy of Sciences.* 843: 153-178.

Mellor, K. (1980) Impasses: A developmental and structural understanding. *Transactional Analysis Journal.* 10: 213-221.

Milner, B., Squire, L.R., & Kandel, E.R. (1998) Cognitive neuroscience and the study of memory. *Neuron.* 20: 445-468.

Mitrani, J.L. (1996) *A Framework for the Imaginary: Clinical Explorations in Primitive States of Being.* Northvale, NJ: Jason Aronson.

Moscovitch, M. (1994, May) *Neurological and Cognitive Bases of Memory.* Report to Harvard Medical School Conference on Memory, Cambridge, MA.

Nelson, K., & Greundel, J. (1981) Generalized event representations: The basic building blocks of cognitive development. In *Adavnces in Developmental Psychology, Vol. 1*, Lamb, M.E. & Browns, A.L. (Eds.) Hillsdale, NJ: Lawrence Erlbaum Associates.

Ogden, T.H. (1989) *The Primitive Edge of Experience.* Northvale, NJ: Jason Aronson

Pally, R. (2000) *The Mind-Brain Relationship.* London: Karnac.

Panksepp, J. (1993). Rough and tumble play: A fundamental brain process. In *Parent-Child Play: Descriptions and Implications.* MacDonald, K. (Ed.), pp. 147-184. Albany, NY: State

University of New York Press.

Panksepp, J. (2001) The long-term psychobiological consequences of infant emotions: Prescriptions for the twenty-first century. *Infant Mental Health Journal*. 22: 132-173.

Penfield, W. (1952) Memory mechanisms. *Archives of Neurology and Psychiatry*, 67: 178-198.

Post, R.M., & Weiss, S.R.B. (1997) Emergent properties of neural systems: How focal molecular neurobiological alterations can effect behavior. *Development and Psychopathology*. 9: 907-930.

Rath, I. (1993) Developing a coherent map of transactional analysis theories. *Transactional Analysis Journal*, 23: 201-215.

Rothschild, B. (2000) *The Body Remembers: The Psychophysiology of Trauma and Trauma Treatment*. New York: Norton.

Sharar-Levy, Y. (2001) The function of the human motor system in processes of storing and retrieving preverbal, primal experience. *Psychoanalytic Inquiry*. 21: 378-393.

Schiff, J.L., et. al. (1975) *Cathexis Reader: Transactional Analysis and Psychosis*. New York: Harper & Row.

Schore, A.N. (1994) *Affect Regulation and the Origin of the Self*. Hillsdale, N.J.: Lawrence Erlbaum.

Schore, A. (2001) Contributions from the decade of the brain to infant health: An overview. *Infant Mental Health Journal*. 22: 1-6.

Shapiro, S.A. (1996) The embodied analyst in the Victorian consulting room. *Gender and Psychoanalysis*. 1: 297-322.

Siegel. D.J. (2001) Toward an interpersonal neurobiology of the developing mind: Attachment relationships, "mindsight," and neural integration. *Infant Mental Health Journal*. 22: 67-94.

Steere, D. (1981) Body movement in ego states. *Transactional Analysis Journal*. 11: 335-345.

Steere, D. (1985) Protocol. *Transactional Analysis Journal*. 15: 248-259.

Stern, D.N. (1985) *The Interpersonal World of the Infant: A View from Psychoanalysis and Developmental Psychology*. New York: Basic Books.

Thelan, E. & Fogel, A. (1989) Toward an action-based theory of infant development. In *Action in Social Context: Perspectives on Early Development*, Lockman, J.J. & Hazen, N.L. (Eds.), pp.23-63. New York: Plenum Press.

Thelan, E. & Smith, L.B. (1998) *A Dynamic Systems Approach to the Development of Cognition and Action*. Cambridge, MA: The MIT Press.

Tronick, E. (1998) Dyadically expended states of consciousness and the process of therapeutic change. *Infant Mental Health Journal*. 19: 290-299.

Tronick, E. (2001) Emotional connections and dyadic consciousness in infant-mother and patient-therapist interactions: Commentary on paper by Frank M. Lachmann. *Psychoanalytic Dialogues*. 11: 187-194.

Tulving, E., Kapur, S., Craik, F.I.M., Moscovitch, M., & Houle, S. (1994) Hemispheric encoding/retrieval asymmetry in episodic memory: Positron emission tomography findings. *Proceedings of the National Academy of Sciences*. 91: 2016-2020.

Waldekranz-Piselli, K.C. (1999) What do we do before we say hello? The body as the stage setting for the script. *Transactional Analysis Journal*. 29: 31-48.

Winer, R. (1994) *Close Encounters*. Northvale, NJ: Jason Aronson.

Winnicott. D.W. (1971) *Playing and Reality*. London: Tavistock Publications.

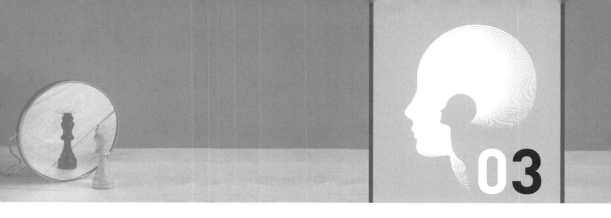

03

당신은 어떠한가? 그리고 나는 어떠한가?

자아상태와 내적 동기요인

Fanita English

편저자 주 : English의 어린이 자아상태의 '동심원(concentric circles)' 모델과 아동발달 단계는 1977년에 처음 등장했다. 이는 경험적으로 TA 임상가들에게 계속 만족스러운 작동모델이다. 우리는 훈련생들이 이 모델에 반응하고 그 모델을 기초로 하여 스스로 사고할 수 있다는 것을 계속 알 수 있었다(Wood, 1997). 이러한 이유로 우리는 Fanita에게 보다 최근의 작업에 비추어 무의식적 동기요인에 관한 모델을 업데이트하여 다시 소개해 주길 부탁했다. 독자들은 Graham Barnes의 *Transactional analysis after Eric Berne*(1977)에 나오는 'What Shall I do Tomorrow'에서 원래 모델을 자세하게 학습할 수 있다. Fanita의 각본에 관한 작업은 *Transactional Analysis Journal*(1987, 1988, 1992, 1994, 1998, 1999)에서, 동기요인은 *The Forces Within Us* 비디오에서 볼 수 있다.

3장에서 나는 20년 이상의 경험과 과학적 발견을 넘어서 나의 초기 자아상태모델, 특히 어린이 자아상태모델을 고찰하고자 한다. 연령과 관련된 어린이자아 하위체계의 개념에 대한 설명으로 시작하여, 이것을 상담의 실제와 관련시켜 보고자 한다. 다음으로 1987년에 추동으로 처음 설명된 동기요인 세 가지를 간단히 짚어 보고, 이들이 인간 성격 구조에 어떻게 역동적으로 생기를 불어넣는지에 대해 탐색해 볼 것이다. 그리고 몇 가지 '처치를 위한 조언'과 함께 결론을 내려 보고자 한다.

유전/환경 그리고 발달

우리의 성격 구조는 정확하게 어떻게 진화하며, 이후 기능적으로 우리에게 영향을 미치는 기억과 결과를 우리는 어떻게 통합하는 것일까?

50년 전 Watson과 Crick은 세포 안의 유전 안내 저장소인 DNA를 발견했다. DNA 배열의 차이는 각 사람의 유전적인 고유성을 보여 주며 모든 사람의 성장 경험 역시 고유하다. 그렇지만 상담가들에게 다행스럽게도 인간 사이에는 많은 공통분모가 있으며, 그렇기 때문에 행동과 발달에 대해 우리가 배우는 모든 것은 가치가 있다.

인간의 신체는 대략 100조에 달하는 세포로 구성되어 있다고 보인다. 그리고 인간 게놈의 배열을 풀어낸 것이 공식적으로 발표되어 알려진 2000년 6월 이후로 지금까지는 '인간 세포와 게놈의 마에스트로는 매 순간 척도 하나의 활동으로 수십만의 유전자 활동을 읽어 내며 추적하기에 너무나 복잡하기 때문에'(Wade, 2001, p. 8), 그 가소성에 대한 새로운 연구의 돌풍이 현재도 진행 중이다. 가까운 세포와 멀리 있는 세포의 메시지는 단백질 수용체가 내부로 전달되도록 하는 안내에 따라 모두 지속적으로 세포의 표면에 도착한다. 그리고 유전자는 지속적으로 서로 상호작용하는 다양한 단백질에 의해 붙었다 떨어졌다 한다.

최근 연구에 따르면 인간의 두뇌 세포는 110조의 신경세포가 각각 5만 개의 시냅스를 구성한 것이라 한다(Gazzanica, 1992, p. 50).

그러나 Nicholas Wade는 *Life Script*(2001)(이 제목은 인간의 '각본'이 생물학적으로

결론지어질 수 있다는 생물학자들의 가정과 관련 있다)에서 "게놈이 어떻게 작용하는지에 대해 여전히 상당히 무시하는 생물학자들 때문에, 게놈 각본의 해석은 그 배열을 증명하는 것만큼 어려운 것 같다"(p. 68)고 말했다. 새로운 연구에 따르면 인간의 게놈은 DNA 내의 길이에 있어서는 31억 개의 염기가 있는 것으로 보인다고 그는 덧붙인다. 각 세포 안에서 지형의 남은 부분은 '…화석화된 DNA의 묘지이며 진화의 경험을 하지 않고 멸종해가는 죽은 유전자들'이다.

각 개인의 모든 생물학적이고 정신신체적인 수준을 제외하더라도 세포 수준에서의 잠재적인 상호작용의 천문학적인 수가 주어졌을 때 우리는 삶의 형성 기간과 생물학적 영향만큼이나 그 이후조차도 복잡하게 영향받을 것을 분명히 가정할 수 있다. 정신생물학자 Robert Orenstein(1993, p. 10)은 이에 대해 다음과 같이 잘 설명한다. '현대 신경학자들은 두뇌와 행동, 성격 사이의 복잡한 연결성을 이제 막 풀기 시작한다. 이 상호작용은 출생 이전에 시작되었으며, 가장 놀라운 점은 전 생애를 통해 계속된다는 것이다.' 그는 "생물학적 유전과 우리가 사는 환경 사이에는 상호작용을 바탕으로 발생하는 '상호발달'이라는 것이 있다."고 덧붙였다. 혹은 Allen(2001)이 말한 것처럼 환경의존적인 유전자의 발현 때문에 "환경은 유전으로 간주될 수 있다"(p. 260).

이러한 상호작용을 더 구체적으로 추적할 수 있을 때까지 우리는 구조 발달과 기능적 과정을 개념화하기 위해 축적된 경험적, 임상적 지식에 의존해야만 한다. 경험적으로 발달은 예정된 단계를 따라 진행되는 것이 분명하고 '상호발달'적 역동적인 과정이 항상 일어나고 있다.

그래서 예를 들어, 자녀가 준비되기 전까지는 누구도 걷는 것을 가르칠 수 없다. 그러나 어떤 예측할 수 있는 단계에서 내적인 힘에 의해 서기, 몇 발자국을 내딛기, 걷기 그리고 이후에 뛰기, 점프하기, 기어오르기 등이 자녀에게 '동기화'된다. 걷기 이전에는 무기력하게 어떤 것에 닿으려고 손을 뻗기부터 억지로 기어가기까지, 심지어 주요한 힘(양육자)에 의해 끌려가기까지의 많은 노력이 있다(왜 저들은 내가 예쁜 꽃병을 잡아 내리려고 원했을 때 치웠을까?). 그러나 또한 여기에는 첫걸음 내딛기와 같은 긍정적인 스트로크도 있다.

이와 비슷하게 누구도 자녀가 생애 첫 단어를 말하게 만들 수 없으며, 이후에 말하는 것으로 고군분투하지도 않는다. 우리로 하여금 걷고, 환경과 신체적으로 연결되도록 동기화시키는 신비한 힘은 단지 타인에 의해 수동적으로 다뤄지는 것이 아니라 오히려 양육자에게 이해받기 위해 우는 것보다 더 많은 방법으로 우리는 스스로를 표현하기 위해 노력하고자 동기화된다. 언어는 타인과 소통에 중요한 도구가 된다. 영아의 두뇌는 어떤 언어의 소리든지 듣고, 학습하고 재생할 수 있지만, 사실 아동이 유창하게 학습하는 특정하고 유일한 언어는 그것이 영어든, 스페인어든, 중국어든 그들의 주변 사람에 의해 들리는 것이다. 이것은 우리의 신체적 준비 정도와 상호작용 및 정서적 관계 사이의 적합성이 중요하다는 것을 보여 준다. 의사소통 과정에서의 진보, 즉 모호하고 불완전한 표현이나 감정으로 시작된 단어를 분명하게 표현할 수 있게 되는 모든 방식은 위에서 언급한 '상호발달'을 보여 준다.

어린이자아의 구조

두뇌 이미지에 대한 최근 연구는 다른 기관들과 달리 두뇌가 많은 원시 구조를 유지하고 있음을 보여 준다. 비록 사고와 복잡한 정서 반응이 어떻게 결합되어 두뇌의 다른 영역에 영향을 미치는지 지금도 여전히 효과적으로 보여 주지는 못하지만, Berne의 "아동기 상태는 성인 안에 유물로 존재한다"(Berne, 1951, p. 30)는 견해는 선견지명이었다. 그리고 Berne은 이를 통해 사고, 감정, 잠재적 행동의 독특한 체계로서 원형의 구조적이고 기능적인 세 가지 자아상태모델을 발달시켰다. 그는 또한 각각의 자아상태는 사고, 감정, 행동의 고유한 체계를 가지고 있음을 보여 주었다.

그러나 나는 단지 아동기의 '유물'만으로 어린이 자아상태를 만드는 것은 불충분하다고 본다. 오히려 어린이자아는 연속적인 '유물' 혹은 내가 선호하는 지칭인 하위체계를 포함한다고 믿는데, 이는 Berne이 구별되는 각 자아상태를 '체계'라고 부른 것으로부터 유추한 것이다. Berne은 2차 구조를 제안했지만 나는 그것의 세부적인 사항이 불만족스럽다. 조니는 5세가 되기 전에는 C-1 악령으로 혹은 P-1 전극으로 존재하지 않았다. 그러나 그는 1세, 2세, 그리고 계속해서 각 연령에 특정한 특성을 가지고 완전히 발달한 아기로 존재했다.

그러므로 나는 발달의 연속적 연령 단계에 상응하는 어린이자아의 '하위체계'를 개념화하고, 어린이자아의 각 하위체계는 동등한 연령에 따르는 사고, 감정, 행동의 고유한 체계를 가지고 있다는 것을 강조하고 싶다. 그러므로 내담자와의 작업에서 5세와 1세의 전형적인 사고 및 감정 사이에는 상당한 차이가 있음을 아는 것이 중요하다. 이는 한 개인이 기능적으로 '지금' 1세의 어린이자아 하위체계와는 다르게 5세의 어린이자아 하위체계와 교류할 것임을 의미한다. Allen과 Allen(2002) 역시 층으로 된 전이 수준과 초월적 결과를 언급한다.

더욱이 그것들이 내재화될 때, 양육자와 환경으로부터 온 비슷한 메시지가 성숙의 수준에 따라 다른 때에 다르게 해석되었다. 그러므로 신경망(Allen, 2001)으로 구성된, 층으로 되어 작동하는 하위체계 각각은 비록 일부가 역기능적일지라도 대개는 개인의 성격 형성에 유용한 경험에 대한 메시지와 기억에 근거한 수많은 '결론(conclusion)'을 포함한다. 원초적 결론과 그로 인해 내담자의 현재 삶에서 어려움을 일으키는 행동패턴은 작업되어야만 한다. 하지만 이것이 전체 각본을 취소하는 데 목적을 두라는 의미는 아니다. 이는 마치 아기를 목욕물에 던지려는 시도와 같은 것이다. 예를 들어, 톰은 최근에 새로 부임한 상사가 자신의 사무실에 들어올 때마다 과도한 두려움을 느꼈다. 그때마다 톰은 책상 밑에 숨고 싶은 충동을 느꼈다. 왜일까? 예전 상사와는 이런 문제가 발생하지 않았다. 새로운 상사가 이전 상사보다 뭔가를 더 요구하는 것도 아니었다. 오히려 새로운 상사가 훨씬 지지적이다.

톰이 집단상담에서 그의 어려움을 드러냈을 때, 그는 어떤 연결성을 알아차렸다. 새로운 상사는 톰을 칭찬할 때조차도 보통 사무실에 들어올 때 문을 세게 쾅하고 닫곤 했다. 톰은 문이 쾅 닫히는 소리를 들을 때, 위험에 처했으니 숨어야 한다는 생존 '결론'에 도달한다. 그가 어렸을 때 현관문이 쾅 닫히는 소리가 들리는 것은 아버지가 술에 취해 들어와 그를 때린다는 것을 의미했고 그래서 톰은 무조건 숨어야 한다고 스스로에게 가르쳤다. 아버지는 그 외의 대부분 시간에 그에게 애정을 가지고 있었으며 지지적이었다.

신경생리학적으로 톰의 아버지와의 초기 경험은 두뇌의 일부가 경보음에 대해 책임을 지도록 예민하게 만들었으며(Allen & Pfefferbaum, 2001) 숨으라는 결론을 초래했다고 말할 수 있다. 그러한 결론은 기억의 의식적인 행동과 관련하여 명시적 기억체계보다 암묵적 기억체계를 제안한 Squire(1993)와 동료, 이 책에서 1장 Gildebrand 등이 제안한 것과 일맥상통한다. 톰은 증상의 원인을 인지하고 난 후로 그 결론의 반자동적 행동 반응에 더 이상 얽매이지 않게 되었다. 그럼에도 결론이 흔적도 없이 사라지지는 않기 때문에 그는 가끔 상사가 문을 쾅 닫을 때마다 어쩔 수 없이 여전히 약간의 찌릿한 통증을 느꼈다. 그것은 암묵적 기억체계 내에 남아 있었다. 그러나 톰은 이를 이완하는 방법을 배웠으며 자신이 깜짝 놀라지 않도록 상사에게 가볍게 부탁할 수 있었고 그렇게 점차 문을 쾅 닫는 상황의 횟수와 불편을 줄일 수 있었다.

쾅 닫히는 소리를 들으면서 침대 밑에 숨었던 톰의 결론은 3세의 상황에서는 도움이 되었지만, 사무실에서는 잠재적인 위험요인이 되었다. 일반적으로 톰의 각본은 열정, 성취, 그리고 좋은 대인관계로 그를 이끌었다. 두려운 하나의 무의식적 결론으로 인해 톰의 각본 전체가 해롭거나 또는 그가 권위적 인물에 대해 지나친 두려움을 느낀다고 가정하는 것은 실수일 수 있다. 해로운 결론이 누군가의 전체 각본을 대표하는 것은 아닐지라도 아동기의 메시지 및 경험에 깊이 새겨진 기억에 따라 손상된 결론은 성인이 된 개인의 사고, 감정 혹은 행동에 영향을 줄 수 있고 그러므로 개인의 각본과 느슨하게 연결된다. 다른 결론도 전 생애를 통해 중요하게 지속될 수 있고, 구식일 수 있지만 악의는 없으며 해를 주지 않으면서 단지 개인 안에서 별난 행동이나 '기이한 일'을 일으키는 원인이 될 수 있다.

나는 어린이 자아상태를 나타내는 구조모델에 따라 어린이자아의 형성을 마치 나무 내부처럼 발달 연속 층의 연속적인 단계와 일치하는 하위체계를 가진 체계로서 생각하기를 좋아한다.

나무의 절단면에는 매해 생긴 연속적인 나이테가 나타나는데, 특정한 해에 해당하는 지점에는 상처가 있다. 어떤 상처들은 몇 개의 나이테에 때로는 나무껍질까지 확대되지만, 다른 상처들은 연속적인 나이테 안에서 줄어들거나 심지어 한두 개의 나이테에 걸쳐 희미하게 흔적만 남기고 사라져 버린다. 어떤 기간에는 나이테가 고르지 못하지만 나무가 안정적으로 자라게 되면 그 기간에 상응되는 나이테는 넓어지고, 그렇지 않은 기간에는 좁아지거나, 굽어진다.

그래서 나는 다음 그림 3.1처럼 각각의 결론을 가진 어린이 자아상태를 유지하는 발달의 층으로 된 단계를 대표하는 원형 안에 한 개인의 어린이자아 하위체계를 그렸다. 특정한 기억이나 결론은 그것이 발생한 나이와 상응하는 하위체계의 위치를 보여 준다.

특정한 결론은 다음 단계에서 반복되어 강화되거나 다른 단계의 결론으로 인해 상쇄될 수 있고, 그로 인해 힘을 잃을 수도 있다. 삶의 과정에서 많은 것들이 '화석화된 DNA의 묘지'로 사라진다.

Berne은 어린이자아가 5~7세 사이에 고착화되었다고 가정했고 이는 인간 각본의 초기 모습이 그때 형성된다는 것을 보여 준다. 하지만 임상적 증거들은 어린이자아와 각본이 그 나이를 넘어서도, 이전만큼 급진적이진 않지만 계속해서 바뀌고 발전해 나간다는

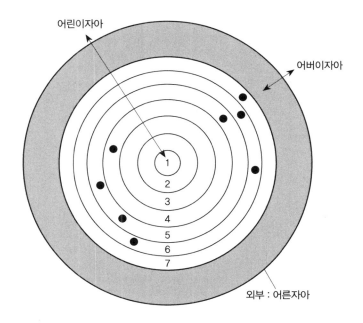

그림 3.1 어린이 자아상태 발달의 단면적 모델

것을 보여 준다.

어버이자아의 발달단계는 어린이자아보다는 훨씬 느리지만 어버이 자아상태도 마찬가지로 성장하고 변화한다는 것을 보여 주기 위해서 초기 7년 어린이자아 체계 이후의 단계를 드러내기 위해 내가 했던 것처럼 원을 추가할 수 있는데, 이는 논리적으로 타당하다. 그러나 7세가 넘어가면 어버이 자아상태는 내적으로, 종종 언어적으로 대화하는 어린이의 하위체계를 가진 독특한 체계로서 작동된다. 반면에 이전의 어린이자아 하위체계 사이의 내적 의사소통은 비언어적이며 의식적으로 인식하기 어렵다. 대략 5~7세 이후에는 내가 어린이자아 하위체계 안에서 '결론'이라고 부르는 것과 동등한 것이 의식적인 결론으로 기억될 수 있다. 그것은 말로 표현될 수 있고 아마도 어린이자아나 어버이자아 내에 있을 것이다.

그러한 결단은 아마도 어린이자아 하위체계 안의 특정한 결론을 강화시키거나 어떤 초기의 결론을 상쇄시키지만 반드시 무효화되는 것은 아니다. 이는 부모가 이혼했을 때와 같이 연속적으로 다른 부모 및 환경에 있을 때, 그리고 특히 빌 클린턴이 존 케네디에게 한 것과 같이 아동이 의식적으로 자신을 위해 특정한 모델을 선택했을 때 적용된다. 이렇게 기억되는 결단은 이후 개인 각본의 어떤 특정한 측면을 강화하거나 그들의 방향을 바꾸는 데 기여한다.

그 후에 어른자아가 있다. Jean Piaget(1952)에 따르면 아동은 12세가 지나야 추상적 사고가 가능해진다. 이는 TA의 어른자아 발달과 상응한다. 내가 기술하는 모델에서는 어른자아를 비, 바람, 햇빛 또는 새가 나무를 쪼는 것과 같이 일상 속 현실의 내부 한 부분과 연결되어 있는 나무 껍질처럼 생각할 수 있다. 이러한 추론은 매일의 '현실'이 시간과 함께 끊임없이 변화하고 있기 때문이라는 것도 포함한다. 오늘의 어른자아의 정보는 편견이 있는 어버이자아 내의 신념을 대체할지 모르지만, 그 자체는 내일의 어버이자아에 구식인 자료를 생성할 수 있다.

엄청난 호르몬의 영향 및 새로 등장한 복잡한 사회적 상호작용과 함께 청소년기에 어린이자아 하위체계의 다양한 측면은 활기를 되찾게 되며, 그 안에는 각본이 다시 만들어지는 새로운 방식이 있다.

그림 3.1을 통해 독자는 앞에서 언급된 하위체계에 대해 상상할 수 있다. 우리는 발달 단계를 원으로 그려서 어린이 자아상태 혹은 하위체계로서의 어버이자아까지 고유한 결론을 가지고 각각의 다른 발달 단계를 어떻게 유지하는지 시각화할 수 있다.

물론 구조적 도표의 의미를 나무의 단면에 비유하는 것이 어린이자아의 하위체계를 더 잘 설명한다 해도, 앞에서 보듯이 임상적인 목적으로 표준 1차 PAC 도표(어버이자아, 어른자아, 어린이자아)는 아마도 여전히 교류를 설명하기 위한 기능적인 도표로서 그려질 수 있다.

그림 3.1의 내부의 핵은 영아기를 나타내며 그다음 원은 해마다 더해진, 개별적으로 인식 가능한 하위체계를 나타낸다. 이전의 각본과 자아상태 분석을 통해 분리된 하위체계를 구분해 주는 각 숫자는 분리된 층 위에서, 단계를 설명하는 참조에서, 처치 내의 각 사람의 그 시기의 결론에서 지표로 사용될 수 있다. 어떤 결론은 오직 하나의 원 안에서만 존재하며, 서로를 강화하는 여러 원으로 된 것보다 상대적으로 약할 수 있다.

앞서 제시되었던 톰의 예를 보면 문이 쾅 닫힐 때 그를 숨도록 만들던 결론은 영아기에는 나타나지 않았지만 2세, 3세, 4세에는 나타났다. 특정 반응 행동에 대한 위협 신호로서 그의 각성체계는 특히 그러한 신호에 예민해졌다. 톰은 5세가 넘을 즈음 아버지에게 대처하기 위해 침대 밑에 숨는 대신 다른 방법을 발전시켰지만, '아버지 대상에 의해 문이 쾅 닫히는 것'에 반응하라는 문자 그대로의 압력이 그의 암묵적 기억 속에 계속 남아 있었다. 그러나 다른 보상적 기억들도 있기 때문에 이것이 그의 각본에 뚜렷하게 영향을 줄 정도로 상징화되지는 않았다.

여기서 나는 개인적인 이야기를 하나 더 첨부하고 싶다. 나는 4세 반 경에 시작하는 영국 유치원을 다녔다. 우리는 영국의 국가를 들을 때마다 항상 일어나야 한다고 배웠다. 최근에 나는 침대에서 TV로 BBC 프로그램을 보고 있었다. 갑자기 "신이시여 우리의 자애로우신 여왕을 지켜 주시옵소서."(역자 주 : 영국의 국가 도입부)를 들었을 때, 나의 몸 전체는 반자동적으로 갑자기 일어서고 싶은 충동으로 긴장했다! 나는 다른 문화에서 태어났고 현재 노년의 나이에 미국에 있는데도, 어떻게, 언제 기억했는지 의식적으로는 알 수 없지만 아마도 유치원에서 배웠을 나의 오래된 결론에 의해 아직까지도 강하게 느끼고 있다.

분명히 이 결론은 나의 각본이 아니지만 거의 자동적으로 차렷하는 구체적인 반응을 명령한다. 그러나 우리가 암묵적인 것과 기억되지 않은 결론을 의식적이고 언어적인 동등한 것으로 해석할 수 있으면, 내가 그랬던 것처럼 국가를 들을 때 침대를 뛰쳐나가고 싶은 충동을 거부함으로써 그것에 복종할지 말지를 선택할 수 있다.

더 일찍 결론을 내릴수록, 암묵적 기억에 속하기 때문에 더 저항하기가 어렵다. 그래서 이용 가능한 다른 자료들을 사용해서 발생 시기를 추측하는 것이 도움이 된다. 나는 이 경우 이것이 유치원 시기보다 이전은 아니라는 것을 알았다. 예를 들면 2세 또는 3세와 같이 이른 하위체계에 결론이 존재한다면 일어서고 싶은 충동에 저항하는 것이 더 어려울 수 있다.

초기 결론을 확인하고 작업하기

암묵적 결론이 어린이자아 구조의 한 부분이 될 때 상담가들은 어떻게 성인 내의 해로운 결론을 작업할 수 있을까? 만약 상담가가 아동발달에 친숙하며 다양한 연령의 실제 아동과의 경험이 있다면 도움이 된다. 이는 상담 회기에서 방해받는 증상을 논의할 때 그에 해당하는 결론을 자극하기 때문이다. 즉, 비록 긴 시간은 아니지만 내담자는 그 결론의 시작 시기와 일치하는 어린이자아 하위체계에 기능적으로 들어가는 것처럼 보인다. 이를 인식하는 것은 결론 확인을 용이하게 해 준다. 다양한 연령에 따른 전형적인 차이를 경험하는 것은 한 하위체계가 다른 하위체계로 또는 방어를 하기 위해 종종 일어나는 어버이자아로 이동하는 것을 인식하는 데 도움을 준다.

성공한 대학 강사인 나의 예전 내담자 낸시는 학생으로부터 부정적인 평가를 받았을 때 따라오는 악몽과 공포에 대해 상담받길 원했다. 매우 긍정적인 29개의 평가에 비해 부정적인 평가는 단 하나뿐이었기 때문에 자신의 공포가 비합리적인 것이라는 것을 알고 있다고 덧붙이면서 자신의 증상에 대해 설명할 때, 그녀는 얼굴을 붉혔고 안절부절못하며 손을 내려다보는, *부끄러워하는 두 살 배기*의 모습을 하고 있었다.

수치심이 시작되는 2세경에 어떤 결론이 있었는지 탐색하기 위해 낸시에게 그 나이 대에 일어난 창피했던 기억이 떠오르는지 물어봤다. 그녀는 스스로는 기억하지 못하지만 엄마가 이야기해 준 것을 회상했다. 그 어린 나이에 낸시는 노래를 잘 기억했지만 아버지가 손님들을 집에 데려왔을때는 그들 앞에서 노래를 외워서 부르지 못했다. 그래서 엄마는 자랑했던 것이 무척 당황스러웠다고 말했다.

낸시가 이 이야기를 하고 난 이후, 우리는 공포와 연결을 찾았다. 그것은 평가 자체가 아니라, 예상치 못한 방문자가 부정적인 평가를 듣고 있을 때 그녀의 강의실을 방문해서 훌륭하다는 다른 평가를 듣기도 전에 떠나버리는 것이다. 결론은 촉발되었고, '청중 앞에서 실수하는 끔찍한 위험'이라는 말로 표현된 것일 수도 있다. 이는 이후의 악몽과 곧 닥칠 운명에 대한 두려움의 원인이 되었다.

낸시는 이 결론이 특정 공포를 다루는 부작용으로서 '바보 같은 실수'를 두려워하는 지나친 완벽주의자가 되도록 자신을 이끌었다는 것을 알게 되었고 강의하는 데에 점점 편안해졌다.

1977년에 나는 다소 임의적으로 아동발달의 7단계에 해당하는 일곱 가지 하위체계를 정의했는데, 여기에는 영아(삶으로부터의 생존 또는 철회), 아기(전능한 힘부터 무력함까지), 탐색하는 걸음마기(이동성의 힘), '걷고 말하는 시기(walky-talky, 결론과 모방)', 컨트로(contro, 통제와 논쟁), 실존자(방어적, 실존적 지위의 형성), 각본가(과거와 미래는 무엇인가)가 있다. 이는 *What Shall I do Tomorrow*(English, 1977)에 자세히 설명되어 있다. 나는 이 일곱 가지 하위체계를 발전시키면서 영아에 대한 Rene Spitz(1957, 1963)의 연구, 정서발달에 관한 Erik Erikson(1963)과 그의 추종자들의 연구, 지능과 상관없는 각 단계의 사고의 차이에 관한 Jean Piaget(1952a, b)와 그의 추종자들의 연구 아동상담에 관한 Melanie Klein(1963)의 연구, 그리고 아동발달에 관한 다른 많은 것을 고려하였다. 특정한 '민감한 시기' 혹은 마침내 걷기, 말하기와 같은 기술의 시작과 발달에 대한 생리적인 정보 또한 축적되었다. 그러나 대체로 신뢰로운 자료에 의한 과학적으로 증명할 수 있는 요소보다는, 수년간의 나의 이전 아동상담에 대한 경험과 TA의 경험이 구분의 바탕이 되었다. 그것들은 경험적으로 유용하다는 것이 증명되었고, 나는 계속해서 그것이 만족스럽고 도움이 된다는 것을 발견하였다. 그러나 독자들은 Stern(1985) 혹은 그외에 이해 가능한 다른 방식들을 선호할 수도 있다.

아동을 대상으로 실제적 훈련이 부족한 상담가와 집에서 어린 아동들을 키워 보지 않은 상담가들이 공감적 직관을 발달시키는 가장 좋은 방법은 놀이터나 비행기 안, 어느 곳에서든지 실제 그 나이 대의 아동들을 계속해서 관찰하는 것이다. 그들의 행동과 나이를 적고, 충분히 이해하기 위해 그러한 경험을 허용하고, 그리고 나서 예를 들면 파티나 사교모임에서 관찰한 각 순간의 성인들과의 유사점과 차이점을 적어 두라.

한 내담자가 무기력한 '영아 어린이자아(Infant Child)로부터 말할 때와', 또는 내가 '컨트로(이것은 2세 영아가 자신의 성질을 통제하는 방법을 찾는 것과 같다)'라고 부르는 자아로부터 말하는 때와 혹은 7세 아동의 초기 어버이자아로 울면서 말하는 것 사이에는 외모와 태도에서 인식 가능한 차이가 있다. 당신은 1세 영아와 말할 때와 5세 아동과 말할 때 다르게 대화할 것이다. 그렇지 않은가? 이는 하나 혹은 또 다른 하위체계에 있는 내담자와 대화할 때도 적용된다.

상담가는 각 연령의 내담자의 환경에 대한 질문을 끌어낼 수 있고 방해하는 증상의 원인에 관한 작업 가설을 검증할 수 있다. 다음으로 내담자가 조용히 어른자아를 유지하는 동안 상담가는 자신이 다루고 있는 나이에 따르는 몸짓과 목소리의 톤, 어휘 등을 조절할 수 있으며, 내담자의 어른자아가 요청한, 의식적으로 역기능적 결론이라 정의한 것을 찾아내고 그것을 변화시키기로 결단한다.

역동적 동기부여의 힘

지금까지 우리는 어린이자아의 구조와 그것의 하위체계에 초점을 맞추어 보았다. 표준 기능모델은 기본적인 방법으로 개인과 자신의 자아상태 간의 교류를 보여 주는 데 유용하다. 그러나 상담을 목적으로 우리의 어린이자아 구조와 어버이자아 그리고 때때로 어른자아를 통해 지속적으로 영향을 미치는 근본적인 무의식적 힘을 설명하기 위해서는 삼차원 모델을 개념화해야 한다.

Richard Restak(2002)가 말한 것과 같이 '연구자들은 이제 두뇌를 껍데기가 아닌 시시각각으로 변하는 활동적이고 역동적인, 극도로 가소성 있는 구조로 보고 있다.' 이는 분명 우리가 자아상태의 기능을 어떻게 보는지가 반영된 것임에 틀림없다.

슬프게도 Berne은 그가 '세 가지 욕구' 즉 인정, 구조화, 자극이라고 불렀던 것을 확장시킬 만큼 오래 살지 못했다. 그는 주로 우리가 기능하는 방법을 위한 주요 동기부여 요소인 스트로크 욕구, 즉 '인정욕구'에 초점을 맞추었다. 그리고 그는 아마도 각본형성을 구조화 욕구와 관련지어서 보았다. 그러나 그는 내적, 외적 자극에 대한 반응을 활성화시키는, 결론을 만들어 내는 동기를 부여하는 근본적이고 역동적인 과정을 충분히 허용하지 않았다.

이 과정을 보여 주기 위해 우리는 끊임없이 세 가지 동기를 부여하는 추동 혹은 내가 항상 우리에게 무의식적으로 영향을 주고 우리의 자아상태를 통해 기능적으로 분명하게 보이는 동기요인이라 하는 것으로 역동적인 삼차원 모델을 개념화해야 한다.

세 가지 동기요인

심리적인 에너지는 각본형성 및 실행을 포함하여 출생부터 사망까지 우리의 성장과 발달 및 환경과의 상호작용을 촉진하도록 활성화시키는 세 가지의 동기를 부여하는 힘인 '동기요인'으로 구분된다. 그것은 암묵적 기억, 명시적 기억과 '결론'을 우리의 유기체적인 발달로 통합시키고, 다음으로 그에 따라 그것이 우리에게 영향을 미치는 과정을 감독한다. 그것은 출생에서 성인기를 거쳐 사망에 이르기까지 연속적 단계를 통해 우리의 성격에 영향을 미치고, 동시에 내적 그리고 외적 자극에 반응하여 항상 기능적으로 우리에게 영향을 미친다. 세 가지 동기요인은 우리에게 다르게 영향을 미치고 각각의 다른 활동에 의해 진화가 촉진된다. 그 세 가지 동기요인은 생존, 표현 그리고 고요이다.

- 생존 동기요인은 개인의 생존을 위해 작용한다.
- 표현 동기요인은 종의 생존을 위해 작용한다.

• 고요 동기요인은 우리를 우주 또는 영성과 연결한다.

생존 동기요인

이 동기요인의 영향은 인정자극을 받고자 하는 능력일 뿐 아니라 생애 초기부터 영아의 숨 쉬는 능력, 엄마의 젖과 젖병을 빠는 능력, 고통과 두려움을 나타내는 능력에서 확인할 수 있다. 자녀들은 도움 없이는 생존할 수 없고 양육자에게 영향을 미칠 수밖에 없으며 기본적 욕구에 적응해야만 한다는 것을 직관적으로 느끼는 것이 바로 생존 동기요인(Survival Motivator)이기 때문이다. 스트로크는 이러한 것들이 제공될 것이라고 안심시켜 주고 인정기아를 가라앉힌다. Berne이 정확하게 강조했듯이, 결국 스트로크 교환은 상징적인 교류가 진화하는 것이며 따라서 타인들과 의사소통하고 관계 맺는 데 있어서 선호하는 패턴을 갖게 되는 것이다.

그러므로 생존 동기요인은 예를 들어, 영아의 어린이자아에 의해 울기, 이후 빨기와 같은 표현을 하고 '환경'(양육자)에 영향을 미쳐 생존에 필요한 영양분을 제공받는 등, 배고픔이나 목마름에 대한 속성을 자각하도록 할 뿐 아니라, 욕구를 충족시키기 위해 언어적 혹은 상징적 만족을 가져 오는 행동 패턴이 무엇이든지 발달하도록 지지한다. 성인에게는 언어적으로 혹은 상징적으로 배고픔, 혹은 그에 대한 기억 등의 동일한 속성이 스트로크나 돈과 같은 언어적 혹은 상징적 음식을 위해 일하게 하는 확장된 동기에 의해 언어적 혹은 상징적으로 그 음식을 찾도록 동기를 부여한다.

생존 동기요인은 또한 실존자 단계에서 기본적인 실존적 태도의 발달을 촉진시키고, 앞서 설명했듯이 순서에 따라 성격 유형이 된다.

생존 결론 앞서 지적했듯이 어린이 자아상태는 연속적인 하위체계로 통합된 수많은 결론을 포함하고 있다. 세 가지 동기요인은 각각 결론짓는 능력을 가지고 있지만, 특히 스트로크나 수치스러운 것과 연관되어 있을 때 이해이든 오해이든 양육자의 메시지에 반응하도록 설정하는 것은 바로 생존 동기요인이다.

생존 결론(Survival Conclusion)의 기능은 동물들이 사람보다 더 큰 생존 본능을 가지고 있으며 적절한 공포와 특정 상황에 대한 주의를 발생시킨다. 예를 들면 아동은 불조심하는 것을 배워야 하며, 생존 동기요인은 긍정적이든 부정적이든 일어나는 불에 대한 '자동적' 주의와 필수적인 생존 결론으로 수렴하는 스트로크를 알아차릴 것이다.

불행히도 꼭 같은 기제가 경험 혹은 태고의 부모의 메시지 혹은 유용하지 않을지도 모르는 모델을 작동시키면서 성인이 된 개인에게 더할 수 없는 손상을 줄 수도 있다. 그러나 생존 동기요인은 그것이 유용한지 아닌지와 상관없이 관련된 행동 및 억제 반응과 함께 오래된 결론에 근거한 반응을 불러일으키도록 계속해서 몰아갈 것이다. 상사가 문을 쾅 닫을 때마다 책상 밑에서 위축된 기분을 느꼈던 톰의 사례에서 보았다.

또한 집을 방문한 손님의 부정적 평가를 들은 후 '실패'로 인해 생존 동기요인이 2세 어린이자아의 두려움을 활성화했을 때 겁에 질리게 되었던 낸시의 예는 더 이상 현재의 상황에는 적절하지 않은 징후, 즉 이 상황에서는 생존 동기요인이 두려움, 수치심, 불안 등의 낡고 오래된 결론을 어떻게 현재의 삶으로 끌고 오는지에 관한 또 다른 사례이다.

또한 생존 동기요인은 어버이 자아상태의 발달과 좋든 나쁘든 다양한 의식 혹은 전의식의 지시를 강화하기 위하여 발달과 활성화에 중요한 역할을 한다. 그러한 모든 지시에는 개인적인 생존 목적의 의도가 있지만 그들은 구식이 되어버렸거나 현재의 생활에 역효과를 낳게 될 수도 있다.

본질적으로 이 동기요인을 적용하는 TA는 스트로크의 중요성과 효과에 대해 충분히 다루기 때문에 내가 생존 동기요인을 더 이상 정교화할 필요는 없다고 본다.

표현 동기요인

생존 동기요인의 중요성은 TA에서 스트로크를 강조하는 것으로 이미 암암리에 인정되고 있지만 **표현 동기요인**(Expressive Motivator)의 중요성은 대체로 무시되고 있다. 그것은 Berne의 '자극기아'처럼 표현 동기요인이 다양한 겉모습으로 보이기 때문일 것이다. 내 개인적인 의견으로는 '자유로운 어린이자아', '자연스러운 어린이자아' 또는 '작은 교수'와 같은 용어들이 부적절한 명칭인 것 같다. 왜냐하면 표현 동기요인이 이런 저런 어린이자아 체계를 통해 나타날 때 발생하는 역동적 기능보다는 구조를 지칭하기 때문이다(학생이 무언가를 해냈을 때 선생님이 흥분하는 것 같이 표현 동기요인은 어버이자 아를 통해서도 나타날 수 있다는 것에 주목하라).

이 추동의 표명은 조작적이고, 또한 스트로크와 은밀히 관련되어 있다고 종종 잘못 가정되고 있다. 하지만 **표현 동기요인은 스트로크 경제와 전혀 상관없이 행동을 촉구하며 스트로크가 아닌 내면 자극의 반응으로 기능한다**. 그러한 내부 압박은 진화 때문이며 특정 개인보다는 종의 생존을 위한 것이다. 그래서 표현 동기요인은 종종 즉각적인 잠재적 결과를 완전히 무시하는, 개인의 생존 그 이상의 목표를 위한 행동을 유발할 것이다.

다른 피조물 중 새끼 사자를 예로 들면, 장난기는 미래의 생존을 위한 기술 연습에 제한되어 있다. 장난기는 성숙해지면 사라진다. 그러나 전 생애를 통해 어린이자아가 지속되는 인간에게는 그렇지 않으며 어린아이 같은 장난기의 특성, 무모한 경향, 흥분의 추구는 지속된다(Berne의 '자극기아').

끈질기고 채울 수 없는 호기심, 모험하려는 경향, 실험, 무언가를 하기 위한 새로운 방법에 대한 지속적인 추구, 개인적 보상이나 스트로크와는 상관없이 활동하려는 우연히 만나게 되는 열정적 투자 능력은 전 생애에 걸쳐 인간으로 하여금 대담한 탐험과 발견, 혁신과 사회적 변화를 이끌도록 하였고, 흔히 개인의 삶의 값을 치루고, 동기화되었다. 다른 생명체들과 달리 인류의 생존은 생식만을 통한 것이 아니다. 우리 선조들이 상상력, 자유로운 자기표현의 열망과 같은 표현 동기요인의 많은 속성에 따라 발견하고 창조적인 발명을 하지 않았다면, 인류는 오래전에 더 힘이 센 생명체들에게 멸종되었을 것이다. 자유로운 자기표현을 위한 상상, 열망 같은 표현 동기요인으로 인류는 지구에서 가장 성공한 종이 되었다.

표현 결론　생존 동기요인과 마찬가지로 표현 동기요인도 어린이자아 구조 내에서 결론이 난다. 대부분의 **표현 결론**(expressive conclusion)은 아동기 동안의 발견, 자유, 유쾌함의 독특한 경험의 결과, 또는 개인의 생존의 요구에 반하여 종종 위험하게 습득된 즐거움에 관한 응집된 기억의 결과의 총합이다. 예를 들면 표현 동기요인은 성적인 영역 또는 탐색 과정에서와 같이 즐거운 경험들이 반복되는 것을 기대하도록 만드는 반면 스트로크에 의해 강화되지 않기 때문에, 생존 결론만큼 자주 있거나 또는 일상생활에서 매우 중요하지는 않다. 일반적으로 표현 동기요인은 오래된 것을 반복하기보다는 새로운 경험을 하게 한다.

표현 동기요인을 따르는 것과 생존 결론을 통제하는 것 또는 어른자아의 현실 사이에는 많은 내적 투쟁들이 존재한다. 한 유명한 화가는 이에 대해 다음과 같이 묘사한다.

> 나는 언제나 두 가지 생각 사이에 있다. 첫 번째는 생계유지를 위한 지속되는 금전적인 어려움이고 두 번째는 색에 대한 연구이다. 나는 언제나 보색의 두 가지 결합으로 두 연인의 감정을 표현하고, 하늘의 별로 희망을 표현하고, 신비로운 저녁 노을로 영혼의 열망을 표현하기를 갈망한다….
>
> 빈센트 반 고흐, 그의 동생에게 보내는 편지에서, 1888

고요 동기요인

이 동기요인은 우리로 하여금 일상의 집착을 '내려놓게 하고', 명상하게 하고, 음악을 듣거나 잠을 자게 한다. 이는 많은 긍정적인 가치를 가질 뿐 아니라 우리를 지나치게 수동적으로 이끌기도 한다.

고요 동기요인(Quiescence Motivator)의 과업은 우리가 직면한 환경 너머의 우주와 우리를 연결시키는 것이다. 이것은 음악, 예술, 다양한 형태의 영성을 감상하게 한다. 궁극적으로 이것이 Freud의 죽음 추동의 개념과 대응하는 것은 아니지만, 고요는 공격성보다 평화로움에 동기를 부여하기 때문에 시간이 되었을 때 평화로운 죽음을 이끌 수도 있다.

예를 들면 갈등보다는 더 넓은 시야를 갖게끔 호흡을 가다듬는 것과 같이, 고요 동기요인은 종종 생존 동기요인과 표현 동기요인 사이에 갈등이 발생했을 때 유용하게 중재한다.

고요 결론 고요 결론(Quiescence Conclusion)은 평화로움, 무(無) 활동, 향수, 자연과 우주와의 일치감, 관대함, 관용과 수면에 대한 감사를 지지한다. 하지만 표현 결론과 마찬가지로 생존 결론만큼 강력하거나 많지는 않다. 이는 종종 종교적인 느낌이나 열망으로 경험된다.

역동적 내면 활동

자아상태를 통해 동기요인들이 어떻게 작동하는지를 상상해 보기 위해 자아상태를 의식의 표면에 존재하는 것으로, 그 아래 또는 위에 동기요인이 있고 꼭두각시 인형의 줄처럼 많은 가닥들이 각각의 자아상태에 연결되어 있다고 상상해 보자. 내적 또는 외적 자극에 따라 세 가지 동기요인 중 하나는 하나 또는 그 이상의 특성에 대응하는 다른 가닥을 활성화시킬 수 있다. 다른 가닥이 활동하지 않는 동안 감정, 사고 혹은 행동의 충동으로 하나 혹은 다른 자아상태가 나타날 것이다.

우리는 동기요인의 무의식적인 활동을 삼차원 모델로 시각화함으로써 상상할 수 있고 우리의 사고, 감정 또는 행동에 나타나는 특성에 의해 하나 또는 다른 동기요인의 영향력에 주목할 수 있다.

나는 비디오나 꼭두각시의 무대가 없기 때문에, 내가 의미하는 것을 보여 주기 위해 단지 다음의 그림만을 제공할 수 있을 뿐이다.

그림 3.2에서 보여 주는 세 가지 동기요인의 도식은 서로 구별되지만 같은 생명력의 근원을 나타내기 때문에 중복되는 부분이 있다. 그래서 때로는 결합하고 때로는 경쟁하면서 각 동기요인에서 우리의 자아상태로 영향을 미치는 교환의 흐름이 계속된다.

위의 추동 도식에서 동기요인들이 무의식적인 반면 의식의 표면에 있는 자아상태, 잠재적인 전의식을 삼차원으로 보여야 한다는 아이디어를 전달하기 위해, 기능적 자아상태는 원형이라기보다는 타원으로 보인다.

각각의 세 가지 동기요인은 활성화 과정에서 두 가지가 빈번히 결합하면서 어느 순간에 활성화되거나 비활성화될 수 있다. 각 동기요인은 꼭두각시의 가닥들이라는 앞의 비유처럼 많은 특정한 속성을 지니고 있다. 이것은 특정한 행동, 사고, 감정으로 나타남으로써 우리 자아상태의 어떤 부분, 보통은 어린이자아 체계 혹은 어버이자아 체계에 영향

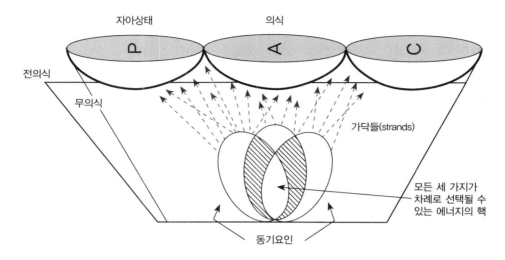

그림 3.2 자아상태의 동기화

을 주는 어떤 조합 혹은 연결을 만들지도 모른다.

이 동기요인들의 작용을 상상하는 다른 방법은 고대 그리스인들이 다양한 신이나 여신의 느낌을 상상하던 방법으로, 춤의 여신 세 명으로 동기요인들을 의인화하는 것이다. 고대 그리스인들은 의식적인 자유의지를 초월해 사고와 감정 그리고 때때로 행동에 임의적으로 영향을 미치는, 지금은 우리가 무의식이라 부르는 것을 올림푸스 산으로부터 오는 신비스러운, 종종 상호 모순된 힘으로 인식했다. 따라서 삼차원의 모델 없이도 서로 다른 목표에 따라 각 순간뿐 아니라 우리의 전 생애를 통해 돌아가면서 영향을 미치는 세 명의 여신을 시각화할 수 있다.

어떤 주어진 순간에 오직 하나의 동기요인만이 활성화된다. 그리고 두 번째 동기요인이 참여하여 두 번째 동기요인이 주가 되도록 전환될 수 있고, 그리고 나서 때로는 첫 번째 동기요인이 일시적으로 비활성화되는 동안에 세 번째 동기요인을 불러낼 수 있다. 이상적으로는 첫 번째 동기요인과 앞으로 나오는 다른 동기요인 사이에 건강한 유동적 균형이 있다. 어떤 동기요인도 일상생활에서 완전히 제외될 수 없지만 다른 동기요인보다 어느 하나의 동기요인의 영향 아래에서 더 많은 시간을 보낼 수 있다. 대부분의 경우 생존 동기요인과 표현 동기요인 사이에, 그리고 이 두 가지 중 하나와 고요 동기요인 사이에 주도권 다툼이 있다. 어떤 때는 이들이 결합해서 작용하기도 한다. 표현 동기요인은 유아가 걷고 말하는 것을 배울 때 생존 동기요인과 협력하거나 그런 일을 맡은 것에 대해 굉장히 흥분한다.

동기요인들 간의 상대적으로 부드러운 순환이 일상의 기능에서 필수적이라고 할지라도 우리는 삶의 과정에서 우리가 선호하는 것을 찾아가기 쉽다. 그래서 아인슈타인 같은 특별한 개인은 하나의 동기요인(표현) 또는 결합된 두 가지(표현과 고요) 동기요인이 세 번째 요인인 생존 동기요인보다는 많이 활동했을 것으로 보인다. 즉, 두 가지의 동기요인이 지속적으로 결탁해서 세 번째 요인을 배제시키게 되면 결국 배제된 동기요인은 해로운 방식으로 밀려날 가능성이 있다. 그러나 아인슈타인은 아마도 일상생활에서 그의 생존 욕구 또한 신뢰하였고, 이는 그가 루스벨트 대통령에게 보낸 전쟁을 반대하는 내용의 그 유명한 편지를 쓰는 데 영향을 미쳤을 것이다.

상담에 대한 고찰

나는 내담자의 동기요인과 관련된 어린이자아 결론을 가지고 상담 작업을 하는 것에 관한 개인적인 회고로 끝맺음을 하고자 한다.

나는 심리상담가로서 작업할 때 내담자의 머리 위의 작은 영상 스크린에 내담자 아동기 각 연령대의 장면을 상상하기를 좋아한다. 즉, 나는 제시된 문제와 상담집단 안에서의 행동으로부터 한 장면 또는 다른 장면에서의 이런 저런 결론이 무엇을 뜻하는지 알아내려고 한다.

하나 혹은 그 이상의 손상을 주는 결론의 영향을 변화시키기 위해서 내담자에게 반드시 다음과 같이 해야 한다.

1. 확인해야 한다.
2. 이해되었거나 오해받은 아동기와 관련된 경험 혹은 메시지와 연결해야 한다.

3. 그들의 비언어적인 개인적 코드를 인지적으로 다룰 수 있는 언어적 형식으로 해석해야 한다(많은 결론은 시작 단계에 있다. 즉, 그들은 아주 어린 어린이자아 하위체계의 암묵적 기억에 있으며 이를 명시적 어휘로 '해석해야 한다').

4. 지금 문제를 일으키는 과거에 생겨난 결론을 생존 가치와 비교하면서 내담자의 어른자아와 공개적으로 논의해야 한다.

나는 내담자의 증상을 알아볼 때, 집단의 다른 참여자가 무언가를 하는 동안 그 내담자의 신체적인 반응을 본다. 어느 시점에서 내담자가 두려움이나 수치심 또는 비밀스러운 기쁨을 보이는가?

내 마음속 깊은 곳에서도 질문이 생겨난다. 내담자는 어떤 유형인가? 내담자가 상담가 혹은 집단에 다소 지나치게 순순히 적응한다면 저확신(Undersure) 유형인가? 만약 그렇다면 나는 내담자가 부정확한 설명에 속지 않도록 확실하게 해야 한다. 가벼운 도전은 독립성을 더 끌어내는 데 유용할 수 있다. 혹은 내담자가 집단에서 지나치게 리더십을 갖는다면 주장적인 과잉확신(Oversure) 유형인가? 그렇다면 나는 권력싸움으로 변할 위험이 있는 직접적인 도전은 피해야 한다. 고통이나 무력감에 대한 약간의 인정은 여기서 좋은 징후일 수 있고 따뜻한 지지가 필요할 수 있다.

일반적으로 내가 '초자각(Super-now)'이라 부르는 유형은 외부나 행동의 변화에 깨어 있는 것이다. 즉, 어린이자아 하위체계에서 다른 어린이자아 하위체계로 또는 방어적으로 어버이 자아상태 하위체계로 전환되는 것에 뒤따라 종종 갑작스럽게 '섬광' 혹은 통찰의 순간이 있다는 것을 뜻한다. 이와 같은 전환은 우리가 올바른 트랙 안에 있다는 지표가 될 수 있다. 하지만 스트레스가 있다면, 또한 내담자의 생존 동기요인이 낡고 오래된 생존 결론에 정면으로 대립해서 지나치게 위협을 느낀다면 나는 일시적으로 후퇴해야만 한다.

이와 같이 내담자의 동기요인이 어떻게 작용하는지에 대해 삼차원적으로 생각하는 것이 유용하다. 대부분의 경우 생존 결론은 내담자가 상담을 찾는 증상의 원인이다. 그들은 표현 동기요인이나 고요 동기요인에 의해 일어난 행동을 억제하는 방법을 아동기의 한 단계나 혹은 또 다른 단계에서 발달시켜 왔다. 지나치게 경솔해 보이고, 지나치게 수동적으로 보였던 행동패턴과 환경에서 적절하게 주의하거나 도전했던 행동패턴은 이제는 내담자의 현재 상황을 고려하여 수정해야 할 때인지도 모른다.

특히 만약 긍정적인 변화에 대해 저항이 있다면 스스로에게 다음과 같이 질문해야 한다.

- a. 내담자를 불균형한 조건에 있게 한 것이 현재 어려움의 원인이 되는 동기요인인가?
- b. 어느 동기요인인가?
- c. 그 동기요인이 지나치게 많은 영향력을 갖기 때문인가 혹은 다른 두 가지와 충돌하기 때문인가?
- d. 아니면 그 동기요인이 충분한 영향력을 갖지 못하기 때문에 다른 두 가지의 욕구가 이 욕구를 적절하게 사용하는 것을 억제하기로 공모했기 때문인가?
- e. 어떠한 가치체계가 포함되어 있는가? 동기요인은 도덕관념이 없다. 개인의 가치체계에 따라 '좋은 것' 또는 '나쁜 것'을 평가하는 방법으로 영향을 미친다. 나의 가치체계는 '좋은 것' 또는 '나쁜 것'을 평가할 때 내담자의 어른자아와 대응하는가? 만약 아니라면, 이 불일치를 알고 있으며 처치 계약 안에서 허용하는가?

해석의 시행착오 혹은 기억나지 않는 과거의 상황에 대한 가설을 세울 수 있다. 이는 집단 안에서 할 때 특히 도움이 되는데, 왜냐하면 집단원들이 직관적인 통찰을 줄 수 있고 또한 상담가의 가치관에 의한 지나친 제안의 위험성을 상쇄시킬 수 있기 때문이다. 만약 내담자와 공감적인 라포가 형성되어 있다면 해로운 결론을 수정하거나, 다른 결론을 강화시켜서 해로운 결론을 상쇄시키기 위해 아마도 허가(Crossman, 1966)와 같은 다양한 상담 기법을 사용할 수 있다. 때때로 암묵적이거나 기억이 나지 않는 상처를 주는 결론의 원인을 알아내는 데에 게슈탈트의 '핫 시트(hot seat)' 작업이 유용하다. 이것은 통찰력을 배우도록 끌어 주고 종종 해로운 결론의 힘을 감소시킨다. 내담자가 성장할 때 안전, 혹은 문화적인 제약이라는 명목하에 양육자에 의해 표현 동기요인의 표명이 자주 디스카운트되었기 때문에, 나는 내가 상담가를 향해 분노하는, 내담자가 선호하는 표현 욕구가 결론적이라는 전제를 가지고 상담을 진행했음을 인정한다. 내 생각에 내담자의 열정은 휴면 상태일지라도 공간을 필요로 한다. 표현 동기요인이 좌절에 대해 정말 해로운 반응을 하는 것으로 '복수'하지 않도록 적절한 발산 수단은 중요하다. 어쨌거나 이것은 경고다. 즉, 어떤 정신증적 또는 경계선 환자, 그리고 청소년이나 아동들은 덜 하기보다는 더 많은 내면 통제를 필요로 할지도 모른다. 그래서 상담가들은 안전 장치 없이 허가해 주지 않는 것을 매우 조심해야 한다.

또한 나는 내담자가 지나치게 감정적 고통에 빠져 있을 때 균형을 재정립시키기 위해 내담자의 고요 동기요인을 끌어내 사용하는 것이 유용하다는 것을 알았다. 이를 위해 나는 단기 명상이나 호흡기법을 가르쳤고 내담자들이 이를 위기의 순간에 사용하도록 격려했다. 이는 하나 또는 다른 동기요인들이 지나치게 즉각적 행동이나 우선순위에 압박을 줄 때마다, 생존 동기요인 또는 표현 동기요인에 얽매이지 않도록 하는 방법이 된다.

궁극적으로 고요 동기요인은 더 이상 필요하지 않고 원하지 않는 것이 무엇인지 결정하거나 혹은 오히려 환영받지 못하는 행동패턴을 없애기 위해 지금 자신이 원하는 것을 결정하는 내담자의 어른자아임에 틀림없다. 아마도 그렇게 하는 동안에 오래된 위협과 생존 결론으로 여전히 악몽에 시달리는 작은 불편함은 계속 있을 것인데, 예를 들면 절단 환자는 사지가 없는 것에 적응될 때까지 절단된 사지를 한동안 '느낄' 수 있다. 이것은 또한 라켓감정에 적용되는데, 비록 잠시 동안 낡은 라켓감정 패턴이 여전히 집요하게 지속될 수 있지만, 억제된 잠정에 대해 새롭게 자각하는 것을 격려해 억눌렸던 감정들이 인식되도록 하는 것이 중요하다. 마침내 내담자가 동기요인을 꽤 부드럽게 회전시키고 역동적인 내적 균형을 안정적으로 유지하거나 회복시킬 수 있다고 여겨질 때, 나 없이도 내담자 스스로 잘해 낼 것을 안다.

내적 균형은 정적이지 않다. 기쁨도 행복도 항상 머물러 있지 않다. 항해를 할 때 보트는 한쪽으로 기울 수도 있으며 그때 우리는 아마도 돛을 한쪽으로 잡아당겨서 다른 쪽으로 기울게 만들 수도 있다. 확실한 것은 매번 우리의 작은 보트가 전복되지는 않는다는 것이다. 이것이 항해를 하고, 삶 그 자체를 온전하게 사는 데 묘미를 주는 바로 그 과정이다.

참고문헌

Allen, J. R. (2000). Biology and transactional analysis II: A status report on Neurodevelopment. *Transactional Analysis Journal*. 30(4): 260-269.

Allen, J. R. (2001). *Biological Transactional Analysis* San Francisco: Trans Pubs.

Allen, J.R. (2003) Introduction to the section on Neurology in Allen, J.R. & Allen, B.A. *Therapeutic Journey: Practice and Life*. Oakland, CA: TA Press

Allen, J. R., Pfefferbaum, B., et all: (2001) Trauma and development: a reciprocal relationship in: Allan, J. R. & Allan, B.A. *Therapeutic Journey* San Francisco: T.A. Pubs

Barnes, G. L. & Brown, M. (1977) *Transactional Analysis After Eric Berne, Teachings and Practices of Three TA Schools,* New York, London: Harper & Row

Berne, E. (1961) *Transactional Analysis in Psychoanalysis: A systematic individual and social psychiatry.* New York: Grove Press.

Crossman, Patricia (1966) Permission and protection *Transactional Analysis Bulletin,* San Francisco.

English, F. (1969) Episcript and the hot potato game *Transactional Analysis Bulletin.* 8(32): 77-82

English, F. (1971) The substitution factor *Transactional Analysis Journal* 1(1):225-230

English, F. (1975) Shame and social control *Transactional Analysis Journal* 5(1): 24-28

English, F. (1976) (a) The fifth position in H. Grayson *New Directions in Psychotherapy* New York: Human Science Press

English, F. (1976)(b) Racketeering *Transactional Analysis Journal* 6(1): 78-81

English, F. (1977) What should I do tomorrow? Reconceptualizing transactional analysis. pp. 287-327 in G. Barnes (ed). *Transactional Analysis After Eric Berne* New York: Harper's College Press

English, F. (1987) Power, mental energy and inertia *Transactional Analysis Journal* 17(3): 91-98

English, F. (1988) Whiter scripts? *Transactional Analysis Journal* 18(4): 29-40

English, F. (1992) My time is more precious than your strokes: *Transactional Analysis Journal* 22(1): 32-42

English, F. (1994) Shame and social control revisited *Transactional Analysis Journal* 24(2): 109-120

English, F. (1998) Hot potato transmission and episcripts *Transactional Analysis Journal* 28(1): 10-15

English, F. (1999) Two racketeering patterns: "I love you, so gimme!" and "Darling, you owe me!". *Transactional Analysis Journal* 29(2) 130-132

Erikson, E.H. (1963) *Childhood and Society,* New York: W.W. Norton

Gazzanica, M. (1992) *Nature's Mind,* New York: Basic Books & Harper

Greenspan, S. (1989) *The Development of the Ego,* Madison: International Universities Press

Klein, M. (1963) *Our Adult World and its Roots in Childhood,* London: Heinemann

Lieberman, A. F. (1991) *The Emotional Life of the Toddler,* New York: Free Press

Orenstein, R. (1993) *The Roots of the Self,* New York: Harper Collins

Piaget, J. (1952a) *Judgement and Reasoning in the Child,* New Jersey: Adams & Co.

Piaget, J. (1952b) *The Origins of Intelligence in Children,* New York: International Universities Press

Restak, R. (2002) *The Secret Life of the Brain* as summarized in 'Modern Maturity' magazine, Jan-Feb. 2002

Stern, D. (1985) *The Interpersonal World of the Infant,* New York: Basic Books

Spitz, R. (1965) *The First Year of Life*, New York: International Universities Press

Spitz, R. (1957) *No and Yes*, New York: International Universities Press

Squire, L. R. Knowlton, B., & Mussen, G. (1993) The structure and organization of memory in *Annual review of Psychology*. 44:453-495

Tart, C. T. (1987) *Waking up - Overcoming the Obstacles to Human Potential*, Boston: New Science Library Shambala

Wade, N. (2001) *Life Script*, New York: Simon & Shuster

Wood, J. (1997) Diagnostic and treatment planning wheel (after English 1976) in MSc/CTA dissertation examination (unpublished)

04

거울 연습

지금 새로운 자아상태 창조하기 — 구성주의 접근

Adrienne Lee

"어제의 그 사람이 오늘의 그 사람이라고 가정하지 마라."

자아상태에 대한 전통적인 관점에서 어버이자아와 어린이자아는 흔히 아동기에 내사와 고착화를 통해 과거에 각각 형성되었다고 본다. 이 장의 주제는 매일 새롭게 창조되고 있고, 혹은 함께 창조되는 어른자아와 마찬가지로 어버이자아 및 어린이자아를 보는 구성주의 관점이다. 나는 새로운 자아상태의 구성을 촉진하는 특정한 상담 연습을 분석하고 제시한다. 연습 과정에서 긍정적 관조기법은 마치 친밀한 상호관계처럼 성인과 아동 간의 대화를 가능하게 한다. 이 관계는 성격의 구조로 내사되고 통합되며 지금-여기의 인생 경험에 따라 자아상태를 발달시키고 변화시킬 수 있다.

구성주의 접근의 중심 주제는 '현실'에 대한 개인의 관점은 세상에 대한 '이치를 깨달는' 데 사용하는 이야기를 통해 매일 새롭게 구성된다는 것이다. 이 원리가 자아상태의 개념에 적용될 때 자아상태는 말 그대로 매일 다시 구성된다는 것을 의미한다. 흔히 어버이 자아상태와 어린이 자아상태가 개인의 과거와 관련되는 반면, 어른 자아상태는 현재에 속해 있다고 본다. 하지만 구성주의 분석에 비추어 보면 그 구분은 무너지며 어버이 자아상태와 어린이 자아상태 그리고 어른 자아상태가 모두 현재에 경험된다는 것을 알 수 있다(Stewart & Lee, 1997). 이것은 자율성을 가져온다는 면에서 상담가의 역할 및 TA 심리상담의 이론과 실제에서 중요한 함축성을 지닌다.

구성주의 접근 자체는 TA 사고의 비교적 새로운 요소이지만, Berne(1961)이 Federn(1952)에게서 가져온 **정통생성**(orthriogenesis)의 개념에서 만들어진 이론과의 연결을 볼 수 있다. 여기서 개인은 자각 과정의 일부로 매일 새롭게 자아상태를 재창조하는 것으로 보인다. 그래서 새로운 날의 경험은 다음 '자아 단위'를 형성하며 이는 밤에 꿈을 꾸는 동안 동화된다.

> 정신적 생활은 … 갑작스럽거나 가소적인 방식으로 순간 순간 수정되는 하나의 자아상태와 … 연속체로 생각될 수 있다…. 일반적으로 낮 동안 외적, 내적 자극은 정신에 퍼부어지며, 모두 낮 동안에 동화될 수는 없다. 뒤이은 수면상태는 이 동화를 위한 기회를 제공한다. 그러므로 하루는 '자아 단위'로 받아들여질 수 있다(Berne, 1961, p. 48).

이 과정이 대체로 자각(전의식) 밖에 있기 때문에 상담 과정에서 내담자는 전의식적인 이야기를 되찾고 성장과 자율성을 위하여 완전히 설명할 수 있는 방법을 스스로 다시 쓰도록 촉진된다. TA의 많은 상담기법들은 이미 이 목적을 위해 존재하는 것이 분명하다. 예를 들어, '두 의자 기법'은 내담자가 내적 대화로서 유지되는 각본 이야기의 일부를 다시 쓰는 직접적이고 극적인 방법으로 나타난다. 지속적인 변화는 어린이자아 수준에서 대화가 '다르게 기록된 것처럼' 만들어진다. Goulding 부부는 다음과 같이 어린이 자아상태의 역동적인 특성을 제시한다.

우리는 지금까지 해 왔고 현재도 하고 있는 경험의 총합으로서, 항상 성장하고 발달하는 것으로 어린이자아를 본다(Goulding & Goulding, 1979, p. 20).

사실 '초기 장면 작업'은 회상된 과거 장면에 대한 내담자의 현재의 감정적 경험을 가지고 작업하는 것이다. 치료적 변화는 접촉하는 치료적 관계를 포함한 지금-여기의 현재 자원을 가진 내담자의 현재 경험을 회상된 과거의 경험 속으로 다시 던지는 것을 통해야만 성취될 것이다(역자 주 : 과거의 경험을 재구성한다는 의미이지만 원어의 느낌을 살리기 위해 다시 던진다는 표현으로 번역함). 내담자가 현재에서 변화할 때 역동적으로 현재 경험의 일부인 '과거'도 역시 불가피하게 바뀐다. 자아상태는 재구성되어 왔다. 나는 Allen과 Allen(1997)의 다음의 의견에 동의한다.

전통적 TA에서 과거는 현재를 결정하고 현재는 미래를 결정한다는 아이디어를 주로 받아들인다. 마찬가지로 현재가 과거 기억을 채색할 수 있고… 과거는 고착되어 있지 않고, 변화될 수 있으며 획일적인 구조가 아니라는 사실이 임상적으로 종종 분명하다(p. 92).

거울 연습(The Mirror Exercise)의 목적은 자아상태의 재구성 혹은 구조 변화를 가능하게 하는 것이다. 나는 1972년에 이 연습을 만든 이후 상담과 훈련에서 계속적으로 사용하였으며 그 구성 방식 및 임상적 관찰은 잘 검증되었다. 이 연습은 에너지가 집중된 어린이 자아상태와 안내된 환상이라는 수단을 통한 어른 자아상태 간의 새로운 지금-여기에서의 대화와 관련된다. 목표는 '접촉 방해'(Erskine & Trautmann, 1996)로서 아동기의 결핍을 치유하기 위해서 또는 성장하고 변할 수 있는 자원 및 허가의 교환을 허용하기 위해서 개인이 현재 성인으로서 온전히 참여하는 방식으로 아동기의 과거 자아상태를 현재로 끌어오는 것이다. 하나의 자아상태 내의 경험과 자원은 다른 자아상태로 갈 수 있다. 임상 실제에서 연습의 결과는 자아상태 중 하나가 주로 다른 자아상태의 주요 자원인 것을 보여 준다. 많은 경우 지금-여기에서 성인으로서의 어른 자아상태는 어린이 자아상태를 위한 보호와 허가의 강력한 자원이며 종종 새로운 어버이 자아상태로서 포함된다. 즉, 종종 어린이 자아상태는 성장을 위한 에너지, 활력, 재미 그리고 자발성의 자원이다. 이 연습에서 중요한 것은 세 가지의 자아상태가 현재에서 함께 창조되고 재구성된다는 것이다. 연습은 치료 과정 중에 여러 단계에서 반복될 수 있으며 자아상태 내의 상당한 변화는 매우 분명하다.

이 연습을 지지하는 하나의 가정은 주요한 치료적 변화가 조율과 관여의 온전한 접촉 관계에서 발생한다는 것이다(Erskine & Trautmann, 1996). 각본은 아동기와 성인기의 접촉 방해를 통해 만들어지고 강화된다. 예를 들어, 만약 한 자녀가 자신의 새로운 춤을 부모님이 칭찬해 주길 원하고 기대했는데 대신 무관심이나 비판을 받는다면 그 자녀는 "나는 중요하지 않아." 혹은 "나는 나빠."라고 결단할지도 모른다. 그 수치심의 경험 그리고/혹은 고통에 대한 방어가 되는 인생의 초기 결단은 강화될 수 있다. 이 접촉 방해는 또한 방임, 삼켜버림, 상처 혹은 무관여의 초기 근원적 상처(Lee in Tilney, 1998)를 강화시킬 수 있다. 접촉 방해의 치유는 치료적 관계 내에서 가능할 수 있지만, 이것은 확실한 수단이 아니며 몇 년이 걸릴 수도 있다. 거울 연습에서 각색된 자아상태 사이의 접촉은 심리내적 접촉 및 애착이 된다. 나는 자기감(sense of Self)을 보수하고, 세우고, 강화시키는 것이 바로 심리내적 애착과의 접촉임을 믿는다. 성장한 자기는 어린이자아의 원초적 상처를 위해 유일하게 신뢰할 만한 '교정된 양육'을 제공할 수 있는데, 그것은 연습에서 '성인'이 진심으로 "나는 너를 절대 버리지 않아!"라고 말하는 것이다. 그때 어린이자아는 그것이 진심임을 알고, 부인 방어기제를 포기할 것이다. 유사하게 성인은 아동에게 상처를 주거나 삼켜버리지 않는 것, 그리고 실질적이고 접촉적 관계를 유지할 것을 약속할 수 있다. 연습의 힘은 새로운 구성 혹은 구조가 애착과 접촉을 통해서 생동적 발달과 관계적 욕구가 성취된다는 사실을 바탕으로 한다. 접촉과 애착은 무엇보다도 내담자 자신의 부분들 간에 존재한다. 두 부분이 통합될 때, 연습은 이러한 애착이 심리내적일 뿐 아니라 외재화된 대화와 만남 안에서 '상호관계적'일 수 있다.

어른 자아상태는 오늘의 '성인'과 어제의 '아동'이 현재에서 각색될 수 있는 '단계' 혹은 틀을 생성한다. '성인'은 보통 아동에 의해 부모 대상으로 보이기 때문에, 어버이자아에서 어린이자아로 대화가 이루어진다. 심리내적 관계는 외재적 혹은 심리내적으로 마치 하나인 것처럼 어른자아를 통해 각색된다(그림 4.1 참조).

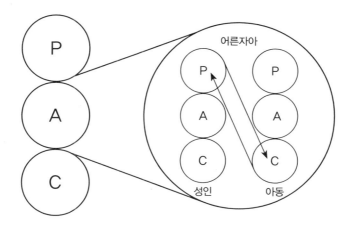

그림 4.1 성인과 원시적 아동의 관계에 대한 어른자아의 각색

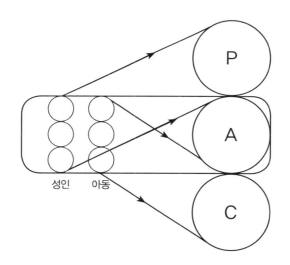

그림 4.2 각색된 상호관계의 재통합

연습에서 각색된 대인관계가 심리내적으로 통합될 때, '성인'은 새로운 어버이 자아상태로 통합되고 '아동'은 접촉적인 새로운 양육을 받은 새로운 어린이 자아상태가 된다(그림 4.2 참조).

이제 새로운 내적 대화가 일어날 수 있다. '성인'과 '아동' 사이에 공유된 친밀감과 애

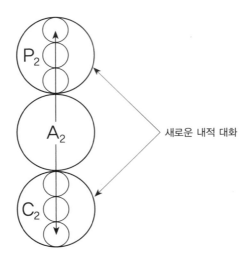

새로운 내적 대화

그림 4.3 자아상태의 새로운 배열과 새로운 내적 대화

착은 같은 친밀감과 접촉 관계를 가진 자아상태의 내용과 구조로 바뀐다. 이러한 이유로 새로운 내적 대화는 하나의 건강한 애착이 된다(그림 4.3 참조).

내담자의 현상학적인 경험은 다른 연령대로 에너지 집중이 가능하며 계속해서 스스로 생성하고 스스로 재양육할 수 있는 새로운 어린이 자아상태를 갖는다. 내담자는 또한 어버이 자아상태에 현상학적인 변화를 보고하고, 이제 관련된 현재 자원을 갖는다. '새로운' 자아상태를 '오래된' 자아상태와 구별할 수 있다는 주장이 있지만, 우리가 매일 자아상태를 재생성한다고 가정하면 그것은 필수적이지 않다. 이러한 구성주의 접근은 자아 재양육(James, 1974) 및 재자녀화(rechilding)(Clarkson & Fish, 1988)하는 것에 새로운 의미를 준다. 새로운 자원과 경험은 어버이 자아상태와 어린이 자아상태 안에서 발달될 수 있다.

재양육 및 재자녀화의 새로운 경험을 제공하는 것은 통합된 어른 자아상태가 스트레스에서 긍정적인 경험을 끌어내어서 보다 큰 안정감을 얻도록 한다(Clarkson & Fish, 188, p. 59).

거울 연습

거울 연습은 교류를 완성하기 위해 내담자에게 충분한 시간을 할애해서 상담가가 이끌 필요가 있는 안내된 환상이다. 내담자는 소리 내어 큰소리로 반응을 하거나 온전히 내적으로 연습을 할 수 있다. 후자를 선호한다면 상담가는 교류가 완료되는 시점을 알려 주는 신체언어 단서를 지켜볼 필요가 있고, 필요하다면 내담자에게 이를 확인한다. 안내된

안내된 환상	해설
당신이 전신 거울 앞에 서 있다고 상상하라.	거울 사용은 경험 주위에 확실한 구체적인 틀 혹은 경계를 제공한다. 이는 이후에 특별한 시간 틀이 된다.
7~8세쯤의 자신을 거울 속에 비춰보라(의미가 있다면 다른 연령도 가능하다).	상담가는 시각적인 기억에 접근하기 위해 사진을 사용할 것이라고 내담자에게 말할 필요가 있다. 거울에 반사되는 모습을 이용하는 것은 중요하다. 내담자는 거울에 반사되는 아동으로서의 자신을 보는 동시에 관찰자이다.
그 어린 소년/소녀는 어떻게 생겼는가? 무엇을 입고 있나? 머리 스타일은 어떠한가? 표정은 어떠한가? 어떻게 서 있나? 손은 무엇을 하고 있나? 혹시 무언가를 들고 있나? 등	3인칭 단수와 동사의 현재시제를 사용하면 과거의 일을 마치 현재 여기서 일어나는 일로 지각할 수 있고, 과거 아동기에 붙어 있는 감정 없이, 원시의 어린이 자아상태를 행동적으로 '현재'로 가져올 수 있다. 시각적인 세부사항의 특수성은 어린이자아를 현재에 고정시키는 중요한 역할을 한다.
어린 소년/소녀의 이미지 옆에 거울에 비친 오늘날 성인이 된 당신의 모습을 가져와서 둘이 나란히 있도록 한다.	이제 지금-여기의 성인은 반사되는 거울에 비춰지는데, 이것은 두 자아상태가 '시간에 자유로운' 거울 틀에 동시에 존재하도록 시간 제한으로부터 자유롭게 한다. 하지만 관찰자로서의 자신은 여전히 거울 밖에 존재한다.
이제 둘이 서로를 바라보도록 한다. 큰 사람은 작은 사람을 어떻게 생각하는가? 작은 사람은 큰 사람을 어떻게 생각하는가?	자신의 두 부분은 모두 같은 시간의 틀에서 각색된다. 내담자는 한 사람에서 다른 사람으로, 내재적 경험에서 외재적 자각으로 빠르게 움직이도록 요청받는다. 내담자는 연습을 하는 가운데 거울 밖에도 있고 상담실에도 있다. 오래된 자아상태 및 각본 밖의 상위 혹은 메타 자기가 유도된다.

작은 사람은 큰 사람에게 무엇을 말하나? 큰 사람은 작은 사람에게 무엇을 말하나?	상담가는 접촉적인 대화를 격려한다.
작은 사람은 큰 사람에게 무엇을 알리고 싶은가? 큰 사람은 작은 사람에게 무엇을 알리고 싶은가?	비밀을 말할 수 있다. 지혜를 공유할 수 있다. 이는 친밀하고 솔직하게 아동의 진심을 밝힐 수 있는 기회이며 또한 어린이 자아상태에게 미래 성인의 '안전'과 자원을 허락한다. 때때로 긍정적인 자원은 어린이자아에 있는데, 이는 에너지와 생동감의 근원인 접촉을 잃은 성인에게 활기를 불어넣을 수 있다.
작은 사람은 무엇을 넘치도록 가지고 있는가? 작은 사람은 무엇이 결핍되어 있는가? 큰 사람은 무엇을 넘치도록 가지고 있는가? 큰 사람은 무엇이 결핍되어 있는가?	메타 자기에 대한 이러한 질문은 감정이 너무 강렬한 단계와 잠재적으로 가수 상태(최면 상태와 같은)를 깰 수도 있는 단계에서 결정적인 거리감을 느끼게 해 준다. 알아차린 특성의 강도는 증가하거나 감소할 수 있다는 것이 전제된다.
작은 사람이 큰 사람에게 바라는 것은 무엇인가? 큰 사람이 작은 사람에게 바라는 것은 무엇인가?	여기서 전제는 서로 사용할 수 있는 긍정적인 자원이 있다는 것이다. 자각은 성인과 아동 안에서와 마찬가지로 메타 수준에서 이루어진다.
서로에게 무엇을 말해야 하는가?	대화를 완성하는 데 필요한 만큼 충분히 이어 나간다.
서로 이야기하고 듣도록 하며, 그들이 들은 것을 보여 주도록 한다.	상담가는 이 대화가 접촉적이며 조율될 것임을 확신하도록 촉진할 수 있다.
그들이 서로 신체 접촉을 하는가?	아직 경험하고 있지 않다면 질문이 접촉을 가능하게 할 것이다. 신체 접촉 전에 친밀감이 생기도록 충분히 기다리는 것이 중요하다.
큰 사람은 작은 사람이 가졌으면 하는 선물이 있는가? 작은 사람은 큰 사람이 가졌으면 하는 선물이 있는가?	선물 교환은 무의식적인 마음에 새로운 애착을 위한 상징을 제공할 수 있는 기회가 된다. 이후에 그 선물은 경험을 고정시키기 위해 인식되고 해석될 수 있다.
이제 당신이 준비되었다면, 두 이미지를 합류할 수 있는 방식을 찾아라…. 그리고 그것이 끝났을 때 눈을 떠라…. 그리고 다시 거울 밖의 지금-여기의 상담실로 돌아온다.	두 가지의 자기를 합류하는 것은 통합 및 재배열 과정에 매우 중요하다. 만약 내담자가 합류를 어려워한다면 그때 상담가는 이것을 어떻게 하는지 제안할 수 있다. 예를 들어, "큰 사람이 팔을 벌려 작은 사람을 가슴에 품으세요. 그리고 이제 하나가 되세요."

환상에서는 융통성이 적합한 반면, 모든 과정들, 특히 마지막 과정에서는 통합되어서 마무리되기를 권장한다. 과정의 각 부분에 대한 근거는 해설에 설명되어 있다.

사례 연구

제럴드는 자아존중감이 낮은 내담자이며, 결혼, 가정, 직장에서 성공한 것처럼 보이지만 내적 어버이자아의 비판으로 끊임없이 위협받으며 불안함을 느낀다. 그는 자신이 아무리 성공해도 충분하지 않을 것이며 앞으로 거절당하고 버림받을 것이라는 신념을 가지고 있다. 제럴드는 거울 속에 있는 교복 입은 어린 아동을 본다. 그 아동은 말끔하며, 머리는 단정하게 잘랐지만 귀 밖으로 약간 나왔다. 그의 양말 한쪽은 내려가 있고 한쪽 손은 반바지 옆의 주머니를 잡고 있다. 그는 카메라를 향해 웃고 있지만(제럴드는 8살의 모습을 찾기 위해 실제로 사진을 사용하였다) 웃음은 곧 사라지고 곧 걱정하는 찌푸린 얼굴로 변한다. 제럴드가 현재 성인인 자신을 거울로 데려와 두 이미지가 서로 바라보도록 할 때, 그가 아버지를 위협적으로 경험했던 방식으로 키 큰 남성이 남자아이를 위협적으로 쳐다본다는 것을 자각한다. 이는 성인인 제럴드에게도 불편하다. 그는 허리를 굽히고 한쪽 무릎을 내려 어린 제럴드와 눈높이를 맞춘다. 이미 치료상의 변화가 발생했으며 아동은 성인이 불편함에 곧바로 반응하는 것을 경험한다. 물론 제럴드는 성인이며 동시에 아동이기도 하기 때문에 그는 두 관점을 경험할 수 있다.

어린 소년은 성인을 좋아하고, 성인이 자신에게 진정으로 관심을 갖는 것 같아 혼란스러워한다. 이것은 부모 대상과의 접촉 관계에서 안정에 대한 새로운 경험이다. 성인 제럴드는 어린 소년을 향해 동정을 느끼고 아동을 안심시키려 한다. 안심시키는 대화에서 성인은 어린 아동에게 그는 OK라고, 그리고 모든 것이 OK일 것이라고 말한다. 그는 어린 소년에게 학교에서 가끔 힘들고 무섭고 외롭게 느낄 수도 있지만 나쁜 일이 생기지 않을 것이라고, 아동이 성공하여 대학교에 진학하고, 언젠가는 자신의 사업을 할 것이라고 알리고 싶어 한다.

아동은 놀란다. 아동은 성인이 된 제럴드가 친구가 있는지 알고 싶어 한다. 아동은 '옳은 일'을 할 수 있도록 성인 제럴드의 도움을 받고 싶어 한다. 성인은 아동을 안으며, 아동에게 모든 것이 옳지 않아도 된다고, 지금 있는 그대로가 OK이며 숙제를 걱정하는 대신 나가서 놀아도 된다고 말한다. 아동은 두려움이 너무 많고 자신감은 너무 없다. 반면 성인은 너무 많은 책임감을 갖고 있고 재미가 없다. 그러나 그들은 서로가 무조건적인 사랑을 받고 OK일 수 있도록 허락해 준다. 아동은 성인이 자기와 놀고 자기와 이야기하길 바란다. 성인도 같은 것을 바란다. 대화에서 아동은 그가 두려워하는 것을 하나씩 말하고, 이미 성인은 미래를 알고 있기 때문에 아동이 두려워하는 것이 아동에게 상처를 주지 않을 것이라고 명백하게 말하며, 환상은 이루어지지 않는다고 말한다. 그는 친절하게 아동에게 진실인 것과 아닌 것을 말할 수 있다.

그는 아동에게 절대 버리지 않겠다고, 항상 함께하겠다고 약속할 수 있다. 아동은 이에 대한 현실을 경험하며 자신의 성인 자기가 자신을 돌봐주고 함께 있을 것을 믿게 된다. 그의 따뜻한 미소는 이제 '카메라 미소'와는 많이 다르다. 성인이 아동에게 주는 선물로 '나는 제럴드이며, 나는 충분히 괜찮다.'라는 비밀 배지를 준다. 아동은 성인에게 풋볼 공을 준다. 그들은 곧바로 함께 놀고 싶어서 웃는다.

이 내담자는 자신이 아버지에게 받은 것과 완전히 다른 접촉을 하는 적절한 양육을 아동에게 줄 수 있는 적합한 자원을 찾을 수 있었다. 그는 접촉하는 양육 및 새로운 허가를 '경험한' 새로운 어린이 자아상태를 만들어 낼 뿐 아니라, 이제 통합된 아동과 연결된 성인이 된 자신으로부터 새로운 어버이 자아상태를 창조했다. 이전의 비판적인 부모는 사라지거나 혹은 아예 없어지고, 제럴드는 있는 그대로 '충분히 괜찮은' 존재와 어울리는 자신감과 편안함을 경험할 수 있다.

어떤 경우에는, 상담가는 내담자의 '관찰하는 자기'와 함께 치료상의 결과를 확신하는 성인 혹은 아동을 지도해야 하지만 이 경우에는 필요하지 않았다. 아주 드문 경우지만 잠재적으로 치료적이지 않거나 혹은 손상을 불러일으켰을 때, 건강한 재구성이 실행되지 않는 것으로 보일 때 연습을 중지할 수 있다. 한 내담자는 어린 소년이 옷을 입지 않은 모습을 상상했고 그 옆에 또한 옷을 입지 않은 성인의 모습을 데려왔다. 내가 그에게 옷을 입은 두 가지의 이미지를 상상하라고 했을 때, 내담자는 그러지 못했거나 원치 않았다. 그래서 나는 내담자에게 성인이 옷을 입지 않은 상태에서 어린 소년을 만나는 것은 안전하지 않으며 OK가 아니라고 말했고 연습을 종료했다. 여기서 상담가는 성인과 아동을 위한 경계를 설정하는 '어버이자아'가 된다.

연습 과정은 내담자를 거울 안과 거울 밖, 즉 대화의 친밀함을 경험하는 반사 내에서, 동시에 무심한 관찰자 혹은 공동촉진자의 메타 수준에서 초대한다. 나는 내담자가 이렇게 객관화함으로써 혹은 내담자의 상위자기(Higher Self)에 가까이 가는 관조의 위치에 앉음으로써 부정적이거나 낡고 오래된 감정에서 자유로울 수 있으며, '시간 밖에' 있을 수 있다고 생각한다. 내담자는 새로운 자아상태와 새로운 이야기를 효과적으로 창조할 수 있는 작가의 위치에 있으며, 동시에 대화 내의 한 인물이 될 수 있다. 새로운 형태와 변형이 이루어진다. 이것은 자발성이다. 이것은 친밀성이다. 이것은 자율성이다.

> "현재는 역사를 변형시킨다.
> 사랑하려고 노력했던
> 얼굴들, 장소들, 그리고 자기는
> 사라진다.
> 나는 이제 새로운 이야기를 만든다."

참고문헌

Allen, J., & Allen, B. (1991) Towards a constructivist TA. *The Stamford Papers: selections from the 29th ITAA Conference,* 1-22

Allen, J., & Allen, B. (1997) A new type of transactional analysis and one version of script work with a constructivist sensibility. *Transactional Analysis Journal,* 27: 89-98

Berne, E. (1961) *Transactional Analysis in Psychotherapy,* New York: Grove Press

Clarkson, P. & Fish, S. (1988) Rechilding: creating a new past in the present as a support for the future, *Transactional Analysis Journal,* 18(1) : 51-59

Erskine, R. & Trautmann, R. (1996) Methods of an integrative psychotherapy, *Transactional Analysis Journal,* 26(4): 316-328

Federn, P. (1952) *Ego Psychology and the Psychoses,* New York: Basic Books

James, M. (1974) Self reparenting: theory and process, *Transactional Analysis Journal,* 4(3): 32-39

Goulding, M., & Goulding, R. (1979) *Changing Lives Through Redecision Therapy.* New York: Brunner/Mazel

Lee, A. (1996) The mirror exercise and reconfiguration of ego states. *ITA News,* 45,47-50.

Stewart, I. (1992) *Eric Berne.* London: Sage

Stewart, I., & Lee, A. (1997) Reconfiguring: the art and practice of autonomy. *Aspiration and Autonomy 1997 EATA Conference Papers,* Paper 33

Tilney, T. (1998) *Dictionary of Transactional Analysis.* London: Whurr

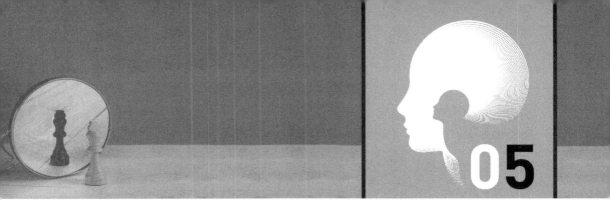

내사, 심리적 존재와 어버이 자아상태

심리상담을 위한 고려

Richard G. Erskine

Eric Berne의 추모 헌사에서 Franklin Ernst(1971)는 어버이 자아상태를 확인하는 것과 어른 자아상태나 어린이 자아상태로부터 어버이 자아상태를 구별하는 것이 심리상담학계에의 Berne의 최대 공헌이라고 분명히 말했다. 이러한 중요한 구별은 심리내적 갈등으로부터 오는 불안, 우울, 낮은 자아존중감의 징후를 덜어내는 심리상담의 초점을 제시하는, TA 임상의 이론적 틀을 제공한다. 그러나 대부분의 TA 임상문헌은 치명적인 내사된 메시지를 인자한 내사된 메시지로 바꾸어 주는 어른 자아상태의 조절을 강화하면서 어린이 자아상태가 강제로 적응하는 것으로부터 자유롭게 되는 것에 초점을 맞추거나, 어른자아에서 어른 '자아상태'로 교류하는 활동을 촉진하는 행동적 변화를 만드는 데에 초점을 맞춘다. 어린이 자아상태의 심층적인 심리상담을 강조하는 논문과 저서는 몇 편이 있지만, 어버이 자아상태의 처치와 심리내적 갈등의 해결에 대해 설명한 논문은 거의 없다. 이 장의 목적은 어버이 자아상태의 심리내적 기능을 명확하게 설명하고, 내사된 어버이 자아상태에 관한 심층적이고 통합적인 교류분석 심리상담의 방법의 개요를 서술하는 데 있다. 이 장은 Rebecca Trautmann 공저인 *Resolving Intrapsychic Conflict : Psychotherapy of Parent Ego States*를 따르며, 실제 심리상담 과정에 대한 나의 주석이 달려 있는 축어록을 포함한다.

자아상태에 대한 Berne의 저서들(1957, 1961) 이전의 정신분석 저자들은 '성인 같은'과 '아동 같은' 사이의 '성격', '상황', '상태'를 구별해 왔으며, 내적 고통을 이해하고 완화하기 위한 수단으로서 자유연상, 불만족(non-gratification), 해석의 분석적 방법을 발전시켜 왔다. 대부분은 '부모의 영향'이나 초자아의 심리적 효과에 대해 저술했다. 그러나 정신분석 문헌에는 초자아의 처치에 대해 그것이 내적 대상인지, 부모의 영향인지, 반 리비도적 자아인지, 내사된 타인인지 혹은 무의식적 환상인지에 대한 적절한 설명이 부족하다.

1895년 Josef Brueur와 Sigmund Freud는 *Studies in Hysteria*에서 안나 O의 하나는 상대적으로 정상적인 예리한 관찰자, 다른 하나는 어린이 같이 무례한 상태가 빈번하게 자발적으로 번갈아 생기는 '완전히 분리된 두 가지 의식 상태'에 대해 저술하였다. Breuer와 Freud는 사례에서 에미 폰 N을 소개했고, 그녀가 근원적 경험을 묘사한 것과 Breuer 자신이 어떻게 분석했는지에 대해 Freud에게 논평하는 것 사이에서 에미 폰 N이 '의식 상태'를 어떻게 변경했는지 설명했다(1950).

Paul Federn(1953)은 *Ego Psychology and the Psychosis*에서 자신의 내담자가 현재의 자아를 나타내고 내적 감각을 식별하며, 동시에 환경적인 자극과 분별하거나 차별한다는 것을 관찰했다. 게다가 이 자아는 정체감을 드러내고 어린 아이처럼 환경에 반응한다. 그는 이 다른 표명을 하위구분 혹은 자아의 **상태**, 예를 들어 다른 정체성으로 설명했다. 또한 그는 내담자 안에 부모 형상을 내재화하는 것을 '획득된 자아 태도'로 언급했고, 초자아의 정신분석적 개념과 이 일정한 심리적 존재를 연결시켰다. Federn의 자아와 자아상태에 대한 관점은 Hartmann(1939, 1964), Kris(1951, 1979), Rappoport(1967)와 같은 정신분석 운동 내의 다른 자아 정신분석가들의 관점과 상당히 달랐다. 어느 정도 다른 용어를 사용했음에도 Federn은 Guntrip(1961), Berne(1957, 1961), Jacobson(1964),

Kemberg(1976), Kohut(1977), Watkins(1978), Winnicott(1965)의 이론들에 영향을 주었다.

John Watkins은 Eric Berne처럼 Federn과 함께 연구했고 Berne이 자신과 유사한 개념을 발전시키고 있었다는 자각 없이 자아상태의 개념을 발전시키고 있었다. John과 Helen Watkin의 *Ego States : Theory and Therapy*(Watkins & Watkins, 1997)에서는 자아상태를 '일반적인 원리에 의해 구성요소가 연관되어 있는, 행동과 경험의 조직화된 시스템이며 다소 침투할 수 있는 경계에 의해 다른 상태들로부터 분리된 것'(p. 25)으로 정의한다. 그들은 '핵심자아'를 자신이나 타인들을 '자기'로 지각하는 것 그리고 '택한 목적을 위해 차별화된' '자기의 부분'인 '다른 자아상태' 둘 다로 묘사한다. 이러한 것들은 '의미 있는 타인의 내사' 혹은 '외상 때문에 핵심자아로부터 분리된' 자아상태로 구성된다(p. 26).

Freud는 *An Outline of Psychoanalysis*에서 인간이 부모에게 의존하여 성장하는 긴 아동기 동안 발생하는 것으로 초자아의 발달을 설명했다. 부모의 영향이 장기적일 때 의존성은 아동의 자아 안에서 특별한 주체가 된다. 부모의 영향은 부모의 성격뿐만 아니라 물려받은 인종, 국적, 가족의 전통을 통해 전수된다(1949). 기본적으로 아동의 의존성 때문에 부모의 성격 요소는 내재화되고 자아('나'라는 개인의 감각)에 영향을 미치며, 스트레스가 있는 상황에서 심리적인 기능은 각 개인에게 다르게 일어난다.

정신분석적 대상관계이론의 발달에서, Fairbairn(1954)과 Guntrip(1961, 1968)은 Freud의 초자아 개념을 생략했다. 대신 그들은 두려움이 있는 곳에서 아동은 자신의 일부를 분리할 수 있고 자아상태의 형태는 내재화된 부모의 통제 및 그 통제에 대한 아동의 두려움의 결합이라는 것을 이론화했다. 그들은 이것이 자연스러운 본성이 되고 남은 잔여물을 가진 자아상태인 '리비도적 자아'를 어떻게 억누르고 통제하는지 강조하기 위해 '반-리비도적 자아'로 이 상태를 용어화했다. 그들은 양육자와의 관계의 외형을 유지하려는 목적을 가지고 개인이 억누른 자연스러운 본성을 심리내적으로 지키려고 일어나는 것으로 이러한 갈등을 설명했다. 그들의 '중심 자아'가 외부세계에서 기능을 하는 상태이고, 이는 심리내적 갈등을 위한 덮개로서 작동될 수 있다.

Edoardo Weiss는 그것을 타인의 성격을 동일시한 '자아 내의 포함'으로 나타내기 때문에 내재화라는 용어를 선호한다(1950, p. 76).

내재화는 개인의 자아 내에서 그것이 몸으로 그리고 정신적 측면으로 대체될 때 완성된다. 이러한 대체는 내부 변형적인 자아고착화된 복제나 또 다른 성격의 신체적, 정신적 특징의 자아고착화된 상상이 될 수 있다(1950, p. 95).

1912년, Ferenczi는 대상의 내부 변형적인 자아고착화의 복제를 나타내기 위해, '결합'에 대한 유사어로서 내사라는 용어를 소개했다'(Weiss, p. 76). Weiss는 그의 사고방식 때문에 '내사'라는 용어를 좋아하지 않았는데, 즉 개인이 타인에 의해 변화하는 방식 및 타인과 정확히 같을 수 없는 내재화의 방식을 적합하게 설명하지 않았기 때문이다.

게슈탈트 상담에서 타인의 요소의 내재화라는 심리적 내사의 개념은 내적, 외적 접촉을 위한 핵심욕구 이론을 이해하는 것이 중심이다. 내사는 다른 사람들에 대한 무의식적인 방어적 동일시로 정의된다. 내사를 유지하는 것은 자기와 타인 모두에 대한 온전한 접촉을 막는다(Perls, Hefferline, & Goodman, 1951).

심리상담 분야에서 어버이 자아상태의 개념은 확실히 Berne의 상당히 획기적인 선물일 수 있다. 1957년 Berne은 초자아에 대한 Freud의 설명을 인용했고, 초자아와 어버이 자아상태는 내부 세계의 필수적인 부분이 되는 외부세계의 일부라는 것을 암시하기 때문에 둘 다 원래의 외심리의 본질 내에 있다고 덧붙였다. Berne은 종종 외심리라는 용어를 어버이 자아상태와 바꾸어 사용했다. Berne은 흥미로운 신경학적인 함축성을 가진 외심리에 대해 말했지만, 그것들이 무엇인지는 말하지 않았다(Berne, 1957). 다가오는 신경생물학 연구는 기본적인 순환지도를 그리고, 타인이나 심리적 존재에 대한 두뇌의 방어적 동일시를 식별하고, 아마도 외심리적 자료의 두 번째, 세 번째 단계를 구별할지도 모른다.

Berne(1961)은 2차, 3차 어린이 자아상태와 어버이 자아상태를 이론적으로 설명했다. 그는 2차, 3차 어버이 자아상태를 '가계를 나타내는 자료'를 포함하는 것으로서 나타냈다. 이러한 영향을 주는 자료들은 존중되고 조율된 치료적 관계 및 내담자의 경험, 환상, 개념, 그들의 현재 삶에 대한 의미를 발견하도록 촉진하는 현상학적인 질문을 통해 내담자의 자각을 가져올 수 있다. 이는 전이의 분석을 통해 이루어지고, 종종 어버이 자아상태의 심층적인 이론에 대한 전제 조건이 된다. 성격적 문제를 작업하는 데 있어서 Berne의 '특정한 관심'은 어버이 자아상태의 '지속적인 엄중함', 구체적으로는 '어버이 자아의 어린이자아 영역과 어린이자아의 어른자아 일부'에 있었다(1961, pp. 196-197).

라틴어의 어원상 내사라는 용어는 '내부에 던져진'이라는 의미이다. 그러나 라틴어나 그리스어가 아닌 '외심리'는 영혼이나 마음 외부에 있는 그것이 어떻게 생겨났는지 설명한다. *Integrative Psychotherapy*(Erskine & Moursund, 1988; Erskine, Moursund, & Trautmann, 1999)에서, 다음의 정의는 아동발달 문헌과 임상적 관찰에 기초한 조작적 정의로서 사용되었다. 내사는 관계욕구가 충족되지 않았을 때 일어난다. 즉, 충족되지 않은 관계욕구에 대한 보상으로서 다른 사람의 성격 요소에 방어적인 무자각적 동일시이다. 방어적인 특성 때문에 모든 내사는 오늘날의 관계욕구를 충족하는 데 역기능적이지만, 때때로 그 내용은 양육적이며 효과적이다. 내사의 결과가 외재적 행동이나 심리내적 영향일 때, 그것은 외부 대상에 대한 방어적인 내재화의 표명이 되고, 온전한 내적, 외적 접촉에 방해가 된다(Gobes & Erskine, 1995).

Eric Berne(1961)은 Paul Federn의 자아상태 개념을 정교화하고 응용하여 정신분석적 사고를 확장시켰다. Berne의 자아상태 이론에 대한 공헌은 심리상담의 실제에 극적인 변화 가능성을 만들었고, 이는 정신분석 이론과 실제에서의 최근의 변화보다 수년이나 앞섰다(Bollas, 1979; Greenberg & Mitchell, 1983; Guntrip, 1968; Kernberg, 1976; Kohut, 1971, 1977; Masterson, 1976, 1981; Miller, 1981; Stolorow, Brandchaft, & Atwood, 1987).

TA의 대중화는 1970년 Berne의 사후부터 일어났고 그의 원래의 이론적 개념의 대부분은 극단적으로 단순하게 묘사되었다. Berne의 예시와 설명들이 종종 자아상태의 정의로서 사용되었으며 그의 원래의 자아상태 개념의 치료적 풍부함과 깊이는 간과되어 왔다.

이 장은 접촉 방해와 내사의 방어과정의 심리상담을 위한 이론적 기초로서, 결과적인 심리내적 고통의 해결로서 Berne의 원래의 자아상태의 개념화로 돌아가는 것으로 시작할 것이다.

자아와 자아의 상태

Paul Federn(1953)은 *Ego Psychology and Psychoses*에서 단순히 이론적 구조가 아닌 실제로 감정이 경험된 상태로 자아를 설명했다. 초기 정신분석가 문헌의 영어 번역에서 Freud의 'Das Ich', '나(the I)'는 라틴어 단어인 'ego(자아)'로 사용되었다. 자아는 자기의 측면을 알아보고 멀리 두고 보는 것이다. 그것이 바로 '이건 나예요(This is me).'와 '이건 내가 아니에요(This is not me).'라는 우리의 감각이다. 자아는 유기체 밖에서 발생한 것들로부터 내적 감각을 식별하고 구분한다. '나는 배고프다.', '나는 심리상담가이다.' 또는 '나는 버스를 운전할 수 있지만 버스 운전기사는 아니다.'처럼 자아는 우리의 정체성이다.

Berne은 일찍이 1966년 이전의 저서에서, 독자들이 자아의 작동하는 정의에 친숙하다는 것을 철저하게 가정했다. 즉, 그는 '… 주어진 대상과 관련이 있는 감정의 일관성 있는 체계, 현상학적으로 일관성 있는 행동패턴의 체계로서' 자아상태를 묘사했다(Berne, 1961, p. 17).

Berne은 자아상태(어버이자아, 어른자아, 어린이자아)를 내적, 외적 자극을 조직화하는 기능을 가진 심리 기관(외심리, 원형심리, 신심리)의 현상학적인 **표명**으로 간주하기 위해 일상적인 묘사를 사용하였다. 외심리, 원형심리, 신심리는 각각 외부 원천으로부터 생긴 마음의 측면, 이전의 발달시기로부터 온 초기의 마음, 현재의 마음으로 간주한다. *Transactional Analysis in Psychotherapy*(1961)에서 Berne은 '자아상태'라는 용어와 '마음의 상태 및 그와 관련된 행동패턴을 나타내기' 위해 '자아상태'라는 용어와 상호 교환될 수 있는 심리 기관의 용어를 사용했다(p. 30).

Berne(1961)은 "어른 자아상태는 현실에 적응된 감정, 태도, 행동패턴의 자율적인 체계로 특징지어진다."라고 언급했다(p. 76). 이러한 설명에서 Berne의 '자율적인'이라는 용어의 사용은 내사된, 혹은 원형심리에 의해 심리내적 통제 없이 기능하는 신심리 자아를 의미한다. 어른자아 내에 있을 때, 개인은 발달 연령에 적합한 방식하에 일어나는 것과 온전한 접촉을 한다. 신심리(현재의 마음) 자아의 기능은 (1) 내적, 외적으로 시시각각 일어나고 있는 것, (2) 과거의 경험과 그로 인한 결과의 영향, 그리고 (3) 개인의 삶에 의미 있는 타인의 심리적인 영향과 동일시를 설명하고 통합한다. 이러한 어른자아는 현재 연령과 관련된 운동 행동, 정서적, 인지적, 도덕적 발달, 창의적인 능력, 그리고 의미 있는 관계와의 온전한 접촉적인 참여 능력으로 구성된다. 나는 Berne(1961, p. 195)이 그리스 용어인 에토스와 파토스의 사용으로 이러한 측면들을 강조한 것에 덧붙여 가치를 통합하고, 정보를 처리하고, 정서와 감각에 반응하고, 창조적이고 접촉적이 되는 어른자아의 온전한 신심리를 설명하기 위해 논리적이고 추상적인 추론을 사용하는 능력인 로고스(Logos)와 창조할 수 있는 능력인 테크노스(Technos)를 추가했다(Erskine, 1988).

'어른자아'라는 용어는 TA 통합 이론에서 '어른 자아상태'라는 용어보다 더 많이 사용되었는데, 이는 자아의 상태가 아닌 내사된 부모 혹은 원형의 어린이 자아상태의 심리내적인 통제 없이 개인의 온전한 신심리적 능력을 상징화하기 위함이었다. 어버이 자아상태와 어린이 자아상태는 미해결된 이전의 경험에 대한 비-통합적인 고착으로, 심리적 에너지를 문제해결을 위한 자발성과 유연성으로부터 건강 유지나 사람들과의 친밀한 관계 같은 개인적인 것으로 돌리기 위한 것이다. 교정적인 삶의 경험과 효과적인 치유 심리상담을 통해, 어린이 자아상태와 어버이 자아상태는 어른 자아상태로 온전하게 통합될 수 있다. 아동기의 과거 경험과 의미 있는 타인들로부터 내사된 경험은 이제 통합을 통해 자신만의 자각이 되고, 분리된 독립체로서 비-에너지화되고, 더 이상 방어적인 기능을 제공하지 않는다. 그것들은 심리내적 갈등에 영향을 미치고 조절하며 심리내적 갈등을 만들어 내는 자아의 상태를 분리하기보다는 이제 가치 있는 자원의 보고와 같은 기능을 할 수 있다.

신심리 자아는 초기 발달 단계의 고착화로 구성되는 Berne의 원형적 자아상태와 대조되었다. Berne(1961)에 의하면 '어린이 자아상태는 아동기의 유물인 일련의 감정, 태도, 행동패턴이다'(p. 77). 개인은 어린이 자아상태에 있을 때 자신이 초기 발달단계에서 했던 것처럼 외부세계, 내적 욕구, 감각을 인식한다. 비록 사람들은 현실과 관련되는 것처럼 보이지만 개인은 미해결된 유기, 외상, 혹은 예를 들어 심리적인 고착화와 같은 혼란이 있었던 발달단계에서 아동의 지적, 사회적, 정서적 능력이 일어나는 것을 실제로 경험하고 있는 중이다.

어린이 자아상태라는 용어를 단수형으로 사용하는 것은 다소 오해의 소지가 있다는 것을 알아야 한다. 아동은 수많은 모습과 단계를 통해 발달하고(Erikson, 1950; Mahler, 1968; Mahler, Pine, & Bergman, 1975; Piaget, 1936, 1952; Stern, 1985), 그중 단계에서 억제와 고착화가 일어날 수 있다. 스트레스 요인의 영향하에서, 우리는 6세에 했던 것처럼 생각하고, 느끼고, 행동한다. 다른 영향하에서 우리는 영아였을 때 했던 것처럼 우리 스스로와 주변의 세계를 지각할 수 있다.

어린이 자아상태를 설명하기 위한 자발성, 직관, 순응, 정서적 능력의 단순한 예를 사용하는 다양한 저자들이 암시하는 것보다 자아의 원형심리 상태는 훨씬 복잡하다. 어린이자아나 원형의 자아상태는 이전의 발달시기에 있었던 사람의 전체적인 성격이다. 이것은 욕구, 갈망, 충동, 감각, 방어기제를 포함하는데, 발달단계의 사고 과정, 인식, 감정, 행동을 포함한다.

원형의 자아상태는 결정적인 초기 아동기의 접촉 욕구가 충족되지 않았을 때 일어나는 발달적 정지의 결과이다. 욕구를 충족하지 못한 불편함에 대한 아동의 방어는 자아-고착화된다. 즉, 이러한 방어기제가 해결될 때까지 그 경험은 어른자아로 온전하게 통합되지 않는다.

또한 Berne(1961)은 Federn이 많은 내담자들로부터 관찰한 것을 탐색했는데, 그들의 행동에 영향을 주는 부모 대상의 일관된 심리적 존재가 있었다. 이러한 부모의 영향은 개인이 어렸을 때 특정 개인에게 책임감을 느꼈고 그 특정 사람과 수년간 상호작용한 실제 대상으로부터 온다. 이러한 부모의 존재는 Freud의 '초자아('Uber-Ich')' 구조보다 더욱 실재적이다. 역사적 조사를 통해 개인의 아동기 동안에 실재적으로 누군가로부터 들었거나 행해진 것을 추적하는 것이 가능하다. 내사(자각되지 않는 방어적 동일시와 내재화)를 통해 아동은 예를 들어, 자아와 같이 부모의 모습을 한 자기의 일부를 만든다.

Berne(1961)은 내사된 부모는 또한 '부모 모습의 감정, 태도, 행동 양식과 닮은 것들의 세트'로서 그가 정의한 자아상태가 된다고 결론을 내렸다(Berne, 1961, p. 75). 그러나 '부모 모습과 닮은 것들'이라는 말은 다소 오해의 소지가 있다. Berne의 *Transactional Analysis in Psychotherapy*(1961)에서의 예시와 설명, 그리고 나의 임상적 관찰로부터 어버이 자아상태는 내사의 순간에 아동에 의해 인식된 부모 혹은 다른 의미 있는 부모 대상이 성격의 실제 역사적으로 내재화인 것으로 보인다. Berne은 다음과 같이 강조했다.

> 내담자의 어버이자아[엄마(mother)]는 습관적으로 혹은 한 순간 마치 엄마(mother)가 '관찰하고, 명령하고, 교정하고, 위협하는' 것처럼 행동하지는 않지만, 대신 엄마(mother)가 했던 것처럼 심지어 같은 몸짓과 억양을 취한다. 그녀는 언뜻 보기에는 어머니(Mother) 같이 행동하지 않아서 말하자면 [어린이 자아상태가 되는 것처럼 보인다.] 금지, 추론, 그리고 중요한 요소인 충동을 포함한 엄마(mother)의 전체적 행동을 재생산한다(Berne, 1957, p. 300).

어버이 자아상태의 내용은 예를 들어 초기 아동기의 양육자 모습으로부터 내사되는 것과 같이 약한 정도로 전 생애를 통해 침투되고, 만약 이후의 발달과정에서 재검토되지 않는다면 동화되지 않은 채로 남거나 성인의 신-기능화된(neo-functioning) 자아로 통합되지 않는다. 양육자의 반응, 감정, 그리고 사고 과정에 대한 아동의 인식은 다양한 발달 단계마다 달라지기 때문에, 실제의 내용과 어버이 자아상태의 심리내적 기능 또한 내사가 일어난 때의 발달적 연령에 따라 달라질 것이다.

내사는 부인, 부정, 억압을 포함하는 무의식적인 방어기제로 아동과 아동의 심리적인 욕구에 책임이 있는 양육자 사이에 온전한 심리적 접촉이 결핍될 때 빈번하게 나타난다. 의미 있는 타인은 자기(자아)의 일부로부터 만들어지고 욕구 충족의 부족에서 비롯된 갈등은 내재화되므로 그 갈등은 보다 쉽게 관리될 수 있는 것처럼 보일 수 있다(Perls, 1978).

게다가 아동기의 다양한 신체적 욕구(Maslow, 1970)와 아동의 주로 관계욕구는 부모나 의미 있는 타인의 조율된 관여를 필요로 한다(Erskine, 1998; Erskine, Moursund, &

Trautmann, 1999). 이러한 관계욕구는 다음과 같다.

1. 관계에서의 안전(신체적 접근성, 그리고 굴욕감과 신체적 폭력으로부터의 자유)
2. 아동의 감정, 사고, 환상, 다양한 욕구의 타당성
3. 아동이 보호, 지지, 안내받기 위해 의지할 수 있는 실재하는 사람의 존재
4. 함께 놀고 학습하는 것과 같은 공유된 경험 갖기
5. 관계 내에서의 자기 개념
6. 영향 주기(적어도 아동이 원하는 대로 반응하며 함께 시간을 보내는 타인에게 영향 주기)
7. 아동의 욕구와 갈망을 예상하고 적합하게 반응하는 다른 누군가를 갖기
8. 양육자를 향한 감사와 사랑의 표현(유대감과 충성심의 표명)

이러한 관계욕구들이 의미 있는 타인에게 인정받고, 확인되고, 정상화되지 않았을 때 대인관계적 접촉에 균열이 생기고 아동과 양육자 간의 유대감은 붕괴되며, 관계욕구를 만족시키기 위한 아동의 필사적인 시도들과 양육자의 잘못된 조율, 무효, 감정적인 유기 혹은 신체적 학대 사이에서 갈등이 일어난다.

생물학적 명령에 따라 아동은 정신건강을 유지하기 위해 신체적이고 심리적인 애착 둘 다를 필요로 한다(Bowlby, 1969, 1973, 1980). 욕구가 만족되지 않았을 때 초래되는 불안은 타인과의 무의식적인 방어적 동일시를 자극하고, 외적 갈등을 타인에 대한 내재화와 자신의 욕구에 대한 부인으로 해결한다. 즉, 그렇게 함으로써 아동은 애착, 유대, 충성심을 유지할 수 있다. 이는 '만약 내가 내 욕구를 충족시키지 못한다면, 나는 필요 없다.'와 같은 체념과 보상적인 각본신념의 형성을 흔히 동반한다. 관계욕구 불충족에 대한 외적인 갈등은 내재화되고, 여기에서 그러한 갈등은 외적인 관계적 갈등을 지속하기보다는 개인의 내면에서 조절된다. 비유적으로 욕구불충족의 갈등은 마치 관계 안에 심리적 진공 상태가 있었던 것과 같다. 심리적 진공 상태, 즉 상호 접촉의 부재는 의미 있는 타인과 무의식적으로 동일시함으로써 채워진다.

Brown은 다음과 같이 말했다.

내사는 사람, 장소 혹은 사건의 상실과 관련된 자신의 고통스런 감정을 피하기 위해 잃어버린 대상의 이미지를 창조함으로써 어떤 사람을 받아들이는 것이다. 무의식적인 환상은 잃어버린 대상에 대한 연합을 유지하고, 이는 상실과 관련된 고통스러운 감정을 통해 작업하는 것을 방지한다(Brown, 1977, p. 5).

내사된 요소들은 흔히 이후의 학습과 발달에 의해 영향을 받지는 않지만 행동과 인식에 지속적인 영향을 주면서 성격 내 이질적인 부분으로 남을 수 있다. 그것들은 자아에 끼워 넣어져 현상학적으로는 마치 자신의 소유인 것처럼 경험된 채 성격의 이질적인 성격 덩어리를 구성한다. 그러나 실제로는 빌려온 성격을 형성하는 것이다(Erkine, 1988, 1997).

자아상태 결정요인

Berne은 "TA는 행위자에 의해 교류 자극이 표현되는 순간에 어떤 자아상태가 활성화되는지, 그리고 반응자에 의해 일어나는 반응에서 어떤 자아상태가 활성화되는지의 결정으로 구성된다."고 말했다(Berne, 1966, p. 223). 어떤 자아상태의 에너지가 집중되었는지에 대한 확인은 오직 자아의 네 가지 행동적, 사회적, 역사적, 현상학적 결정요인의 상관관계로 가능하다. 자아상태의 완전한 진단은 고려할 수 있는 네 가지의 측면을 모두 필요로 하고, 진단의 최종적인 타당성은 이 네 가지 모두가 상관관계를 가질 때까지는 확립되지 않는다(Berne, 1961, p. 75).

Berne(1961, pp. 74-76)은 심리상담에서 행동적, 사회적, 역사적, 현상학적 측면을 확인하기 위해 자아상태의 네 가지 진단적 결정요인을 설명했다. 자아 분열의 통합을 촉진하는 관점에서 나는 추가적으로 확인하는 기준을 정하였고 임상에 중요한 순서에 따라 목록화하였다(Erskine, & Moursund, 1988/1998).

1. 현상학적인 결정요인을 구분하는 기준은 개인의 주관적인 경험이다. 이는 개인의 관점, 즉 자신의 경험 내에서 어떻게 살아야 하며 무엇이 삶인가를 형성하는 감각,

욕망, 욕구, 감정, 신념을 포함한다. 현상학적인 기준에 포함되는 것은 타인의 성격 요소가 내사된 시기와 의미 있는 삶의 사건에 대한 생리적, 정서적, 인지적인 연합이다. 또한 유기, 외상 경험 혹은 누적된 가치 저하의 시기에 고착화된 내적 방어기제에 대한 주관적인 경험이 포함된다.

2. 역사적인 결정요인은 일차적으로 자신과 타인 간의 역동적 사건, 혹은 어머니와 아버지 사이의 관계, 혹은 다른 중요한 가족원과의 관계에 대한 기억으로부터 모은다. 것은 초기 갈등에 대한 필수적인 정보를 제공할 수 있다. 아동기 동안의 유사한 감정과 행동의 기억과 원형의 행동을 제공한 부모와 같은 사람의 기억은 초기 삶의 **누구**와 **언제**를 드러낼 수 있다. 개인의 고착화된 아동기의 방어와 의미 있는 타인으로부터 내사되었을 가능성이 있는 방어기제 간의 구별을 위한 탐색이 포함된다.

3. 행동적 결정요인은 몸짓, 자세, 어휘, 목소리의 톤 혹은 다른 버릇의 **발달적 초점**과 (Berne, 1961, p. 54) 의사소통되는 내용이 포함된다. 개인의 현재 관찰 가능한 행동 평가는 초기 모자 상호작용을 고려하는 인간 발달의 정보, 운동과 언어발달, 즉 정서, 인지, 사회성 발달, 방어기제, 즉 도덕성 발달, 성인 삶으로의 전환과 비교된다. 이러한 비교 가능한 모든 정보는 정서, 행동 혹은 상호작용이 고착화된 발달단계를 확인할 수 있게 도와주는 배경 정보를 제공한다. 현재의 맥락에 적절하지 않은 행동은 특정 발달 연령이나 외상적 상황에서 아동에게 정상적이고 적절한 것이었을 수 있고 내담자가 어떻게 스스로 방어했는지에 대한 지표가 될 수 있다. 어린 아이 같은 행동은 자신의 적극적 어린이 자아상태의 지표 혹은 그와 유사한 내사된 부모의 어린이 자아상태의 지표가 될 수 있다. 특정한 방어적 반응, 행동패턴, 정서가 외심리 자아상태나 원형심리적 고착의 표명이라면, 역사적 또는 현상학적인 것까지 발달적 평가에 함께 고려하는 것이 필수적이다.

4. 자아상태의 에너지 집중을 입증하는 네 번째 결정요인은 사회적이거나 **교류적**이다. 교류의 분석은 어느 자아상태가 활성화되는지, 심리내적 역동이 어떠한지, 또한 심리상담가가 에너지 집중을 촉발하려고 했던 자극이 무엇인지 알려주는 자료

를 제공한다. 심리내적 역동은 내사된 어버이 자아상태와 관계에서 접촉하려는 어린이 자아상태의 욕구의 영향을 포함한다. 개인과 심리상담가 간의 교류, 혹은 집단상담이나 가족상담에서 교류, 어떤 두 사람 사이의 교류는 외심리 혹은 원형심리 자아상태로부터의 전이를 반영한다. 이러한 전이는 어린아이 같은 '순응', '무례함', '반항' 같은 '역할', '문제 해결사'나 정보 교환이라는 성인 같은 역할 혹은 '위안을 주거나' '통제하는' 부모 역할의 형태를 만든다(Berne, 1961, pp. 93-96). 교류적 역할이나 상호 연관된 현상학적, 역사적, 발달적, 행동적 맥락에서 사회적 존재를 평가하는 데 필수적인 것은 바로 이 자아상태 에너지 집중과 심리내적 갈등을 진단하는 것이다. 네 부분의 상호 연관된 진단을 조심스럽게 체계적으로 사용하는 것을 통해서만이 어떤 자아상태가 영향력 있는지, 어떤 자아상태가 에너지 집중되었는지 입증하는 것이 가능하며 적절한 심리상담적 개입이 진행된다(Erskine, 1991/1997).

영향력 있고 활동적인 어버이 자아상태의 기능

내사된 어버이 자아상태는 **활동적이거나 심리내적으로 영향**을 끼친다. 활동적인 어버이 자아상태는 영향력 있는 어버이 자아상태가 내적으로 작동하는 동안 외부세계와 교류한다. Berne(1961)은 **활동적인 어버이 자아상태**를 사람들과의 실제적 교류에서 내사된 부모나 의미 있는 타인의 감정, 태도, 행동을 재현하는 것으로 설명했다. 활동적인 어버이 자아상태의 심리적인 기능은 개인이 내사의 내적인 영향으로부터 어느 정도 심리내적으로 완화됨을 경험하고 불안을 줄이는 것이다. 예를 들어, 어머니는 어렸을 때 자신의 아버지가 소리 지르고 비판했던 것과 똑같은 방식으로 자녀에게 소리 지르고 비판할지 모른다. 그녀는 언어적 학대를 외재화함으로써 아버지의 심리적 존재와 내적 비판의 압력과 불안으로부터 일시적으로 안도를 느낄 수 있다. 그녀의 삶에서 자녀와 같은 타인은 활동적인 어버이 자아상태의 표현인 분노와 비판의 영향으로 고통받을 수 있다. 반면 그녀는 아마도 자신과 타인 간의 접촉의 특성이 어버이 자아상태의 지배와 통제하에 있다는 것을 자각하지 못할 수 있다. 내담자들은 타인이 자신의 행동에 대해 말하는 것에 대한 불편함을 보고하는 것을 제외하고는 거의 이 외재화를 문제로서 묘사하지 않는다. 가족원은 '어머니가 얼마나 할아버지처럼 심지어 그보다 더 나쁘게 행동하는지'에 대해 불평할 수 있다.

내담자가 자기의심, 통제받고 있다는 지속적인 감각, 욕구가 무엇인지 아는 것의 상실, 그리고/혹은 만성적인 불안, 그리고/혹은 우울의 현상학적인 경험을 말하는 것은 심리상담에서 보다 전형적이다. 어떤 내담자의 현상학적인 경험은 마치 그들이 스스로를 비판하거나 내적인 통제하에 있는 것과 같다. 어떤 내담자들은 영향을 주는 내사의 존재 혹은 또 다른 사람의 심리적 존재를 자각할 수 있다. 즉, 그들은 비판하고, 경고하고, 규칙을 만드는 또 다른 목소리를 듣는다. Berne은 내담자가 환청처럼 잘못 들을지도 모르는 '실제 사람의 목소리'를 영향을 주고 있는 어버이 자아상태라 칭했다(Berne, 1961, p. 32).

'부모의 **영향**은, 개인이 어린아이 같은 순응의 태도를 표명할 때를 뜻하며(Berne, 1961, p. 76) 그리고/혹은 회피, 얼어버림, 싸움(Fraiberg, 1982/1983), 자아 분열(Fairbairn, 1954), 정서의 변형과 공격성 반전(Fraiberg, 1982/1983), 원형의 환상(Erskine, 1988/1997, Erskine & Moursund, 1988/1998)과 같은 아동기 방어를 사용할 수 있다. 부모의 영향으로부터 비롯된 '아동 같은 순응'은 다음과 같은 수치심 반응을 보일 수 있다.

- 자신이 충동, 욕망, 욕구, 감정, 행동을 가진 사람으로서 받아들여지지 않을 때의 슬픔
- 자신이 방임될 거라는 두려움
- 내사된 비판에 순응할 때, 감소된 자기개념, 낮아진 자기가치
- '나의 무언가가 잘못되었다는' 감각

수치심은 반응적인 어린이 자아상태와 영향을 주는 어버이 자아상태 간 심리내적 갈등의 내적 표현이다(Erskine, 1994/1997). 어린이 자아상태가 이론적 추론에 의해 활성화되거나 내적·동적으로 관찰할 수 있거나, 주관적으로 보고할 수 있는 에너지 집중을 할 때, 어버

이 자아상태는 에너지가 집중되고, 심리내적으로 영향을 준다. Berne(1961)은 자아상태의 심리내적인 역동을 '한때 실제로 존재했던 부모의 잔재로 투쟁하는, 한때 실제로 존재했던 영아의 잔재'를 나타내는 것인데, 이는 '실제 사람 간의 생존을 위해 실제 아동기의 싸움을 재복제하거나, 혹은 내담자가 적어도 그것을 경험하는 방식'이기 때문이라고 묘사했다(p. 66).

심리내적 갈등은 관계(Fairbairn, 1954), 애착(Bowlby, 1969), 접촉(Erskine, 1989/1997)에 대한 아동의 욕구로부터 나타난다. 이러한 욕구들이 반복적으로 충족되지 않을 때, 아동은 접촉, 애착, 관계욕구에 대한 온전한 자각에 대항하여 방어할 수 있고, 그것은 심리적인 불편함으로 나타난다. 이러한 욕구는 심리내적으로 영향을 주는 어버이 자아상태로 인한 어린이 자아상태의 심리적 충성심의 증거이다(Erskine, 1988/1997, 1991/1997). 충성심은 현실회피방어인 '나의 심리적 욕구가 충족되지 않았다.' 또는 무의식적 환상 내에서 '내가 충분히 좋은 사람이라면 나는 수용되고 사랑받을 것이다.'이다(Stolorow & Atwood, 1989). 어버이 자아상태를 형성하는 심리내적 기능은 외적 갈등을 줄이고, 관계의 틀, 적어도 수용되고 사랑받는다는 환상을 갖는 것이다. 그러나 갈등 내재화의 대가는 자신의 가치 있는 측면인 자발성, 융통성, 친밀성의 상실이다.

심리적 존재나 어버이 자아상태는 각본신념과 강박관념과 같은 예측, 동일시, 지속성, 감정적 안정성의 감각을 제공하기 위한 심리내적인 갈등 기능 때문에 오랜 기간 동안 유지된다(Erskine, 2001).

이론에서 실제로

Berne은 다음과 같이 말했다.

> …TA의 궁극적인 목적은 구조적인 재적응과 재조직화이다…. 재조직화는 일반적으로 어버이자아의 교정(emendation)이나 대체에 의한 어린이자아의 재개발(reclamation)을 특징짓는다. 이러한 재조직화의 역동적인 단계 다음으로는 어린이자아를 명료화하려는 시도인 2차 분석단계가 있다(1961, p. 224).

심리상담에 대한 Berne의 대부분의 설명은 어린이 자아상태나 어버이 자아상태로부터 어른자아의 오염을 제거하는 일차 단계를 강조한다. Berne(1966)은 여덟 가지의 치료 작업을 정의했는데 그중 여섯 가지는 정화를 촉진하고 자아 경계를 강화시키려는, 즉 일차 단계적인 재적응을 하는 개입이다. 단 하나의 치료 작업, 정신분석적 해석만이 어린이 자아상태의 과거 경험을 '해독하고, 독성을 없애며', '왜곡을 바로잡고, 내담자의 경험을 재구성하도록 돕는' 데 사용되었다(Berne, 1966, pp. 242-243).

그의 임상적 사례를 통해 기본적으로 어린이 자아상태의 치료적 명료화인, Berne의 이차 분석 단계의 사용을 추론할 수 있다. Berne은 '퇴행 분석'에 대해 다소 시적으로 묘사했다.

> 이전에 죽어서 묻어둔 원시적 자아상태가 완전히 생생하게 소생할 때, 그것을 면밀하게 검토하는 것은 환자와 치료자에게 전적으로 달려 있다. '해제 반응(abreaction)'과 '탐색 과정'이 일어날 뿐 아니라 그 자아상태는 실제 아동처럼 다루어질 수 있다. 그것은 모든 복잡 미묘한 내적 구조를 드러내며 한 송이의 꽃이 피는 것처럼 조심스럽게, 심지어 부드럽게 양육될 수 있다(1961, p. 226).

Berne은 '이차 분석단계'에서 정신분석적 방식을 적용하고 있다는 여지를 독자들에게 남겨두었다. 그러나 그는 또한 다음과 같이 적극적인 심리상담을 실험하고 장려했다. '전체 성격의 재적응과 재통합을 위한 최적의 상황은 어른자아와 어버이자아의 존재 내의 어린이자아로부터의 정서적인 언급을 필요로 한다'(1961, p. 224). 다른 TA 저자는 어린이 자아상태의 명료화에 효과적이고 적극적인 처치 방식을 발전시키거나 설명한다(Goulding & Goulding, 1979; Clark, 1991; Clarkson & Fish, 1988; Cornell & Olio, 1992; Erskine, 1974/1997, 1993/1997; Erskine & Moursund, 1988/1998; Erskine, Moursund, & Trautmann, 1999; Hargaden & Sills, 2001).

Berne은 모든 저서에서 놀라울 정도로 상담방식에 대해 거의 말하지 않는다. 그는 어버이 자아상태에 대한 치료과정을 적절히 설명하지 않는다. 그는 '교정'을 수정이나 향상을 위해 만든 변화 '혹은 어버이자아의 대체'라고 한다(Berne 1961, p. 224). 그러나 심층적이고 통합적인 처치를 위한 지침서를 제안하지 않는다. Berne 그리고 많은 정신 분석과 게슈탈트 상담 전통의 부분처럼, 그것은 내담자에게서 야기되는 심리내적 압박과 고통, 어버이 자아상태에 영향을 주는 고통, 두려움, 분노, 방어적 전략에 관한 것을 가지고 무엇을 할지 알려주지 못한다. 그는 기본적으로 심리내적 영향을 식별하는 정신분석의 전통을 따르고, 그다음으로 어른자아의 오염을 제거하는 데 목적을 둔 직면, 설명과 같은 치료 작업으로 한걸음 더 나아간다. 그는 또한 설명이나 직면과 같은 치료적 중재를 제안했고, "내담자의 어른자아와 다른 자아상태의 균형을 맞추기 위한 심리상담가들의 시도는 내담자의 어른자아를 안정화하기 위해 어버이자아나 어린이자아의 활동에 들어가 녹아들기 때문에, 내담자를 더욱 어렵게 만든다."(Berne, 1966, p. 237)고 말했다. Berne의 어버이 자아상태 이론에 대한 문헌은 내사의 영향을 해체시키는 치료 방법과 충분한 연관이나 관련이 없다.

성격의 포괄적인 이론이며 방법인 TA에서는 방법이론과 성격이론을 통합하는 것이 핵심이다. 어버이 자아상태의 심층적인 치료법의 발전은 TA의 방법과 이론의 일관성 안에서 더욱 정제된 하나의 예가 될 수 있다. 끝으로 나는 초기의 'TA의 궁극적인 목적'에 대해 일찍이 Berne이 사용한 인용에 덧붙여 다음과 같이 제안하고자 한다. 다음의 어린이 자아상태의 혼란을 없애는 것, 또는 그것을 동반하는 어떠한 경우에 어린이 자아상태의 유해한 영향을 준 효과를 제거하기 위한 목적으로 어버이 자아상태 해체인 추가적인 심리상담 단계가 있을 수 있고, 궁극적으로는 기억과 역사적 자원을 가지고 어른 자아상태로 어버이 자아상태와 어린이 자아상태를 통합하는 단계이다.

어버이 자아상태의 해체는 어린이 자아상태의 처치에 대한 Berne(1961, p. 226)의 시적인 언급을 다음과 같이 다른 말로 바꾸어 묘사할 수 있다. 이전에 내사된 외심리 자아상태가 완전한 생동감으로 다시 살아나고 의식되면, 심층적인 어버이 자아상태의 치료나 적어도 효과적인 중재를 위한 내담자의 온전한 자각이 또한 심리상담가에게 이용 가능하게 된다. 어버이 자아상태는 실제의 내담자처럼, 심지어 퇴행 중에 있는 내담자처럼 다루어질 수 있다. 어버이 자아상태는 실제 아동의 욕구에 맞게 부모가 조화되는 방법을 조심스럽게 발전시키고, 아니면 직면시키거나 안내할 수 있다. 이것이 '전체 성격의 재적응과 재통합을 위한' 적극적이고 심층적인 심리상담을 위한 방법이 함축되어 있는(Erskine, 1997/1998) 이론의 한 측면이다(Berne, 1961, p. 224).

나는 Berne(1961, p. 224)이 언급한 것처럼 다른 내사를 가지고 있는 '어버이자아 대체'는 **치료적이지 않다**고 생각한다. 이는 더욱 가벼운 내사를 가지고 유해한 내사로 교체하는 것과 유사한 것이다. 그러나 그것은 여전히 내사의 접촉을 방해하는 것이다. 더욱이 나는 어린이 자아상태의 심층적인 심리상담에 대한 Berne(1961, p. 224)의 이전의 설명에 대해 다음과 같이 논증하고 싶다. '전체 성격의 재적응과 재통합을 위한 최적의 조건은 어른자아와 어버이자아의 존재 내 어린이자아로부터의 정서적인 언급'에 더해 **어린이 자아상태에 양해를 구하든지 혹은 어린이 자아상태를 명료화시키기 위한 어버이 자아상태로부터의 정서적인 언급**을 요구한다. 이것은 자기만 생각하는 고착화된 동일시인 내사를 허용하고, 외재화하고, 해체시켜서 어른자아로 통합하도록 한다. 전체 성격을 '재통합' 시키기 위한 심층적인 심리상담은 내담자의 타고난 경향을 표현하도록 허용해 주면서, 내사를 해체하면서, 심리내적 갈등을 해결하면서 그리고 부모와 함께 내담자의 다른 욕구 충족의 경험을 자각시키고 통합하는 것을 촉진하면서, 어린이 자아상태의 방어를 완화하는 것을 포함한다.

여기서 나는 부모라는 말을 사용했으나, 독자들은 부모만이 내사된 유일한 사람이 아니라는 것을 안다. 즉, 선생님, 성직자, 이모, 삼촌, 조부모, 손윗형제, 권위 있는 누군가, 심지어 다른 십대들도 욕구 충족의 접촉의 부재로 내사될 수 있다. *Integrative Psychotherapy in Action*의 'Robert : Challenging a Cultural Script'(Erskine & Moursund, 1988/1998) 장에는 문화적으로 부여된 가치의 내사를 보여 주는 심리상담의 상세한 예가 제시되어 있다.

실험적 배경과 작성된 배경

1974년에 나는 다른 상담가와 함께 주말 마라톤 상담을 하고 있었다. 그 집단원 중 한 여성은 상당한 우울증에 **빠져** 있었고, 자신이 악마에 의해 사로잡힌 것이 확실하다고 나에게 알려 주었다. 상담회기의 반쯤 왔을 저녁에 그녀는 나를 보고 고함을 치며 으르렁 거리기 시작했고 거칠고 낮은 목소리로 '자신'을 죽이라고 위협했다. 처음에 집단원과 나는 충격을 받았다! 나는 그때 시카고의 남쪽에서 내가 어렸을 때 참가했던 펜테코스트파 종교 치유 서비스에서 유사한 목소리를 들었던 것을 기억했다. 전도사 중 한 명은 '악마 몰아내기'로 잘 알려져 있었다. 나는 아동 같은 경외심으로 그를 억제하고, 으르렁거리고, 위협을 주는 사람으로서 보았다. 그 전도사는 '악마를 불렀고', '그에게 기도하는' 것을 진행했다.

'악마'와 만난 치유하는 전도사의 행동에 대한 기억이 내 마음속에 소용돌이쳤다. 동시에 나는 내담자의 기괴한 행동을 어떻게 이해할지에 대해 생각하고 있었다. 나는 이러한 '악마'가 게슈탈트 상담의 내사 개념의 표명인지, 다른 사람의 성격을 보여 주는 것으로서 Berne의 어버이 자아상태에 대한 개념의 표명인지 궁금했다. 나는 '악마' 목소리에게 말하기 시작했다. 그는 나에게 계속 욕을 했고, 반복적으로 나 혹은 '자신'을 죽이겠다고 위협했으며 씩씩거리고 으르렁대고 분노했다. 그는 '미친 상담가'에게 말하기를 거부했다. 나는 그의 메시지와 목적에 대해 물으면서 '그'에게 계속 말했다.

그다음 30분 동안 점차적으로 그 목소리는 화가 나고 비밀을 가진 취한 남자의 목소리가 되었다. 그는 근친 간 성폭행과 그가 딸의 목을 졸랐다는 것을 딸이 밝힌다면 그녀를 죽여버릴 거라고 위협했다. 두 시간 동안의 공감적이고 직면적인 상담을 한 후 '아버지'는 '딸'에게 사과하기 시작했다. 결과적으로 그 고백과 사과는 지난 몇 년간 억압받았던 내담자의 기억을 자극하였다. 어버이 자아상태를 가지고 직접적으로 하는 적극적 상담은 내담자에게 개인 상담과 이후의 주말 마라톤 상담을 통해 강력한 퇴행 상담을 할 수 있도록 문을 열어 주었다. 어린이 자아상태 퇴행이 점차적으로 동반되고, 이러한 퇴행은 불신된 경험과 부족한 보호를 해결하기 위해 진행 중인 작업으로서 전이 교류 그리고 상호접촉적인 교류의 부재로 드러났다.

내담자 아버지의 심령적 존재의 표출인 '악마'와 함께한 이러한 기막힌 상담 경험은 심리상담을 함에 있어 나에게 완전히 새로운 관점을 열어 주었다. 나는 더 이상 명령의 저장소처럼 어버이 자아상태를 보지 않았다. 또한 내담자의 어린이 자아상태와 어버이 자아상태가 교대로 20~30분간 두 의자에서 대화하는 것을 심각한 심리내적 갈등의 해결로 보려고 하지도 않았다. 그보다는 심리적 존재 혹은 내사의 복잡성, 즉 의미 있는 타인의 태도와 사고뿐만 아니라 그들의 감정, 방어적 과정, 심리적 반응, 연령 퇴행, 관계의 욕구까지 포함시킨 것을 점차적으로 자각하기 시작했다. 욕구충족 접촉의 부재와 타인의 관계 맺는 방식이 내사된 것과 같은 아동이 의존적일 때, 복잡성은 무의식적인 방어적 동일시를 통해 아동에 의해 모두 내재화될 수 있다.

TA 문헌은 어버이 자아상태 문제에 대한 몇 가지 이론을 제공하지만, 심층적인 상담 자료는 많지 않다. Bill Hollway는 잘못된 인생각본형성에서 이론적으로 '어버이자아 내의 미친 어린이'를 서술했고, 이는 부모의 '미침'의 가혹함, 빈도, 지속과 관련된다고 했다(1972, p. 128). 1976년에 John McNeel은 어버이 자아상태의 두 의자 기법을 설명한 *The parent Interview*를 출판했고 여기서 상담가는 아들이나 딸에 의한 요구에 대한 응답으로 어버이 자아상태의 느낌과 경험을 이끌어 낸다. 그는 "이러한 방식으로 상담가는 한때 어버이 모습이 위협할 때 내담자가 원하는 것을 어떻게 했고 어떻게 행동했었는지를 내담자에게 보여 준다. 이러한 탐색은 원래의 부모는 악의를 가지고 행동하지 않는다는 신념에 근거한다."(p. 66)고 말했다. McNeel은 심리상담의 마지막 단계의 한 부분으로 부모 면접을 설계했는데, 거기서 개인은 내재화된 어버이자아의 내적 갈등을 자각하게 되고, 자신의 이해를 통해 부모의 용서와 수용을 어느 정도 얻는다. McNeel은 만약 내담자의 내사된 부모가 '미쳤다'면 그때 상담가는 부모 면접을 해서는 안 된다고 경고했다.

Dashiell(1978)은 또한 어버이 자아상태를 다루는 상담을 설명했다. 그녀는 '최소의 해결책'에 대해 저술했고, 상담가는 분리된 내사를 허용해 주는 어버이 자아상태의 허가나 재양육을 제공해야만 한다고 했다. 그러한 개입은 이후의 상담을 위하여 내사가 어린이 자아상태를 자유롭게 한다. '최대의 해결책'은 부모의 삶에서 오래된 사건, 어버이 자아상태의 기록된 감정의 표출이나 미치거나 적개심이 있는 어버이 자아상태에 도전하는 것을 해결하기 위한 어버이 자아상태를 가지고 작업하는 것을 포함하는 반면, 내담자의 어린이 자아상태를 포기하지 않는 것이다. 동시에(1978/1997) 나는 어버이 자아상태 상담의 필요성에 대한 이론적인 개요를 저술했고, 내사되어 형성된 어버이 자아상태와 어린이 자아상태 안의 자신의 감정 사이에 있는 내담자의 혼란을 나타내는 것으로서 '4도 임패스(Fourth Degree Impasse)'를 설명했다.

Mellor와 Andrewartha(1980)는 어버이 자아상태 내의 감정을 가지고 작업하는 것을 확장했고 몇 가지 간단한 예를 들었다. 초점은 Dashiell의 설명에서처럼 어버이 자아상태를 위한 새로운 프로그램을 제공하는 재양육이다. 그들은 또한 내재화된 부모와의 직접적 개입을 만드는 것, 즉 내담자에 의해 만들어진 재결단을 촉진하기 위한 필요로 직면하기, 지지하기, 허가하기를 주장했다. Mellor와 Andrewartha는 어버이 자아상태가 방어 행위에 대한 힘을 가진 것으로 경험될 때, 혹은 가족 체계를 유지하거나 부모를 보호하려는 일반적인 결정을 내린 인생 결단을 변화시키려는 개인에게 나쁜 영향을 행사할 때, 특히 중요한 것으로 보았다. '미친' 어버이 자아상태에 대항해 작업하는 것에 대해 경고한 McNeel과 달리, 그들은 어버이 자아상태가 다음과 같을 때 이 기법이 잘 작동한다고 제안했다.

… 방향을 잃은, 혼란된, 그리고/또는 '미친' … '미침'은 명백하게 일관성이 없는 욕구나 감정, 소망이 자극받을 때, 또는 이상한 반응이 보이고 고려될 때, 또한 '미침'이 이러한 감정, 욕구, 소망들을 다루는 개인의 가장 큰 노력이라고 확인될 때, 또한 효율적인 경험에 의한 새로운 방법이 제공되고 시도될 때 일어난다(Mellor & Andrewartha, 1980, p. 201).

Berne의 저서를 세심하게 고찰하여 Bruce Loria는 Berne의 본질적인 '원래 개념'에 일치시키기 위해(1988, p. 39), 그리고 어린이 자아상태와 어버이 자아상태 모두의 심리 간의 복잡성을 유념하기 위해서 임상가들을 위한 항변을 했다. Loria는 다음과 같이 요약했다.

Berne은 개인이 그들의 병리의 정도(오염)를 포함한 의미 있는 부모 모습의 모든 것이 갖춰진 성격을 어버이 자아상태로 갖게 된다고 언급했다(1988, p. 41). 어른 자아상태를 정화하기 위한 작업을 하는 상담가들은 내사된 부모 모습의 정도를 완전히 평가한 후에만 성공할 것이다. 부수적으로 특정한 치료 전략은 자손에게, 어버이 자아상태의 내사된 어버이자아와 오래된 어린이자아의 오염을 해결하는 데 필요하다(1988, p. 41).

관계 문제 상담 문헌에서 Landy Gobes는 방임이나 집어삼킴 문제의 치료는 '어버이 자아상태 내 병리의 형태와 정도'에 대한 평가를 포함한다고 정의했고, 그래서 '아마도 내담자의 어버이 자아상태를 가지고 상담하는 것'이 포함된다고 확인했다(1985, p. 217). 어떻게 그녀가 어버이 자아상태 상담을 하는지 묘사하면서 Gobes는 다음과 같이 말했다.

> 상담가는 마치 엄마나 아빠의 완전한 성격이 신체 내에 있는 것처럼 진행할 수 있고 다른 의자에 앉아 엄마나 아빠가 되라고 요청할 수 있다…. 자신의 엄마가 된 내담자는 엄마의 역할 연기를 하는 사람이라기보다는, 엄마의 사고와 감정을 더 깊이 경험하는 것처럼 보인다(1990, p. 164).

공감, 그 이상을 추구하며(*Beyond Empathy : A Therapy of Contact-in-Relationship*)에서 어린이 자아상태와 어버이 자아상태 모두의 심층적인 심리상담 방법이 상세하게 제공된다(Erskine, Moursund, & Trautmann, 1999). 내사의 심리적 기능인 자각과 인정을 얻은 내담자는 어버이 자아상태의 심층적인 심리상담 과정의 핵심이다. Fred Clark은 내사의 심리내적 기능을 다음과 같이 정의했다.

> 내재화된 것은 사람들과의 관계 상실에 대한 방어로서 의미 있는 타인(어버이 자아상태)의 사고, 감정, 행동이다. 대상관계이론에서 일반적인 이러한 개념은 방어를 원초아 추동에 대항하여 보호하려고 사용한 정신분석 이론과는 다르다. 관계 상담에서 방어는 접촉의 고통이나 상실(유기), 고통스러운 접촉(학대), 관계를 방해하는 것들을 모두 피하기 위해 사용되는 것으로 이해된다(1990, p. 42).

환상적인 어버이자아

초기 아동기의 정상 발달과정에서 아동은 환상적인 모습이나 본인이 만들어 낸 어버이 자아인 이마고(imago)를 종종 창조하게 될 것인데, 이는 어린 시절에 상실했거나 부적절하게 한 어떠한 경험이든, 그 경험을 통제, 구조, 양육하기 위한 방식으로 만들어진다 (Erskine & Moursund, 1988/1998). 어떤 아동들은 자신만의 보기맨(Bogeyman)을 창조해 내는데, 그것은 가벼운 비행에 대해서도 끔찍한 결과로 위협하는 무서운 존재이다. 부모화된 나쁘고 끔찍한 측면의 모든 존재에 '환상적 부모'의 특징을 띠게 하는 것은, 완벽하게 좋고 사랑스러운 엄마랑 아빠(Mom and Dad)를 지킬 수 있도록 한다.

리처드는 초등학교와 중학교 전반에 걸쳐 보기맨으로 겁에 질렸었다. 십 대로 성장하면서 보기맨은 걱정거리에서 없어졌다. 하지만 질서에서 이탈할 때면 그를 혼낼 수 있는 엄격한 선생님이나 경찰일 가능성이 언제나 있었다. 이십 대 후반에 리처드의 할머니가 돌아가셨고 그는 할머니의 집을 치우는 가족들을 도왔다. 그는 침대 밑과 옷장을 청소할 때 극심한 불안을 느꼈다. 그는 끔찍한 체벌을 예상했고, 비록 그의 생각이 합리적이지 않다고 스스로에게 말했지만 그는 보기맨의 잔상을 찾기를 기대했다. 상담가와 함께 작업하면서 리처드는 어린 아이였을 때 할머니의 침실에 보기맨이 '살고 있다고' 생각했던 것을 기억하기 시작했고, 보기맨은 리처드가 학교나 놀이를 할 때 따라다니는 능력이 있었다. 만약 리처드가 나쁜 행동을 하면 보기맨은 그에게 벌을 줄 것이 확실했다. 상담 과정 중 리처드는 4세에 할머니의 침실에서 엄마에게 엉덩이를 맞은 것을 기억하기 시작했다. 엉덩이를 맞은 얼마 후, 리처드는 보기맨에 대한 자신만의 믿음을 만들었고, 그때 편안함, 보호, 안도감을 느끼기 위해 엄마를 의지했다. 보기맨의 환상은 4세짜리 리처드가 외부의 부모의 통제에 적응하게 해 주었고, 동시에 온전한 사랑으로 그의 행동을 완전히 참아 주는 엄마를 경험했다.

다른 사람들은 진짜 부모가 차갑거나 부재하거나 또는 폭력적일 때조차도 사랑과 양육을 하는 환상적인 부모인 요정 같은 엄마를 만들어 낸다. 이렇게 창조된 이미지는 실제 부모의 모습과 어린 아이의 욕구, 필요, 감정 간의 완충 역할을 제공한다. 불완전한 세계에서 발생한 피할 수 없는 불편함은 실제 부모에게서 잃어버린 것들을 환상의 모습으로 제공하기 때문에 더욱 참을 만하다.

예를 들어, 앤 마리는 많은 양의 음식을 먹는 우울증 기간을 겪었다. 이 기간 동안 그녀는 돌아가신 할머니를 그리워했고 상당한 먹을 음식을 가져오곤 했던 할머니를 상담 기간 동안 애정이 많고, 이해심 있고, 위로한다고 설명했다. 상담가는 할머니가 돌아가셨을 때 앤 마리가 몇 살이었는지 물었다. 그녀는 14개월이라고 대답했다. 14개월의 영아는 앤 마리가 말한 대로 할머니와 함께 경험할 수 없었을 것 같다. 상담가는 할머니를 그리워하는 앤 마리와 할머니가 앤 마리의 영아기에 돌아가셨다는 사실과의 불일치를 탐색하기 시작하자, 내담자는 오랫동안의 기억에서 잃어버렸던 아동기의 경험을 기억해 내기 시작했다. 앤 마리는 반복적으로 엄마와 아빠에게 학대를 받아 왔고, 종종 하루 동안 음식 없이 와인 저장실에 갇혀 있었다. 앤 마리에게 할머니와 관련된 것은 매질 후나 어두운 와인 저장실에 있은 후에, 그녀를 위로하고, 격려하고, 좋은 음식을 제공하는 것으로 '나타난다'. 할머니에 대한 이러한 이미지 생성으로, 앤 마리는 환상 속에서 만족감을 느낄 수 있었고, 부모의 행동으로 겪은 심각한 양육욕구 결핍에 적절한 것이었다.

아동들은 성숙해가면서 종종 이후의 발달단계에 스스로 만들어 낸 이미지를 갖게 된다. 그러나 아동이 가족 내에서 생존하기 위한 자신의 욕구, 감정, 기억의 자각을 억제할 때 스스로 만들어 낸 이미지는 고착되고, 이후에 발달한 학습과 통합되지 않는다. 오랜 기간 동안 고착된 스스로 만들어 낸 어버이자아의 특성이 무엇이든 간에, 그것들은 Berne에 의해 설명된 어버이 자아상태와 유사하게 작용하게 된다. 그것은 내사된 성격처럼 기능한다. 그러나 그것은 종종 실제 부모가 했던 것보다 더 힘들고, 비논리적이고, 불합리한 것이다(결국 그것은 작고 어린 아동의 환상 안에 근거한다). 환상 이미지로부터 스스로 만들어 낸 부모는 아동 초기의 큰 사람으로부터 진정으로 내재화된 것처럼 반응에 대한 사고와 감정, 행동의 비통합된 보따리를 제공하고 요약한다.

치료 계획하기

내사된 자아상태나 스스로 만들어 낸 부모 환상의 심리상담은 심리상담가의 치료 계획의 일부가 되고, 후에 다양한 어린이 자아상태에 의해 상당한 치료 작업이 행해진다. 그러한 어린이 자아상태 심리상담은 내담자를 촉진하기 위한 다음과 같은 광범위하고 다양한 방법의 사용을 포함할 수 있다.

- 내담자의 습관적 방어 풀어 놓기
- 증가된 자각, 아마도 억압되었을 감정과 욕구의 표현
- 특정한 혹은 축적된 외상 경험의 해결

비록 이러한 어린이 자아상태 심리상담 일부는 재결단 작업이나 슬픔과 분노의 극단적 표현과 같은 적극적인 방식을 포함할 것이고, 이러한 상담의 대부분은 내담자-상담가의 관계의 작동에 의해 일어난다. 내담자의 전이의 무의식적인 과정으로 작업함으로 발달적으로 자각하고 효율적으로 조율된 상담가는 접촉의 원초적 방해가 내적인지 상호 접촉에 의한 것인지를 내담자가 구분하도록 도울 수 있다. 이러한 접촉에 대한 사소한 방해와 그것들과 관련된 이미지나 환상들은 전이의 미묘한 역동을 구성한다.

전이는 고착화된 아동기의 경험을 회복하고자 실행하려는 것에 의한, 그리고 현재의 관계 내 오래된 방어와 발달의 욕구를 동시에 반복하는 것에 의한 계속적인 시도이다. 이러한 미묘한 무의식적인 실행은 어버이 자아상태에 영향을 주는 요소와 어린이 자아상태에 좌절되고 고착화된 발달적 욕구 간의 심리내적 갈등의 표현이다(Erskine, 1991/1997).

부모나 의미 있는 타인에 대한 충성심은 비록 종종 무의식적이지만, 어버이 자아상태와 어린이 자아상태 사이의 심리내적 갈등은, 관계와 결과를 위해 생물학적으로 유도된 아동의 욕구 때문에 몇 년 후에도 지속된다. 그러므로 어버이 자아상태에 치료적으로 관련되기 이전에 어떠한 내담자와의 굳건한 치료적 관계를 정립하는 것이 핵심적이다. 즉, 상담가는 어린이 자아상태의 취약성을 온전히 보호해야만 한다. 치료적 관계의 효율성

은 상담가의 다음과 같은 자질 위에 보장된다.

- 내담자의 정서와 심리적 리듬의 조율
- 다양한 어린이 자아상태와 어른 자아상태 욕구에 대한 민감성과 반응성
- 내담자의 현상학적인 경험에 대한 끊임없는 탐색
- 내담자의 대처 유형에 대한 인정을 촉진시키는 것
- 아동기와 성인기 둘 다의 취약성을 인정하고 그 요구에 응하는 것

이상의 대부분은 전이 내에서 작업하는 것이며 내담자의 방어적 반응은 개인화하는 것이 아닌 상담가에 의해 성취된다.

어린이 자아상태의 효과적인 심리상담은 단지 심리적 과정, 경험, 의미 만들기의 주요한 재조직을 생성하고, 또한 어버이 자아상태의 심리상담은 주요한 심리적 재조직을 생성한다. 내담자의 어린이 자아상태는 아동의 본성적인 접촉, 애착, 관계욕구 때문에 어버이 자아상태의 심리내적 영향에 충성하게 된다. 생물학적으로 절대적인 관계욕구는 상담가에 의해 반드시 고려되고 존중되어야 하며 대부분의 경우 충분한 치료적 관계는 어버이 자아상태나 혹은 스스로 만들어낸 환상의 처치 이전에 형성된다. 일반적으로 내담자가 '이 상담가는 나의 복지를 위해 거기에 있다.'는 지속적인 경험을 할 때, 어버이 자아상태의 정화와 관련되어야 한다는 것이 일반적인 권고사항이다. 만약 상담가가 관계없이 어버이 자아상태를 정화하는 심층적인 심리상담을 한다면, 그러면 어린이 자아상태는 보호와 애착의 감각을 느끼는 의미 있는 타인 없이 있을 수 있다. 비유적으로 이것은 고아를 만드는 것과 유사하고 불안이나 우울을 유발시킬 수 있다. 미성숙한 개입에 의해 방해받은 심리내적 관계는 몇몇 내담자에게 어버이 자아상태나 혹은 스스로 만들어 낸 환상, 애착에 대한 간절한 욕구 없이 심리내적으로 영향을 주는 어버이 자아상태에 지나치게 매달리는 결과를 낳을 수 있다. 내담자에 의해 경험되듯이 치료적 관계의 질은 스스로 만들어 낸 환상 혹은 어버이 자아상태의 치료를 진행할 때, 결정적인 중심 요소이다. 상담 기간 전체를 통해 상담가의 현상학적인 질문 및 끊임없는 조사 그리고 치료적 관계의 단절의 회복은 미묘한 전이를 구별하고, 내담자가 상담가로부터의 정

서적인 지지를 의존할 수 있고 끌어내는 정도를 결정하기 위한 최선의 2개의 모니터가 된다.

이 장의 시작에서 언급한 '악마' 사례에서 나는 일관되고 신뢰할 수 있는 치료적 관계를 발달시키기 이전에 어버이 자아상태를 적극적으로 개입시켰다. 이것은 마라톤 상담의 초기에 나 자신이나 나의 동료가 내담자의 어린이 자아상태를 가지고 치료적 동맹을 만드는 일은 드문 경우이다. 내담자의 어버이 자아상태는 마라톤 그룹 내에서 일차적으로 심리내적 영향과 활동적 에너지 집중인 '악마 목소리' 즉, 외재화를 통해 심리상담을 방해하고 있었다. 그 내담자는 우울증 처치를 위해 나의 동료에게 상담을 받았고, 내담자는 나에 대한 신뢰의 정도인 동맹을 가지고 상담가에 대한 신뢰를 얻었다. 이것은 '마법적 치료'에 대한 이상적인 소망과 결부되고, 그러한 이상화는 종종 심리내적 학대를 멈추기 위해 어린이 자아상태의 취약성과 잠재성을 충분히 보호해 주는 존재 안에 있어야만 하는 관계욕구의 표현이다.

우울한 어린이 자아상태의 상담은 임패스에 도달했다. 마라톤 상담에서 타인의 상담의 증인 과정에서 심리적 존재 혹은 어버이 자아상태에 영향은 외재화되었다. 이제 어버이 자아상태를 적극적으로 참여시킬 수 있는 적절한 시점이 되었다. 즉, 심리적 학대의 자리에 다시 있도록 허용하기보다는 그것을 외재화하도록 유지하는 것이며 실제의 내담자와 마치 내가 함께 한 것처럼 심리적 존재에 대해 심리상담을 제공하는 것이다. 활성화된 어버이 자아상태를 가진 이 즉각적인 개입은 어버이 자아상태의 영향이 어린이 자아상태를 심리적으로 타격하면서 심리상담을 방해할 때, 어린이 자아상태가 감정이나 욕구를 표현하거나 느낄 수도 없게 통제할 때에 특별히 도움이 된다. 대부분의 임상 상황에서 어버이 자아상태와의 심리상담은 보호적인 치료 동맹이 다양한 어린이 자아상태와 함께 정립된 후에만 비로소 시작된다.

어떤 상황에서 어버이 자아상태는 내담자의 어린이 자아상태와 상담가의 신뢰로운, 일관된, 그리고 의존할 수 있는 관여 사이의 꽃피우는 관계를 발전시키는 것을 시기해서 위협받을 수 있다. 또한 이것은 아마도 어린이 자아상태 상담을 방해하는 불안, 내적 목소리의 활성화나 자기비판을 증가시킬 것이다. 아마도 그때 현상학적, 전이적, 역사적 질문을 섞어 사용함으로써 내적 비판을 효과적으로 구별하게 된다. 그러한 자세한 질문은 만약 내적 목소리나 비판이 특정한 타인의 것이라면 스스로 만들어 낸 부모 같은 자아상태가 아동의 환상에 근거한 것인지, 혹은 타인의 비판을 미연에 방지하는 자기비판인지를 결정한다. 적절한 때의 설명과 함께 그러한 동일시와 이런 가능성의 분화는 내담자가 내적 갈등과 불안의 근원을 인지적으로 자각하게 해서 어떤 일시적인 휴식을 내담자에게 제공할 것이다. 스스로 만들어 낸 부모 같은 자아상태나 다른 사람의 비판을 미연에 방지한 자기비판의 처치에 관한 설명은 이 장의 범위를 벗어난다. 그러나 구분된 진단은 어버이 자아상태 상담을 진행하기 전에 유용하다. 스스로 만들어 낸 환상은 때로 어버이 자아상태 상담이 성공적으로 완료된 후에 명백히 분명하다. 어린이 자아상태는 애착의 표현으로서 환상에 매달렸다. 미연에 방지한 자기비판은 수치심, 자기의(義)와 관련이 있다(Erskine, 1994/1997).

때때로 어버이 자아상태는 특히 갈등과 욕구의 전이적 표현인 퇴행 치료, 재결단, 혹은 재해결을 가져오면서 끊임없이 혹은 심지어 점점 더 영향을 준다. 나는 마치 실제 부모가 내담자의 옆에 앉아있는 것처럼 말함으로써 어린이 자아상태를 대신하여 비판적인 목소리로 이야기하는 것이 더욱 효과적이라는 것을 알아냈다. 내가 한 여성 내담자의 아버지와 함께 말한 예가 있다. "딸에게 그런 식으로 말하지 마라. 나는 당신이 딸을 질책하도록 하지 않을 것이다. 정상적인 아동의 욕구를 가진 딸을 혼내지 마라. 딸을 자연스럽게 두어라. 삶이 당신에게 어렵다는 것을 알지만 당신은 딸에게 분풀이 하는 것으로 문제를 해결할 수 없다. 지금은 조용히 해라. 추후에 당신과 내가 말할 수 있다." 그러나 이것은 많은 중재의 예 중 하나이고, 여기에서 상담가는 내담자의 어버이 자아상태와 어린이 자아상태 사이에서 내담자를 보호적으로 중재한다. 이것은 종종 심리내적으로 상당한 안도감을 제공하고, 특히 치료적 관계가 잘 발달되었다면 더욱 그러하다. 내담자의 감각은 종종 온전히 보호받은 상담가의 감각이다.

상담가가 그러한 직면을 존경심을 가지고 기꺼이 만드는 것은 중요하다. 결국에는 이러한 영향력 있는 목소리는 내담자의 부모나 의미 있는 타인에게 나타나고, 어떤 무례한 대답이나 거만한 목소리는 내담자의 충성심을 위협하며, 그렇게 함으로써 어버이 자아상태에 대한 어린이 자아상태의 애착은 강화된다. 중재할 때 나는 종종 조용히 오래된 상투적인 문구를 나 스스로 바꾸어 표현한다. '피는 상담보다 진하다'. 나는 마음속에 이러한 상투적인 문구를 가지고 어버이 자아상태의 존경심을 유지하며, 내담자의 행동에서 혐오감이나 심지어 격렬한 분노를 느꼈을 때조차도 어버이 자아상태의 존경심을 유지한다. 아동을 위하여 종종 어버이 자아상태를 가지고 나는 확고하고, 공감한다.

중재에는 다음과 같은 두 가지 목적이 있다. 어버이 자아상태의 심층적인 심리상담이 가능하고 상담적으로 빈틈이 없을 때까지 심리내적 갈등을 일시적으로 멈추기 위해, 그리고 일차적으로 치료적 관계가 더욱 확립될 기회를 만들기 위한 것이고 그러한 내담자의 경험은 '이 상담가는 철저히 나의 복지를 위해 일한다.'는 것이다.

일단 어린이 자아상태의 명료화가 성취되고 생존 반응은 완화되어 각본신념을 포기하게 되면 어버이 자아상태를 다루는 것이 핵심이 될 수 있다. 물론 내담자들이 바뀔 수 없다는 것을 경험할 때도 있다. 그들은 어버이 자아상태의 끊임없이 파괴적인 본성에 대한 반응으로 여전히 우울해하고 불안해하거나 억압받는다. 그러나 어떤 상황에서든 어버이 자아상태를 적극적으로 다루는 것이 필요하게 되었고 추후에 어린이 자아상태에 더 관여하는 처치가 필요하게 된다.

어버이 자아상태 상담 수행에서 내담자는 관련 있는 어버이 자아상태에 정신을 집중하는 것, 본질적으로 엄마나 아빠가 '되는' 것, 엄마나 아빠의 힘으로써 상담가와 함께 대화하는 것에 참여하게 된다. 이것은 특정한 부모와 연관된 몸짓, 표정, 태도, 감정, 스타일을 가지는 내담자와 관련된다. 본질적으로 내재화된 부모는 외재화된다. 처음에 상담가는 안전한 정서적 분위기를 받아들이게 하며, 이는 타인에게 마음을 터놓기 시작하고, 더욱 드러내게 되면서 외재화되는 것을 허락한다. 이는 어버이 자아상태의 준거 틀내에 현실적이고, 직접적인 이야기를 흔히 동반한다. 상호작용의 질은 점차적으로 더욱 치료적 초점으로 이동하기 시작한다. 상담가가 실제 부모와 가족 역동에 대한 사전 지식을 이미 갖고 있기 때문에 상담가는 내사된 부모의 정서적 어려움이나 갈등의 영역을 드러내는 매우 개인적이고 정확한 개입을 할 수 있다. 그때 어버이 자아상태는 상담가와 함께 이러한 문제들을 통해 작업하도록 초대된다.

이 장 앞에서 말했듯이, 다른 내사와 함께 어버이 자아상태의 대치는 **치료적이지 않다**. 그보다, 이 장에서는 내담자들의 심리내적 갈등을 덜어줄 목적으로 내사의 심층적인 심리상담의 이론적 필요성과 실제적 고려를 설명한다. 임상 경험에서 나는 방어의 해결, 태도와 감정의 솔직한 표현, 개인의 욕망, 좌절, 갈등에 대한 치료적 존중에 목표를 둔, 공감적이고 관계 지향적인 심리상담이 어버이 자아상태의 해체를 제공하고, 심리내적 갈등의 종결과 자각, 자발성, 친밀성을 가지고 삶을 사는 사람을 위한 기회를 제공한다는 것을 발견했다.

많은 내담자들에게 사용된, 질문, 조율, 관여와 같은 방식은 퇴행 치료를 포함하여 어버이 자아상태를 다루는데, 심지어 종종 부모의 어버이 자아상태 치료에 사용될 수 있다. 어버이 자아상태의 심층적인 상담의 예는 다음을 포함한다. (1) 알코올 중독 남편을 대하는, 자신의 곤경에 대해 자녀를 비난하는, 좌절되고 화난 35세 엄마를 위한 심리상담, (2) 아빠의 아동기 경험에 대한 퇴행을 촉진하고 초기의 신체적 학대에 대한 기억을 통해 작업하기, (3) 명료화나 재결단을 위해 적합한 다양한 방법 사용하기, (4) 조부모나 증조부모 자아상태를 위한 심리상담, 즉 3세대 혹은 4세대 상담. 만약 어버이 자아상태가 이러한 과정을 꺼리고, 파괴적인 것을 지속한다면, 그때 상담가는 내담자의 어린이 자아상태를 옹호하기 위해 자아상태와 연결을 지속할 수 있다. 이는 어린이 자아상태에 의해 경험되고, 특히 아동학대의 경우 아동은 결코 경험해 보지 못한 보호의 한 유형으로서 변화를 가져올 수 있는 매우 강력한 경험을 할 수 있다.

묘사의 역사적인 정확성은 그리 중요하지 않다. 중요한 것은 내담자에 의해 경험된 부모이다. 개인은 어린 시절에 대해, 자신에 대해, 세상에 대한 사고와 감정, 믿음을 경험하는 데 있어서 '실제적으로' 부모가 했던 사고, 감정, 행동을 투사하지는 않는다. 어버이 자아상태가 내담자의 삶의 각본에 대한 치료적 도전에 응답하기 시작하면서, 내사는 강압적이고 확립된 위치를 잃게 되고, 내담자는 이런 방식으로 해서는 안 된다는 것을 경험하기 시작한다.

의미 있는 타인으로부터 내사된 사고 과정, 태도, 정서적 반응, 방어 기제 그리고 행동패턴은 동화되지 않은, 혹은 외심리 어버이 자아상태로서 더 이상 잔류하지 않지만, 각각 분리된 자아상태로 해체되고, 자각하는 신심리 어른자아 속으로 통합된다(Erskine & Moursund, 1988/1998).

결론

어버이 자아상태를 다루는 경험은 상담가, 관찰자, 특히 내담자에게 매우 사실처럼 느껴진다. 이는 사람이 한때 온전히 관여한 '마치 ~인 듯한' 경험은 아니다. 그러므로 다음과 같은 예방 대책이 필요하다.

먼저 내담자가 상담가와 치료적 동맹을 경험하는 것이 핵심이다. 무의식적으로 내담자의 어린이 자아상태가 상담가와 어버이 자아상태 둘이 공감적인 상호작용 하는 것을 보면, 내담자는 상담가가 부모의 '편'을 든다고 생각하고 그래서 결과적으로 어린아이는 버림받는 꼴이 된다. 이러한 이유로 작업이 완료되기 전에 상담가는 내담자의 어린이 자아상태와 어른 자아상태 모두로 반드시 다시 돌아와야 하는데, 이는 관계를 재정립하기 위함이다. 또한 비록 실제의 신체적 부모에 대한 이득이 이러한 경험의 결과로 보고되었을지라도, 그것은 그 절차의 목적이 오직 내담자의 유익함을 위한다는 것을 재확인해야 한다.

어버이 자아상태의 상담 작업 후에는 어른 자아상태인지 혹은 어린이 자아상태인지를 내담자에게 반드시 확인시키고, 어버이 자아상태에 응답할 기회를 가진다. 이것은 부모로부터 분리시키고, 중단되었거나 아마도 결코 존재하지 않은 의미 있는 대인 간의 접촉을 가능하게 함으로써 자아감을 강화한다. 이것이 실패하면 때때로 내담자는 두통이나 혼란과 혼미라는 감정을 느낀다.

부모가 어떻게 학대를 하거나 했든지 간에 부모에 대한 자녀의 충성심을 기억하라. 심지어 내담자가 부모에 대해 화가 나고 애증이 엇갈릴지라도, 상담가가 너무 강력하거나 무례하게 내담자를 대하면 내담자는 부모를 보호하고 싶어 할 것이다.

어버이 자아상태는 한 회기 안에서, 확장된 회기 안에서, 혹은 여러 회기에서 다룰 수 있다. 성공적인 과정 후 내담자는 일반적으로 안도감과 자유로움의 조화를 느끼지만 부모의 경험을 가깝게 알게 된 결과로 종종 깊은 슬픔을 느끼고 상담가는 공감적으로 반응해 준다. 흔히 분노가 자극되는데, 이때는 게슈탈트의 두 의자 기법처럼 내담자가 어버이 자아상태를 즉각적으로 묘사하도록 하는 것이 최선이다. 사람들은 보통 경험의 과정과 잔류해 있는 감정들과 거기에서 파생된 의미를 이야기하고 표현하는 데 많은 시간이 필요하다.

어버이 자아상태를 다루는 과정에서 실제 부모는 진짜로 나타나지 않기 때문에 환상 속에서라도 의미 있는 사람과의 갈등이 언급되고, 경험되고, 다루어진다. 그 결과 내담자는 그것을 내재화함으로써 외적 갈등을 피하려는 과정에서 잃어버린 자신을 되찾는다. 내적인 영향 없이 타인들을 향한 어버이 자아상태는 덜 행동화되고, 또한 어린이 자아상태 내에 덜 머물게 된다. 게다가 어버이 자아상태의 내용은 어른자아와 함께 통합되고, 이제 내담자는 부모와 다르게 실제 사람을 다룰 수 있다는 가능성을 갖게 된다. 상담가는 자신이 가지고 있던 이전의 미해결된 전이의 문제들이 이제는 더 쉽게 해결되는 것을 발견할 수 있다. 나는 어버이 자아상태의 심층적이고 재통합적인 심리상담이 TA가 심리상담 전문 분야에 미친 가장 현저한 공헌이라고 믿는다.

참고문헌

Berne, E. (1957). Ego states in Psychotherapy. *American Journal of Psychotherapy*, 11, 293 -309

Berne, E. (1961). *Transactional Analysis in Psychotherapy: A Systematic Individual and Social Psychiatry*. New York: Grove Press

Berne, E. (1966). *Principles of Group Treatment*. New York: Grove Press

Bollas, C. (1979). The transferential object. *International Journal of Psychoanalysis*, 60, 97-107.

Bowlby, J. (1969). *Attachment. Vol. 1 of Attachment and Loss*. New York. Basic Books.

Bowlby, J. (1973). *Separation: Anxiety and Anger. Vol. 2 of Attachment and Loss*. New York. Basic Books.

Bowlby, J. (1980). *Loss: Sadness and Depression. Vol. 3 of Attachment and Loss*. New York: Basic Books.

Breuer, J. & Freud, S. (1950). *Studies in Hysteria*. New York: Nervous and Mental Disease Publishing Co., (Trans. by A. A. Brill).

Brown, M. (1977). *Psychodiagnosis in Brief*. Ann Arbor: Huron Valley Institute.

Clark, B.D. (1991). Empathic transactions in the deconfusion of child ego states. *Transactional Analysis Journal*, 21, 92-98.

Clark, F. (1990). The intrapsychic function of introjects. B. Loria (Ed.). *Couples: Theory, Treatment and Enrichment:* Conference Proceedings of the Eastern regional transactional analysis conference, April 18-21,1990. Madison, WI: Omni Press.

Clarkson, P. & Fish, S. (1988). Rechilding: Creating a new past in the present as a support for the future. *Transactional Analysis Journal*, 18, 51-59.

Cornell, W.F. & Olio, K.A. (1992). Consequences of childhood bodily abuse: A clinical model for affective interventions. *Transactional Analysis Journal*, 22, 131-143.

Dashiell, S.R. (1978) The parent resolution process: Reprogramming psychic incorporations in the parent. *Transactional Analysis Journal* 8, 289-294.

Erikson, E. (1950). *Childhood and Society*. New York: Norton & Co.

Ernst, F. (1971). The diagrammed parent: Eric Berne's most significant contribution. *Transactional Analysis Journal*, 1, 49-48.

Erskine, R.G. (1997). The works cited below are all published in: *Theories and Methods of an Integrative Transactional Analysis: A Volume of Selected Articles*. San Francisco, Transactional Analysis Press.
- Therapeutic intervention: Disconnecting the rubberband (pp. 172-173). (Original work published in *Transactional Analysis Journal*, 1974, 4, 7-8.)
- Fourth-degree impasse (pp.147-148). (Original work published in C. Moiso (Ed.), *Transactional Analysis in Europe*, 1978, Geneva, Switzerland: European Association for Transactional Analysis.)
- Ego structure, intrapsychic function, and defense mechanisms (109-115). (Original work published in *Transactional Analysis Journal*, 1988, 18, 15-19).
- A relationship therapy: Developmental perspectives (75-95). (Original work published in B.R. Loria (Ed.), *Developmental theories and the clinical process: Conference proceedings of the Eastern Regional Transactional Analysis Association Conference*, 1989, Madison, WI: Omni Press.)
- Transference and transactions: Critique from an intrapsychic and integrative perspective (pp. 129-146). (Original work published in the *Transactional Analysis Journal*, 1991, 21, 63-76.)
- Inquiry, attunement and involvement in the psychotherapy of dissociation (pp. 37-45). (Original work published in the *Transactional Analysis Journal*, 1993, 23, 184-190.)
- Shame and self-righteousness: Transactional Analysis perspectives (pp.46-67). (Original work published in the *Transactional Analysis Journal*, 1994, 24, 86-102.)
- The therapeutic relationship: Integrating motivation and personality theories (pp. 7-19). (Original work published in the *Transactional Analysis Journal*, 1998, 28, 132-141.)

Erskine, R.G. (1998). Attunement and involvement: therapeutic responses to relational needs. *International Journal of Psychotherapy*, 3, 235-244.

Erskine, R.G. (2001). Psychological function, relational needs and transferential resolution: The psychotherapy of an obsession. *Transactional Analysis Journal* (in press).

Erskine, R.G. & Moursund, J.P. (1988). *Integrative Psychotherapy in Action*. Newbury Park, CA. & London: Sage Publications. (Reprinted in paperback 1998, Gestalt Journal Press, Highland, NY.)

Erskine, R.G., Moursund, J.P. & Trautmann, R.L. (1999). *Beyond Empathy: A Therapy of Contact-in-Relationship*. Philadelphia, PA & London: Brunner/Mazel

Fairbairn, W.R.D. (1952). *An Object-Relations Theory of the Personality*. New York: Basic Books

Fairbairn, W.R.D. (1954). *Psychoanalytic Studies of the Personality*. New York: Basic Books

Federn, P. (1953). *Ego Psychology and the Psychosis*. London: Image Publishers

Fraiberg, S. (1983, Fall). Pathological defenses in infancy. *Dialogue: A Journal of Psychoanalytic Perspectives*, (65-75). (Original work published in *Psychoanalytic Quarterly*, 51, 612-635, 1982.)

Freud, S. (1949). *An Outline of Psychoanalysis*. New York: W.W. Norton & Company

Gobes, L. (1985). Abandonment and engulfment: Issues in relationship therapy. *Transactional Analysis Journal*, 15, 216-219

Gobes, L. (1990). Ego states – Metaphor or reality? *Transactional Analysis Journal*, 20, 163-165.

Gobes, L. & Erskine, R. (1995). Letters to the editor. *Transactional Analysis Journal*, 25, 192-194

Goulding, M.M., & Goulding, R.L. (1979). *Changing Lives Through Redecision Therapy*. New York: Brunner/Mazel

Greenberg, J.R. & Mitchell, S.A. (1983). *Object Relations in Psychoanalytic Theory*. Cambridge, MA: Harvard University Press

Guntrip, H. (1961). *Personality Structure and Human Interaction*. London: Hogarth

Guntrip, H. (1968). *Schizoid Phenomena, Object Relations and the Self*. London: Hogarth

Hargaden, H. & Sills, C. (2001) Deconfusion of the Child ego state, *Transactional Analysis Journal* 31(1) 55-70

Hartmann, H. (1939). *Ego Psychology and the Problems of Adaptation*. New York: International Universities Press.

Hartmann, H. (1964). *Essays on Ego Psychology: Selected Problems in Psychoanalytic Theory* New York: International Universities Press

Holloway, W.H. (1972). The crazy child in the parent. *Transactional Analysis Journal*, 2, 128-130.

Jacobson, E. (1964). *The Self and the Object World*. New York: International University Press.

Kernberg, O. (1976). *Object Relations Theory and Clinical Psychoanalysis*. New York: Jason Aronson

Kohut, H. (1971). *The Analysis of the Self*. New York: International Universities Press

Kohut, H. (1977). *The Restoration of the Self: A systematic Approach to the Psychoanalytic Treatment of Narcissistic Personality Disorder*. New York: International Universities Press

Kris, E. (1951). *Ego Psychology and Interpretation in Psychoanalytic Therapy*. Psychoanalytic Quarterly, 20, 15-31

Kris, E. (1979). *The Selected Papers of Ernest Kris*. New Haven: Yale University

Loria, B.R. (1988). The parent ego state: Theoretical foundations and alterations. *Transactional Analysis Journal*, 18, 39-46

Mahler, M.S. (1968). *On Human Symbiosis and the Vicissitudes of Individuation*. New York: International Universities Press

Mahler, M.S., Pine, F. & Bergman, A. (1975). *The Psychological Birth of the Human Infant: Symbiosis and Individuation*. New York: Basic Books

Maslow, A. (1970). *Motivation and Personality* (Rev. edn.). New York: Harper & Row

Masterson, J.F. (1976) *Psychotherapy of the Borderline Adult: a Developmental Approach*. New York: Brunner/Mazel

Masterson, J.F. (1981) *The Narcissistic and Borderline Disorders: An Integrated Developmental Approach*. New York: Brunner/Mazel

McNeel, J.R. (1976) The parent interview. *Transactional Analysis Journal* 6, 61-68.

Mellor, K. & Andrewartha, G. (1980). Reparenting the parent in support of redecisions.

Transactional Analysis Journal, 10, 197-203

Miller, A. (1981) *The Drama of the Gifted Child: The Search for the True Self*. (R. Ward, Trans.) New York: Basic Books

Perls, F., Hefferline, R. & Goodman, P. (1951). *Gestalt Therapy: Excitement and Growth in the Human Personality*. New York: Julian Press

Perls, L. (1978, Winter). An oral history of Gestalt therapy. Part I: A conversation with Laura Perls, by Edward Rosenfeld. *The Gestalt Journal*, 1, 8-31

Piaget, J. (1952). *The Origins of Intelligence in Children*. (M. Cook, Trans.). New York: International Universities Press. (Original French edition published 1936)

Rappoport, D. (1967). *The Collected Papers of David Rappoport*. (M. Gill, Ed.) New York: Basic Books

Stern, D. (1985). *The Interpersonal World of the Infant: A View from Psychoanalysis and Developmental Psychology*. New York: Basic Books

Stolorow, R., Brandchaft, B., & Atwood, G. (1987). *Psychoanalytic Treatment: An Intersubjective Approach*. Hillsdale, NJ: The Analytic Press

Stolorow, R. D. & Atwood, G.E. (1989). The unconscious and unconscious fantasy: An intersubjective developmental perspective. *Psychoanalytic Inquiry*, 9, 364-374

Watkins, J.G. (1978). *The Therapeutic Self*. New York: Human Sciences

Watkins, J. G. & Watkins, H. H. (1997). *Ego states: Theory and Therapy*. New York: W.W. Norton & Co.

Winnicott, D.W. (1965). *The Maturational Process and the Facilitating Environment*. New York: International Universities Press

Weiss, E. (1950). *Principles of Psychodynamics*. New York: Grune & Stratton

심리내적 갈등 해결하기

어버이 자아상태의 심리상담

Richard G. Erskine and Rebecca L. Trautmann

안나는 경쟁력 있고 매력적인 50세의 보험회사 간부이다. 그녀는 20년 전에 이혼했고, 최근 독립한 두 명의 성인 자녀가 있다. 안나의 현재 문제는 그녀가 점점 우울해지고, 사회적인 접촉을 점점 멀리하고, 사랑하는 남자를 결코 만나지 못할까 봐 두려워하며 현재 경영학 석사과정을 포기하려고 한다는 것이다. 안나는 '그녀가 받지 못했던 모든 사랑을 퍼부을' 수 있었던 자녀들이 집에 더 이상 같이 살지 않는다는 것이 우울한 원인의 일부라고 했다.

상담의 첫 일 년 반 동안 대부분은 안나의 신뢰감을 확립하고 그녀의 어른 자아상태와 다양한 어린이 자아상태를 가지고 치료적 관계 작업을 발달시키는 데 보냈다. 우리는 안나와 나 사이의 대인관계 접촉 방해를 지금-여기에서 작업함으로써 아동기의 두려움, 기대, 각본신념이 우리의 치료적 관계를 어떻게 바꾸었는지 확인할 수 있었다. 안나의 삶을 형성한 주요 각본신념은 '나는 아무것도 아니야.', '내가 원하는 것을 얻을 수 없을 거야.', '난 늘 혼자야.', '모두 다 내 잘못이야.', '사람들은 믿을 수 없어.', '이것 (삶)은 중요하지 않아.'였다.

혼자 울었지만 그 누구에게도 말할 수 없었던 그녀의 아동기의 많은 기억들을 우리는 전이적 교류분석에서 드러낼 수 있었다. 그녀는 엄마와 아빠의 비판으로 인해 얼마나 억압당했다고 느꼈는지에 대해, 또한 아무런 욕구를 느끼지 않으면서 조용하게 집안일을 돕고, 그리고 자신의 사적이고 안전한 세계로 철회하는 것을 어떻게 배웠는지에 대해 반복적으로 말했다. 안나의 감정과 심리적인 리듬, 아동발달 기능 수준, 현재 및 근원적 관계욕구에 대해 나는 치료적으로 조율했고, 그녀는 초기 아동기 경험을 회상하는 것과 초기 어린이 자아상태로 퇴행하는 것에 안도감을 느꼈다. 그 퇴행을 통해 나는 그녀의 오래된 감정과 욕구를 표현하게 도울 기회를 가졌다. 치료적 퇴행의 결과는 어린이 자아상태의 명료화였다. 주말 마라톤 상담의 신체 치료에서 그녀는 부모님이 아동기의 욕구를 방치했던 것에 대한 많은 분노를 소리 지르며 할퀴고 발로 차면서 드러냈다. 아동기의 고무밴드를 끊어내는 것과 재결단을 만들어 내는 것은 안나의 행동, 환상, 비극적인 기대를 조성한 각본신념의 영향을 감소시켰다.

다음의 상담 예는 주말 마라톤 상담에서 일어났다. 그때 안나는 2년 반 동안 매주 상담을 받고 있었고, 다른 세 가지의 주말 마라톤 상담에 참석했다. 상담의 여름 휴회 기간 동안 많은 각본신념이 안나의 삶에서 다시 나타나기 시작했다. 전이작업, 명료화 상담, 심리적 과정 재구조화의 결과인 재결단으로 여름 이전에 그녀의 각본신념의 작동은 중단되었었다.

나는 매주 있었던 상담 스케줄의 여름휴가 때문에 생긴 상담관계의 균열 가능성을 탐색했다. 그녀는 원래의 각본 결론을 생생하게 가지고 아동기 경험의 기억으로 다시 들어갔다. 그녀는 점차적으로 성인 관점으로부터 아동기 의미 구조를 차별화시키는 것이 가능했다. 그러나 각본신념은 그녀가 집에 혼자 있을 때 간헐적이고 부분적으로 활성화되었다. 그녀는 자신이 외롭다는 것을 확인했고, 우리는 각본신념이 어떻게 감정에 집중하지 못하게 기능하는지/또는 각본신념이 처음 형성됐을 때 중요한 사람들이었던 특히 어머니 그리고/또는 아버지에게 심리적으로 애착을 유지하도록 기능하는지 탐색했다.

마라톤 상담 몇 주 전에 나는 각본신념의 재발이 심리적 항상성의 결과인지, 혹은 그녀가 아동기에 가족에게 의존했기 때문인지, 혹은 그 각본신념이 그녀의 부모 중 한 명의 것은 아닌지 점점 궁금했다. 부모의 잦은 싸움에 대한 그녀의 기억에서 이미 알아낸 것을 통해 나는 그녀의 엄마가 같은 각본신념을 가지고 있을지도 모른다는 가설을 세웠다. 나는 임상적 경험으로부터, 흔히 부모는 자녀의 신념이 부모의 각본신념과 비슷할 때 신념에 직면하거나 선택의 의미를 아이들에게 알려 주지 않는다는 것을 알았다. 나는 마음에 이러한 가설들을 가지고 마라톤 상담을 시작했다. 레베카 트로트만이 마라톤의 공동 상담가였다.

리처드 : 안나, 상담할 준비가 됐나요?

안나 : 나는 당신이 나를 잊었다고 느껴져요. (어깨가 축 늘어져 있다.)

리처드 : 아녜요, 나는 레베카가 돌아오기를 기다리고 있었어요. 그녀는 당신이 상담할 때 함께 있고 싶다고 말했었어요.

안나 : 나도 알아요. 그런데 내가 아무것도 아닌 것처럼, 중요하지 않은 것처럼 느껴져요. (울며) 나는 내가 원하는 것을 얻지 못할 거예요. (울며)

리처드 : (멈추었다가) 그래서 당신은 당신이 원하는 것이나 당신에게 필요한 것들을 얻지 않겠다는 건가요? (잠깐 멈추었다가) 그러면 당신은 이것을 어떻게 다룰 건가요?

안나 : 나는 단지 내 자신을 돌볼 거예요. (몸을 웅크리며)

리처드 : 자신을 돌본다. 그리고 깊은 내면은요?

안나 : 희망을 포기할 수 없어요.

리처드 : 희망에 대해 더 말해 주세요.

안나 : (흐느껴 울며) 내가 포기하기 전에, 무언가 변화될 거라는 희망을 유지하는 거요.

리처드 : (멈추었다가) '무언가' 혹은 누군가가 변화되는 거요? 누군가는 아마도 변화해야만 하는군요, 그러면 당신은 포기하지 않고요.

안나 : 나는 포기하고 싶어요⋯.(잠시 멈춘다)

리처드 : 제가 누군가가 변화되어야만 할 것이라고 말한 것이 초점을 벗어났었나요?

안나 : 너무 어려워서 느낄 수가 없어요.

리처드 : "너무 어려워서 느낄 수가 없다." (멈추었다가) 무엇을 느끼나요, 안나?

안나 : 너는 아무것도 아니야. 그럼 나는 "아무것도 중요하지 않아."라고 말해요.

마라톤에서의 공동 상담가 레베카는 이 분석 장면 이전에 잠시 방을 떠났다. 안나는 실망했고, 그 실망감을 느끼려고 '나는 아무 것도 아니야.', '나는 중요하지 않아.', '나는 내가 원하는 것을 얻을 수 없을거야.'라는 낡은 각본신념에 의존했다. 안나의 심리적 반응, 목소리 톤, 우는 것 모두는 아동기의 실망과 레베카가 떠난 것에 대한 전이적 반응을 통해 자신의 발달적 욕구를 전달하려는 무의식적 시도의 표명이다. 안나의 실행은 자각 밖에서 심리내적 갈등을 표현하고 관계를 회복하려는 시도이다. 이전에 두 달 이상 진행되었던 개인상담의 대부분도 비슷한 전이적 실행을 해결하며 보냈었다. 나는 전이적 교류의 증가와 각본신념의 재활성화가 어린이 자아상태와 어버이 자아상태 간의 심리내적 갈등의 표현인지 아닌지 궁금했다.

리처드 : 레베카, 나는 이것이 안나의 머릿속에 있는 어머니가 자신을 돌보아줄 때까지 아무 데도 가지 않을 것이라며 안나를 통제하고 있는 상황이 아닌가 하는 의문이 들어요.

레베카 : 당신은 그녀를 규칙적으로 보았고 나는 그렇지 않기 때문에 당신의 주도를 더 따라가고 있었어요. 그리고 그 순간에 그녀가 있는 곳에 어울리려고 시도했어요.

리처드 : 어버이 자아상태 작업을 하는 것에 맞서는 논쟁은, 안나가 지난 이틀간 당신에게 손을 뻗은 것이라고 생각해요. 하지만 나는 그녀의 어머니가 나와 그녀 사이에 끼어들려 한다고 생각해요.

리처드 : (안나에게) 어떻게 생각하세요?

안나 : 말 되네요, 그리고 제기랄 십년감수 했어요.

리처드 : 당신이 "제기랄" 십년감수 했다고 표현하니 좋네요. 어쨌든 나와 함께 있을 때는 그렇게 표현해도 괜찮아요.

안나 : 나는 레베카가 여기에 있어서 좋아요. 하지만 내가 그녀와 가까워지면 당신을 잃을까 봐 두려워요.

리처드 : 저를 잃는다고요…?

안나 : 아빠가 가장 사랑하는 사람은 나였어요. 하지만 엄마는 그것 때문에 나를 아주 싫어했지요. 그래서 나는 엄마와 관계를 맺기 위해 아빠와 거리를 두어야만 했어요.

레베카 : 그래서 당신은 우리가 먼저 당신의 엄마와 함께 작업할 필요가 있다고 느끼나요? 이 전체의 쇼를 통제하고 있는 바로 그 사람이 엄마인가요?

안나 : 네.

레베카 : 우리가 그녀와 이야기해도 괜찮을까요?

리처드 : 하지만 그렇게 하려면 당신이 약간의 보장을 해줘야 해요.

안나 : 그게 뭔데요?

리처드 : 레베카가 당신과 나를 가까워지게 하고 그것을 좋아하는 것처럼, 당신도 그렇게 해 줄 수 있나요?

안나 : 그러니까, 그녀가 나에게 화를 내지 않을 거라는 말이죠?

리처드 : 네. 또한 당신은 그녀와 함께 할 수 있어요. 그리고 나로 인한 다툼은 없을 거예요.

레베카 : 그거 괜찮겠네요.

안나 : 심지어 나는 당신이 빨래 개는 것을 도와줄 수도 있어요. (레베카는 이전에 건조기에서 빨래를 꺼내는 일 때문에 결석한 적이 있었다.)

레베카 : (웃는다) (잠깐 멈추었다가) 나는 당신이 리처드와 가까워지는 것을 좋아해요. 그건 문제될 게 없어요.

리처드 : 왜, 이런 경우에는… (안나에게 가까이 움직인다).

레베카 : 그래서 내가 당신의 엄마와 이야기할 동안 우리가 리처드와 당신을 떠나야

한다고 생각하나요? 아니면 당신이 나와 있을 때 그가 엄마와 이야기할 필요가 있다고 생각하나요?

리처드 : 아니면 당신의 엄마는 누구의 영향을 가장 많이 받나요? 함께 대화하는 남성? 아니면 여성?

안나 : 잘 모르겠어요, 그녀는 지금 막 무너졌어요.

리처드 : 그렇지 않을걸요, 나는 당신이 정말 무서워한다는 것을 알아요..

레베카 : 우리는 엄마들과 잘 지내요.

리처드 : 우리가 이야기하고 있는 것은 연약한 여자가 아니에요. 엄마는 자신이 원하는 것을 얻는 방법을 알고 있어요. 그래서 나는 그녀의 무너짐에 대해서는 고려하지 않겠어요. 나는 엄마가 그런 방식을 통해 나타날 거라고 당신으로부터 들었어요…. 우리는 그녀를 돌볼 거예요. 이것이 엄마를 힘들게 하는 것은 아니에요.

안나 : 나는 엄마를 돌보길 원했어요.

리처드 : 그것은 이것의 이면이에요. 당신은 언제나 그녀를 돌보았어요.

안나 : (운다)

리처드 : (멈추었다가) 그중 하나가 엄마의 무너짐을 겁내는 거죠. 다른 하나는 엄마를 돌보는 일이에요. 하지만 엄마는 아빠가 당신을 가장 사랑했다는 이유로 당신의 삶을 지옥으로 만들었어요.

안나 : 음….

리처드 : 당신이 부모의 결혼생활 또한 고칠 수 있다고 생각했었나요?

안나 : (긍정의 끄덕임)

리처드 : 그건 불가능한 일이에요.

안나 : (긍정의 끄덕임)

리처드 : 당신은 우리 중 한 명이 엄마와 대화하기를 원하나요?

안나 : 네, 그게 좋을 것 같아요.

레베카 : 누가 엄마와 대화할지 당신이 선택하고 싶은가요?

안나 : 당신이 결정하세요.

이전에 교류가 거의 없었던 것은 상담계약의 발달을 억누르고 있었다. 누구도 어버이 자아상태의 상담에서 무엇이 나타날지 예상할 수 없기에 이것은 행동적 결과에 대한 계약이라기보다는 오히려 상담과정에 참여시키려는 계속되는 협상의 시작이다. 억압된 혹은 무의식의 자료가 포함될 때, 개인은 예정된 결과에 대해 계약할 수 없다. 상담과정은 종종 각 개인과 관련된 새로운 것의 발견이다. 두 상담가와 함께하는 상담 작업의 가능성은 아동기의 정서적인 불을 다시 밝혔다. 즉, 안나는 부모님과 같이 사는 것에 대한 갈망과 그들 사이에서 일어날 수 있는 갈등에 대한 두려움이 다시 살아났다. 그녀의 아동기의 일 중 하나는 어머니를 돌보는 것이었다. 이제 한 상담가가 안나의 어린이 자아상태를 위해 시간을 쓸 동안 다른 상담가가 그 책임을 맡을 것이다.

리처드 : 레베카, 안나의 엄마와 대화해 볼래요? 나는 어린 안나를 위해 그곳에 있고 싶어요.

레베카 : 좋아요···. 리처드가 바로 여기 당신을 위해 있어요. 엄마를 위한 의자를 찾아봅시다(안나를 위한 등받이가 높은 안락의자가 준비되었고, 레베카는 매트 위에 있다. 이것들이 재배열된 후 작업이 다시 시작되었다···).

레베카 : 당신의 엄마가 앉는 방식으로 앉으세요···. 그리고 눈을 감으세요. 엄마의 자세를 취하세요. 가능하다면 엄마가 느끼는 것을 나타내는 표정을 지어 보세요. (멈추었다가) 이름이 뭐예요, 엄마?

자세와 표정 같은 생리적인 단서를 경험하는 것은 어버이 자아상태의 감정, 태도, 경험의 구체화를 촉진하도록 돕는다. 이것은 단지 역할 연극을 하는 것이 아니고 엄마가 되는 것이다. 종종 그 과정에서 내담자는 놀라움을 드러낼 수도 있다. 내담자가 어버이 자아상태에 머무르도록 돕는 것은 중요하다. 이는 상담가가 특정한 자아상태와 연관된 이름을 반복적으로 사용함으로써 부분적으로 성취된다. 다음 몇 번의 교류에서 레베카는 안나가 데브라 자아상태에 머무르는 것을 촉진시키기 위해, 즉 내부에 갈등을 일으키는 심리적 존재를 느끼고 표면화하기 위해 데브라의 이름을 몇 번 사용했다. 처음 몇 번의 교류에서, 혹은 정서적인 소재가 그 자체로 직면적일 때 그 사람은 어버이 자아상태의 스위치를 끌 것이다. 상담가는 내담자가 타인이 '되도록', 즉 타인 안에 들어가고, 그 사람에게 영향을 미치고, 그 사람을 경험하도록 지시한다. 그다음에 상담가는 그 혹은 그녀가 실제 내담자인 것처럼 '타인'과 이야기를 한다.

안나 : 데브라.

레베카 : 데브라. 나를 레베카라고 불러도 좋아요. (멈추었다가) 여기 있는 것에 대해 어떻게 생각하세요?

(데브라로서의) 안나 : 좋지 않아요.

레베카 : 좋지 않아요? 왜죠 데브라?

데브라 : 내가 왜 이곳에 있어야 하죠?

레베카 : 글쎄요… 내가 당신에 대해 알기 위해서죠. 궁극적으로는 안나를 돕기 위한 것이에요. 그리고 안나가 자신의 삶에서 당신이 얼마나 중요한 사람인지 알게 하기 위해서죠.

데브라 : 그녀에게 중요하다고요? (강조하여)

레베카 : 데브라, 그녀의 삶에서 당신이 중요하다는 것을 모른다고 말하고 있는 건가 요? 음… 그녀 삶에서의 당신을 어떻게 묘사해 볼 수 있을까요?

데브라 : 그녀는 내가 필요하지 않아요.

레베카 : 흠. 얼마나 오랫동안 그렇게 생각했나요?

데브라 : 항상요.

레베카 : 항상 그녀가 당신을 필요로 하지 않는다고 느꼈나요? 데브라, 당신이 어쩌다 가 그렇게 믿게 되었는지 이해시켜 주세요. 심지어 안나가 아주 어렸을 때부터 인가요?

레베카의 연속된 질문은 내담자의 어버이 자아상태인 데브라를 얻고, 안나의 삶의 시 작에 대한 이야기를 하도록 했다. 아마도 훨씬 이전의 데브라의 아동기 이야기가 있겠지 만, 안나의 영아기에서 시작하는 것이 좋은 시작일 것이다. 아마도 상담의 후반에 데브 라가 어린이 자아상태에 있다는 것과 데브라의 퇴행상담이 가장 효과적이었다는 것의 증거가 있을 것이다. 이제 초점은 성인 데브라이다. 다음의 계속되는 교류에서 레베카가 데브라의 경험과 정서의 자각을 높이기 위해 역사적이고 현상학적인 치료질문을 어떻게 사용하는지 보라.

데브라 : 그 아이는 항상 울었어요.

레베카 : 아이가 항상 울 때 당신은 무슨 생각을 했나요?

데브라 : 아이는 무언가를 원했어요.

레베카 : 그래서요?

데브라 : 그리고 내가 한 것은 도움이 되지 않았어요.

레베카 : 음… 그때 어떻게 느꼈나요?

데브라 : 나는 그 애를 도와줄 수 없었어요. 나는 아무것도 할 수 없었어요.

레베카 : "아무것도 할 수 없었다."

데브라 : 나는 다른 아이도 있었어요, 아들이 하나 있어요.

레베카 : 아하, 당신이 할 수 있는 것이 아무것도 없다고 생각했는데, 그러면 당신은 안나에게 어떻게 반응했나요?

데브라 : 난 어떻게 해야 할지 몰랐어요, 그래서 나는 그 애를 무시했어요.

레베카 : 하지만 왠지 아이가 당신을 필요로 하지 않는다는 생각이 있는 것 같아요. 어떻게 이런 일이 있을 수 있죠?

데브라 : 그 애는 아빠가 있었어요.

레베카 : 그는 아이의 울음을 멈출 수 있었나요?

데브라 : 네.

레베카 : 오, 그 점이 당신이 좋은 어머니일지에 대한 의구심을 가지게 했나요?

데브라 : 음….

레베카 : 저에게 그것에 대해 말해 줄 수 있나요?

데브라 : 나는 그 모든 것을 할 수 없었어요. (머리를 살짝 떨구며)

레베카 : "모든 것을 할 수 없었다." 이건 당신이 말한 거지요, 데브라?

데브라 : 나는 두 아이가 더 있었어요.

레베카 : 데브라, 그들에게는 당신이 좋은 엄마라고 느꼈나요?

데브라 : 그러려고 노력했어요.

레베카 : 그 아이들도 아빠를 더 좋아하는 것처럼 보였나요?

데브라 : 아니요.

레베카 : 그래서 당신은 그들을 기분 좋게 할 수 있었군요.

데브라 : 음….

레베카 : 하지만 그 작은 소녀의 무언가는 당신이 그 아이에게 좋은 어머니가 될 수 없게끔 했군요.

데브라 : 아니에요.

레베카 : 데브라 같은 것은 무엇인가요? 그것을 느끼나요?

데브라 : (멈추었다가) 내가 아무것도 아닌, 나쁜 엄마라고 느끼게 했어요.

레베카 : 지금 당신은 정말 슬퍼 보여요. 그 감정들에 대해 저에게 말해 주실 수 있나요?

"그 감정들에 대해 저에게 말해 주실 수 있나요?"는 현상학적인 질문이면서 계약 과정에 동의하는 것의 예이다. 이것은 안나가 데브라로서의 상담 및 그리고 지금까지 표현되지 않았던 것을 표현하는 것 이 두 가지를 계속할지를 선택할 수 있는 기회이다. 레베카의 각각의 말은 데브라의 주관적인 경험으로 들어가는 질문이며, 심지어 그녀의 단어들이 질문이 아니고 단지 데브라가 방금 전 말한 "나는 아무것도 할 수 없었어요."의 반복일 때라도 그렇다. 각 질문은 정보를 모을 필요 없이 그녀가 안나 내면의 데브라로서 그녀 자신의 측면을 발견하도록 내담자의 경험들을 깊어지게 한다. 각 질문은 데브라의 감정을 듣는 것, 데브라가 말한 것의 인정, 데브라의 감정과 심리적 과정이 중요하다는 타당성에 대한 상담가의 진정한 흥미로 주어진다.

데브라 : 언제나 모든 것을 옳게 하는 것은 어려웠어요. 결코 충분하지 않았죠.

레베카 : 네….

데브라 : 그리고 두 아이를 가졌다는 것은….

레베카 : 셋이지요. 모두 어렸나요?

데브라 : 네…. 그리고 그는 항상 일을 하고 있었어요. 그래서 나는 혼자서 아이들과 있었죠. 주변에는 아무도 없었어요.

레베카 : 으흠, "아무도 없었다."… 큰 스트레스였겠군요. (침묵) 계속해 보세요 데브라, 나는 그것이 당신에게 어땠는지에 대해 정말 관심이 있어요.

데브라 : (깊게 숨을 쉰다. 오랫동안 멈추었다가) 하지만 나는 모든 것을 해야만 했어요. 혼자서요.

레베카 : 그래서 데브라, 당신은 강해지려 노력했군요, 당신이 무척 슬프고 외로울 때조차 말예요.

데브라 : 네. 나는 아이들을 얌전하게 만들었어요. 그래서 그가 화날리 없었고 소리지를 일도 없었지요.

레베카 : 음…. 그가 소리를 지르기 시작하면 무슨 일이 일어나나요?

데브라 : 그는 고함치고 소리쳐요. 그리고 그는 때려요.

레베라 : 때린다고요?

데브라 : 내 아들을요.

레베카 : 그때 어떻게 느끼나요, 데브라?

데브라 : 나는 아무것도 할 수 없는 것처럼. 나는 그를 멈출 수 없어요….

레배카 : 왜 할 수 없죠?

데브라 : 그가 나를 때릴 거니까요.

레베카 : 그가 당신을 때린 적이 있나요 데브라?

데브라 : 그는 단지 위협했어요.

레베카 : 하지만 당신은 그가 당신을 때릴 것 같아 무서웠겠군요.

데브라 : 네.

레베카 : 그래서 당신은 그가 아들을 때리도록 내버려두었고….

데브라 : (울기 시작한다. 긍정의 끄덕임을 한다.)

레베카 : 계속해 보세요 데브라, 듣고 있어요. 이에 대해 무엇을 더 말하고 싶은가요??

데브라 : (울며) 나는 아무것도 할 수 없었던 것에 죄책감을 느꼈어요. (크게 흐느낀다.)

레베카 : 그 말은 아주 중요해요. "나는 아무것도 할 수 없었어요."라는 말의 뒤에는 많은 것들이 있지요. 그렇지 않아요 데브라? (멈추었다가) 당신이 할 수 없었던 것은 무엇인가요?

데브라 : 나는 아내가 될 수 없었어요. 그리고 나는 엄마도 될 수 없었지요.

레베카 : 당신이 충분히 좋은 아내가 되지 않는 것에 대해 그가 화를 냈나요?

데브라 : 항상 그랬어요. 뿐만 아니라 그는 항상 나를 놀려왔어요.

레베카 : 무엇에 대해 놀렸나요?

데브라 : (한숨) 어떻게 어두운 다른 방에서 옷을 벗는지에 대해서요. 나는 수줍음이 많았어요. 나는 부끄러웠어요. (고개를 숙인다.)

레베카 : 그래서 데브라, 당신은 다른 방에서 옷을 벗고 싶었군요.

데브라 : 나는 성관계를 좋아하지 않았어요. (한숨을 쉰다.)

레베카 : 그것에 대해 좀 더 말하고 싶어요? (침묵) 아이를 갖기 전에는 성관계를 좋아했나요?

데브라 : 아니요, 전혀! 전혀요.

레베카 : 당신이 성관계에 대해 무엇을 좋아하지 않았는지 지금 알고 있나요?

데브라 : (아니라는 몸짓으로 그녀의 고개를 흔든다.)

레베카 : 하지만 당신은 당신이 성관계를 좋아하지 않는다는 것을 알고 있었어요.. 당신과 남편 사이에 문제가 된 것이 바로 이것인가요? 당신이 아내가 될 수 없다고 느끼게 한 것이 바로 이것인가요?

데브라 : 음…. 그가 그렇게 말했어요.

레베카 : 그래서 당신이 해 온 많은 것들, 아이들과 잘 지냈던 것, 살림을 잘한 것, 그 모든 것과 상관없이 근본적으로 자신을 실패자라고 느끼고 마음속에 '아무것도 할 수 없었다?'가 있군요. 이 말이 맞나요?

데브라 : 네, 그는 항상 내가 실패자라고 느끼게 했어요. 내가 잘못한 것이 무엇이든지, 뭐든지 간에요. (그녀의 말은 이제 딱 부러지고 얼굴 근육은 경직된다.)

레베카 : 데브라, 당신에게 물어볼게요.. 당신은 그에게 화가 났었나요?

데브라 : (멈추었다가) 네. (멈추었다가) 네, 항상 그랬어요.

레베카 : 그 화난 감정에 대해 내게 말해 줄 수 있나요, 데브라?

레베카는 이 상담에서 한 가지 아이디어, 즉 "당신은 그에게 화가 났었나요?"를 끌어낸다. 내담자를 잘못된 지시로 이끌거나 혹은 심지어 문제를 더 심각하게 하거나 시기상조로 경험을 이끌어내지 않도록 심리상담가가 상담에서 아이디어를 소개하는 것은 보통 최선의 선택은 아니다. "나는 아무것도 할 수 없었어요."라는 데브라의 무기력한 말에 대한 레베카의 인용은 데브라의 터무니없음에 대한 보다 자연스러운 인간 반응인 체념과 가능한 분노에 대해 질문하기 위해 계획된 것이다. 어린 자녀를 향한 아버지 존재에 대한 분노가 있을 때 데브라의 감정이 인정되지 않거나 표현되지 않고서 감정 방출의 승화된 형태를 찾는 것이 가능할까? 더욱이 현상학적 질문은 분노에 대한 상담가의 사고가 중요한지, 혹은 다른 영역을 조사하는 것이 더 적합할지 드러낼 것이다. 상담가가 아이디어를 소개하거나 방향을 잡을 때 "아뇨, 그것은 나와 맞지 않아요."라는 내담자의 말을 격려하고 그렇게 말할 수 있도록 상담가가 창조한 기회를 통해 자기정의에 영향을 주는 내담자의 주도성을 지지하는 것이 필수적이다. 이것은 때때로 상담가의 아이디어 소개나 지시에 대한 진짜 질문을 하는 것, 여기서는 "당신은 그에게 화가 났었나요?"에 의해 이루어진다.

데브라 : 냄비는 던질 수 있었겠죠. 하지만 나는 정말로 화를 낼 수는 없었어요.

레베카 : 맞아요, 그가 당신을 때릴 거라는 위협이 항상 있었지요. 그럼 비록 화를 낼 수 없었다고 해도, 당신이 느꼈던 분노에 대해 내게 말해 보세요.

데브라 : (한숨) 나는 아이에게 화가 났어요.

레베카 : 당신은 안나에게 화가 났다고요? 음, 당신은 그에게 화를 내는 대신 아이에게 화가 났다고 말하는 건가요?

데브라 : 네, 그는 항상 그 아이에게 말을 걸었어요.

레베카 : 당신은 그때 어떻게 느꼈나요?

데브라 : 나는 중요하지 않다고 느꼈어요. 나는 막 아이를 낳았었는데, 청소도 하고 요리도 했어요.

레베카 : 이런…. 휴…. 그래서 당신은 스스로 중요하지 않다고 느꼈군요. 당신이 그에게 중요하지 않다고.

데브라 : 네, 나는 그에게 아무것도 아니에요. 그는 안나에게만 관심이 있었죠.

레베카 : 그래서 당신은 안나에게 질투를 느꼈나요, 아니면 당신이 필요했던 것을 그 아이에게만 준 그에게 단지 화가 났나요?

데브라 : 나는 질투가 났어요. 그가 그 아이에게 한 것에 대해 화가 나기도 했죠. (한숨) 그러면 그는 아들에게 화풀이를 했어요.

레베카 : 음, 그렇게 되는 데 안나가 했던 무언가가 있었나요? (침묵) 데브라, 무슨 생각을 하고 있나요?

데브라 : 그 애는 제 말을 잘 듣지 않을 거예요. 나를 충분히 돕지도 않을 거예요. 그리고 남편은 안나에게 잘 대해 주고 나서는 그렇게 화를 내지는 않을 거예요.

레베카 : 제가 상상하기에 안나는 부모를 동시에 돌보는 것으로 무척 힘들었을 것 같아요. 아버지도 행복하게 해드려야 하고 어머니도 도와드려야 하니까요.

데브라 : 그 애는 그것을 다 했어요.

레베카 : 안나는 아마도 최선을 다하려 했을 거예요. 하지만 우리는 여기서 무언가를 분명히 해야 해요. 데브라, 그것이 안나의 잘못이었나요? 아니면 남편에게 화가 났을 때 불똥이 튄 사람인가요?

데브라 : (오랫동안 멈추었다가) 둘 다인 것 같아요.

레베카 : 네? (멈추었다가) 어떻게 둘 다 될 수 있죠?

데브라 : 왜냐하면 그 애는 아빠랑 노는 것을 엄청 즐겼어요. 그게 그 애의 잘못이지요.

레베카 : 음….

데브라 : 그 애는 아빠와 함께 있기를 원했어요.

레베카 : 그래요, 아빠가 안나에게 특별히 잘해 주었는데 왜 아니겠어요?

데브라 : 그가 그 아이에게 항상 잘해 준 것은 아니었어요.

레베카 : 그랬어요? 오, 난 항상 잘해 준다고 말했다고 생각했어요.

데브라 : 가끔씩요. 그 애가 십 대 후반일 때 많이 비난했어요. 그래서 그 애는 아빠와 좀 멀어졌지요.

레베카 : 어째서 당신은 그 애에게 잘해 주지 않았나요?

데브라 : 나는 그 애를 좋아하지 않았어요.

레베카 : 왜요, 데브라?

데브라 : (한숨) 나는 그냥 그 애를 안 좋아했어요. 그 애는 나를 부적절한 사람이라고 느끼게 했어요.

레베카의 치료질문을 통해 데브라는 딸에 대한 질투 및 자신과 남편의 관계에 대한 실망을 드러내고 있다. 이것은 영아기 이후로 계속해서 온 것으로 보인다. 데브라의 말에 내포된 것처럼 안나는 중요한 관계 요구가 충족되지 않았다. "그 애를 좋아하지 않았어요."는 데브라가 남편과 딸 사이의 관계를 질투했음을 보여 주고, "제 말을 잘 듣지 않을 거예요."는 남편에 대한 데브라의 화가 안나에게 직접적으로 향했음을 보여 준다. 그리고 "그 애는 나를 부적절한 사람이라고 느끼게 했어요."는 영향을 주고, 관계를 통해 안전감을 경험하며, 독특성, 취약성, 경험을 인정받는 것과 같은 중요한 대인관계의 심리적 기능을 제공하는 안나를 경험하지 못한 것으로 보인다. 데브라의 "나는 중요하지 않아요.", "나는 아무것도 아니에요."라는 말은 안나의 각본신념과 무척 비슷하게 들린다. 안나의 신념들은 데브라의 표현인가? 그것들은 안나의 아동기의 결론 및 결단, 혹은 둘 다인가? 같은 각본신념이 어버이 자아상태와 어린이 자아상태에 존재할 때, 둘 사이의 시너지는 개인의 관점을 갱신하고, 재조직하고, 해결하는 데 더 큰 저항을 만들어 낸다. 계속되는 기록에서의 레베카의 개입과 이후의 리처드의 개입은 어버이 자아상태와 어린이 자아상태 사이의 각본신념의 해결에 목표를 둔다.

레베카 : 그 애가 당신을 부적절한 사람이라고 느끼게 했다고요? (침묵) 계속해 보세요 데브라, 내면에서 일어나고 있는 것을 알려 주세요. (그녀의 얼굴이 급격히 긴장된다.) 무언가 안에서 움직이고 있어요. 내게 알려 줄래요?

데브라 : (힘겹게 호흡하며) 난 부적절했어요.

레베카 : 당신이 그랬다고요?

데브라 : 네.

레베카 : 그게 무엇을 의미하는 건가요? (침묵, 안나는 거칠게 숨을 쉰다.) 꺼내 보세요 데브라, 모든 것을 안에만 담아두지 마세요…. 어떤 점에서는 당신이 그것을 터뜨릴 준비가 되었다는 것처럼 들려요. 당신이 여기서 터뜨리기 원한다해도 괜찮아요. 나는 누구도 당신에게 상처 주지 못하게 할 거예요.

데브라 : (오랫동안 멈추었다가) 어떤 것도 말해선 안돼요.

레베카 : (속삭이며) 나는 듣고 싶어요!

데브라 : 어떤 것도 말해서는 안돼요. 단지 조용히 하고, 잘해야….

레베카 : 네, 나도 알아요. 하지만 나는 듣고 싶어요. 나는 당신이 말하지 않은 것들을 듣고 싶어요. 그 감정들, 그 생각들, 당신이 의미한 것들, 당신이 부적절했다고요?

데브라 : 나는 아이들을 사랑하는 법을 몰랐어요. 그것을 보여 주는 방법도요…. (흐느끼기 시작하며.) 나는 항상 아이들에게 단지 화만 냈어요. 그들은 듣지 않을거예요. 나는 이것이 그들의 잘못이라고 말했어요. (계속해서 운다.)

레베카 : 왜냐하면 내면의 당신이 그렇게 느꼈기 때문에….

데브라 : 나는 그렇게 할 수 없었어요. 나는 나빴고 아무것도 아니었어요.

레베카 : 당신이 나빴다고요?

데브라 : 흠… 음….

레베카 : 데브라, 당신은 부모님으로부터 사랑을 받았다고 느꼈나요?

데브라 : (멈추었다가) 그렇게 생각 안 해요. (멈추었다가) 어머니는 열심히 일했어요.

레베카 : 네…. 그녀 역시 당신이 부적절했다고 말했나요? (멈춘다.)

데브라 : 네.

이제 데브라의 애정결핍에 대한 새로운 주제를 다루어 보도록 한다. 상담가는 데브라의 부모님과의 초기 관계 경험, 데브라는 자신이 부적절하다는 어머니의 메시지를 어떻게 이해했는가, 이 두 가지를 함께 작업할 기회를 가진다. 상담가는 데브라의 초기 아동기를 인지적으로 탐색하거나 혹은 교정적 경험, 재결단, 각본신념의 해결을 이끄는 치료적 퇴행을 지지할 수 있다. 상담가는 대신 사랑받지 못한 데브라의 경험이 결혼생활에서 어떻게 다시 드러나고 강화되었는지 탐색하기로 결정한다. 즉, 이 시간틀과 결혼 관계는 안나의 상담과 가장 관련될 것이다. 아마도 데브라와 함께하는 이후의 퇴행상담은 필수적일 것이지만 우선은 남편을 향한 데브라의 분노와 안나에게 전치된 분노에 대한 작업이 이미 있었다. 데브라의 결혼생활의 어려움에 초점을 맞춤으로써 그녀의 질투의 근원이 나타날 수 있다. 만약 남편에게 사랑받지 못한다는 기분을 느끼는 경험에 초점을 맞추는 것이 도움이 되지 않는다면, 상담가는 질투의 근원이 되며 그녀의 각본신념을 형성한 데브라의 초기 아동기 경험으로 돌아갈 수 있을 것이다.

레베카 : 당신은 결혼생활에서 사랑받기를 바랐나요?

데브라 : 네. (애절한 목소리로)

레베카 : 오, 그래요. 실망한 부분이 무엇인가요?

데브라 : 납득이 안 되었어요. 단지 요리하고, 청소하고, 성관계를 하고 아이들을 돌보아라.

레베카 : "요리하고 청소하고 성관계를 해라." (멈추었다가) "아이들을 돌보아라."

데브라 : 그리고 그는 다른 여자들을 꼬셨어요.

레베카 : 오, 그는 당신이 얼마나 부적절했었는지 말했나요?

데브라 : 음…. 내가 냉담했대요.

레베카 : 잠자리에서도요?

데브라 : 네, 그는 내가 냉담하대요…. 난 성적이지 않았대요.

레베카 : 으흠. 그가 그렇게 말했을 때 어떻게 느꼈나요?

데브라 : 쓰레기같이 느꼈어요.

레베카 : 자, 당신은 아직 어떤 것을 말 안했어요. 계속 따라가 보세요. 하지만 당신은

화가 났어요. 안 그래요? 그리고 그것을 조금이라도 풀어지게 하는 유일한 방법이 단지 안나지요. 맞나요?

데브라 : (긍정의 끄덕임)

레베카 : (멈추었다가) 나는 당신에게 이전에는 아마도 불가능했을 무언가를 하도록 부탁할 거예요. 당신 앞에 있는 이 의자에 남편이 있다고 상상해 보았으면 좋겠어요. 그리고 당신이 화가 난 것에 대해 그에게 말하세요. 그리고 난 그가 당신을 때리지 못하도록 확실히 할게요. 해 보실래요? (멈추었다가)

데브라 : (긍정의 끄덕임)

레베카 : 그가 여기 있다고 상상해보세요…. 그의 이름은 무엇인가요?

데브라 : 제이슨이에요.

레베카는 데브라가 그녀의 남편과 이야기할 두 의자 기법의 기회를 만든다. 그러한 상담 시도는 방해되어 왔거나 없었을지도 모르는 접촉의 기회가 결국 적어도 환상 속에서는 만들어질 수 있도록 한다. 그 사람은 금지되어 왔던 것을 말할 수 있고, 타인의 존재를 상상하는 가운데 정서, 태도, 바람, 실망이 마침내 표현될 수 있다. 데브라는 자신 안에 억눌렸던 것을 자진해서 표현하길 시도하는 신호이자, 진행 중인 계약 과정의 일부 동의로 고개를 끄덕인다.

안나는 데브라의 분노, 분개, 상처 그리고 각본신념 및 심리적 방어를 따르는 것에 대한 두려움을 내사했다. 금지되어 왔던 것, 다시 말해 아직 무의식적으로 안나에 의해 내사된 것을 데브라가 표현할 기회는 안나가 매일매일 겪었던 심리내적 갈등에 깊은 안도감을 느끼게 할 것이다.

레베카 : 제이슨이 여기 있다고 상상해 보세요. 그는 당신 맞은편 의자에 앉아 있어요. 만약 당신이 마음속에 있는 무엇이든 말할 수 있다면 그에게 뭐라고 말하시겠어요?

데브라 : 흐음…. (한숨, 오래 멈추었다가) 제대로 된 것이 없었지. 당신은 그냥 무언가에 만족하고, 감사할 순 없어? 왜 늘 잘못됐지?

레베카 : 데브라, 이제 조금 더 크게 해 보세요. 당신만의 말로 질문을 해 보세요. 좀
　　　　 더 힘 있게요. 나는 화났어. 왜냐하면….

데브라 : 절대 충분치 않았어. 절대 옳지 않았어. 내가 한 것은 절대 옳지 않았어.

레베카 : 계속해 보세요, 데브라.

데브라 : 그리고 모든 것은 내 탓이었어. 항상. 모든 게. 모든 사람이 했던 모든 게 내
　　　　 잘못이었어.

레베카 : 잘했어요, 데브라. 에너지를 밖으로 꺼낼 수 있게 목소리를 조금만 더 높여
　　　　 보세요. "내 잘못이었어!"

데브라 : (한숨) 내 잘못이었어. (한숨)

레베카 : "그리고 제이슨, 내가 당신에게 말 하고 싶은 것은…."

데브라 : 내 잘못이 아니야!

레베카 : 오 좋아요! 더 해 보세요!

데브라 : 당신 잘못이야.

레베카 : 어떻게 그의 잘못인지 그에게 말해 보세요.

데브라 : 그는 항상 화났고, 항상 소리 질렀고, 더 원했어요.

레베카 : 그에게 말하세요, "당신은 더 원했어! 당신은 소리 질렀고! 당신은 화난 사람
　　　　 이었어." 계속해 보세요 데브라!

데브라 : 모두가 당신을 두려워했어. 당신 가까이에 있기 원하는 사람은 아무도 없었
　　　　 어. 모두가 당신으로부터 도망쳤어. (한숨)

레베카 : 계속해 보세요. 당신이 안에 담아 두었던 모든 것을 그에게 말해 보세요.

데브라 : 당신은 형편없었어! 당신은 잔인했어!

레베카 : 계속해 보세요. 이 주먹으로 화를 느껴보세요. (주먹이 꽉 쥐어진다.)

데브라 : 당신은 비참했어. 당신은 주변의 모든 사람을 비참하게 만들었어. (한숨)

레베카 : "그리고 나는 느껴…."

데브라 : 아무것도 아니라고 느껴. 당신이 돌보지 않았던 것처럼(한숨).

레베카 : 계속해 보세요, 데브라. 그가 당신으로 하여금 아무것도 아니라고 느끼게 한

것에 대해 어떻게 느끼는지 그에게 말하세요.

데브라 : 음, 저는 피곤해요.

레베카 : 좋아요. 하지만 그것은 화를 느끼지 않게 하려는 것일지도 몰라요. 계속해 보세요 데브라. 당신은 내면에 많은 에너지를 가지고 있어요.

데브라 : (한숨) 내가 운전면허증을 땄을 때 당신에게 보여 줬었지!

레베카 : 오, 이제 투지가 보이네요. 좋아요.

데브라 : 그는 나를 가르치려 했어요.

레베카 : 그에게 계속 말해 보세요. "당신은….."

데브라 : 내게 운전하는 법을 가르쳐 준다고 하면서 당신이 내게 한 건 나에게 소리치고 날 울린 일이 전부였어. 난 당신에게 보여 주고 싶었어. 나는 가서 수업을 들었고 내 스스로 운전면허 시험에 통과했어. (그녀는 두 손으로 의자의 팔걸이를 밀치고 있다.)

레베카 : 네, 데브라 그 힘을 더 느껴 보세요. 나는 당신이 두 손을 사용하고 싶다는 걸 알아요. 그렇죠? 두 손…. 그 안에는 에너지가 있어요.

데브라 : 그는 나를 박살낼 거예요.

레베카 : 우리는 그가 그렇게 하도록 두지 않을 거예요. 그를 박살내 볼래요?

데브라 : 나는 그를 마구 치고 싶어요.

레베카 : "나는 … 하고 싶어."라고 그에게 말해 보세요.

데브라 : 당신을 마구 치고 싶어. 당신을 박살내고 싶어. 당신이 내 아들을 박살낸 것처럼. 당신은 데이비드를 박살냈어!

레베카 : 네. 그에게 말하세요.

데브라 : 당신은 데이비드를 박살냈어. 당신은 그 애를 짓밟고 그 애가 포기할 때까지 반복했어(울면서). 그리고 당신은 나를 비난했지! 반복해서, 당신은 자기 아들을 때렸어. 그 애는 당신의 아들이야!

레베카 : 이제 당신이 느낀 전부를 그에게 말하세요, 데브라.

데브라 : 그 애도 당신 아들이야. 그리고 당신은 그렇게 했지.

레베카 : 그리고 당신의 아들이기도 한 그 애에게 한 것 때문에 당신이 얼마나 격분했
　　　　 는지 그에게 말하세요.

데브라 : 난 당신이 그냥 싫어.

레베카 : 다시, 더 크게, 데브라.

데브라 : 난 당신이 그냥 싫어.

레베카 : 다시! 더 크게!

데브라 : 난 당신이 싫어.

레베카 : 다시! 계속하세요!

데브라 : 나는 당신이 한 짓 때문에 당신이 싫어. 당신이 해야 할 것은 단지 그 애를 사
　　　　 랑하는 것이었어. 그것이 내가 당신한테 원한 전부야(울며). 당신은 모두가
　　　　 그 애를 싫어하게 했어. 모두가 그 애를 떠나게 했어.

레베카 : 전부 다 말해 보세요, 데브라. 제이슨에게 모든 것을요. 멈추지 마세요. 당신
　　　　 이 말하는 것은 정말로 중요해요.

데브라 : 왜 우리를 사랑하지 않았어? 왜 당신이 우리를 사랑한다는 것을 우리에게 보
　　　　 여 주지 않았어? 중요한 것은 물건을 사는 것이 아니라….

레베카 : "내가 필요했던 것은…."

데브라 : 당신이 좀 더 친절하고, 신사적이고, 사랑해 주고, 보살펴 주는 거야. (한숨).
　　　　 증오하는 것이 아니라.

레베카는 내용을 지시하지 않는 반면 몇 가지의 분명한 방법으로 과정을 지시하고 있
었다. 데브라는 자신의 기분, 불만, 신체적 반응을 반전시켰고, 이제는 금지된 것의 자
유로운 표현을 북돋아 줄 누군가가 필요하다. 레베카는 데브라의 아무 성과도 없는 "당
신은 그냥 무언가에 만족할 순 없어?"와 같은 질문을 직접적인 말인 "항상 내 잘못이었
어."로 바꾸었다. 다음으로 데브라가 더 크게 말하도록 격려했다. 목소리의 크기에 마
법이 있는 것은 아니지만, 더 큰소리를 냄으로써 억눌려온 감정과 사고의 표현이 종종
더 커지게 한다. 반전된 것의 표현의 결과로, 내담자의 방어, 금지된 반응, 충족되지 않

은 욕구, 각본결론 등에 대한 자각이 증가한다. 레베카는 그때 데브라가 망설일지도 모르는 것을 표현하도록 더욱 격려하는 데 '펌프에 마중물을 붓는다.' 펌프에 마중물을 붓는다는 것은 "그리고 제이슨, 내가 당신에게 말하고 싶은 것은….", "내가 필요했던 것은…." 혹은 "나는… 하고 싶어."처럼 내담자가 그들 자신만의 표현으로 문장을 마치도록 공간을 허용해 주는 것과 같고, 상담가의 제한 없이 상대방이 말하도록 하는 말과 관련이 있다. 데브라는 레베카에게 제이슨에 대해 말하기를 시도했고, 레베카는 데브라가 "당신은 더 원했어! 당신은 소리 질렀고! 당신은 화난 사람이었어."라며 제이슨의 이미지와 의사소통하도록 데브라의 뒤에서 이야기했다. 상대방이 말하도록 하는 말의 다른 유형인 "그에게 계속 말해 보세요."는 레베카가 데브라로 하여금 제이슨과 말하도록 격려할 때 사용되었다. 이것은 종종 내담자가 조용해지거나, 말할 필요가 있는 것을 반전시키거나, 중요한 타인과 말하는 대신에 상담가에게 말하려고 할 때 사용된다.

레베카 : 나는 이제 당신에게 한 단계 더 나아갈 것을 요청할 거예요. 데브라, 제이슨에게 그와 안나에 대해 말해 보세요.

데브라 : (한숨)

레베카 : 제이슨을 봐요. (침묵) 이건 어려워요, 그렇죠? 왜냐하면 모든 것이 뒤섞여 있기 때문이에요.

데브라 : 음.

레베카 : 당신이 할 수 있는 것부터 시작하세요. "제이슨, 내가 당신에게 느끼는 것은 …. 당신과 안나에 대해 느끼는 것은…."

데브라 : (멈추었다가, 매우 조용히) 둘은 너무 친해요…. 그건 옳지 않아요.

레베카 : 계속해 보세요. 모든 것을 말해 보세요…. 이건 무척 중요해요 데브라, 제이슨에게 해야 할 말을 하세요. (멈추었다가) 데브라, 당신은 이것을 말할 필요가 있어요. 지금은 조용히 해야 하거나 안에만 담아두는 시간이 절대 아니에요.

데브라 : (한숨) 당신이 그 애를 보는 방법은 잘못되었어요.

레베카 : 당신이 의미하는 것을 그에게 말하세요.

데브라 : 나는 그의 눈에서 그것을 볼 수 있어요, 성적인 것이요!

레베카 : 당신이 본 것에 대해 그에게 말하세요. 데브라, 아주 구체적으로 하세요…. 이것이 어렵다는 걸 알아요. 당신은 잘하고 있어요. 하지만 당신은 모든 것을 말해야 해요.

데브라 : 음…. (한숨) 당신은 그 애를 그런 식으로 보면 안 돼. 그것은 옳지 않아. 당신은 그 애를 잘못 생각하고 있어.

레베카의 상대방이 말하도록 하는 말 "당신이 본 것에 대해 그에게 말하세요. 데브라. 아주 구체적으로 하세요…."는 데브라가 금지했던 것을 표현하는 데 효과적인 지지를 제공할 수도 있다. 데브라는 "당신은 그 애를 그런 식으로 보면 안 돼. 그것은 옳지 않아. 당신은 그 애를 잘못 생각하고 있어."라고 마침내 남편에게 교정하는 말을 했다. 어머니가 아버지에게 하는 그러한 말은 가족 안에 심리적으로 건강한 경계를 설정하는 것의 일부이며, 딸 안나를 보호해 준다. 이것은 어버이 자아상태(데브라)의 안나의 어린이 자아상태 명료화 과제의 시작에 불과하다. 심층적인 어버이 자아상태 상담의 가능한 치료적 장점 중 하나는 내재화된 타인의 진실을 말하는 것에 있으며, 듣고 있는 어린이 자아상태의 결과로 나타나는 명료화이다.

레베카 : 좋아요 데브라, 무슨 뜻인지 계속 말해 보세요. "당신은 그 애를 잘못 생각하고 있어. 당신은 그런 식으로 보면 안 돼." 그곳에 머물러 보세요. 당신은 아주 좋은 시작을 했어요. 말할 것이 참 많아요.

데브라 : 더 이상 말할 수가 없어요.

레베카 : 말해야 해요, 데브라.

데브라 : (조용하게) 내가 있을 곳이 아니에요.

레베카 : 틀림없이 당신의 자리예요. 당신은 그 애의 어머니예요! 이제 제이슨에게 그가 하고 있는 것에 대해 말하세요!

데브라 : 그는 내 말을 듣지 않을 거예요. (고개와 눈을 떨군다.)

레베카 : 그는 이제 들을 거예요. 자, 내가 보호해 줄게요. (멈추었다가) (레베카는 그녀의 손을 안나 겸 데브라의 등에 얹는다.) "당신은 그 애를 그런 식으로 쳐다보면 안 돼! 당신은 그 애를 잘못 생각하고 있어." (멈추었다가) 저 말이 의미하는 것이 무엇인가요, 데브라? 그에게 다 말해 보세요. 그가 안나에게 하고 있는 것을 말해 보세요.

데브라 : 그는 알아요. 그는 아이디어가 있어요.

레베카 : 당신이 그것을 말하세요.

데브라 : 그는 그것들이 자신의 환상이라는 것을 알아요.

레베카 : 데브라, 그가 알고 있다고 해도 그는 자신에게 거짓말을 할 수 있어요. 당신이 말해야 해요. 안나뿐만 아니라 당신의 보호를 위해서 말하세요. (멈추었다가) 내가 먼저 그것을 말해 주길 원하나요?

데브라 : 어떻게 말해야 할지 모르겠어요.

레베카 : 그럼 내가 말하는 것이 맞는지 틀리는지 말해 줄래요?

데브라 : (긍정의 끄덕임)

레베카 : (멈추었다가) "그녀를 성적 대상으로 보지 마? 환상을 가진 것처럼 그 애를 보지 마? 그 애와 어떤 성관계를 할 수 있을까, 하는 환상을 가진 것처럼 그 애를 보지 마?" (멈추었다가) 여기에 가까운가요, 데브라?

데브라 : 음…. (멈추었다가) 네.

레베카 : 계속해 보세요. 당신만의 말로 말해 보세요 데브라.

데브라 : (힘들게 숨쉬고, 몸을 떤다)

"당신은 그 애를 그런 식으로 쳐다보면 안 돼!"라고 데브라의 말을 따라하는 것, "계속해 보세요…. 말할 것이 참 많아요."라는 레베카의 시도는 너무 빨라서 지지하는 느낌을 지속하는 데 어려움을 가져왔다. 그 순간에는 진실을 말하는 어려움에 대한 조율이 반전된 것을 표현하도록 격려하는 것보다 훨씬 더 지지적이었을 수 있다. 데브라는 "내가 있을 곳이 아니에요."라며 포기한다. 제이슨에 대해 자유롭게 말하는 것에 대한 데브라의 조심스러움의 조율과 공감적 이해는 다른 방향의 상담에서, 아마도 안전과 타당성에 대한 데브라의 요구의 방향에서 행해졌다. 대신에 레베카는 "틀림없이 당신이 있을 곳이에요. 당신은 그 애의 어머니예요!"라며 그녀와 직면한다. 그러한 직면은 다음과 같은 세 가지 목적을 가진다. 첫째, 상담가는 아동의 안전을 위해 아동의 보호에 직면하는 태도를 취한다. 둘째, 어버이 자아상태의 가능한 각본신념과 왜곡의 교정에 목적이 있다. 셋째, 어린이 자아상태의 명료화 과정을 시작한다.

그러한 직면이 데브라에게 영향을 주지 않는다 해도 안나의 어린이 자아상태는 레베카의 메시지를 듣고 있다. 아마도 이것은 안나에게 공감이 되며 그녀에게 새로운 가능성을 열어 줄 것이다. 데브라는 혼란스러워진다. 그녀는 제이슨을 두려워하고, "나는 잘 모르겠어요."라는 부인과 딸을 위한 모성애적인 보호 간의 충돌 사이에 있다. 결과적으로 그녀의 남편을 교정하느니 차라리 그녀는 침묵한다. 레베카는 어떻게 제이슨을 교정하고 안나를 보호하는지에 대한 모델이 된다. "그녀를 성적 대상으로 보지 마?" 그러나 레베카는 "내가 말하는 것이 맞는지 틀리는지 말해 줄래요?", "여기에 가까운가요?"라며 질문하는 태도를 취한다. 이것은 내담자와 상담가 간의 계약이 진행되는 과정의 또 하나의 예이다. 종종 그러한 질문의 사용은 내담자의 경험에 상담가가 적절한지 확인하는 지속적인 안내를 제공한다. 중요한 요소는 프로그래밍하거나 심지어는 내담자의 경험을 제안하는 것이 아니라 상담가가 내담자를 따라가고 있다는 확인이다.

레베카 : (속삭이며) 데브라, 당신은 이것을 할 필요가 있어요…. 당신은 이에 대한 무언가를 잘 알고 있어요. 즉, 이 이야기에 무척 중요한 무언가가 있어요. 그리고 제이슨과 안나 사이에서 당신을 정말 혼란스럽게 하는 무언가가 일어나고 있어요. 당신은 무엇을 해야 할지 모를 것 같아요. 그래요?

데브라 : 나는 그 애가 싫어요…. (오랫동안 멈추었고, 그녀는 철회한 것처럼 보인다).

레베카 : 안나는 문제가 아녜요! 그 애는 단지 아이예요. 진짜 문제는 단도직입적으로 말해야 해요, 데브라. 여기서 진짜 이야기는 뭔가요?

데브라 : 전 그 이야기를 몰라요.

레베카 : 당신의 관계에서 무엇이 일어났는지 제이슨에게 말해 줄래요? 안나와 그의 관계에 대해 남편에게 말해 줄래요?

데브라 : 그가 그 애와 함께 있는 방식은 잘못되었어요.

레베카 : (오랫동안 멈추었고, 속삭이며) 데브라…. 무엇이 일어나고 있나요? 당신의 내면에서 무엇이 일어나고 있나요?

데브라 : 그냥 텅 비어 있어요.

레베카 : 나에게 직접 말해 줄래요, 데브라? 지금 막 두려운 것이 무엇인가요? 왜 도망치려고 하나요?

데브라가 말하지 않은 것에 대해 레베카가 "그녀를 성적 대상으로 보지 마."라는 한 가지 가능한 가정을 말했을 때, 그리고 이후 "… 제이슨과 안나 사이에서 당신을 정말 혼란스럽게 하는 무언가가 일어나고 있어요."라고 이어갈 때 데브라는 "나는 그 애가 싫어요."로 돌아간다. 그녀는 정서적으로, 신체적으로 철회한다. 레베카는 데브라가 그녀의 이야기를 하도록 재촉하고, 데브라는 "전 그 이야기를 몰라요."라고 대답한다. 데브라는 일어난 일에 대해 부인하고 있는가? 제이슨을 너무 두려워해서 아는 것을 표현하지 못하는가? 아니면 상담가가 설정하는 가설이 데브라의 경험과 맞지 않는 방향의 이야기인가? 이것들은 모두 상담가가 다음 개입을 하기 전에 빠르게 평가해야만 하는 질문들이다. 데브라의 행동 및 내적 과정에 관한 각 질문에 대한 레베카의 답은 레베카가 어떻게 반응할지 결정할 것이다. 데브라가 제이슨과 직면하는 것을 계속해서 피할 때 레베카는 "나에게 직접 말해 줄래요, 데브라?"라며 데브라와 자신 사이의 의사소통을 시작한다. 아마도 레베카와의 교류는 제이슨에게 말하는 것보다 데브라가 문제를 헤쳐 나가기에 더 쉬울 수 있다. 그리고 이 상담의 방향이 명확해질 수 있다. 하지만 이 의사소통조차도 데브라에게는 너무 어려워서 그녀는 다시 안나를 비난하기로 돌아간다.

데브라 : (멈추었다가) 모르겠어요. (멈추었다가) 아무것도 말할 수가 없어요. (멈추었다가) 하지만 난 알아요.

레베카 : 무엇을 아나요?

데브라 : 아주 익숙해요. 그런데 생각할 수가 없어요. 그 애와 함께 있는 그를 볼 때, 바로 그 익숙한 느낌이에요.

레베카 : (멈추었다가) 좋아요, 그러면 실제로 더 중요할지도 모르는 것에 대해 이야기해 봅시다. 당신과 안나 사이에 무슨 일이 있었나요? (멈추었다가) 당신은 "난 그 애가 싫어요."라고 말했어요. 그것에 대해 내게 말해 줄래요? (오랫동안 멈추었다가) 데브라, 나와 함께 있나요?

데브라 : 그러려고 노력하고 있어요.

레베카 : 좋아요, 내가 더 기다릴게요. (침묵) 하지만 당신은 무언가를 느끼고 있어요. (그녀의 머리와 어깨가 쳐진다.) 맞죠, 데브라? 내게 말해 줄 수 있나요?

데브라 : 그 애예요. 그 애가 그걸 하고 있어요. 그게 익숙한 거예요.

레베카 : "그 애예요.", "그 애가 그걸 하고 있어요." 그 애가 무엇을 하고 있나요, 데브라? (침묵) 안나에 대해 말하고 있는 건가요?

데브라 : 네, 안나요.

레베카 : 안나가 무엇을 하고 있나요?

데브라 : 이건 그 애의 잘못이에요.

레베카 : 무엇이 그 애의 잘못인가요?

데브라 : 모든 것이 그 애의 잘못이에요. 그 애는 나빠요.

레베카 : 무엇이 안나를 "나쁘게" 만들었나요? 그 애가 무슨 "나쁜" 일을 했나요?

데브라 : 그 애는 여자아이예요.

레베카 : 그 애가 여자아이이기 때문에, 여자아이이기 때문에 그 애의 잘못이라는 건가요?

데브라 : 그 애는 여자애라 나빠요.

레베카 : 당신은 당신이 여성이기 때문에 나쁜가요?

데브라 : 음….

레베카 : 나는요?

데브라 : (멈추었다가) 잘 모르겠어요.

레베카 : 어떻게 당신과 안나가 여성이라는 것 때문에 나쁘거나 잘못인 건지에 대해 더 말해 보세요. (침묵) 데브라, 제이슨이 당신과 안나를 어떻게 대했는지에 대해 생각할 엄두가 나지 않을 때, 단지 여성으로 태어났기 때문에 당신의 잘못이고 안나의 잘못이라고 믿게 된 건가요? 저는 그것이 또 다른 것을 막고 있는 아닌지 궁금하네요.

일찍이 레베카는 안나를 향한 데브라의 감정적 반응과 제이슨이 안나에 대한 성적 환상을 가지고 있을 가능성이 연관되어 있다는 가설을 탐색하도록 했다. "이것은 틀림없이 당신의 자리예요. 당신은 그 애의 어머니예요!" 이 탐색은 데브라의 "텅 비어 있어요."와 만나게 된다. 이것은 저항일까? 그 가설이 잘못되었거나, 오히려 더 나쁘거나 시기상조일까? 아니면 당시 안나의 안녕에 데브라와 안나 사이의 관계가 더 중요할까? 여기서 다시 레베카는 다음 중재의 방향을 고려하면서 치료적 평가를 하고 있다. 경험 있는 상담가들은 지속적으로 내담자의 행동을 관찰하고 다양한 가설들로부터 선택한다. 상담가들이 항상 옳은 가설을 가지는 것은 그렇게 중요하지 않지만, 상담가가 내담자의 내면에서 일어난다고 상상하는 것이 사실임을 보여 주거나 부당성을 증명하는 것에 내담자가 적극적이 되는 것은 필수적이다.

이 상담은 궁극적으로 안나의 안전을 위한 것이고, 주된 상담계약이 안나의 어린이 자아상태와 그녀의 어버이 자아상태(데브라) 간의 심리내적 갈등의 해결을 위한 것이기 때문에 레베카는 그때 "그러면 실제로 더 중요할지도 모르는 것에 대해 이야기해 봅시다. 당신과 안나 사이에 무슨 일이 있었나요?"라고 하며 초점을 바꾼다.

상담가는 다음으로 데브라에게 "…제이슨이 당신과 안나를 어떻게 대했는지에 대해 생각할 엄두가 나지 않을 때, 단지 여자로 태어났기 때문에 당신의 잘못이고 안나의 잘못이라고 믿게 된 건가요?"라고 하며 여성들이 나쁘거나 잘못되었다는 신념의 심리적 기능을 탐색할 것을 요청한다. 그러한 신념은 외상 경험을 알고 느끼는 것으로부터의 방향 전환으로서 기능할지도 모른다. 심층적인 어버이 자아상태는 흐트러진 자신의 이야기, 즉 어떻게 내담자의 아동기 동안 부모의 각본신념이 형성되었는지, 그것들이 어떻게 유지되고 강화되었는지, 그리고 아동으로 하여금 어떻게 그것들이 중요하게 내사 혹은 채택되었는지에 대한 이야기 속 내재화된 타인을 촉진하는 데 필수적이다.

데브라의 각본신념과 방어과정은 안나의 인생각본의 일부가 되었다. 안나가 이 작업으로부터 최대의 이익을 얻도록, 상담가는 데브라가 그녀의 방어, 아래에 깔린 감정, 욕구를 인식하는 것을 돕는 데 초점을 맞출 것이다. 레베카는 약간의 교류 이후에 데브라와 안나, 특히 안나에게 끼친 데브라의 각본신념의 영향을 요약함으로써 상담회기를 확고히 했다. 하지만 이것은 또 다른 직면, 즉 데브라와 안나의 인간적 가치를 서로 존중하는 것에 대한 직면, 어머니로부터 딸에게로 전달된 각본신념에의 도전을 직면하는 데 충분하지 않다.

데브라 : 저의 마음은 … 정말 어지러워요, 그리고 아파요.

레베카 : 당신은 여기서 정말 열심히 해 오고 있어요. 제가 알아요…. 당신은 그 애와 자신을 비난할 수 있어요. 아마도 무엇 대신이냐면 ….

데브라 : 타인을 비난하는 것?

레베카 : 그게 가능해 보이나요?

데브라 : 가능해요.

레베카 : 글쎄요, 당신에게 무언가 말해 주고 싶군요.

데브라 : (긍정의 끄덕임)

레베카 : 그것이 당신과 안나에게 끼친 영향은, 정확히 말하자면 당신이 가장 처음 나에게 말한 것 같아요. 당신이 아무것도 할 수 없고, 당신이 잘한 일은 없고, 당신이 여성이기 때문에 당신의 잘못이고, 당신은 가치 없고, 당신은 중요하지 않다는 것과 같은 말들이요. (멈추었다가) 맞나요? 내가 지금까지 제대로 이야기하고 있나요?

데브라 : 그 애는 항상 나에게 무언가를 원했고 나는 그 애에게 주고 싶지 않았어요.

레베카 : 왜죠, 데브라? 그 애가 원하는 것은 무엇이고, 당신은 왜 그 애에게 주고 싶지 않은 거죠? (멈추었다가) 그 애가 원하는 것은 무엇인가요?

데브라 : 자신을 돌봐주기를 원했어요. 난 그러고 싶지 않았고요.

레베카 : 음…. (침묵) 데브라, 안나가 당신으로부터 필요했던 건 무엇일까요?

데브라 : (한숨) 그 애는 내가 자신을 사랑해 주기를 원해요. 난 어떻게 하는지 모르고요.

레베카 : 난 당신을 믿어요. 정말 당신을 믿어요. 만약 당신이 자신에 대해 정말 나쁘게 생각한다면, 특히 단지 여성이기 때문에 그렇다면, 어떻게 당신과 성이 같은 아이를 사랑할 수 있겠어요? 그리고 당신은 본질적으로는 그 애에게 특별하다고 말하죠. (멈추었다가) 맞나요?

데브라 : 마지막 부분은 잘 모르겠어요.

레베카 : 그 애는 당신에게 있어 특별하고 좋은 아이라고 그 애에게 말하세요.

데브라 : 난 그 애가 아무것도 아니라는 걸 알기 때문이에요.

레베카 : 글쎄요. 난 그렇게 생각하지 않아요. 난 그 애가 아무것도 아니라고 생각하지 않아요. 난 당신도 아무것도 아니라고 생각하지 않아요. 하지만 나는 당신이 여성이라는 것, 당신의 자아존중감이 의미하는 것, 남자와 당신의 관계가 의미하는 것, 삶에서 당신의 역할이 의미하는 것에 대한 매우 혼란한 생각을 갖고 있다고 생각해요. 당신은 당신 스스로에 대해 가지는 감정들을 그 애에게 얹어버리는 것 말고는 그 아이와 함께 할 수 있는 것을 몰랐어요.

데브라 : 나는 누구와도 무엇을 해야 할지 몰랐어요.

레베카 : 네, (멈추었다가) 당신의 마음 깊은 곳에서 그 애가 아무것도 아니라고 생각하시나요?

데브라 : (마지못해 머리를 '아니라고' 흔든다.) 혼란스러워요(멈추었다가). 그 애는 컸고 그리고 나를 도와주었어요.

레베카 : 네, 그리고 당신이 필요했던 것 중 일부를 취했죠.

데브라 : 으흠, 네. (울며, 잠시 멈춘다.)

레베카 : 네.

데브라 : 안나는 나를 도와 주었어요.

레베카 : 으흠, 안나는 괜찮은 아이였네요. (잠시 멈추었다가) 당신에게 말해 줄게요. 그 애의 속은 텅 비어 있어요. 그 애는 태어난 그날부터 당신에게 사랑받고 특별해지는 것이 정말 필요했어요. 그 대신 당신은 늘 혼자라는 느낌, '난 아무것도 아니야.', '난 내가 원하는 것을 얻지 못할 거야.'와 같은 당신의 신념들, 여성의 낮은 가치라는 당신 이야기를 넘겨 주었죠.

레베카는 데브라를 그녀의 말 "그 애는 아무것도 아니에요."에 직면시켰다. 그 후 치료적인 견해를 가지고 계속한다. "난 당신도 아무것도 아니라고 생각하지 않아요!" 이것은 데브라가 이전에 자신이 안나에게 자신의 각본신념과 같은 메시지를 주었다고 분명히 말한 것에 기초한 해석에 의해 따라온다. 다음으로 "그 애가 아무것도 아니라고 생각하시나요?" 라는 치료적 도전이 있다. 그 후 데브라와 안나의 인생각본에 대한 상담가의 짧은 분석, 즉 늘 혼자라는 감각, '난 아무것도 아니야.', '난 내가 원하는 것을 얻지 못할 거야.'로부터 온 결정적인 언급으로 직면시킨다. 레베카는 데브라에게 "남편에게 화가 났고 …. 대신 당신은 그 애를 미워했고 상처 입혔어요."라고 말했다. 이러한 상담작업은 어버이 자아상태와 어린이 자아상태 둘 다를, 다시 말해 안나의 어린이 자아상태와 그녀에게 내사된 어머니를 명료화하고 그렇게 함으로써 심리내적 갈등을 해결하는 데 목표를 둔다.

데브라 : 그런 의미는 아니었어요. (울며)

레베카 : 저도 알아요. 당신은 정말 많이 혼란스러워 했어요. 그리고 스트레스도 받았죠. 또 남편에게 화가 났고, 그리고 혼자였죠. 이게 전부인가요? 대신 당신은 그 애를 미워했고 상처를 입혔어요.

데브라 : 네, 그런 의미는 아니었어요. (또다시 울며)

레베카 : 안나는 당신과 함께 사는 것이 어땠는지에 대해 말할 기회가 필요해요. 우리가 당신이 그런 뜻이 아니었다는 것, 혼란스러웠다는 것, 당신 마음 깊은 곳에서는 그 애가 아무것도 아니라고 생각하지 않는다는 것을 이해한다고 하더라도, 여전히 그 애는 당신이 말도 안 되는 많은 비난한 것들과 함께 남겨져

있어요. 그 애는 혼란스러워요. 그리고 그 애는 당신이 상처받거나 화가 나거나 싫어할 것 같은 감정 없이 당신에게 말할 수 있어야 해요. 우리가 그 애가 그렇게 하도록 허용할 수 있다고 생각하세요? 당신에게도 괜찮은가요?

데브라 : (흐느낀다.)

레베카 : 그 눈물에 대해 말해 줄래요?

데브라 : 당신과 이야기하니 좋네요.

레베카 : 당신도 알듯이, 나는 당신의 말을 들으며 오래전의 당신 삶에 있기를 바랐어요. 당신이 아무것도 아니고 잘못이 있다고 결정하기보다 당신이 원했던 것을 얻는 것은 아마도 무척 어려웠을 수 있어요.

데브라 : 그럼 난 어떻게 하는지 알았겠죠.

레베카 : 네. 네. (멈추었다가) 음, 데브라, 당신이 와 주고 이야기해 준 것에 정말 감사드려요. 그리고 당신이 할 수 있는 만큼 정직하게 해 준 것도요. 이제 우리는 안나의 말을 들을 필요가 있어요. 알았죠? 그녀가 말하게 하고 방해하지 마세요, 아시겠죠? (멈추었다가) 당신이 준비가 되었을 때 당신은 또 다른 시간으로 돌아갈 수 있어요. (오랫동안 멈추었다가) 안나, 리처드가 당신의 바로 곁에 있고, 당신을 지지할 준비가 되어 있어요. 당신은 그에게 의지하기를 원하나요?

데브라와 함께한 상담의 끝에서 레베카는 내담자에게 책임감과 영향을 준다는 지각을 제공하고 내담자가 상담을 기꺼이 계속하기로 하는 것에 대한 계속적인 피드백도 제공하는, 내담자와 상담가 사이의 작은 동의들로 안나가 계속해서 상담계약에 참여하도록 한다. 리처드가 안나의 어린이자아를 보유하고 있는 동안 레베카는 안나의 어버이자아와 상담을 계속해 왔다. 이제 리처드가 안나에게 그녀만의 감정, 사고, 욕구에 대한 지지를 제공할 시간이다. 어린이 자아상태를 위한 지지적인 관계를 제공하기 위해 어버이 자아상태의 상담 상황은 대부분 필수적이다.

내담자가 어버이 자아상태에 반응할 기회를 가질 때, 균열되거나 아마도 존재하지 않을 것처럼 보이는 대인관계적 주체와 효율성의 주기가 형성된다. 이것은 어린이 자아상태가 자신을 정의하고 영향을 주는 것, 즉 부모와의 원래의 관계에서 억제되었거나 금지되었을지도 모르는 자기표현을 만들도록 허용한다. 관계 내에서 영향을 주는 것과, 관계 내에서 스스로 자신을 정의하는 것은 두 가지의 필수적인 관계욕구이다.

안나 : 어지러워요…. (의자에서 내려와 상담 매트에 앉으며)

리처드 : 네, 하지만 당신은 엄마로부터 모든 화난 말들을 들어왔어요. 이제 당신이 엄마에게 말할 차례예요. 엄마에게 말해 보세요. "엄마, 난 엄마 말을 듣는 게 어지러워."

안나 : 난 어지러워, 피곤해.

리처드 : 당신이 반응하고 있는 것을 그녀에게 말하세요. 당신이 들은 것이요.

안나 : (멈추었다가) 그녀에게 그것은 힘들었어요.

리처드 : 그녀는 마찬가지로 당신도 힘들게 했어요. 그게 제가 들은 거예요. 그와 함께하는 삶은 지옥이었어요.

안나 : 네, (한숨) 그와 함께하는 삶은 지옥이었어요. 엄마와 저에게요!

리처드 : 엄마에게 말하세요. 엄마가 바로 저 의자에 앉아 있는 것처럼 그냥 엄마에게 직접적으로 말하세요.

안나 : (빈 의자 쪽으로 돌아서) 난 아빠 말을 듣고 싶지 않았어. 그건 엄마 일이었어.

리처드 : 계속하세요. 안나. 다시 말하세요. "난 아빠 말을 듣고 싶지 않았어…."

안나 : 난 꼭 그곳에 있어야만 한다는 게 싫었어.

리처드 : 그건 엄마의 일이야.

안나 : 난 엄마가 날 싫어하길 원치 않았어. 왜냐하면 내가 엄마의 일을 하고 있었으니까! (화가 나서)

리처드 : "난 엄마의 일을 하고 있었어. 그리고 엄마는 나를 미워했지!"

안나 : 에이씨!

리처드 : 계속하세요!

안나 : 아빠는 나에게도 화를 냈어.

리처드 : "그리고 엄마는 …를 하지 않았어…."

안나 : 엄마는 나를 보호하지 않았어. 나를 사랑하지 않았어. 엄마는 심지어 내가 뭔가
　　　잘못한 것처럼 말했어. 모두 다 내 잘못이었으니까 아빠는 나에게 화를 냈어.

리처드 : "그리고 나는 …를 좋아하지 않아…."

안나 : 난 엄마의 지저분한 외모를 좋아하지 않아.

리처드 : "그리고 나는 …를 좋아하지 않아…."

안나 : 나는 엄마가 안으로 숨는 것을 좋아하지 않아.

리처드 : "그리고 나는 …를 좋아하지 않아…."

리처드는 의도적으로 안나가 데브라에게 말하도록 천천히 재차 지시하고 있다. 그녀
는 먼저 리처드와 접촉할 필요가 있어 보인다. 그래서 몇 번의 대화 후에 그는 다시 그
녀에게 빈 의자에서 안나의 상상을 통해 외재화된, 내재화된 어머니와 언어적 접촉을 할
것을 지시한다. 상담가는 '펌프에 마중물을 붓는 것(만약 내담자에 의해 완성된다면 억
제되었던 것과 말해야 할 욕구의 표현이 될지도 모르는 열린 문장을 내담자에게 제공하
는 것)'이다. 상담가가 내담자의 말을 설정하면 안 되기 때문에 조심스럽게 내담자의 신
체적 단서, 흥분, 맥락적 자료를 따라가는 것이 중요하다. 예를 들어, 리처드가 안나에
게 "그리고 당신은 …하지 않았어.", "그리고 나는 …를 좋아하지 않아…." "난 …가 필
요해."라고 말했을 때처럼 상담가의 '펌프에 마중물을 붓는 것'은 내담자로 하여금 자신
의 자기표현의 관성을 극복하도록 하는 데 도움이 될지도 모른다.

안나의 "나는 …를 좋아하지 않아…."는 그녀가 가족으로부터 배운 격노, 철회와의
접촉을 방해하는 분노라기보다는, 접촉을 만드는 분노의 형태이다. 이것은 새로운 형태
의 표현이자 내재화된 어머니, 즉 금지된 아동기와 그 이후 40년 이상 억제되었던 것 둘
다와의 접촉을 만드는 것이다. 안나는 아동기의 감정을 재경험하고 있다. 하지만 억제
와 억압을 강화하고 있는 그들과 다시 사는 것 대신에 그녀는 반전의 취소인 새로운 것
을 하고 있고, 그 결과 행동과 관련된 오래된 각본의 패턴은 변경된다.

안나 : 나는 엄마가 날 사랑하지 않는다는 것을 좋아하지 않아. 그리고 모든 것이 내 잘못이라고 느끼게 하는 것도.

리처드 : "왜냐하면 나는 …가 필요해…."

안나 : 나는 엄마의 사랑이 필요해. 나는 엄마가 그곳에 있는 것이 필요해.

리처드 : 엄마가 당신이 성적 대상이 되는 것을 걱정하는 것에 대해 엄마에게 말하세요.

안나 : 우리에게.

리처드 : 엄마에게 말하세요.

안나 : 우리에게.

리처드 : 엄마에게 '우리에게'가 의미하는 것을 말하세요.

안나 : 나와 아빠에게. 아빠는 나에게 관심을 주었지만 그때 나는 초조했어…. (잠시 멈춤)

리처드 : 네, 엄마에게 당신의 초초함에 대해 말하세요.

안나 : 네, 하지만 엄마도 알았어요. 엄마는 무언가 잘못되었다는 것을 알았어요. 엄마는 알았어요.

리처드 : 그것을 엄마에게 말하세요.

안나 : 엄마는 아무것도 말하지 않았어. 그냥 거기에 앉아 있었지.

리처드 : "그리고 나는 …가 필요했어."

안나 : (울며) 나는 엄마가 무언가를 하는 것이 필요했어.

리처드 : 계속 말하세요. "엄마, 나는 …가 필요했어." 당신은 엄마에게 "무언가를 하는 것"에 대해 말할 필요가 있어요. 말해 보세요. "엄마 나는 …가 필요했어."

안나 : (멈추었다가) 나는 엄마가 날 돌봐 주는 것이 필요했어. 그리고 난 엄마의 보호가 필요했어. (화가 나서)

리처드 : 당신 팔의 움직임이 무언가를 말해 주고 있어요. (침묵) 안나, 엄마가 바로 저기 있어요. 엄마가 당신에게 중요한 것을 말했어요. 그리고 이제 당신의 차례예요. 당신 팔이 의미하고 있는 것을 엄마에게 말하세요. (긴 침묵)

안나는 상담가의 격려에 억눌린 감정과 말들을 표현하는 것으로 반응해 왔다. 안나의 오른쪽 팔은 마치 때리고 잡아채거나 밀어버릴 준비가 되어있는 것처럼 뒤로 젖혀져 있었다. 리처드는 그녀의 팔이 의미하는 것을 표현하도록 지시했다. 이것이 너무 벅차서 안나는 입을 닫았다. 안나의 어버이 자아상태가 다시 심적으로 안나에게 영향을 끼친다고 의심한 레베카는 데브라에게 말한다. 레베카의 다음 발언 "당신이 그것에 대해 말할 수 없다고 해서 안나 또한 말할 수 없었다는 것은 아녜요. 당신이 할 필요가 있는 것을 안나가 하도록, 그녀가 생각하는 것과 화가 났던 것에 대해 말하도록 내버려 두세요. 당신 또한 영향을 끼칠 필요가 있었어요."는 영향을 주는 어버이 자아상태와 영향의 대상이 되는 어린이 자아상태 사이의 그녀에게 인상적인 중재이다. 이것은 데브라 및 안나와, 안나의 보호 둘 다에 허가를 주고 있다.

> 레베카 : 데브라, 당신이 그것에 대해 말할 수 없다고 해서 안나 또한 말할 수 없었다는 것은 아녜요.
>
> 리처드 : 안나, 엄마에게 말하세요. "난 엄마의 보호가 필요했어."라고 말했을 때 당신이 의미한 것에 대해서요.
>
> 레베카 : 데브라, 당신이 할 필요가 있는 것을 안나가 하도록, 그녀가 생각하는 것과 화가 났던 것에 대해 말하도록 내버려 두세요. 당신 또한 영향을 끼칠 필요가 있었어요.
>
> 안나 : 나는 말할 수 없어요, 엄마. (한숨) 엄마는 심지어 주위에 있지 않았고, 듣고 싶어 하지 않았어요.
>
> 리처드 : 안나, 이제 엄마에게 말하세요.
>
> 안나 : (멈추었다가) 엄마는 내게 화를 낼 거예요.
>
> 레베카 : 데브라, 당신은 안나가 할 필요가 있었던 것에 대해 말하도록 내버려 둘 거라고 말했어요.
>
> 안나 : 엄마는 나를 비난할 거예요. 내게 몹시 화를 낼 거예요. 그리고 나만 더 미워할 거예요.

레베카 : 더 이상 아니에요. 안나. 엄마가 비켜나도록 내가 지킬게요. 당신은 더 이상 억제함으로써 엄마로부터 빠져나오지 않을 거예요. 당신은 말하지 않는 것이 막다른 길이라는 것을 알아요. 시작하세요. 그리고 당신이 할 필요가 있는 것을 하세요.

안나 : (멈추었다가) 엄마가 날 보호하는 것이 필요해.

리처드 : 무엇으로부터?

안나 : 아빠가 나를 어떻게 쳐다보는지. 아빠가 나에게 느끼게 하는 방식.

리처드 : 이름을 붙여 보세요.

안나 : 더럽게.

리처드 : 계속해 보세요. "아빠는 내가 더럽다고 느끼게 해…." (멈추었다가) 그러면 전체를 말해 보세요. "나는 엄마가 …하는 것이 필요해."

안나 : 나를 보호하는 것.

리처드 : …게 느끼는 것으로부터

안나 : 더럽게. 저건 다 내 잘못이었어. 그건 내 잘못이 아니었어! 엄마가 그것을 바로 잡아! (그녀는 다시 주먹으로 바닥을 친다). 엄마의 결혼생활을 바로잡든지 아니면 끝내버리든지! (무척 크게 말한다)

리처드 : 음, 엄마에게 당신이 왜 "끝내버리든지!"이라는 말을 했는지 말하세요.

안나 : (리처드에게) 나는 그 사이에 끼어 있고 싶지 않아요. 엄마가 그걸 바로잡아! (그녀는 다시 주먹으로 바닥을 친다)

리처드 : 당신이 말하기 망설였던 것을 엄마에게 말하세요!

안나 : 난 그 사이에 끼기 싫었어요, 엄마. 그건 엄마의 결혼생활이잖아요. 나는 그걸 듣고 싶지 않았어요. 엄마가 무엇을 하든지 안하든지. 그건 내 알 바 아녜요! 엄마의 결혼생활은 내 알 바 아녜요, 엄마의 성생활은 내 알 바 아녜요, 엄마의 문제들은 내 알 바 아녜요, 엄마의 아이들도 내 알 바 아녜요, 모든 엄마의 빌어먹을 세계는 당신 거예요. 내 것이 아니라고요.

안나는 가족체계 안에서의 그녀의 요구에 대한 힘이 있는 말을 만들어 냈다. "난 그 사이에 끼기 싫었어요." 레베카는 안나를 대신해 다른 개입을 하고 데브라를 직면시켰다. 그러한 개입과 직면은 때때로 어린이 자아상태를 명료화시킨다. 안나는 더 이상 침체되어 있지 않다. 그녀는 "엄마의 결혼생활은 내 알 바 아녜요." 등을 계속한다.

리처드 : 엄마에게 또 말하고 싶은 것이 있나요?

안나 : 네, 난 바로잡고 싶지 않아요. 엄마의 미친 빌어먹을 결혼생활은 엄마 거라고요. 난 신경 끌래요.

리처드 : 그렇다면 그 일에서 물러나세요, 안나. (멈추었다가) 엄마를 레베카와 진행 중인 상담으로 보낼 수 있었을 텐데요.

안나 : 영원히요? 엄마는 그럴 필요가 있어요.

리처드 : 그게 좋겠어요?

안나 : 음, 당연히요. (멈추었다가) 나는 어머니가 살 수 있도록 아버지가 죽기만을 기다렸었어요. 내가 상담을 받은 것처럼 어머니도 결혼생활의 어려움에서 벗어나기 위해 상담이 필요했어요. 하지만 어머니는 먼저 돌아가셨어요.

리처드 : 어머니는 필요했던 것을 가진 적이 있나요?

안나 : (울면서) 아니요…. (우는 동안 멈추었다가) 하지만, 난 앞으로는 그럴 거예요. 나는 내가 원하는 삶을 살 거예요.

리처드 : 안나, 같은 일이 당신에게 일어나지 않게 합시다. 당신의 시간은 지금이에요. 당신의 미래는 많은 가능성들을 가지고 있죠.

안나 : 네…. (멈추었다가) (큰 한숨을 쉬고 리처드, 레베카와 눈을 맞춘다.)

이 상담회기는 안나의 해방 선언 "나는 내가 원하는 삶을 살 거예요."로 끝이 난다. 이 표현은 부모의 결혼생활 갈등으로부터 안나 자신을 보호하는 데 실패한 어머니를 향한 안나의 분노 표현 뒤에 따라온다. 불화가 있는 가족체계 역동과 안나의 초기 아동기 어머니와의 관계는 안나의 인생각본형성에 영향을 주었다. 여기서 각본은 안나의 많은 아동기 결론과 어머니의 각본신념인 '나는 아무것도 아니야.', '나는 내가 원하는 것을 얻을 수 없을 거야.', '난 늘 혼자야.', '모두 다 내 잘못이야.', '사람들은 믿을 수 없어.', '이것(삶)은 중요하지 않아.'가 내사된 것 둘 다의 결과이다.

부모의 결혼생활의 역동에 수반되는 분노에 대한 안나의 반응은 수년 동안 반전되었다. 상담가의 보호, 격려, 촉진은 오랫동안 억눌렸던 것을 안나가 표현할 기회를 열어주었다. 반전을 하지 않는 것은 각본 치유의 필수적인 부분이다. 자기표현의 생동적인 측면이 억눌리고 강화되는 것은 생리적인 속박을 통해서이다. 반전은 원가족에서 학습되었거나 결정되었던 삶의 오랜 패턴인 각본신념, 행동, 생리적인 제약을 유지시킨다. 비록 안나의 어머니가 몇 년 전에 돌아가셨을지라도, 안나의 어린이 자아상태는 심리내적으로 영향을 주는 어버이(데브라) 자아상태에게 충성심으로 남아 있었다. 자녀들의 충성심은 과잉 강조해도 지나침이 없다. 즉, 아동들은 자연스럽게 부모와 유대를 형성하고 감정, 태도, 심리적이며 대인관계적인 방어, 행동의 패턴과 귀인 메시지, 금지령 등 부모와의 심리적인 역동의 종종 무의식적인 기억에 애착되어 남아 있을 수 있다. 심리상담은 각본신념, 감정, 부모로부터 내사된 방어뿐만 아니라 내담자의 아동기 경험, 정서, 결단, 어린이 자아상태에 고착화된 방어를 포함하는 무의식적인 기억들을 의식적으로 만들어 주는 것을 포함한다.

안나의 각본신념 중 대부분은 어버이 자아상태와 어린이 자아상태 둘 다에 있었다. 어머니의 영향과 안나의 충성심은 안나의 아동기 경험과 결론을 어머니의 것과 비슷하게 만들만큼 강하다. 안나의 어린이 자아상태의 방어적인 고착화는 각본신념 형성, 욕구에 대한 자각 손실, 자연스러운 표현의 반전 주변으로 모여 들었다.

어머니와의 욕구충족 접촉이 부재할 경우 안나는 일반적인 방어를 사용하였다. 그녀는 어머니의 감정, 사고, 신념, 대처 방식을 확인하는 대신 자신의 욕구, 감정을 부인했다. 어머니의 각본신념도 내사를 통해 안나의 것이 된다. 어버이자아가 형성되는 것은 만족스러운 관계적 욕구 존재의 부재 시 중요한 타인과의 무의식적 방어적 동일시를 거친다.

그들이 의미 있는 타인을 향한 유사 애착 감각, 원초적 동일시, 친근감을 제공하기 때문에 내사는 수년간 유지된다. 내사는 인간 몸의 병을 만드는 외부 세균의 침입과 유사하다. 어버이 자아상태와 어린이 자아상태의 심리내적 갈등 사이에 있는 그 질병(역자

주 : 저자는 질병을 쉽지 않다는 의미로 dis-ease라고 표현함)은 욕구가 무엇인지 모르게 되는 것, 만성적 불안, 우울, 계속되는 자기 부인, 혹은 내적 비난으로 명백해진다. 심층적인 심리상담은 내재화되었던 것을 확인하고 내재화된 것을 외재화하는 것을 포함한다. 이는 현상학적이고 역사적인 질문, 정서 조율, 관계욕구의 확인, 직면의 보살핌과 같이 다양한 내담자에게 방어 과정이 완화될 기회를 주기 위해 사용하는 방법론과 유사하다. 다음으로 내사된 어버이 자아상태 내의 어린이 자아상태 명료화를 위해 퇴행적 상담, 재결단, 교정적 설명 혹은 치료적 해석이 사용될 수도 있다. 어버이 자아상태와 함께하는 상담가의 돌보는 관여는 병든 신체의 항생제와 같다. 즉, 내적 고통을 줄이고 자연적 치료과정을 촉진한다. 어버이 자아상태 상담의 목표는 심리내적 갈등의 완화이다.

처음 2년 반 동안의 상담에서 안나는 더 이상 우울해지지 않기, 아동기의 각본신념 포기하기, 증가된 직업 만족도, 영원한 사랑의 관계를 원하는 데 관심을 가지기 시작하기를 포함한 많은 중요한 변화를 이루었다. 그러나 치료적 관계의 여름 휴회 기간, 석사과정을 위한 바쁜 스케줄의 막바지, 중요한 관계를 희망하는 것의 상실이라는 조합에 의해 안나의 외로움이 촉발되었다. 안나는 외로움에 대한 반응으로 내사된 어머니의 각본신념을 심리내적으로 활성화시켰고 그녀는 이제 혼자가 아니었다. 어머니의 심리적 존재는 항상 가능했다. 어머니의 각본신념은 초기의 애착 감각과 의미를 제공했다.

몇 번의 어버이 자아상태 상담에 뒤이어 안나는 일 년 반 동안 개인 상담을 계속 유지했고 세 가지의 다른 주말 마라톤 상담에 참여했다. 우리는 그녀의 어머니, 가족 역동에 대한 깊은 슬픔, 전 생애를 통한 애정결핍감에 대한 그녀의 어머니에 대한 감정적 반응을 계속해서 말했다. 이후 상담의 주요한 양상은 아버지와의 혼란한 관계의 재해결이었다.

그녀의 자아존중감은 계속 성장했다. 즉, 그녀는 점차 각본에 덜 머무르게 되었다. 물론 상담에서 두 시간가량 각본신념이 활동한, 때때로 실망을 가져오는 경우도 있었다. 그러나 어린이 자아상태, 어버이 자아상태 둘 다의 신념의 기원, 인생 사건의 새로운 의미 탐색, 현재 선택의 발견에 초점을 맞춘 계속되는 상담으로 그녀의 각본신념의 작동은 중단되었다. 그녀는 이제 심리내적인 갈등 없이 그녀 자신의 삶을 사는 데 자유롭다. 최근에 그녀는 그녀를 아껴 주는 애인과 사랑에 **빠졌다**.

자아상태

개인적 관점의 반영

Diana Shmukler

21세기 초기는 TA의 타당성과, 특히 Berne의 핵심적이고 독창적인 기여 중 하나인, 자아상태 개념을 평가하기에 시기 적절하다. 이 장에서는 현장에서 거론되는 현재의 견해와 지금까지 일어난 여러 변화를 감안하여 이러한 문제를 제기할 것이다. 나는 자아상태모델의 가치를 보여 주는 많은 사례들을 고찰할 것이다. 더 나아가, 비판적인 관점으로 한계에 대해서도 논의할 것이다. 이 장은 방향 설정과 전후 맥락에서 장단점을 묘사하는 데 목적을 두고 있다. 따라서 문화와 방향 설정과 관점에 따른 맥락화로 시작해 보고자 한다. 그리고 포괄적인 이론 틀을 포함하고 있는 사례와 나의 임상경험 사례 및 적용에 대해서도 논의할 것이다. 비록 구체적인 순서는 없지만 타당성과 적용 및 임상적 함축성도 고려하였다.

이 장은 나의 주관적 관점이 반영되었기에 먼저 나의 개인적 배경과 견해가 형성된 맥락에 대해 소개할 필요가 있다고 본다. 나의 부모님은 유럽인이었고, 나는 남아프리카공화국에서 태어났으며 부모님께서는 2차 세계대전 바로 직전에 이민을 오셨다. 이러한 배경이 중요한 이유는 매우 정치화된 사회, 그리고 문화적으로 다양하고 인종의 경계가 명확한 사회 속에서 내 전문적 경험의 많은 부분이 사회화되었기 때문이다. 이러한 요인들은 나의 삶과 일 그리고 견해에 대한 관점에 영향을 미친다.

남아프리카공화국은 최근 대변동을 겪은 나라로, 모든 예측과는 반대로, 어떻게 해서든 정치적으로 변화하고자 고투하고 있다. 비록 대변동이 사회적, 정치적인 혼란과 불안정을 야기하였지만, 이는 근본적인 변화와 다양성과 차이를 아우를 수 있는 가능성 또한 제시한다. '진실화해위원회(Truth and Reconciliation Commission, 역자 주 : 남아프리카 공화국에서 과거 청산을 위해 설치했던 기구)'는 역사를 공유하기 위한 비범한 시도에 대해 국제적인 인정을 받았다. 이러한 노력은 남아프리카공화국이 폭력적이고 힘들었던 과거를 받아들이려 애쓰고, 다민족 사회를 창조하는 기초작업을 하도록 돕는다.

그렇다면 이러한 배경은 자아상태와 어떻게 연결되는가? 매우 정치적이고 진보적인 캠퍼스에서 젊은 학자로서 경력을 쌓았던 나는 타당성의 문제와 직면했다. 나라가 매우 긴급하고 과격한 본질의 문제에 직면한 때에 서구 심리학의 타당성은 무엇인가? 해답을 찾기가 어려웠다. 그러나 그럼에도 나에게 분명했던 것은 우리가 다음의 문제를 해결할 수 없다면 세계에서 모든 정치적 미사여구로 일시적 정권 교체는 가능할지 몰라도 사회에서의 진정한 변화는 일어나지 않는다는 것이었다.

- 일대일 문제
- 편견과 인종 간의 증오의 속성과 의미
- 사람들이 문화적 정체성과 문화적 통합을 보존하기 위해 기꺼이 택하는 극단적인 태도

역사상 이 시점에서 가장 타당한 학과목의 하나로 나는 사회과학, 특히 심리학, 그리고 더욱 구체적으로는 심리상담을 꼽는다. Freud의 획기적인 연구 이래 100년간 우리는 개인심리학 관점을 발전시켰다. 우리는 내적 과정과 대인관계의 소통에 대해서도 알게 되었다. 새로운 세기에 우리에게 주어진 도전은 대규모 집단과 체계, 조직과 기관에 대

해 더 이해하고, 더 강력한 심리학을 발전시키는 것이다. 이러한 개념과 관련해서 보면 문화적 정체성과 다양성이 개인의 성격에 영향을 미친다는 점을 이해할 필요가 있다.

심리내적인, 대인관계 심리학으로 관심을 돌릴 때, 일반적으로 TA는 그중에서도 특히 자아상태는 꽤 광범위한 맥락을 만드는 데 기여한다. 나의 첫 번째 요점은 이것이다. TA, 자아상태라는 언어는 교육적 선행조건이나 학구적인 배경, 또는 삶의 서구화 지향 없이도 심리적 지식을 사람들에게 제공하면서 즉각적이고 직관적인 호소를 한다. 남아 프리카공화국에서 어버이자아, 어른자아 그리고 어린이자아와 같은 개념들은 특히 전반 적으로 손쉽게 이해되는 개념이므로 대부분의 남아프리카공화국 국민들의 배경이나 교육 수준에 상관없이 복잡한 심리적 개념들을 잘 이해할 수 있다.

남아프리카공화국에서 매우 다양한 상황과 여러 모집단과 많은 맥락에서 쌓아 온 나의 상담작업 경험에서 터득한 것은 이러한 것이다. 즉, 기본적인 TA, 특히 자아상태모델의 이론적, 실제적인 적용을 사람들에게 가르치는 것은 사람들의 내면과 외부 세계에 접근하여 심리적으로 적용할 수 있도록 공유된 언어를 제공함을 의미한다는 것이다. 더구나, 그 깊이와 복잡성의 수준이 지속적으로 증가하는 어떤 발달단계에서도 자아상태모델의 유연성과 풍성함은 계속 작동하게 한다. 이는 그 개념의 타당성과 보편성에 대해 많은 것을 말해 준다.

이제 이론적인 틀을 살펴보자. 학생일 때 나는 행동주의 접근으로 심리학 교육을 받았다. 행동주의 접근은 특히 실험과 행동에 기반이 된 심리학의 유산을 남기며 많은 학파에서 포괄적으로 사용했었고, 현재도 사용 중이다. 대부분의 나의 동료들과 마찬가지로 나 역시도 사람들과 마음, 의식, 특히 심리상담에 이러한 접근이 얼마나 유용한지 또는 타당한지에 대해 거의 이해하지 못한 채였다. 정신병원, 청소년 단체와 교도소를 포함한 많은 기관들 또한 거의 전적으로 접근에 기반한 치료 프로그램을 적용하였다. 의심할 바 없이 다른 심각한 형태의 행동장애뿐 아니라 섭식문제와 같은 질환에서 행동문제를 다루는 것은 때때로 필요하며 중요하다. 그럼에도 내가 거론했던 복잡한 상황에 대한 포괄적인 해결책으로서 이러한 행동주의 접근에 기반한 프로그램은 매우 한계를 지니고 있다.

남아프리카공화국의 상담가들은 자신들의 연구에 영향을 미칠 정신분석적 사고가 부재한 상황에서 1960년대와 1970년대에 접근이 가능했던 대안에 의지할 수밖에 없었다. 행동적 전통을 넘어서 인본주의적이고 실존적인 태도가 서서히 도입되고 있었다. Carl Rogers가 남아프리카공화국을 두 번 방문했고, 그의 사상은 한 세대의 정신건강 전문가들에게 강력한 영향을 미쳤다.

인간중심적 접근은 상담가들과 타인들에게 유용하고 효과적인 심리과정에 대한 기초를 형성하며, 경청기술을 훈련시키는 데 있어서 특히 도움이 되고 타당하다. 그러나 발달과정이 어떻게 성인의 성격을 형성하는지에 대한 핵심적인 이해 없이 어디까지 사람들을 변화시킬 수 있을지에 대해서는 한계를 지닌다. TA는 정해져 있는 발달모델을 제공함으로써 많은 정신건강 전문가들의 부족한 부분을 채워 주었다. 따라서 TA는 전이와 역전이 역동을 허용하는 치료적 관계 내에서의 작업의 가능성과 발달모델을 모두 제공하였다.

나는 TA를 치료, 상담 및 대인관계 또는 심리내적인 분야에 적용할 수 있는 매우 유연한 접근으로 본다. 예를 들어, TA는 매우 좋은 진입점을 제공한다. 그러나 물론 TA도 복잡한 상황에서는 한계를 가진다. 이러한 한계가 뚜렷하게 나타날 때는, 무의식 과정에 대해 설명하는 모델이 필요하다고 생각한다. 이후에 다양한 맥락을 고려하여, 이 점에 대해 다시 되짚어 설명하겠다.

정치적 맥락

나는 이 시대에 하나의 종(species)으로서 사회과학자인 우리가 당면한 큰 문제들을 처리하라는 설득에 긴박감을 점점 더 강하게 느낀다. 이는 나에게 시간, 에너지, 자원을 투입하여 대인관계 및 심리내적인 기능을 넘어서 더 큰 체계와 집단의 기능을 이해하는 데까지 이르도록 모델을 개발하여야 한다는 것으로 이해된다. 9 · 11 테러 이후 이러한 긴박감은 더 증가했을 것이다. 우리는 폭력과 복수의 욕구를 만들어 내는 힘을 필사적으로 이해할 필요가 있다. 현재까지 우리 사회과학자들의 설명은 매우 제한되어 있다.

다음에 제시된 개념화는 내가 꼭 필요하다고 생각하는 종류의 설명을 모두 제공하거나 다루지는 않지만, 예비적이고 피상적인 단계는 된다. 나의 신념으로는 집단과 체계, 그리고 조직 내 무의식적인 과정에 대한 이해가 반드시 필요하다. 이러한 사고는 복잡하고 미묘하며, 체계적 사고처럼 무의식적 과정에 대한 탁월한 이해가 발달되어야 가능하다. 지금까지, 집단관계 현장에서 활동해 왔던 임상가들은 의미 있는 모델 개발에 뛰어난 공헌을 해 왔다[예를 들면, Bion의 초기 개념으로부터 A. K. Rice와 동료들이 개발한 Tavistock 모델을 참고할 것(Colman & Boxton, 1975에서 Miller와 Rice의 연구)]. 또한 정체성 형성 및 정체성 문제가 어떻게 집단원 및 문화와 관련되는지를 고려할 필요가 있다. 이러한 사고를 모두 아우르는 담론은 자아상태이론과 연결되어 충분히 논의되지 못했다. 어느 정도 연결을 짓는다고 해도 그렇게 하는 것의 가치는 의문의 여지가 있다.

이 점에 대해서 사례를 들어 설명하겠다. 이는 몇 년 전 많은 국가가 참석한, 영국에서 열린, 집단관계 콘퍼런스에서 내가 경험했던 사례이다. 2주의 기간 중 어느 시점에서 우리는 아주 짧은 기간 내에 참여자들을 소규모 집단으로 묶으라는 요청을 받았다. 이러한 과정은 보통 거의 의식적 논의나 자각 없이 일어난다. 대규모 콘퍼런스에 총 70여 명의 참여자들이 있었지만 나는 그때까지 내 시간의 대부분을 더 적은 규모의 집단 속에서 보냈다. 나는 다른 참여자들을 잘 모른 채 현재 남아프리카공화국에 살고 있거나 이전에 살았던 참여자들, 또는 유태인이 11명인, 총 약 14명이 모여 있는 집단에 속한 나 자신을 '발견했다'. 이는 사람들이 얼마나 한 집단 내에서 무의식적인 과정을 통해 직관적으로 그들 스스로를 정체성, 문화적 배경, 그리고 심지어 덜 뚜렷한 특징인 인종의 관점에서 유사한 집단으로 형성하는지를 알려 주는, 개인적 경험에 기초한, 강력한 사례였다. 이러한 현상은 자아상태이론으로는 설명할 수 없다.

그러나 자아상태의 개념을 이러한 현장에서 사용할 수 있는 다른 방법이 있다. 비록 복잡한 역사적 정치적인 역동을 단순화하는 것은 분명하지만 어버이 자아상태, 어른 자아상태 그리고 어린이 자아상태의 개념을 권력관계와 역동을 이해하고 기술하는 진입점으로 사용하는 것은 도움이 된다. 더 나아가 통제적이든 보호적이든 부모의 교류와 성인 관계의 차이는 강력하고도 중요한 차이인데, 남아프리카공화국 가족 구조는 주로 가

부장적이고 권위주의적이어서 이러한 대조가 매우 뚜렷하게 나타난다.

내가 이전의 연구(Shmukler, 2001)에서 언급한 바처럼 TA의 장단점은 개념의 접근 가능성과 언어에 있다. 1970년대 초기에 현장에 TA를 도입했을 때는 흥분과 열광이 있었다. TA는 많은 상황에서 사람들이 수많은 상이한 문제들을 심리적으로 이해하도록 돕는 데 매우 유용하고 잠재적으로 유의미한 방식이라는 사실이 즉각 알려졌다. 직관적인 지도를 제공함으로써 많은 정신건강 상황에서 쉽게 받아들여지고 널리 사용될 수 있다는 것이 입증되었다.

백인 정부하 남아프리카공화국의 정치적 맥락에 TA를 관련시켜 연구한, 미 발행된 보고서에서 나는 백인들이 부모의 위치에 있고 다른 인종들은 아동의 위치에 있었다는 것이 얼마나 명백한지에 대해 기술했다. 각각의 중요한 인종집단은 하나의 하위체계를 차지하고 있는 것으로 볼 수 있고, 이는 자아상태가 각각 연결된 것처럼 전체에 연결되어 있다. 강력한 사례는 소위 '유색' 인종이면서 그 당시 흔했던, 아프리카인도 아니고 유럽인도 아닌, 남아프리카공화국 명칭으로 혼혈인들에게서 찾아볼 수 있다. 그들은 선뜻 스스로를, 언어나 종교로는 [백인] 아프리카너(역자 주 : 남아프리카공화국에서 아프리칸스어를 제1언어로 쓰는 사람들)와 동일시하지만 백인 집단과는 구별되어 불이익을 받는, 백인 정부의 의붓자식들로 보았다. 사람들에 대한 이런 개념화와 가장 관련되는 측면은 성인 대 성인의 관계 또는 그러한 접촉이 일어날 수 있는 공간이 명백하게 없다는 것이었다.

남아프리카공화국에서는 아직도 많은 상황들이 여전히 남아 있는데 그러한 상황들을 사람들이 이해하는 데 자아상태의 언어 사용은 도움이 된다. 권위와 권력이 관련된 대부분의 맥락에서 어버이 자아상태/어린이 자아상태에 관한 설명은 사람들에게 쉽게 이해되며, 자신들의 선택을 고려하도록 한다. 특히 그들은 자동적으로 아동의 위치를 받아들이기보다는, 다른 관계를 협상하고 성인 구조를 요청할 수 있다는 것을 인식한다. 사람들에게 자아상태모델은 힘을 북돋우며 유용한 경험이 된다.

조직적 맥락

조직적 맥락이란 개인역동과 대인관계 상황에서 자아상태모델이 심리적 자각을 하도록 언어를 제공하며 이해를 촉진시키는 데 있어서 유용하고 효과적인 맥락을 의미한다. 앞 절에서 묘사한 바처럼 권위와 권력과 갈등이 연루되는 곳에서 자아상태모델은 즉각적이고 직관적인 호소력을 갖는다. 과정을 촉진하는 도전은 이러한 상황에서 어른 자아상태 기능에 집중하여 그 기능을 유지하는 것이다. 이는 자기이해를 촉진하는 데 용기를 북돋아 주는 대화, 창조적인 문제해결, 그리고 각본 또는 라켓체계의 사용과 관련된다. 피드백, 업적 평가, 다른 업무와 관련된 지표 및 과업과 일 관련 기능들은 모두 성인의 행동과 반응을 불러일으키는 것과 관련된다. 자아상태모델이 모든 무의식적 조직체계를 충분히 설명하지는 못하지만 어른 자아상태 기능에 대한 주요한 필요가 있는 맥락 안에서는 매우 즉각적으로 도움이 된다. 반면 많은 상황은 어버이 자아상태나 어린이 자아상태의 반응을 불러일으킨다. 보통 조직 내에서 가르치고 사용하는 자아상태모델은 기능모델과 같이, 모델이 단순화되는 경향이 있다. 그러나 Berne(1961)이 원래 사용한 자아상태모델은 좀 더 현상학적인 모델로 더 포괄적인 이해와 통찰이 가능했다. 직관적으로 사람들은 자신들의 부모들에 대해 내재화된 진정한 자아를 가지고 있으며, 자각하지 못한 채 부모들의 행동과 반응을 드러낼 수 있다.

나는 조직체계 내 수많은 다양한 측면과 어버이 자아상태가 밀접하게 관련되어 있다는 것을 발견했다. 사람들은 어버이 자아상태를 — 특히 그들의 아버지들의 관점과 그들의 경험을 — 작업 상황에서 견디기 위해 가져오는 것으로 보인다. 어떻게 어버이 자아상태의 긍정적 혹은 부정적 기능을 그들의 탓으로 돌리고 있는지, 동시에 그들이 어떻게 어버이 자아상태 특징과 태도를 택하려 하는가에 대해 인식시키기 위해서 조직 리더들과 상담을 한 결과는 매우 예측한 대로 나타난다. 직장에서 남성들뿐 아니라 여성들의 행동이 어떻게 그들의 아버지들에 의해 강한 영향을 받는가를 보는 것은 특히 흥미롭다. 성장할 때 자신의 아버지들과 좋은 관계를 가졌던 여성들과 많은 면에서 '아빠 딸(daddy's little girl)'이였던 여성들은 쉽고 편안하게 직장에서 강한 남성들을 다룰 수 있었던 반면, 성장 시 거리감이 있고 무서운 아버지들 밑에서 자란 여성들은 정반대였다. 아버지들이 계시지 않았거나 권위주의적이었거나 거리감이 있었거나 위협적이었던 여성들은 심지어 매우 능숙하고 강하다 해도 남성 보스의 면전에서는 때때로 성인 기능을 제대로 하지 못한다.

임상적 적용

심리상담에서 자아상태를 고려해 보면, Berne(1961)이 원래부터 치료적 관계에서 대부분 일어나는 역동에 대해 자아상태에 관한 이해와 관련해 강력하게 아우르는 설명을 하였음을 알 수 있다. 부모와 아동의 대화는 임상 과정의 지속적인 본질 중 많은 부분을 형성한다. 다음에 제시되는 많은 사례들은 이러한 틀에서 쉽게 개념화될 수 있다. 반면, 비록 이러한 묘사가 적합하더라도 어린이 또는 어버이 자아상태와 작동하는 2차 구조(second-order structure), 그리고 최근 발달관계적 TA에 관한 많은 접근들(예를 들어, Moiso 1985; Moiso & Novellino, 2000; Novellino, 1984, 1985; Hargaden & Sills, 2001, 2002)은 세부적으로 정교한 분석을 시도했다. 그러나 일반적으로 문제를 더 심층적이고도 근본적으로 이해하도록 하고 무의식적 과정을 설명하는 모델은 부족하다. Berne 자신은 정신분석적으로 훈련을 받았고, 자신을 치료한 매우 숙련된 두 명의 분석가들이 있었으며, 무의식적 역동에 대해 분명히 이해했고, 그가 기본적 정신분석 이론에 기반하였듯이 미래의 TA 상담가들/분석가들 역시 그러할 것이라는 가정을 하였다(8장 참조). 불행히도, 우리가 잘 알듯이 TA 임상가들은 정신분석적 사고에 정통한 사람들이 아니며, 종종 자신의 문제와 관련하여 충분히 개인적 작업을 하지 못한 사람들이다. 다른 말로 하면, 그들은 치료적 상황을 실연하거나 투사할 필요성을 충분히 자각하지 못했을 것이며, 그 필요성을 고려할 만큼 충분히 훈련받지 못했을 것이다.

이러한 문제와 관련하여 가장 염려되는 사례 중 하나는 상담가가 자신의 미해결된 문제를 내담자에게 투사하고, 내담자 안에서 그 문제를 치유하려 하는 것이다. 나는 이런 역동이 널리 퍼져 있을 것이라 생각한다. 이러한 문제는 그러한 경향에 대해 자각할 때,

그리고 수련감독에서 그 문제를 심각하게 다룰 때 줄어들 것이다. 그러한 자각은 그렇게 쉽게 발생할 수 있다는 잠재력에 대한 인식과 이해를 전제로 한다. 여기서 또 하나 짚고 넘어갈 점은, 자아상태모델을 사용하여 생산적으로 추구될 수 있는 작업과 더 복잡한 것을 요구하는, 무의식적인 역동을 다루는 작업은 구분된다는 점이다.

단기상담, 많은 상담 관계와 지지적 관계, 커플상담, 코칭과 멘토링은 모두 자아상태 모델을 사용해서 도움을 받을 수 있다. 내담자들은 종종 언어와 개념화 모두가 도움이 된다는 것을 깨닫는다. 또한, 통찰과 이해를 심화하고자 할 때, 무의식적 메시지를 경청하는 것은 꼭 필요하다. 비록 Berne(1961, 1966/1994)이 의사소통의 내적 수준을 인식하고 기술하였지만(예를 들어, 게임이론은 특히 투사적 동일시 개념을 강력하게 사용한다), 일반적으로 TA는 이러한 과정에 대해 쉽게 접근하지 않는다.

앞에서 언급한 바와 같이 나는 일반적으로 TA를 사용해 왔는데, TA의 가장 중요하고 고유한 두 가지 공헌은 첫째로는 자아상태와 둘째로는 각본이 매우 유용하다는 점이다. 임상가로 경력을 쌓은 초기에 이러한 개념들을 통해 나의 임상작업은 더욱 발전할 수 있었고, 고상하고도 강력한 상담을 할 수 있었다. 나는 이러한 개념들을 이론적 배경으로 삼아 심리내적으로, 대인관계적으로 상담을 했으며 동시에 발달적이면서도 체계적으로 사고할 수 있었다.

더 나아가 남아프리카공화국에서 나는 외상 및 위기상담을 할 때 TA를 적용했는데 큰 효과가 있었다. 나는 감정적인 반응을 하도록 요청하고 그러한 반응에 대해 뒤로 물러나지 않았다. 사실 나는 임상적으로 적용된 그런 방식이 감정적인 반응을 불러일으키고 지지했다는 점에 대해 고무되었고 자신감을 느꼈다. 나는 이러한 감정이 틀렸거나 부적절하다고 생각하지 않는다. 그러나 임상작업은 현재의 통찰을 가지고 카타르시스를 느끼는 것보다 훨씬 더 복잡하다.

내가 실제 임상에서 정신분석 이론을 통합하는 기회를 가진 이후 내 자신의 이해와 임상작업은 돌이킬 수 없을 정도로 변화되었다. 우리가 항상 작업에서 미묘하고 복잡한 전이-역전이 맥락의 효과를 이해할 때, 나는 자아상태모델의 한계를 경험한다.

그 한계를 고려함에 있어서, 내 자신의 심리상담을 이해하는 방식을 조사하는 것이 유용했다. 관계를 돕는 것으로 상담을 넓게 정의하고, 상담적 측면이 바로 그 관계 안에 놓여있다고 보면, 무의식적 차원에 관심을 기울일 필요가 있다는 것을 갈수록 더 느끼게 된다. Berne은 정신분석적인 배경을 가지고 이러한 이해에 대한 통찰을 놓치지 않았다. 즉, 그는 치료적 관계의 의식적 요소뿐 아니라 무의식적인 요소에 대해 명시적으로 그리고 암묵적으로 설명했다.

TA는 사람들의 마음을 열어, 작업할 수 있는 기초를 제공하며, 그들의 내적 과정에 대해 통찰을 가지고 이해할 수 있도록 하는 데 매우 유용하다. 현재에 영향을 미치는 과거를 우리가 어떻게 불러오고 만드는지에 대한 각본과 패턴의 개념은 TA가 제공하는 통찰을 보여 준다. 그럼에도 무의식적 관계 요소를 철저하게 이해하고 다루지 않아 특히 자기 자신의 역전이 반응이 드러나게 되면, 이는 질적으로 더 저하된 이해와 부정적인 결과를 초래할 수 있다.

물론, 대인관계에서 말하지 않는, 암묵적인 의사소통을 정교하게 파악해야 하는 상황은 그리 많지 않다. 그러나 우리가 집중적으로 장기적 심층 심리상담에 들어갈 때는, 상담가로서 무의식적 역동과 자기 자신이 관계에 무의식적으로 개입되는 것을 다루지 않을 수 없다. 무의식적 요소를 다루지 않는다면 많은 가치 있는 통찰과 이해를 놓치게 된다. 상담가가 내담자의 성장과 (또는) 이해를 촉진하는 상담환경을 만들어가면서도, 무의식적인 관계를 무시하게 되면 다음에 나타나는 바와 같이 모든 종류의 행동화 과정이 드러날 수 있다.

나는 정신분석적 처치가 '만병통치' 치료라고 제시하고 싶지는 않다. 수련감독에서 듣거나 내가 상담한 많은 내담자들은 정신분석 접근으로 상담할 수 없었다. 또는 정신분석 치료를 계속할 수 없었다. 사실 내담자들은 정신분석 치료를 받으면서 어느 정도 도움을 받기는 하지만, 다른 형태의 처치가 여전히 필요하다. 따라서 시간과 비용이 많이 드는 정신분석 치료 접근에는 분명한 한계가 있다.

반면, 나는 일반적으로 인본주의적인 접근 그리고 특히 TA 접근에 대해서도 동일하게 비판할 수 있다. 무의식적인 전이역동의 측면을 이해하지 못하고 그 부분에 대해 완전히 다루지 못하면 무의식적인 과정의 행동화가, 특히 상담가의 무의식적인 과정의 행동화가, 나타나게 된다. 갈등은 회피될 수 있고, 예를 들어 상담가는 양육적이거나 없어서는 안될 존재로서 자신의 모습을 유지한다.

상담가들은 반드시 상담을 받고, 자신의 문제가 무엇인지를 이해해야 한다. 이는 상담가가 되려는 사람들에게 분명하고도 암묵적인 필요이며 필수조건이다. 자아상태의 관점에서 비록 어버이 자아상태/어린이 자아상태를 기술한다 하더라도 이러한 투사현상의 복잡성과 미묘함을 잡아낼 수 없는 것은 바로 이 때문이다. Casement(1985)는 다음과 같이 제시한다.

> 전이작업은 힘들고 복잡하다. 이는 의식적인 과정과 무의식적인 과정 모두를 다룰 필요가 있음을 강조한다. 무엇이 무의식적인가 하는 것은 의미상 무의식적이다. 이는 전이와 역전이 모두에 해당한다…. 상담가가 무의식적으로 내담자와 의사소통을 하고 있는 것을 자각하고 있는지의 여부에 대해 엄중한 수련감독이 필요하다(Shmukler, 2001, p. 98).

합리적 심리상담

이 장의 이후 부분에서는 원래의 자아상태의 개념을 포함하면서 동시에 그 이상인, 효과적인 합리적 심리상담의 핵심 요소에 대해 다룰 것이다. 나는 상호작용의 무의식적인 의미를 의식하면서 현재의 관계에 완전히 관여할 것을 요구하는, 합리적 상담의 본질에 대해 설명할 것이다. 이는 내담자의 마음에 상담가가 누가 되는지에 대해 상담가가 이해해야 한다는 것을 요구한다. 이는 보통 어떤 부모 대상 그리고 어버이 자아상태의 한 측면이 된다. 동시에 종종 전이가 변화하여 상담가가 아동의 태도를 맡게 될 수도 있다. 이는 내담자가 자신의 어린 시절의 경험에 대해 무엇인가를 이야기하도록 해 준다. 이는 무의식적인 경험이며 말로는 소통할 수 없는 것이다.

'…하는 누군가'가 되기

전이작업을 개념화한 질문, 즉 "당신의 마음속에 나는 누가 되어 있나요?"와 같은 성격의 개입은 상담가가 적어도 동시에 두 가지 수준에서 작업할 것을 요구한다. 첫째, 상담가는 자신과 내담자 사이에서 지금-여기에서 무슨 일이 벌어지고 있는지에 대해 반영을 하면서 투사를 시작한다. 동시에 둘째, 상담가는 과거로부터의 영향이 여기에서 실연되고 있다는 것을 이해해야만 한다. 이런 식의 작업을 통해 투사, 투사적 동일시 등과 같은 강력한 개념들을 이해하는 것과 동시에 자기 사용과 관계 사용을 극대화할 수 있다. 이러한 개념화는 자아상태의 개념에 달려 있지는 않다.

나는 이런 식의 작업이 의식적인 과정과 무의식적인 과정을 모두 마음에 두고 다루게 해 준다는 것을 알았다. 비록 내가 누가 되었는가가 보통 명백하게 어버이 자아상태를 나타낸다 해도 그 자체로 저절로 충분하게 설명이 되는 것은 아니라는 것을 안다. 내가 부모로서의 내 자신을 경험할 필요는 없지만, 훨씬 더 복잡한 역전이가 있다. 사실 나는 종종 예를 들어, 나는 '당신을 비판하는 누구, 거절하는 누구, 판단하는 누구'와 같이 '…하는 누구'라는 식의 특정한 부모에 대한 설명을 피한다.

내담자에 의해 조직되는 존재

내담자에 의해 조직되는 것이 내가 상담 회기 중에 애쓰는 하나의 방법이다. 이를 통해 나는 내담자가 나를 조직하도록 허락하는 공간을 마련하며, 관계를 위해 그것이 무엇을 의미하는가의 관점에서 그 조직화의 개념을 이해한다. 예를 들어, 수련감독 중 한 수련자가 최근에 내가 특정 회기에서 너무 말을 많이 했다고 꽤 비판했다. 사실 그녀는 내담자들에게 자신이 더 말을 많이 했다는 것을 알게 되었다고 나와 상담을 한 이래로 계속 말을 해 왔다. 그 다음 주에 그녀는 내가 훨씬 덜 이야기하는 것처럼 보인다고 말했다. 나는 내가 지난 두 회기에 그녀와 상호작용을 어떻게 했는가에 대해 내 마음에서는 별다른 차이점을 발견하지 못했다고 반영을 해 주었다. 그러나 만약 실제로 두 번째 회기에서 내가 덜 적극적이었다면 이는 그때 내 안에서 일어난 어떤 것에 대한 직접적인 반응이었을 것이다.

나는 이러한 개념을 좀 더 확장시켜 점점 더 그 과정 또는 그 상황이 어떤 방식으로 나를 조직하도록 내버려 두었고, 그 상황과 관련된 나의 반응들을 관찰하여 해석했다. 나에게 이것은 Bion(1978)의 '기억이나 욕구 너머에(beyond memory or desire)' 개념과 유사하다. 이는 가능하면 지금-여기 완전히 현전(present)하기 위해 하나의 상황 속으로 들어가는, 열린 마음의 상태로 있는 것인데 이곳은 닿기 어렵고 머무르기 어려운 장소이다. 더 나아가 이는 나의 내적 과정과 사고에 집중하면서 자유연상 또는 몽상의 상태를 찾는 것이다. 나는 자아상태 관점에서 이런 종류의 작업을 묘사하려는 시도가 특별히 유용하다는 연구를 찾지 못한다.

무의식적 욕구를 행동화하는 음모

상담계약에서 어떤 경계 조건이 변경되면 바로 어떤 상황이 발생하게 된다. 상담에서 그러한 상황을 의도적으로 만들어낼 필요는 없다. 통상 상담작업의 변천은 그런 만일의 사태가 우연히 일어나게 한다. 그런 상황이 발생하게 되면 일어날 수 있는 모든 가능성에 기민하게 반응하며 그 상황을 최적화하여야 한다. 예를 들어, 내가 대규모 대학에서 강의를 했을 때, 노출에 대한 강한 두려움과 수치심을 가진 한 내담자가 그 과목을 등록하지 않았음에도 불구하고 내가 수업 중인 강의실로 걸어 들어왔다. 그러한 내담자의 행동으로 인해 나는 수업을 중단하고 내담자에게 강의실에서 나가달라고 말함으로써 결국 나는 그녀에게 큰 수치심의 동인이 되었다는 것을 알려 주었다.

욕구를 충족시키고 원하는 것에 반응하지 않기

많은 사례에서 내담자의 욕구는 자신들이 원하는 것에 상담가가 반응하기를 원하면서도 경계는 견고하게 유지하는 것이다. 발달적으로, 많은 부모들과 아동들은 욕구와 원하는 것을 혼란스러워한다. 종종 의식되지 않는 욕구는 아동이 절실히 원하는 것과 상반된 것으로, 아동은 확고한 경계를 필요로 하고 부모들은 분노의 위험을 감수하고서라도 그 경계를 유지하려는 경우이다. 치료적 관계에서 내담자의 경우도 마찬가지이다.

주 1회의 상담을 하면서 수용적인 환경을 제공할 필요가 있을 때 한 가지 방법으로 나는 다양한 형태의 전화 연락을 취한다. 경계를 바꾸고 상담을 하는 방법은 행동화를 향한 새로운 기회와 가능성을 열어줄 뿐만 아니라 전이역동을 이해하고 이끌어 내어 다룰

수 있게 해 준다.

한때, 나는 한 내담자가 잠깐의 지지를 받기 위해 나에게 전화를 할 수 있도록 허락했다. 단, 내 휴대폰이 항상 켜져 있지는 않을 것이라고 알려 주었다. 이러한 조치는 과거에 만족스럽게 상담이 진행될 수 있도록 했으며, 상담가와 내담자 간 유대감을 느끼게 했지만 너무 긴 통화는 필요하지 않았다. 이런 경우에 나는 통화 가능한 시간을 내담자에게 알려 주었다. 한 번은 전화벨이 울렸을 때, 나는 다른 내담자와 상담을 막 시작하려 했었다. 나는 내 휴대폰을 끄는 것을 잊어버렸고, 그 내담자는 통화 가능한 시간이 거의 끝나갈 때 전화한 것이었다. 그 상황에서 내담자는 내가 퉁명스럽고 무반응적으로 대하는 것을 경험하게 되었다. 사실 정확히 '내담자'로 다뤄진 것이다. 물론, 내담자는 내담자이지만 상담실에서 내담자는 그들이 밖에서 어떻게 보일 수 있는지를 종종 의식하지 못한다.

이러한 경험은 내담자에게나 상담가에게나 고통스럽지만 또한 매우 중요하다. 내담자는 무의식적으로 경계를 경험하기를 거부하고 있었지만 상담가는 분노나 좌절의 경험과 같은 감정적인 반응을 다루면서 동시에 그것들을 유지하고 있어야 한다. 바로 이 예가 원하는 것보다는 욕구를 충족시키는 것과 매우 밀접한 관련이 있다. 이는 공감의 실패로 여겨질 수 있고, 따라서 그것에 대한 반응과 실패에 대한 인식의 내재화를 바꾸는 관점에서 생각해볼 수 있다. 물론, 자아상태의 관점에서도 묘사될 수 있다. 예를 들어, 어린이 자아상태의 욕구는 명료하고 경계가 있는 부모 모습을 경험하는 것이다. 몇몇 상담가들은 이러한 경험을 이론적으로 이해하기 위해 상응하는 내용을 찾고자 할 것이다. 그러나 나는 그러한 묘사는 작업을 더 발전시킬 수도 없고, 경험을 개념화에 압축하여 맞춰 넣을 수도 없다고 느낀다.

TA 같긴 한데… 맞나

보통은 상담가가 비판적 혹은 통제적 부모로 보이거나 경험되는, 매우 다양한 상담 맥락이 있다. 내가 상담하면서 경험하는 것은 즉각적 또는 명백한 전이해석이나 다른 직접적인 암시를 하지 않고, 그대신 그 순간에 내가 비판적인 부모처럼, 심지어 감정까지 같이 느낄 수 있다는 것을 이해하면서 그대로 있는 것이다. 따라서 내담자는 자연스럽게 아동으로 반응을 하게 되고, 퇴행한 상태의 마음 안에 확실하게 머물게 된다. 이때 상담가에게 임상적으로 도전이 되는 것은 상담가가 비판감정을 가지고 작업을 하면서 동시에 어떤 면으로는 그 감정을 행동화하지 않는 것이다.

가장 중요한 임상 사례 중 하나를 소개하자면, 이는 나의 상담 양식을 상당히 변화시킨 계기가 된, 장기 상담에서 일어난 사례로 상담가로서 내 자신의 생각과 작업이 어떻게 변화했는지를 잘 보여 준다. 이전에 나는 인본주의적/발달적 TA를 병행하여 상담하고 있었는데, 이는 재양육의 요소를 가지고 퇴행한 어린이 자아상태와 작업하는 데 강조점을 두고 있었다. 그러나 점차적으로 나는 이런 식의 작업에 한계와 문제를 깨닫기 시작했다. 나는 내면을 더욱 드러내고 싶다는 것을 자각하게 되었고, 내담자가 양육 욕구에 거의 중독되어 있다는 것을 깨닫게 되었다. 나는 또한 그 상황에서 상담가인 내 자신의 무의식적인 주제를 행동화하는 위험을 보기 시작했다. 나는 신체적으로 잡거나 접촉하지 않는 상담가로 상담 양식을 변화시키기 시작했다.

상담 기간 중 어느 한 시점에서 내담자는 1980년대와 1990년대에 매우 인기가 있었던 TA 양식으로 퇴행의 상태를 보이는 성인 내담자의 신체를 가지고 작업하는 재양육 상담 워크숍에 가고 싶어했다. 그 워크숍은 한 명의 상담가가 진행하는 것이었다. 우리는 그녀가 이 특별한 워크숍에 참여하는 의미에 대해 길게 논의했다. 내 관점에서 이 워크숍에 가는 것은 우리의 작업을 직접 공격하는 것이었고, 나는 이러한 해석을 내담자에게 명확하게 전했다. 그다음 상담 회기에 그녀는 내 마음이 변화했는지를 물었다. 나는 이러한 질문이 그녀가 나의 허락을 구하고 있는 것으로 들린다고 말했고, 반면 나는 내가 이해한 것과 여전히 내가 그 상황을 어떻게 이해하고 있는가에 기초하여 설명했다. 물론 이제 이러한 대화는 부모/아동 교류와 같이 들릴 수 있었고, 내담자도 이와 같이 해석했다. 그러나 이를 그처럼 간단하게 설명하게 되면 내가 지금까지 해 왔던 임상에서, 특히 초기에 나 자신과 상담에 대해 형성해 왔던, 직면의 어떤 부분을 놓치는 것이다. 내가 확고하고 명백하게 대치시켜 놓은, 내담자와 나 사이의 이 특정한 갈등은 우리의 상호작업에서 중요한 순간 중 하나로 드러났다.

지금-여기에서 작업하기 : '방으로 넣기'

내가 관계 안에서 무엇인가를 하는 실재 인물처럼 경험할 때, 동시에 나는 관계 안에서, 방 안에서, 그리고 지금-여기에서 작업이 일어나고 있음을 자각한다. 보통 이러한 과정은 투사적 동일시 또는 무의식적 의사소통을 통해 일어난다. 상담에서 가장 강력한 순간은 상담가와 내담자 사이에 진정한 전이경험이 일어나는 때이다. 나는 상담가들이 약속을 잊어버리고, 변해버리는 식으로 내담자를 실제적으로 실망시키는 그러한 순간을 말하고 있다. 이름을 잘못 부르거나 내담자의 배경에 대한 세부 사항에서 사소한 실수를 하게 되면 상담가들이 올바르게 교정하기 위해 아무리 애쓰더라도 모든 것들이 다 잘못된 것이 되고 만다.

따라서 나는 '그 과정을 방으로 넣기'가 중요한 임상적인 도전이라고 본다. 매년 나는 유럽에 겨울이 오면 남아프리카공화국으로 간다. 이 시기는 일반적으로 상담가들이 쉬지 않는다. 수많은 겨울을 지내면서 우리는 특정 장기 내담자가 상담 과정에서 이 어려운 휴식기간을 어떻게 보낼 것인지에 대해 여러 가지 방식으로 시도를 해 보았다. 첫 해에 내담자는 이전의 상담가에게로 갔다. 두 번째 해에 내담자는 다른 접근법의 상담을 받았고, 세 번째 해에는 예술 상담가에게 상담을 받았다. 이러한 외도는 모두 생산적인 작업이었지만 동시에 문제도 발생시켰다.

네 번째 해에 나는 그 과정이 즉, 내가 없을 때 경험한 마음의 상태가 양육자인 상담가에게 표현되거나 우편으로 보내지는 대신, 방으로 그리고 우리 두 사람 사이로 들어가는 데 필요한 결정적인 요소임을 깨달았다. 이 시기에 나는 앞서 언급한 대로 내 자신의 상담 접근을 변화시키기 시작했고, 내 스스로가 내담자와 어떤 형태의 신체적 접촉도 하지 않기로 결심을 했었다. 이러한 결정을 실행하기 위해 나는 방에서 내담자와 떨어져 분리된 의자에 앉았다. 그 전에는 내담자와 나는 한 소파에 나란히 앉았었고, 이러한 자리 배치에서 내담자는 우리 둘 사이에 강한 유대감을 경험할 수 있었다. 내가 방에서 분리된 의자로 자리를 옮기자, 나는 갑자기 예기치 않게 내담자의 마음에서 매우 멀어지고 있다는 경험을 하게 되었다.

현실적으로는 그 방에서 내가 내담자와 단지 몇 야드만 떨어져 있을 뿐이었지만, 내담자가 "전 선생님과 수천 마일 떨어져 있는 것처럼 느껴져요."라고 말한 그 순간, 나는 내 자신이 멀리 떨어져 있다는, 심리적인 경험을 가까스로 재구성하려 했다는 것을 다행히 깨달았다. 일단 객관적이게 되자, 나는 내가 되돌아오고 그 사건이 일어난 이후 나에게 보고되고 있었던 것보다 우리 사이의 분리/유기 경험을 직접 작업할 수 있게 되었다.

커플상담

커플상담의 초기 단계 및 단기 커플상담은 자아상태의 관점에서 풍성하게 개념화될 수 있다. 어버이/어린이 자아상태의 상호작용을 묘사하는 계약을 포함하여 그 외 많은 인지행동적 접근은 자아상태의 개념을 어느 정도는 다룬다. 그러나 커플관계에서 좀 더 깊은 역동을 다룰 필요가 있을 때, 자아상태모델을 넘어서 좀 더 근원적인 역동에 대해 생각해 볼 필요가 있다.

사람들은 강력한 의식적, 무의식적인 이유로 파트너십을 형성한다. 관계에서 문제가 생기는 것은 한 사람을 각본으로부터 자유롭게 한다는 측면에서 볼 때, 긍정적인 배우자 선택이 종종 동시에 각본을 강화하는 요소를 포함하고 있다는, 역설적인 요소를 반영한다. 이러한 예에서 TA의 사용, 자아상태와 각본 개념, 그리고 자기영속적인 반복패턴(self-perpetuating repeating patterns)에 대해 이해하는 것은 매우 도움이 된다. 그러나 때때로 관계역동은 커플을 대표해 감정을 전달하는 한 명의 파트너와 관련이 된다. 나는 자아상태 용어보다는 이러한 용어로 개념화하는 것이 더 간단하다는 것을 알았다. 왜냐하면 자아상태의 용어는 내담자를 부모-아동 역동의 불필요한 심적 태도에 가두려는 경향이 있기 때문이다.

예를 들어, 여성 파트너를 매우 불안정하다고 본 남성 파트너가 자신의 여성 파트너를 내가 봐줄 수 있는지 요청해서 상담계약을 맺은 후 두 사람이 커플치료를 받으러 오게 되었다. 그녀를 위해 상담약속을 하려고 했던 그에게 나는 커플상담을 제안했다. 의심할 바 없이 그녀는 불안정했는데, 부분적으로는 좋은 이유에서 그랬다. 다른 사람과 교제해도 좋다는 '개방적 관계' 허용 동의하에 그는 그녀와 계속 동거계약을 맺었고, 계약에 따라 그녀는 그가 다른 여성들과 관계를 가지는 것을 완전히 허용했다. 그는 그녀가 다른 남성과 데이트를 하러 나가게 되었을 때, 이 계약에 대해 마지 못해 이해하려 노력했다. 그녀가 다른 남성과의 데이트를 경험한 후 그가 매우 암울하게 되자 명백해진 사실은 그녀가 두 사람 모두에게 해당했던, 불륜에 대한 불안정성을 대표로 전달해 왔었다는 것이다. 분명히 이러한 상황은 자아상태 용어로 설명할 수 있고, 뒤바뀐 어버이/어린이 자아상태의 위치로 표현할 수 있다. 그러나 그들 사이의 강력한 투사적 과정에 대해 집중적으로 생각해 보는 것이 나에게는 더 단순하고 임상적으로 더 명백한 것이었다.

요약 및 결론

이 장에서 나는 자아상태의 개념을 좀 더 포괄적인 관점에서 보았다. Eric Berne은 자아상태를 연구한 대표적인 이론가로서, 넓게 적용되고 타당한 이론과 언어를 우리에게 제공해 주었다. 또한 Berne의 모델은 임상적인 힘을 강화하는 발달적인 근거를 암묵적으로도 명시적으로 제시해 준다. 지난 반 세기를 거치면서 그의 고유하고, 많은 면에서 독특하고, 강력한 개념화는 다양한 대인관계 및 심리내적 분야에 적용되는 공헌을 했다는 점은 분명하다. 나는 이 장에서 잠시 다른 적용을 내 자신의 경험 사례를 들어 제시했다. 비록 이러한 논의가 매우 개인적이긴 하지만 많은 맥락과 문화를 통해, 다양한 역할로 내가 작업할 수 있었던 것은 행운이었고 특권이었다. 이 모든 상황 속에서 나는 TA에 대한 지식과 이해가 매우 도움이 되었다는 것을 깨달았다. 반면 이러한 해석이 내 마음대로 사용한 독단적인 방식이었다는 한계도 있을 것이다. 따라서 균형 있게 전체를 통합하는 하나의 관점이 만들어지려면 장단점 및 이점과 한계가 있다는 것을 제시했다.

결론적으로, 나는 자아상태 개념의 가장 강력한 힘은 상담의 초기 접근에 있다고 본다. 즉, 자아상태 개념은 내담자들이 그들 자신과 다른 사람들에 대한 심리적 이해를 할 수 있도록 상담의 길을 열어 주는 데 도움을 준다. 우리의 내면세계에 분리되어 있으면서도 함께 공존하는 독립된 자아상태에 대한 개념은 매우 강력하며, 임상적으로 유용하고, 탁월하게 실제적이다. 잘 알려진 바와 같이 좋은 이론만큼 실제적인 것은 없다. 자아 상태이론은 이를 증명한다. 더 나아가 정신분석학의 뿌리를 통해 TA는 많은 동시대적인 접근 및 인간관계와 역동에 관한 가장 현대적인 관계적/발달적 관점과 통합되고 있다. 그러나 더 복잡하고 심층적인 상담을 할 때 그리고 인종, 피부색, 정치, 대규모 집단의 행동과 폭력의 문제들을 다뤄야만 할 때, 새롭고 상이한 개념, 새로운 이론, 심지어 새로운 패러다임은 꼭 필요하다.

참고문헌

Berne, E. (1961) *Transactional Analysis in Psychotherapy,* New York: Random House
Berne, E. (1994) *Principles of Group Treatment.* Menlo Park, Ca: Shea Books. (First Published. 1966)
Bion, W. (1978) *Second Thoughts.* London: Heineman
Hargaden, H. and Sills, C (2001) Deconfusion of the Child: a relational perspective *Transactional Analysis Journal* 31(1) 55-70
Hargaden, H. & Sills, C (2002) *Transactional Analysis - A Relational Perspective,* London: Routledge.
Moiso, C.M. (1985) Ego states and transference. *Transactional Analysis Journal* 15(3) 194-201
Moiso, M. & Novellino, M. (2000) An overview of the psychodynamic school of transactional analysis and its epistemological foundations. *Transactional Analysis Journal* 30(3) 182-187
Novellino, M. (1984) Self-analysis of countertransference. *Transactional Analysis Journal* 14(1) 63-67
Novellino, M. (1985). Redecision analysis of transference: a TA approach to transference neurosis. *Transactional Analysis Journal,* 15(3) 202-206
Shmukler, D. (2001) Reflections on Transactional Analysis in the context of contemporary relational approaches. *Transactional Analysis Journal,* 31(2) 94-102

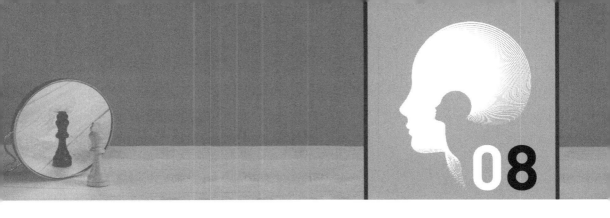

정밀 분석

교류적 정신분석 틀 내에서 어른 자아상태의 무의식적 의사소통과 의사소통 규칙의 수정

Michele Novellino

TA는 다른 정신분석 학파와 마찬가지로 특히 지난 10년 동안 의미 있는 변화를 겪어 왔다. 예를 들어, 2001년 1월에 정신분열성 성격장애에 대한 *Transactional Analysis Journal*(Daellenbach, 2001)의 연구 주제는 Fairbairn, Stern, Kohut 등이 거론되는 정신분석적 참고문헌으로 꽉 찼다. 나는 이를 기쁘게 생각하는데, TA에 대한 나의 연구 접근도 시작부터 정신분석에 근거를 두었기 때문이다(Novellino, 1982).

그럼에도 정신분석적 동향에 대한 더욱 정밀한 연구는 단순한 비교 그 이상을 의미한다. 대신, 우리는 Berne의 작업이 늘 그래 왔듯이 얼마나 정신분석적으로 뿌리가 깊은지를 점차 더욱 깨닫게 된다. Freud(1905)는 정신분석치료의 중심을 전이와 저항이라고 보았다. 오늘날까지 이 두 개념은 계속 발달하고 있지만 Freud가 실제로 말한 것이 무엇인지에 대해 집중해 본다면 정신분석치료의 범주 안에 TA를 두는 것이 어렵지 않다는 것을 알 수 있다. 더 나아가 Berne은 그의 작업의 다른 부분에서 전이 현상의 핵심적인 중요성을 강조하고(1961, 1966, 1972), TA 상담가들을 준-프로이트 학파(para-freudian)로 규정한다(1972). 사실, 나는 TA가 동시대의 정신분석에서 파생된 것으로 주장한다. 이와 같이 심리상담에서 교류에 중심을 두는 또 다른 형태의 분명한 표현이 필요하다.

Bateman과 Holmes(1995)는 여러 정신분석 학파와 공유한, 근본적인 요소를 밝혀냈는데, 내담자와 상담가 사이의 상호작용이 핵심적으로 가장 중요하다는 것이다. Sandler(1994)는 '현재의 무의식(present unconscious)'이라고 했으며, Klein(1976)이 '임상이론(clinical theory)'이라고 묘사한 현상이다. TA 상담가로서 우리는 집단상담이든(Berne, 1961, 1966) 개인상담이든(Novellino, 1998) 상담현장에서 일어나는 교류에 강하게 집중하는, Berne의 방법론에 친숙하다. 이러한 이유로 TA는 Bateman과 Holmes가 서술한 근본적 요소를 명백하게 증명한다.

Berne은 교류의 세 가지 기본적 유형으로 상보 교류, 교차 교류, 이면 교류를 규명하였고, 이는 모두 치료적 관계 내에서 드러날 수 있다. 교차 교류는 전이, 역전이와 관련된다. 제1유형 교류는 '전이'이다. 내담자는 심리상담가에 의해 제시된 어른자아-어른자아 자극에 어린이자아-어버이자아 반응으로 반응한다. 즉, 내담자는 그 자극을 상담가의 어버이 자아상태로부터 나온 것으로 지각한 듯이 행동한다. Berne은 이러한 유형의 교차 교류를 관계에 존재하는 갈등의 여러 부분을 묘사하는 데 있어서 핵심적인 것으로 본다. 그는 또한 제2유형 교차 교류를 '역전이'라고 제시한다. 내담자에 의해 제시된 어른자아-어른자아 자극에 대해 이번에는 심리상담가가 마치 내담자를 어린이 자아상태에서 지각한 것처럼 어버이자아-어린이자아로부터 반응을 하는 것이다. 즉, 이러한 교류는 각본으로 움직이고 결말로 가는 것으로 보인다. 유사하게, 이면 교류는 사회적 수준의 교류 이면에 각본 강화로 이끄는, 각본이 적재된 메시지로 보인다.

그러나 Berne은 그의 연구에서 여러 장에 걸쳐 전이의 문제를 다룬 반면, 엄밀한 의미의 TA에 관해서는 그의 이론을 단순화된 개념에 제한한 것이 사실이다. 특히, 의사소통의 규칙들을 다룰 때 전이에 대한 명백한 언급이 없다(제1규칙은 1963년에 제2규칙과 제3규칙은 1966년에 다루었다). 제1규칙은 상보 교류에 적용되며, 이러한 상보 교류에 기반을 둔 의사소통은 계속해서 진행될 수 있다고 밝힌다. 제2규칙은 교차 교류에 적용이 되며, 교차 교류에 기반을 둔 의사소통은 정지되거나 말을 가로막게 된다. 제3규칙은 이면 교류에 기반을 둔 의사소통이 주로 심리적 수준에서 정의되는 행동적 결과를 낳게 된다고 단언한다.

1964년에 Berne은 이러한 규칙들을 언급하면서 이는 교류의 속성 및 내용과는 별도로 유지되며 따라서 벡터 방향에 기반을 둔다고 하였다. 나는 이러한 설명이 매우 계몽적이라고 생각한다. Berne은 벡터 방향에 독점적인 의미를 주면, 그에 따라 불가피하게 환원주의적인 의미를 부여하게 되기 때문에 결국 독점적 요소들만이 의사소통의 결과가 될 수 있다는 위험을 무시하는 것처럼 보인다.

McCormick(1977)은 7개 유형의 상보 교류와 72개 유형의 교차 교류만큼 많은 가설을 세우는 것이 어떻게 가능한가를 이미 강조했다. 이러한 자료를 참고하며, Massey(1991)는 신심리적 자아상태(neo-psychic ego states)와 관련된 것을 제외한 모든 유형의 교차 교류는 전이 사건의 연속으로 보아야 함에도 Berne은 교류적으로 전이 현상을 설명하기 위해 (제1유형으로 정의되는) 단 한 가지 유형의 교차 교류만을 고려했다고 주장한다. 의심할 여지없이 Berne은 두 유형의 교차 교류, 즉 전이와 역전이를 가지고 치료적 의사소통에서 중요한 대인관계 과정의 길을 열었다. 이제 전이 이론의 첫 공식적 표현 ― 정신분석적인 표현 ― 과 일관되게 그것을 확장시키고 갱신할 책임이 우리에게 달려 있다. 나는 이와 같은 방향으로 몇 년간 이론적 연구에 헌신했고(Novellino, 1984, 1985, 1987, 1990), 이제는 치료적 의사소통에 대한 정신역동적 이론을 발달시킬 수 있다고 생각한다.

TA 상담가는 의식하지 못한 채 어린이자아 또는 어버이자아의 전이 메시지를 전달하며 상담가를 게임으로 끌어들이는 '오염된' 교류 개념에 익숙하다. 그러나 단순히 어린이자아로의 전이 퇴행이라는 용어로 모든 무의식적인 교류를 설명하는 것은 지금-여기에서 상담가와 내담자가 함께 형성한 관계와 그 무의식적인 과정의 현실을 무시하는 것이다. 따라서 나는 어른 자아상태에 위치한, 또 다른 수준의 무의식적 심리적 수준의 교류를 제안한다. 그 목적은 각본을 더 확장시키는 것이 아니라 각본에 영향을 주지 않고 각본을 드러내는 방식으로 내담자 자신의 경험을 상담가에게 전달하는 데에 있다. 이는 상담가가 다른 방식으로 작업을 하도록 초대하는 것이며, 불가피하게 의사소통의 규칙을 정신역동적으로 수정하도록 한다. 이 장은 특히 어른 자아상태 내에서 무의식적인 의사소통이론을 참고하여, 전이 이론의 관점에서 의사소통 규칙의 사용을 검토하는 데 목적을 둔다.

교류적 정신분석이란

이 절에서 나는 TA를 사용한 다른 접근과 구별하기 위해 동시대적인 정신분석으로서의 TA를 고찰해 보고자 한다. 이를 분명히 보여 주기 위해 상담가의 독특한 양식과 내담자의 임상 상황뿐만 아니라 기존의 TA 학파들 간의 주요한 차이점과 유사점을 실제적으로 보여 주는 '실질적' 상담 사례를 제시할 것이다.

회기의 도입부에서 내담자는 다음과 같이 말한다. "잘 들어 보세요…. 선생님께서 저에게 하라고 말씀하신 것들을 전 정말 할 수가 없어요. 선생님께서는 부부싸움을 할 때 제 아내와 저 사이에 어떤 일이 일어나는지 집중하라고 말씀하셨지만, 저는 싸움이 일어나면 정말 생각을 할 수가 없어요…. 이 상담이 저에게 맞는 것인지 아닌지에 대해 고민하기 시작했어요…. 상담을 시작한 지 몇 달이 지났는데 진짜 변화된 건 없어요…."

이러한 상황에 대해 다른 학파에 속한 상담가들이 어떻게 반응할지에 대해 상상해 보자. 고전 학파(classical school) 상담가들은 어른 자아상태의 에너지 집중(cathexis)을 격려하기 위해 또는 내담자가 상담가에게 제시하고 있는 심리적 게임을 분석하기 위해서[이런 경우에는 '의족(Wooden Leg)'] 내담자가 의사소통을 하고 있는 자아상태가 무엇인지를(위의 사례에서는 순응하는 어린이) 자신에게 생각해 보라고 할 것이다. 재결단 학파(redecision school) 상담가와 통합 - 절충 학파(integrative-eclectic school) 상담가는 내담자 자신의 개인적 힘을 회복하기 위해 내담자로 하여금 "나는 할 수 없어요."란 표현을 "나는 원치 않아요."라고 바꿔서 표현하게 할 것이다. 그런 다음 내담자가 생각할 능력을 포기하기로 결심했던 아동기의 한 장면을 회상하게 하면서 어린이 자아상태로 내담자를 초대하는, 계약된 퇴행작업(contractual regressive work)을 할 것이다. P_1 안에 심리내적으로 가정된 금지령(생각하지 마라 또는 내담자가 생각하지 않기로 결심했던 다른 무엇)은 기억되는 인물로 '의인화'될 것이다.

재양육 학파(re-parenting school) 상담가는 그 상황에서 암묵적인 공생적 결과를 분석하여 자아상태를 이용해서 디스카운트(위 사례의 개인적 능력에 대한 디스카운트)와 수동성(아무 것도 하지 않음)을 밝혀내거나 직면할 것이다.

정신역동 학파(psychodynamic school) 상담가는 내담자의 주장에서 추론되는 전이와 역전이 기제에 개입의 초점을 맞출 것이다. 핵심 주제는 분석적 관계 내에서 내담자가 말하고 있는 것에 대한 더 깊은 의미가 될 것이다. 예를 들어, 변화에 대한 불신과 평가절하의 감정을 상담가에게 투사하려는 시도처럼 이런 방식의 사고와 작업은 TA의 다른 접근과 다르며, 동시대적인 정신분석의 사고와 전적으로 양립된다.

많은 사실들이 다음의 진술을 지지한다.

1. 본능에 기초하는 이론으로부터 온 정신분석은 Klein(1948)과 특히 Sullivan(1964) 이래로 대인관계 발달 개념의 관점에서 정신병리학을 이해하는 쪽으로 이동해 왔다. 따라서 그 강조점을 점차적으로 치료적 관계에 두고 있다.

2. 전이와 저항은 정신분석학자들과 정신분석학 지향의 심리상담가만이 개입하는 고유한 임상 영역으로 남아 있다.

3. 원래 상담가의 '논리'에 기초하여 이해되었던 '해석'이 오늘날에는 보다 직관과 공감에 기초하는 것으로 보인다.

4. 상담의 상호작용 중에 항상 현전하고(present), 제거될 수 없는 '무엇인가'는 무의식적이다.

TA에 대한 주된 오해는 TA가 '인본주의 심리상담'이므로 정신분석 및 행동주의 운동과는 다르다고 보는 것이다(Clarkson, 1992). 이러한 문제를 둘러싼 갈등은 늘 있었다고 생각한다(Novellino, 1990). 인본주의 심리학(Rogers, May, Maslow 등)은 개인의 본질과 심리학자의 역할과 관련된 이데올로기와 가치의 '운동(movement)'이다. 이러한 이데올로기는 메타심리학적 또는 방법론적인 상태를 넘어선다. TA를 이러한 운동으로 보는 것은 Berne의 이론적 근거의 깊이를 저하시키는 것이고, 역설적으로는 그 혁신적인 본질의 질을 떨어뜨리는 것이다. 따라서 접근의 철학적(인본주의적-실존주의적)인 수준을 이론적-방법론적(정신분석적)인 수준으로부터 분리시키는 것이 필요하다.

정신역동학파 내에서 모든 Berne의 작업은 Freud의 참고문헌을 수정하기 위한 지속적인 시도로 보일 수 있다. Berne은 사망할 때까지 TA 상담가는 '준-프로이트 학파(para-freudian)'라고 주장하였다. TA 상담가는 반복되고 예측이 가능한 대인관계 행동패턴을 따르도록 개인을 이끄는, 무의식이 된 아동기의 경험과 각본분석을 통해 작업을 한다. 자아는 TA 이론 내에서 반영의 핵심에 남겨져 있으며, 첫 번째 자아심리학자들(이탈리아 정신분석학회의 공동 창시자인 Federn과 Weiss)의 발자취를 따른다. 반면, Freud 성격의 세 구성 요소 중 초자아와 이드의 양극은 추상적이고 2차적 차원으로 격하시켰다. Berne은 한편으로는 자아심리학의 전통에, 다른 한편으로는 대상관계이론의 발달 근처에 그 자신의 입지를 두었다. 심지어 Fairbairn(1952)도 대상을 충족시키는 방향으로 나아가는 리비도적 자아를 묘사하면서, 반리비도적 자아, 일종의 내적으로 박해하는 대상, 그리고 관찰하는 중심 자아인 자아의 3자 이론을 제시한 것을 기억하는 것이 중요하다고 제시하였다. 따라서 Berne은 본능이론(instinctual theory)에서 대인관계적 동기이론(interpersonal motivational theory)으로 이동하면서 대상관계이론 및 자기심리학의 위상에 대해 많은 것을 예측하게 된다. 간단히 말하면, Berne은 사실 동시대적 정신분석이 이론적이고 임상적인 연구를 통해 직면한 결과로, 이제서야 발견한 일종의 교차로에서 그의 작업을 했던 것으로 보인다.

따라서 TA는 특별히 대인관계적 관점에서 성격에 대한 현상학적인 연구를 하는 심리상담으로 분류된다.

Berne의 자아

Berne의 자아는 내적 및 외적 에너지를 중재하기 때문에 Freud의 자아개념과 일치한다. 이는 세계 및 개인사에 관련된 개인의 항상성을 다룬다. Berne은 다음 세 가지 기본적인 심리적 주제의 핵심에 자아를 두는 시도를 한다.

- 자기자각
- 개인의 운명
- 사회적 행동

자아는 관계적 본질을 지닌 일련의 사건들로부터 나온 결과로 생각되며, '교류적' 아동이 겪는 환경적 변천이 실제적이기도 하고 환상적이기도 한, 그들의 역동적인 경험 내에서 보여진다. 어린이자아-어버이자아 교류는 내적인 대화와 대인관계적 행동 수준에서 같은 교류를 반복하는 심리내적인 '예치금'을 비축하도록 이끈다. 어린이 자아상태는 아동이 부모 대상과 상호작용하면서 누적한 의미 있는 경험의 총합이며, 이러한 경험이 인지적 수준과 정서적 수준에서 어떻게 고착화되었는지를 보여 준다. 어버이 자아상태는 아동이 내사한 인지적이고 정서적인 부모 이미지의 총합으로 보인다. 이러한 이미지들은 금지의 태도이자 성격 기능을 촉진하는 태도로 어린이자아의 체계와 역동적인 관계를 유지한다.

개인사 내에서 실제적으로 일어난 역동적인 교환의 반복들, 즉 어린이자아-어버이자아의 상호작용에 기초하여 개인이 지금-여기에서의 접촉을 분석하는 능력(어른 자아상태)을 점차적으로 발달시키도록 이끄는 정신능력의 발달도 있다.

동기

따라서 이 모델은 모두 자아 적응의 주요한 기능에 관련된 세 가지 자아 조직체계를 제시한다. 이 체계 내에서 Berne의 작업을 특징짓는 이면적 측면이 바로 **동기** 개념이다. 여기서, Berne은 전통적인 Freud식 사고와 달리 주요한 인간의 동기를 성적이거나 공격적인 것으로 보지 않고, 오히려 '인정기아(recognition hunger)'라고 봤는데, 이는 환경적인 자극을 받으려는 내적, 일차적 욕구이다. Berne은 이러한 '기아'를 어린이자아-어버이자아 상호작용에서 핵심으로 본다. 인정기아는 생존의 문제로서 부모 대상과 다양한 상호작용을 하도록 아동을 이끈다. 이러한 상호작용이 어떻게 일어나는가는 아동이 자기와 현실에 관하여 가정하는 태도를 결정할 것이다.

Freud 모델에서 인간의 동기는 복잡한 방어체계를 통해 일차적인 성적, 공격적 본능을 중재하는 심리적 욕구라고 설명한다. 즉, 이러한 본능으로부터 나온 내적 압력은 환경과의 갈등을 해결하기 위해 대인관계 세계에 대한 이차적 내재화를 통하여 심리 장치를 밀어 붙인다.

관계에 대한 욕구로서 인정기아의 중심적 역할을 밝혀내면서 Berne은 애착을 이차적인 욕구로 본 Freud와 달리 일차적인 욕구로 봄으로써 Freud와 또 한 번 견해를 달리 했다. 이로써 Berne은 관계 개념의 중요성을 발달시킨 또 다른 정신분석학자인 Bowlby(1969)와 유사한 틀 안에 그 자신을 자리매김하고 이에 따라 원래 Freud식 추동 개념으로부터 멀어지게 된다.

자기자각, 개인의 운명, 사회적 행동

Berne은 개인의 운명을 두 가지 심리적 상태인, 자율성과 각본의 역동적인 효과로 본다. 자율성은 현실적인 선택을 가능하게 하는 자아상태에 대한 최대한의 자각과 이해의 결과로 볼 수 있다. 각본은 아동이 인정에 대한 욕구를 충족시키고 보호하기 위해 만들었던, 원형적 결단을 지금-여기에서 반복하는 것이다. 따라서 심리적 각본개념은 심리내적 관점과 관계적 관점 모두에 그 근원을 둔다. 심리내적인 수준에서 각본은 반복강박과 전이신경증의 '후손'이다. 즉, 관계적 수준에서 각본은 지금-여기의 교류와 게임으로 이끄는, 내재화된 어린이자아-어버이자아 교류의 총합으로 이해된다. 이러한 개념은 전적으로 대인관계의 정신의학에 대한 Sullivan(1964)의 연구와 맥을 같이 한다.

자아상태와 각본이 Berne의 작업에서 가장 혁신적이고 특징적인 측면을 제공한 수준은 바로 이 관계적 수준에서이다. 자아상태는 다른 자아 이미지를 활성화하고, 다른 자기 자각 상태의 출현을 결단해서 관찰 가능한 행동으로 나타나도록 이끄는 현상으로 생각할 수 있다. 자아상태와 각본은 연역적으로나 귀납적으로 모두 분석이 가능하므로 주체의 현재로부터 또는 아동기의 역사로부터 나올 수 있다. 개인의 교류 양식에 따라 개인의 인생 경험에서 인지될 수 있다.

따라서 새로운 자아 메타심리학(ego metapsychology)과 분석적 방법론으로서 Berne의 이론적–방법론적인 장치는 관계적 사건을 중심에 놓는다. Berne의 고유한 작업 결과는 모두 TA를 현대 정신분석운동 내에 직접적으로 배치하는 것이다. 해석의 전략에서는 여전히 정신분석에 닻을 내리고 있지만 오직 Freud의 입장만을 고수하지는 않으므로 TA는 신–정신분석적 심리상담(neo-psychoanalytic psychotherapy)이 된다. 따라서 나는 Berne의 이론이 진정한 교류적 정신분석이라고 주장하는 것이다(Nobellino, 1996, 2002).

Mitchell(1988)은 최근의 정신분석 발달을 고찰한 중요한 연구를 통해 관계적 운동(relational movement)을 정신분석 내의 '선택적 통합'으로 묘사한다. 관계적 운동은 관계 매트릭스 내에서 여전히 정신역동적인 현상을 고려하면서 심리내적 현상과 대인관계적 현상 간의 명백한 대립을 극복하기 위한 길을 제시한다. 관계는 내적 대상관계를 행동화하는 것뿐 아니라 개인 내적인 자기규제에 대한, 마음의 일차적 요구의 결과로 이해되어야만 한다. Mitchell이 대인관계 교류(1988)에 대해 저술한 방식은 특히 타당해 보이는데, 이는 관계적 정신분석 운동 내에서 Berne 이론의 정당한 존재 가치를 확증하기 때문이다. 따라서 진정한 교류적 정신분석으로 Berne의 심리상담을 재명명하는 것은 결코 은유적인 것이 아니며 진정 정확한 것이다.

Berne 모델은 Mitchell에 의해 묘사된 인식론적 표준에 전적으로 부합한다.

1. Berne은 Freud의 구조 개념과 관련된 가정에 관해 Freud 모델로부터 출발한다. 이는 자아상태 및 무의식적 역동개념과 일치할 수 있고, 심리적 게임과 각본이론에 나타나 있다. 그는 행동의 일차적 동기로 스트로크 기아라고 알려진 심리적 욕구를 모호하지 않게 제시함으로써 혁신적인 방식으로 Freud를 뛰어넘는다.
2. 심리내적인 역동과 대인관계적 역동은 동전의 양면과 같다. 내적 대화와 대인관계 의사소통은 대인관계의 맥락에서 개인의 활동에 대한 상호적 거울이다.
3. 대인관계에 대한 원형모델은 상호적 역동성 내에서 현재의 것들에 영향을 미친다.

즉, 주양육자인 부모 대상과 어떤 상호작용을 했느냐가 부분적으로 지금-여기의 교류양식을 설명한다. 그러나 후자는, 예를 들어 심리상담적 관계는 초기의 모델을 계속적으로 정교화시킨다. 접촉의 변천은 과거와 현재 간 지속적인 상호작용의 결과로 나타나는 것이다.

4. Berne이 제시하는 마음은 실제적인 의사소통(다른 가능한 교류 내에서 반영되는 자아상태 간 내적 대화) 분석 내에서, 그리고 정신병리학 분석에서, 게임과 각본을 분석하는 양자적 유형이다.

이 장에서 제시된 모든 자료는 Berne의 직관의 핵심으로 이러한 관계의 특징을 나타내고 있다. 이제 교류적 정신분석 틀 안에서 의사소통이라고 불리는 Berne 이론의 특정 영역을 분석해 보자.

제4규칙과 제2유형 전이 교류

Berne(1961)은 어릴 때부터 시간 경과에 따라 맺어온 각각의 대인관계에서 상호작용한 자아상태를 규명하는 것이 '엄밀한 의미의 TA'의 목적이라고 밝혔다. Berne은 효과적인 치료적 동맹을 맺기 위해 TA 상담가가 따라야 할 필요가 있는 대인관계 역동의 원칙들인, 의사소통의 세 가지 규칙을 통해 소위 사회 정신의학의 기반을 확립하였다. 최근 TA의 신-정신분석적 발달은 앞에서 언급한 교류적 변천인 전이와 역전이 현상과 관련된 방법론적인 요구를 충족시키기 위해 세 가지 규칙을 갱신해 줄 것을 요구한다. 나는 TA가 무의식적 의사소통 이론 내에서 전이 교류의 개념의 틀을 잡을 것을 제시하는데, 이는 어른 자아상태 내에서 의사소통의 심리적 수준을 포함하는 것이다. 이는 의사소통의 규칙에 대한 Berne의 작업을 갱신할 필요가 있음을 의미한다.

TA 커뮤니티에서의 논의

TA 학계는 TA에서의 전이 주제를 광범위하게 다뤄왔다. 특히 1991년 4월과 7월 *Transactional Analysis Journal*의 주제로 전이를 다뤘는데, Erskine, Allen과 Allen, Clark, Clarkson, Jaoui, Shmukler, Karpman, Matze, Massey, 그리고 Joines의 연구를 예로 들 수 있다. 전반적으로, 이상의 연구 중 다수가 전이 주제에 대해 철저한 교류적 검토를 하는 데 관심을 보이기보다는 심리내적 관점으로 접근한 연구에 관심을 보인다. 철저한 교류분석적 관점에서 전이를 살펴본 탐색적 연구는 나의 연구(1984, 1985, 1987)와 Moiso(1985)의 연구를 참고하라.

Erskine(1991)은 전이 교류에 대한 유용한 정의를 제시하는데, 이를 외심리 자아상태와 원형심리 자아상태 내에서 심리내적인 갈등을 대인관계적으로 표현하는 것으로 보았다. 이러한 관점에서 그는 치료적 의사소통을 (순응하는 어린이자아 또는 적극적 어버이자아로부터 비롯된) 전이 교류(신-심리적 자아상태로부터 비롯된)와 비-전이 교류(non-transference transaction)로 분리시킨다. 그는 또한 각본과 방어기제의 관점에서 전이 현상을 분석한다. 비록 그의 연구가 근본적으로 중요하지만 자극-반응의 관점에서 현상을 분석한 것이 아니므로 그가 사용한 '교류' 개념은 부적절하다고 생각한다. 원래의 철저한 방식으로 전이 주제를 연구한 Clarkson(1991, 1992)은 어른자아-어른자아 자극이 심리상담가에 의해 활성화될 때, 내담자는 어린이 자아상태나 어버이 자아상태로 반응을 할 것이라는 점을 명확히 제시하면서 Berne의 전이 교류 개념을 확장한다. 이는 Erskine(1991)과 Massey(1991)가 제시한 바와 맥이 같다. Clarkson(1992)은 내담자로부터 어린이자아-어버이자아 자극을 할 때 심리상담가가 어른자아-어른자아로 반응하면 전이 교류가 일어날 수 있다고 말하면서 Berne의 전이 교류 개념을 더 깊이 설명하려고 시도하였다. 그러나 내가 이해하기로는 Clarkson이 주장한 교류는 Berne이 '짜증나게 하는(exasperating)'(1961)이라고 표현한 개념일 것이다.

Allen과 Allen(1991)은 전이 유형에 대한 흥미로운 분류를 제시한다. 첫 두 유형은 초기 갈등의 측면을 상담가에게 투사하는 것에서 비롯된다. 그 첫째 유형은 Berne의 전이 교류, 둘째 유형은 Moiso의 분열 전이(split transference)(1985)이다. 셋째 유형은 초기 발달의 고착화에 대한 투사로부터 비롯된다(Clark, 1991; Shmukler, 1991). 넷째 유형은 초기의 비병리적인 측면의 투사로부터 비롯된다.

Hargaden과 Sills(2001)는 비록 설명하려는 개념들을 세 가지 전통적인 유형의 교류와 충분할 정도로 뚜렷하게 구분하고 있지는 못해서 어른자아의 의사소통의 무의식적인 수준에서 과거와 현재의 상호작용의 혼재를 완전히 분석하지는 못하고 있지만, 그들의 세 유형의 전이를 기술하면서 치료적 관계 내에서 전이 의사소통을 거의 명백하게 표현할 뻔했다.

Karpman(1991)의 연구는 교류적 관점에서 전이에 접근하는 몇 안 되는 시도들 중 하나를 제시한다. 그는 IB 유형의 전이 교류를 가정하는데, 내담자의 반응은 어린이자아로부터 나오는 것이 아니라 어린이자아에 의해 오염된 어른자아로부터 나온다고 가정한다. 내가 생각하기에 Karpman이 실제적으로 제시하고 있는 것은 기능적인 관점보다는 구조적 관점에서의 제1유형 전이 교류의 분석이다.

요약하면, 이상의 참고문헌에서는 전이 현상에 대한 논의는 풍성하지만 전이 교류의 요소, 즉 내담자가 상담가에게 하는 무의식적인 의사소통을 직접 분석한 연구는 거의 없다.

무의식적 의사소통

1987년과 1990년에 나는 TA 내에서 무의식적인 주제를 연구하여 정신역동 교류분석(Novellino & Moiso, 1990)이라는 주제를 개발하였다. 나는 어른 자아상태로부터 무의식적 의사소통의 개념을 소개하면서 교류적 관점에서 전이의 쟁점을 심층적으로 연구할 것을 제안하는데, 이는 내담자가 심리상담가에게 보내는 메시지로 구성이 되며 다음과 같은 특징을 지닌다.

1. 의사소통은 자각하지 못한 채 일어나며 의식할 수 없다. 즉, 이는 무의식적인 수준

에서 일어나며 따라서 해석 작업을 통해서만 접근이 가능하다.

2. 메시지는 상담 상황 밖의 사실들, 사건들, 사람들에게 초점을 맞춘 이야기를 통해 소통이 된다(교류의 사회적 수준).

3. 심리적 수준은 **연합된 연결**을 통해 일어난다. 즉, 주제는 치료적 관계, 특히 내담자가 심리상담가를 경험하는 방식에 관련된다.

4. 심리적 수준의 목적은 각본결말이 아니다. 예를 들면, 이는 심리적 게임이 아니다.

5. 반면 목적은 의식적인 이성으로는 받아들일 수 없는 정서적인 경험을 심리상담가와 의사소통하는 것으로 구성된다.

임상 사례 1

R은 남편과 별거하고 우울 삽화가 나타난 후 심리상담을 하게 된 40대 초반의 여성이다. R의 초기 목적은 삶의 기쁨을 다시 찾는 것, 사회적으로 의미 있는 새로운 관계를 맺는 것, 별거를 받아들이는 것이 너무 어려운 이유를 이해하는 것이었다. 상담에서 정화와 명료화 작업을 거치면서 심리적으로 거리가 먼 아버지의 부재와 기본적으로 늘 우울했던 어머니 밑에서 자란 자신의 발달에서의 중요성을 인식했다. 그녀의 기분은 점차 나아졌고, 사회적 관계도 성장했으며, 무엇보다 만남이 가능하고 다정한 한 남성과 사귀게 되었다. 상담 중 한 시점에서 R은 기분이 호전되었고, 문제로부터 해방감을 느낀다고 더 자주 말하기 시작했다. 그녀는 이제 상담 종결의 가능성을 고려하기 시작했다. 그러자 곧 특정 회기 동안 다음과 같은 갈림길에 서게 되었다.

R : 일전에 제게 일어난 일에 대해 말씀드리고 싶어요. 전 제 삼촌을 뵈러 갔어요…. 삼촌이 저에게 얼마나 소중한 분인지 선생님께서는 아시죠. 삼촌은 어릴 적 저와 놀아 주셨던 유일한 분이었어요. 삼촌은 저에게 동화를 들려주었고, 삼촌이 집에 계실 때만 평화롭게 잠을 잘 수 있었어요. 아프시다는 것을 잘 알고 있었지만 뵈러 가기까지는 시간이 좀 걸렸어요. 삼촌 집을 나오는데 너무 슬펐어요. 상담을 하면서 기분이 나아진 이후로 다시 우울한 기분을 느낀 건 이번이 처음이네요.

상담가는 그 이야기를 듣는 동안 일종의 죄책감을 의식하며 강하게 불편한 감정을 느끼지만 그런 감정의 본질이 무엇인지는 아직 명백하지가 않다. 그래서 그는 내담자에게 이렇게 질문한다.

T : 당신을 슬프게 만든 게 무엇이라고 생각하죠?

R : 저 자신에게 물어봤어요…. (말하는 동안 그녀의 표정은 눈에 띄게 우울해 보인다) 아마도 삼촌이 곧 돌아가실 거라는 생각을 했을 것이고, 내가 어릴 때 보호받는 느낌을 가졌던 유일한 분을 잃게 될 거라고 내 자신에게 말했어요.

T : 당신이 어떻게 살아왔는지를 알기 때문에 그러한 반응은 매우 이해가 갑니다.

상담가는 불편한 감정이 점차 커지는 것을 느끼고, 이런 감정이 내담자가 표현하고 있는 것과 뭔가 직접적으로 연관되어 있다는 것을 느낀다. 이 시점에서 그는 직관을 가지고 그것을 확인해야 한다. 상담가는 내담자에게 질문한다.

T : 당신은 최근에 삼촌의 행동에서 뭔가 다른 것을 알아차렸나요?

R : 생각해 보면…. 네. 그래요. 삼촌이 안부를 물어 보려고 전화한 지는 아주 오래 되었어요…. 하지만 삼촌이 아프다는 것은 분명하니까…. 아마도 이젠 내가 삼촌을 돌봐야 할 유일한 사람이라는 게 맞겠죠….

이러한 반응 이후, 상담가는 그의 직관이 아마도 옳았다는 것을 이해하기 시작한다. 지난달 상담가는 심각한 가족 상황이 생겨서 내담자와의 상담을 두 번 연기하자고 요청했어야만 했다. 상담가의 아들이 최근 수술을 받았는데, 내담자는 그에 대해 몰랐다. 내담자가 아닌 상담가에 의해 상담 시간이 변경된 것은 그 두 번이 다였다. 상담은 일주일에 한 번, 항상 같은 요일, 같은 시간에 있었다. 이러한 변경은 내담자가 상담의 종결을 고려하고 있었을 때 일어났다. 상담가는 내담자에게 자신의 가설을 제안한다.

T : 저는 당신의 삼촌과의 이번 만남이 우리 관계 내에 있는 무엇인가를 의미

할 수 있다는 인상을 받습니다.

R : 그게 무슨 말씀이시죠…? 어떤 식으로요?

　　내담자의 말은 놀라고 이해하지 못하고 있다는 것을 표현하고 있지만, 상담가는 내담자의 얼굴이 빨개지기 시작한 것을 알아차린다.

T : 당신은 제가 이번 달에 우리의 상담을 두 번 연기하자고 요청했던 걸 기억하나요?

R : 네, 맞아요. 그런데 제가 깜빡 잊고 있었어요….

T : 맞아요. 저는 당신이 그걸 잊어버린 사실이 중요하다는 인상을 받았고, 우리가 그에 대한 당신의 감정에 대해 이야기를 나누지 않았다는 것을 깨달았어요. 그런 일이 일어난 게 처음이었고, 만약 당신이 그에 대해 생각했다면, 당신에게 중요한 시간에 그 모든 일이 일어난 건데….

R : 선생님께서는 제가 상담을 종결할 감정의 준비를 하기 시작했다고 말했던 걸 언급하시는 건가요?

T : 네. 바로 그거라고 생각해요. 이제 당신이 삼촌과의 슬픈 만남을 통해 저에게 말하고 싶었던 것이 무엇이었는지를 이해하겠어요?

R : 확실하진 않지만, 그럴 수도 있겠네요. 제가 성장했다고 느낀 순간 선생님께서는 저에게서 멀어지기 시작하셨고, 더 이상 제가 선생님께 기댈 수 없는 것 같았거든요.

T : 저도 비슷한 걸 생각하고 있었어요. 또한 당신의 슬픈 감정을 이해하는 데 도움이 될 수 있는 당신의 과거사에 대해 우리 둘 다 특별한 것을 알고 있다고 생각했어요. 당신이 엄마에게 데이트하러 나가도 되냐고 물어보면 엄마가 슬퍼하는 걸 볼 거라고 한 사실에 대해 우리가 얼마나 많이 작업을 했는지 기억해 보세요. 보통 당신은 죄책감을 느끼기 시작했고, 그래서 그냥 엄마 곁에 있었죠?

R : 네…. 전 그걸 마음으로 느껴요…. 저는 선생님을 돌봐달라는 요구로 선생

님께서 우리 상담을 미루자고 하신 것처럼 느껴졌어요. 그런데 그게…. (흐느껴 울기 시작한다) 제가 드디어 다른 사람과 사랑에 빠졌을 때였죠.

코멘트

이 장면은 정신역동 교류분석의 중요한 방법론적 원칙을 사례로 보여 준다. 첫째 원칙은 상담가는 내담자가 무엇을 자신에게 말하고 있는지의 의미에 대해 스스로에게 질문한다. 내담자가 자신의 이야기를 말하기 시작할 때, 상담가는 스스로에게 내담자가 이야기의 주제를 선택한 의미에 대해 질문한다. 상담가는 그런 삽화와 그에 대한 내담자의 감정을 내담자가 말하는 목적이 무엇인지 궁금해 한다. 두 번째 원칙은 내담자가 자신의 이야기를 말할 때, 상담가가 자신의 감정적인 참여에 집중하는 것과 관련된다. 역전이 분석은 상담가가 심리적 수준에서 의사소통을 이해하도록 이끌어준다.

역전이 반응을 인식하면서 세 번째 측면은 상담가가 치료적 관계의 맥락 안에 그 이야기를 두려고 노력하는 것이다. 즉, R이 상담가에게 자신의 이야기를 말하려고 하는 것을 이해하기 위해 **맥락**을 필수적으로 고려해야 한다.

맥락을 분석하는 것은 더 넓은 장에서 어떤 일이 일어나고 있는지에 대해 집중하는 것을 의미한다. R은 치료를 종결할 준비를 하고 있음을 느끼고, 이는 치료적 관계에서 특히, 전이와 역전이의 관점을 고려한다면 매우 중요한 단계이다.

이러한 이론적 자료를 정교화하는 데 있어서, 나는 특별히 Lang의 연구(1973, 1974)를 인용했는데, Lang이 Freud 이론을 대인관계적으로 발전시킨 연구는 정신분석과 TA를 통합하는 데 있어서 매우 핵심적이다.

두 유형의 교류

이러한 측면에서 나는 두 유형의 교류를 구분하는 것이 유용하다는 것을 알았다(1990).

1. **독백 교류**(monological transactions)는 의식적 수준이나 전의식적 수준에서 생성되는 이차적 과정의 결과로 초래된, 하나의 뜻을 가진 메시지가 특징이다. 이러한 교류는 상보 교류와 교차 교류 및 그러한 교류에 적용되는 의사소통의 제1규칙과 제2규칙에 부합한다.

2. **이중 교류**(bilogical transactions)는 이차적 과정의 결과인 명백한 사회적 수준과 일차적 과정의 결과인 심리적 수준이 특징이다. 이러한 교류의 목적은 치료적 관계 내에서 '암호화된' 메시지를 보내는 것이다. 이러한 교류는 이면 교류이지만 특징상 의사소통의 제3규칙에 딱 떨어지지는 **않는다**. 심리상담가와의 관계를 내담자가 어떻게 경험하는가에 대해 무의식적인 메시지를 보내고, 명백하게 상담 상황 밖에 있는 사람들 및 사건들과 관련한 이야기를 하고 있지만, 치료적 관계와 관련된 내적 경험을 드러내는 방법으로 교류한다. 문제는 내담자가 상담가에게 말하고 있는 '이야기'를 이해하는 것으로 구성된다. 상담가는 내담자가 다른 사람과 관련 지어 말하는 것이 사실은 상담가와 관련된 이야기일 수 있다는 것을 그의 A1을 가지고 직관적으로 수집한다.

   이상의 사례에서, 상담가는 적어도 두 가지를 고려할 것이다.

   - 이야기에서 인용된 사람은 '부모' 유형이다. 즉, R에게는 삼촌과 관련된다.
   - 내담자의 의사소통의 내용은 내담자의 경험과 관련되거나 아니면 미해결된 욕구와 관련될 수도 있다. 즉, R의 삼촌은 그녀가 인생에서 좀 더 행복해지기 시작한 그 갈림길에 그녀에게 안부전화를 걸지 않았다.

심리상담가는 그때 치료적 관계 내에서 감정적인 영향을 탐색해 볼 수 있다. R의 사례에서 이는 자신을 버린 것과 무슨 일이 일어나는지에 대한 견해를 밝히는 과업을 내담자에게 떠넘긴 것에 대해 내담자가 상담가에게 불평하고 있는 것과 같다. 이것이 사실이다. 왜냐하면 상담가가 상담을 연기하는 것에 대해 R이 어떻게 느꼈는지를 R과 논의하지 않았기 때문이다. 의식적이고 의도된 방법으로 이를 전달하는 것은 부호화된 메시지에 의존할 수밖에 없는 R에게는 수용할 수 없는 것이었다.

이상에서 설명한 것과 같은 방법론적인 접근은 내담자-상담가 의사소통에 대한 새로운 관점을 TA 상담가에게 제공한다. 이는 Lang이 전이와 역전이를 분석한 자료를 사용하여 연구한 Lang과 Malan(1979), 그리고 Woods(1995)의 연구에서 명백하게 제안한 과정에 부합하는 것이다.

이러한 유형의 무의식적 의사소통을 이해하고 다루기 위해서는 부호화된 메시지가 무의식적 의사소통에 의해 보내지고 두 가지 원칙적인 방법이 고려되어야 하는데, 즉 역전이 분석과 방어기제 분석(Novellino, 1984)이다. 역전이 분석은 자기 자신의 경험에 대한 지각을 사용하고 내담자의 이야기의 대상이 된다는 사실을 직관적으로 이해하는 것이 핵심이다(일단 상담가의 부분에 대한 어떤 가능한 투사적 또는 편집증적인 간섭도 배제된다). 방어기제 분석은 내담자가 무의식적 의사소통에서 자발적으로 활성화하는 두 가지 기제, 즉 **전치와 상징화**에 대한 인식에 기초한다.

앞선 사례에서 내담자가 보낸 메시지는 두 가지 다른 영역에 속해 있다는 것을 분명히 보여 준다. 첫째, 무의식적인 각본 자료 특히 프로토콜(protocol)을 지칭한다. 이러한 점에서 내담자는 치료적 관계를 자신의 아동기 초기의 경험과 각본 결단과 관련된 드라마로 채색한다. 따라서 이러한 전이 과정은 좁은 의미에서 Erskine의 전이 교류(1991) 및 Allen과 Allen(1991)의 첫 세 가지 전이 유형에 해당한다. 자아상태의 관점에서, 이면 교류는 어린이자아로부터 나온다. TA에 대한 정신역동적 접근에 따르면, 적절한 작업(Berne, 1966)은 해석이다(Novellino, 1990).

둘째, 무의식적 의사소통은 내담자가 치료적 관계에서 지금-여기의 경험 표현할 수 있게 한다. 예를 들어, 상담가는 진짜로 주의를 기울이지 않고 있고, 내담자는 이를 알아차린다. 내담자는 원형 각본 경험['난 아빠(Dad)를 비난할 수 없어요.'] 때문에 감정을 표현할 수 없다. 그럼에도 그러한 감정은 전달된다. 이러한 두 번째 교류 과정을 밝힐 필요가 있는데, 이는 방어만 오래된 것일 뿐, 경험의 내용은 현재와 어른자아에 해당하기 때문이다. 따라서 이러한 수준은 전이(어린이 자아상태)로 해석될 것이다. 반면 경험 그 자체는 전이적이지 않다. 따라서 이는 Erskine의 비전이적 교류(1991)와 Allen과 Allen의 네 번째 유형의 전이(1991) 영역에 해당한다.

요약하면, 이중 교류는 내담자가 치료적 관계에 대해 가지는, 그리고 각본 방어 때문에 의식적으로 표현할 수 없는, 원형의 혹은 현재의 경험을 부호화된 이야기를 통해 명확하게 드러내는 것이다.

앞서 살펴본 내담자 R의 임상 장면은 무의식적 의사소통의 사례였고, 이는 치료적 관계에 대해 지금-여기의 감정적 경험과 관련하여 내담자가 보내는 메시지로 구성된다. 이제는 무의식적 의사소통의 다른 목적을 보여 주는 사례를 고려해 보자. 다른 말로 하면, 프로토콜과 유사한 경험으로 상담가를 유도하는 것으로 이는 상담가가 게임을 끝내기보다는 게임을 이해하도록 돕는 데 목적이 있다.

임상사례 2

L은 강한 공격성, 혼란스러운 성경험, 업무 수행의 어려움과 알코올 중독증을 가지고 있으며, 경계선 성격장애 문제로 1년 동안 상담을 받아온 30대 초반의 남성이다. 그는 이미 여러 번 심리상담을 받았지만, 돌연히 모두 종결해 버렸다. 계약은 일주일에 2회기의 상담을 하는 것이었다. 내담자가 성실하게 상담에 잘 참여했다가 몇 번 빠지자 상담가는 좌절을 느끼고 염려를 하게 되었다. 두 번 상담을 빠진 후 남은 회기에서 상담하는 동안 내담자는 지난주에 있었던 몇 가지 사건에 대해 이야기하기 시작한다.

L : 전 최근에 혼란스러운 감정을 느꼈습니다. 일하고 싶은 마음이 없었고, 그래서 몇 일 휴가를 냈습니다. 전 하루 종일 잠을 자고 나서 나이트클럽 주변을 어슬렁거렸죠. 어느 날 저녁 모교 대학 교수님이 젊은 여자친구와 함께 있는 것을 보았어요. 예쁜 여자친구였죠…. 왜 그런지는 알 수 없지만 저는 그 여성을 꼬시고 싶어서 안달이 났었어요. 지금 생각해 보면 그 교수님이 매우 분노하더라도 그를 당황하게 만들고 싶은, 가학적인 욕구를 느낀 것 같습니다….

T : 당신은 그 당시 자신이 무엇에 대해 생각하고 있었는지 자각하고 있었나요?

L : 저는 그 교수님을 멍청이 같이 혼자 내버려 두고 그 여성과 침대에 누워 있는 상상을 하고 있었고, 그 교수님과 몸싸움을 할 각오를 하고 있었습니

다. 아마 그 교수님을 피 터지게 만들어버렸을 겁니다!

T : 그 교수님이 당신을 화나게 할 아무런 이유가 없었는데도 당신은 이런 상
상을 했군요….

상담가는 내담자에게 구체화와 직면을 사용한다.

L : 그 교수님의 존재가 그냥 저를 화나게 했습니다. 저는 외롭고 슬펐는데, 그 교
수님은 아름다운 여성을 데리고 갑자기 나타났습니다…. 전 너무, 너무 화가 났
습니다!

T : 그래서 당신은 당신의 행동과 분노에 대한 책임을 그에게 돌리고 있군요.

L : 그것에 대해 말하고 있는 지금은 그렇지 않습니다, 하지만 그땐 그랬습니다. 전
그에게 미친 듯이 화가 났습니다.

상담가는 내담자 행동의 부조화를 강조하는 동안 내담자에게 점점 더 짜증이 나는
것을 경험한다. 그러는 동안 상담가는 또한 막연한 두려움도 느끼며 L의 분노가 어쩌면
자신을 향한 것일지도 모른다는 사실을 반영한다. 상담가는 내담자가 지난 상담에 나
타나지 않았음을 기억하면서 내담자가 이야기를 통해 실제로 자신에게 말하려고 하는
것이 무엇인지에 대한 가설을 공식적으로 표현하기 시작한다.

T : 당신이 말하는 톤은 저에게 화를 내는 것으로 들리는데요…. 그렇습니까?

L : (긴 침묵 뒤에)…. 왜 그런지는 모르겠어요. 하지만 저는 너무 화가 납니
다. 선생님께서는 제가 이렇게 느끼는 이유가 뭐라고 생각하시나요?

T : 이제 당신이 저에게 생각해 보라고 요청하시는군요. 저는 이것이 우리
사이에 일어나고 있었던 일이 무엇이었고, 왜 당신이 화를 낼 수 밖에 없
었는지를 정확하게 나타낸다고 생각합니다. 당신은 제가 당신에게 생각
해 보라고 요청했던 삽화를 말하고 있었습니다. 저는 제가 꼭 경청해야
하는 것이 이야기 속에 있다고 생각합니다. 당신은 우리가 함께 생각해
보지 않은 것을 다루고 싶어하는군요. 이해가 됩니까?

L : 이런 이야기는 벌써 했다고 생각합니다…. 생각하고 싶지 않은 감정들이 있습니다.

T : 지금은 생각하고 싶나요? (L이 고개를 끄덕인다) 당신은 저에게 아무 것도 하기 싫었고, 우울했고, 일하러 가기도 싫었던 때에 대해 말했습니다.

L : 그래서요…?

T : 우연의 일치일 수도 있지만, 상담에 몇 번 빠지신 이후 이런 말을 저에게 하였습니다.

L : 네…. 맞습니다…. (그의 목소리 톤은 낮아졌고, 흥미로운 표정이 되었다.)

T : 당신의 이야기를 일종의 은유로 생각해 봅시다. 당신은 상담을 몇 번 빠졌습니다…. 지금은 다시 상담을 시작했죠…. 그 이야기의 인물들을 우리 두 사람으로 바꿔봅시다….

L : 저는 완전 외톨이고, 우울합니다…. 아마 당신은 아내나 딸과 함께, 그러니까 가족들과 함께 잘 지내겠죠…. (울기 시작한다) 전 보통 학교에서 이런 식으로 느꼈습니다, 다른 애들이 부러웠어요. 그들은 모두 집에 가면 그들을 기다리고 있는 아름답고 평범한 가족이 있는 것 같았죠. 하지만 전 집으로 돌아가면… 아무도 없었습니다. 그래서 전 그때 모든 게 모두가 다 싫었습니다. 전 세상을 부셔 버리고 싶었습니다. 때때로 저는 제가 미쳐 돌아서 누군가를 해칠까 봐 두려워 학교에 갈 수가 없었습니다….

T : 저는 당신의 인생에서 이 부분을 다시 살고 있다는 것이 매우 중요하다고 생각합니다. 우리는 당신이 느꼈고 관계로부터 회피하게 만든 그 부러움에 대해 작업을 해야 합니다. 당신이 나에 대해 느낀 부러움 또한 매우 중요한데, 이는 당신이 오래 전에 느꼈던 감정으로 거슬러 돌아가게 해 주기 때문입니다…. 혼자가 아닌 지금만이 그 감정을 함께 돌볼 수 있습니다.

코멘트

이상의 사례에서 상담가는 내담자의 이야기의 의미와 상담을 몇 번 빠진 후에서야 그 이야기를 할 수 있었던 이유를 스스로에게 묻는다. 상담가는 내담자의 이야기가 어떤 면에서 자신과 관련이 되는지를 자신에게 물어 자신의 역전이 반응을 이용한다. 그리고 그가 의사소통하고 있는 것에 대해 반영하도록 내담자를 초대한다.

이 사례에서 무의식적 의사소통은 다음을 포함한다.

1. 내담자에 의해 전이된 심리적 수준은 이야기를 통해 유사하게 부호화되어 상담가에게 경험에 대한 전이 유형을 보낸다. 즉, 부러움은 회피라는 낡은 방어기제를 통해 처리한다. 상담가는 심리적 수준을 이해하고 내담자의 분노에 대한 자신의 두려움 반응을 인식한다(역전이 분석).
2. 이야기의 무의식적 수준에 대해 상담가가 인식한다.
3. 상담가는 내담자를 해석으로 안내하면서 내담자의 자극에 반응한다.
4. 상담가에 대한 감정은 내담자의 프로토콜로부터 나온다. 즉, 내담자가 받을 수 없었던 무엇인가를 가진 누군가에게 느꼈던 아동기의 부러움으로부터 나온다.

따라서 우리는 무의식적 의사소통을 통해 이행되는 전이 교류를 한다. 앞서 언급했듯이 이러한 유형의 교류, 즉 특정한 이면 교류 유형은 의사소통의 제3규칙과 관련된 것이 아니라고 생각한다. 이러한 규칙은 사회적 수준과 심리적 수준을 묘사하는 '전통적'인 이면 교류를 지칭하며, 이는 목소리 톤이나 제스처, 표현 등 내담자의 비언어적 과정으로부터 인식할 수 있는, 다른 것이다. 나는 이를 주로 **전의식**(pre-conscious) 차원에 속한 것으로 생각한다. Berne이 이 유형의 교류를 설명한 전형적인 사례는 심리적 게임(1964)이다. 심리적 게임의 행동 결과는 심리적 수준 그 자체에서 나타난다.

그러면 제3규칙의 특징은 무엇인가

나는 두 가지 측면이 관련된다고 생각한다. 첫째는 의사소통에 대한 어른자아 통제에 '대항하는' 메시지의 존재를 강조하고, 둘째는 의사소통의 행동적 결과를 강조한다. 심리적 게임은 이러한 두 가지 측면을 완전히 나타내는데, 특히 이 두 측면을 치료적 관계에 적용할 때 그렇다. 만약 게임이 시작되면 치료적 동맹은 의식적 의도와는 다른 방향으로 나아갈 것이다. 즉, 이해하고 설명하고자 하는, 다른 말로 하면 내담자의 어른자아를 활성화하고자 하는, 심리상담가는 게임의 파괴적인 결말을 깨달을 것이다.

무의식적 의사소통과 그것을 명백하게 하는 이중 교류에서 우리는 전통적인 이면교류의 개념에 포함되지 않는 두 가지 측면을 발견하게 되는데, 이는 다음과 같다.

1. 심리적 수준은 치료적 동맹의 목적을 충족시킨다. 왜냐하면 그 목적이 이제는 이해가 되는, 새로운 자료를 공급하는 것에 있기 때문이다.
2. 비록 심리적 수준에서 결정이 된다 하더라도 가능한 결과는 행동적 유형보다는 인지적 유형이다.

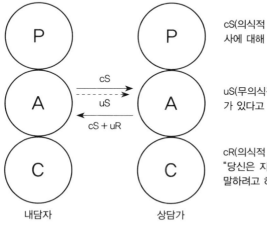

cS(의식적 자극) : "난 내 아들의 치과의사에 대해 항의를 해야만 합니다."

uS(무의식적 자극) : "난 당신과의 문제가 있다고 당신에게 말할 수 없습니다."

cR(의식적 반응) + uR(무의식적 반응) : "당신은 지금 저와 문제가 있다는 것을 말하려고 하는 것 아닙니까?"

그림 8.1 어른자아의 무의식적 의사소통

이러한 이유로, 나는 어른 자아상태 내에서 무의식적 수준 교류의 근원을 찾는다.

의사소통의 제4규칙

Berne의 의사소통이론의 확장으로 지금까지 내가 제안한 관점에서 나는 무의식적 의사소통 및 이와 관련된 이중 교류에 대해 특별히 의사소통의 제4규칙을 가정하는 것이 유용하다고 생각한다.

- 이중 교류는 다음과 같이 조직화된 교환으로서 이해되어야만 한다(그림 8.1 참조).
- 사회적 수준과 심리적 수준으로 이루어진, 내담자로부터 발생한 자극은 겹쳐져 있고 내담자 자신의 분석을 넘어선 삶과 관련된 것을 '이야기하는' 내담자의 어른으로부터 기능적으로 발생한다. 즉, 똑같은 이야기는 치료적 관계에 대한 감정적인 경험이 부호화되어 은유적으로 표현된다.
- 심리상담가는 은유적 수준을 직관하고, 내담자가 숨겨진 경험을 이해하도록 돕는다. 예를 들어, 상담가의 반응은 해석으로 이뤄진다.

이러한 유형의 교류는 Berne의 세 가지 의사소통 규칙 중 어디에도 속하지 않는다.

1. 제1규칙은 이면 교류가 아닌 교류만을 다루므로 부적절하다. 왜냐하면 의사소통이 어려움 없이 진행되기 때문이다. 즉, (심리상담가와 내담자) 두 사람은 의사소통의 명백한 (사회적) 수준에서 말하고 있는 것이 아니라 반대로 심리적 수준이 명백해지는 것이기 때문이다.
2. 제2규칙은 불충분하다. 왜냐하면 심리상담가는 내담자가 사회적으로 기대하는 것과는 다른 수준에서 대답을 하기 때문에 의사소통은 정확하게 진행된다.
3. 제3규칙은 행동적 수준을 다루고 인지적 수준은 다루지 않는다. 즉, 어른자아는 치료적 동맹을 깨는 파괴적인 각본결말을 만들기 위해 '에너지를 집중하지 않게' 된다. Berne이 묘사한 이면 교류에서 의사소통의 결과는 어른자아를 배제하는 경향

이 있다. 따라서 치료적 관계에서 무슨 일이 일어나고 있는지 이해하는 것을 막는다. 이중 이면 교류에서 무의식적 의사소통의 목적은 예를 들면 치료적 동맹을 향상시키는 것처럼 연결의 새로운 채널을 뚫는 데 있다.

의사소통의 제4규칙은 세 가지 요소에 달려 있다. 첫째, 내담자는 심리상담가에게 관계에 대한 메시지를 고려하도록 말하는 모든 것을 허용하는 방식으로 치료적 관계의 세부 내용을 조직하고 인식한다. 그다음에 심리상담가는 전이적인 것과 비전이적인 것으로 구분되는, 내담자의 무의식적 메시지를 이해할 수 있어야 한다. 이러한 결과로 치료적 동맹의 과정은 영향을 받으며, 이러한 이유로 심리상담이다.

따라서 제4규칙은 다음과 같이 정의될 수 있다. **무의식적 의사소통의 결과는 교류가 상징하는 심리적 수준을 직관하는, 심리상담가의 역량에 달려 있다**(Novellino, 1996). 만약 심리상담가가 내담자의 부호화된 메시지를 이해한다면 이는 정확한 해석으로 이끌릴 것이며, 따라서 심리상담의 과정이 진행될 것이다. 만약 그렇지 못하면, 치료적 동맹은 깨질 것이다.

Berne(1977)의 연구에서 직관 개념은 분명히 있었다. 그는 심리상담가의 진단 능력의 근원에 직관이 있다고 보았다. 나는 TA에 직관의 개념을 적절하게 적용하는 것이 유용하다고 생각하는데, Berne 자신은 어떤 면에서는 의사소통의 규칙들을 치료적 관계 내에 존재하는 심층적인 역동의 이해를 제한하는 기능적·기술적 접근으로 축소시켜 과잉단순화하였다고 본다.

치료적 관계에 구체적으로 적용되는, 의사소통의 제4규칙을 소개하면서 불가피한 결과는 현재의 전이 교류의 분류를 수정해야 한다는 것이다. 내가 앞서 언급하였듯이, 심리내적 현상(자아상태, 방어)으로서의 전이에 대해 연구한 많은 TA 참고문헌들이 있지만 사실 엄밀하게 교류적 관점에서 전이를 분석한 연구는 거의 없다.

나는 적어도 두 유형의 전이 교류를 고려해 달라는 제안을 한다.

1. 제1유형은 Berne이 묘사한 의사소통의 규칙들에 부합하는 것이다. 특히, 나는 Berne이 의사소통의 제2규칙이라고 한 IA 유형 교류와 (예를 들면, 의사소통의 제3

규칙에 부합하고 심리적 게임과 관련된 유형인) IB 유형 교류를 구분할 것을 제안한다. 이 두 유형 모두 어버이 또는 어린이 자아상태와 관련된다.

2. 나는 다른 전이 교류를 제2유형으로 정의할 것을 제안한다. 이는 무의식적 의사소통과 관련이 되며, 원래 어른 자아상태로부터 나오는 것으로 보일 수 있다. 이는 의사소통의 제4규칙에 부합한다.

또한 나는 이면 메시지를 담고 있는 두 가지 교류 유형, 즉, IB 유형와 제2유형을 더 잘 구분하는 데 직관이 사용될 수 있다고 생각한다. 나는 심리적 게임(IB 교류)의 경우, 상담가의 직관은 게임의 심리적 수준(전의식 수준)을 이해하는 데 맞춰지는 반면 제2유형 교류에서는 직관이 무의식적 수준에서 메시지의 부호를 인지해야만 한다고 생각한다. 이는 상담가가 미묘한 수준의 감수성을 가지고 있어야 가능하다. 따라서 TA 상담가는 자신의 직관과 상상을 계속 단련하고 발달시켜 나가야 한다.

결론

이 장에서는 현대 TA에 대한 심화 토론에서 독자들이 현재 고려할 수 있는 주제를 다루었다. 나는 아직 연구가 더 필요하고 계속해서 검증해 나가야 할 관점을 제안하고 있다는 것을 알고 있다. 내가 제안한 새로운 관점을 명백하게 하기 위해서는 더 논의하고, 향상시키며, 후속 연구자료를 풍성하게 쌓아나갈 필요가 있다. TA 상담가들의 최근 연구(예를 들면 2001년 1월 *Transactional Analysis Journal*에 실린 연구)는 임상가들이 그들의 작업을 통해 더 이해할 수 있는 가능성이 풍부한 영역이 바로 이 영역임을 제시한다. 나를 통해 또 하나의 문이 열렸기를 희망한다.

참고문헌

Allen, J.R. & Allen, B.A. (1991) Concepts of transference: a critique, a typology, an alternative hypothesis and some proposals, *Transactional Analysis Journal*, 21(2) 77-92

Bateman, A. & Holmes, J. (1995) *Introduction to Psychoanalysis. Contemporary Theory and Practice.* London: Routledge

Berne, E. (1961) *Transactional Analysis in Psychotherapy: A Systematic Approach to Individual and Social Psychiatry.* New York: Grove Press

Berne, E. (1963) *The Structure and Dynamics of Organizations and Groups* New York: Grove Press

Berne, E. (1964) *Games People Play.* New York: Grove Press

Berne, E. (1966) *Principles of Group Treatment.* New York: Grove Press

Berne, E. (1972) *What Do You Say After You Say Hello?* New York: Bantam Books

Berne, E. (1977) *Intuition and Ego States.* San Francisco: TA Press

Bowlby, J. (1969) *Attachment and Loss, Vol. I: Attachment.* London: Hogarth Press.

Clark, B.D. (1991) Emphatic transactions in the deconfusion of Child ego states' *Transactional Analysis Journal* 21(2) 92-98

Clarkson, P. (1991) Through the looking glass: explorations of transference and countertransference, *Transactional Analysis Journal*, 21(2) 99-107

Clarkson, P. (1992) *Transactional Analysis Psychotherapy.* London/New York: Tavistock/Routledge

Daellenbach, D. (ed.) (2001) Theme Issue: The schizoid process. *Transactional Analysis Journal* 31(1)

Erskine, R.G. (1991. Transference and transactions: critique from an intrapsychic and integrative perspective, *Transactional Analysis Journal* 21(2) 3-76

Erskine, R.G. & Zalcman, M. (1979) The racket system: a model for racket analysis, *Transactional Analysis Journal* 9(1) 51-59

Fairbairn, W.R.D. (1952) *Psychoanalytic Studies of the Personality.* London: Tavistock Publications & Routledge & Kegan Paul

Freud, S. (1905) On psychotherapy. in: (1953-66) *Standard Edition of the Complete Psychological Works of Sigmund Freud.* London: Hogarth Press

Hargaden, H. and Sills, C. (2001) Deconfusion of the Child ego state, *Transactional Analysis Journal* 31(1) 55-70

Jaoui, G. (1991) Transference process and transactional process. *Transactional Analysis Journal* 21(2) 108-111.

Joines, V. (1991) Transference and transactions: some additional comments, *Transactional Analysis Journal* 21(2) 171-173.

Karpman, S. (1991) Notes on the transference papers. *Transactional Analysis Journal* 21(2) 136-140.

Klein, G.S. (1976) *Psychoanalytic Theory: an Exploration of Essentials.* New York: International University Press.

Klein, M. (1948) *Contributions to Psychoanalysis 1921-25.* London: Hogarth Press.

Langs, R. (1973-4) *The Technique of Psychoanalytic Psychotherapy.* New York: Jason and Aronson.

Malan, D.H. (1979) *Individual Psychotherapy and the Science of Psychodynamics.* London: Butterworth & Company

Massey, R.F. (1991) The evolution of perspectives on transference in relation to analysis.

Transactional Analysis Journal 21(3) 155-169

Matze, M.G. (1991) Commentary on transactions in the context of transference. *Transactional Analysis Journal* 21(3) 141-143

McCormick, P. (1977) *Social Transactions.* San Francisco: TA Press

Mitchell, S.A. (1988) *Relational Concepts in Psychoanalysis: An Integration.* Cambridge-London: Harvard University Press

Moiso, C.M. (1985) Ego states and transference. *Transactional Analysis Journal* 15(3) 194-201

Moiso, M. & Novellino, M. (2000) An overview of the psychodynamic school of transactional analysis and its epistemological foundations. *Transactional Analysis Journal* 30(3) 182-187

Novellino, M. (1982) *Un approccio triadico alla resistenza in psicoterapia.* Atti 1à Conv. Naz. Di AT., Roma

Novellino, M. (1984) Self-analysis of countertransference. *Transactional Analysis Journal* 14 (1) 63-67

Novellino, M. (1985) Redecision analysis of transference: a TA approach to transference neurosis. *Transactional Analysis Journal* 15(3) 202-206

Novellino, M. (1987) Redecision analysis of transference: the unconscious dimension, *Transactional Analysis Journal* 17(1) 271-276

Novellino, M. (1990) *Conflitto Intrapsichico e Ridecisione.* Roma: Città Nuova ed.

Novellino, M. (1990) Unconscious communication and interpretation, *Transactional Analysis Journal* 20(3) 168-172

Novellino, M. (1996) A psychodynamic review of Berne's rules of communication, in: *TA papers.* Bisceglie: Don Uva ed.

Novellino, M. (1998) *L'Approccio Clinico all'Analisi Transazionale.* Milano: Franco Angeli ed.

Novellino, M. & Moiso, C.M. (1990) The psychodynamic approach to TA, *Transactional Analysis Journal* 20(3) 187-192

Rappoport, D. (1951) The conceptual model of psychoanalysis. in: Knight, R.P. – Friedman, C.R., *Psychoanalytic, Clinical and Theoretical Papers.* New York: International University Press

Sandler, J. & Sandler, A.M. (1986) The past unconscious, the present unconscious and the interpretation of transference, *Journal of Psychoanalytic Inquiry* 4:367-99

Sandler, J. & Sandler, A.M. (1994) The past unconscious and the present unconscious: a contribution to a technical frame of reference. *Psychoanalytic study of the child,* 49: 278-292

Schmid, A. (1990) Intuition of the possible and transactional creation of realities, *Transactional Analysis Journal* 20(3) 144-154

Shmukler, D. (1991) Transference and transactions: perspectives from development theory, object relations, and transformational processes. *Transactional Analysis Journal* 21(3) 127-135

Spence, D. (1987) *The Freudian Metaphor: Toward Paradigm Change in Psychoanalysis.* New York: Norton

Sullivan, H. (1964) *The Fusion of Psychiatry and Social Science.* New York: Norton.

Wallerstein, R., ed. (1992). *The Common Ground of Psychoanalysis.* New York: Jason Aronson

Woods, K. (1995). The indirect analysis of manifestation of transference and countertransference. *Transactional Analysis Journal* 25(3) 245-249

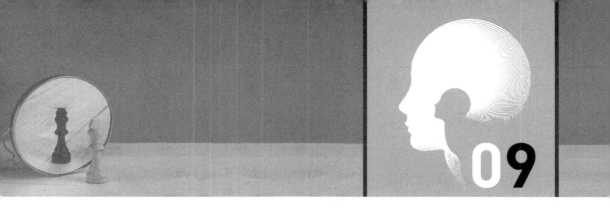

인종과 문화의 정신역동
문화적 각본형성과 자아상태 전이 분석

Suhith Shivanath와 Mita Hiremath

이 장은 자아상태, 인종차별, 문화 및 이러한 요소들이 내담자와 심리상담가의 심리
외적 및 심리내적 과정에 미치는 영향에 초점을 둔다. TA에서는 인종차별과 편견
을 어린이자아와 어버이자아가 어른자아에 침입한 오염으로 생각한다. 여기서 우리는
어린이 자아상태에 초점을 두는 추가적인 틀을 제시한다. 우리는 Berne(1961)의 구조적
자아상태모델, Moiso(1985)의 자아상태와 전이, 그리고 Schiffian(1975)의 공생 개념을
사용한다. 이에 더하여 우리는 Steiner(1974)의 고유한 각본 매트릭스(script matrix)를 삼
층모델(three-layered model)로 개발하고 확장시켰는데, 이는 한 개인의 각본영향과 종교
및 문화를 통한 각본형성과 그들이 살고 있는 더 넓은 백인 사회를 통한 각본형성을 설
명한다. 이 장의 목적을 달성하기 위해 우리는 가시적으로 다른 존재의 효과, 예를 들어
대다수가 백인인 사회 속에서의 흑인(혹은 유색인)과 그와 관련된 생존의 쟁점을 살펴보
고, 문화란 무엇인가를 정의 내릴 것이다. Eric Berne(1983)은 정신과 의사의 과업이 '주

어진 지식 보고의 정신역동 효과를 평가하는 것'(p. 261)이라고 제시한다. 우리는 '흑인'과 '백인'의 속성의 의미를 살펴보고, 흑인과 백인 내담자 및 상담가에게 미치는 영향을 살펴봄으로써 이에 대한 부연 설명을 할 것이다.

우리는 아시아인, 아프리칸 카리브인과 백인 내담자들과 작업을 할 때 인종과 문화의 역동이 미치는 영향 및 아시아 여성 내담자들과 작업한 경험의 개요를 서술할 것이다.

문화는 '자기' 대 '타인' 집단감각을 발달시킴으로써 집단 생존의 수단으로 기능한다. 한 집단에 소속되는 것을 통한 자기감(sense of self)은 종교, 사회적 관행, 의례, 축제, 언어, 드레스 코드 등을 통해 주어지며, 이러한 부분에는 다른 사람들은 어떻게 보이나를 규명할 수 있는 실재가 포함된다. Felipe Garcia(Roberts, 1975)는 다음과 같이 논한다.

> 문화적 각본형성은… 사회 속 어디에서나 강화가 되기 때문에 개인적 각본형성보다 훨씬 더 압도적인 영향을 미칠 수 있다. 문화적 각본은 학교, 교회, 정부, 의료계, 교육계, 법조계, 미디어 등 사회 내 주요 기관 및 하위 문화에 의해 강화된다(p. 183).

'인종'은 '인류를 신체적 특징에 따라 구분한 많은 세분화 범주 중 하나'로 정의된다(Penguin English Dictionary). Robert Carter(Thompson & Carter, 1997)는 다음과 같이 제시한다.

> 인종은 흑인뿐 아니라 모든 사람들에게 적용된다. 따라서 이론은 모든 사람들에게 영향을 미치는 요인으로서 인종을 설명하는 것이 중요하다. 즉, 심리적 처치이론과 모델은 반드시 인종의 쟁점을 포함하고 있어야 한다(p. 97).

우리가 한 사람을 만날 때, 그들의 피부색은 보통 그들과 그들의 문화에 대한 가정을 하도록 이끈다. 따라서 이러한 문화로부터 인종을 분리하는 것은 인위적인 것이다. 그러나 이는 기존의 TA 도구에 대한 논쟁을 일으켰고, 그 결과 인종 및 문화의 쟁점을 포함한 도구를 개발하게 되었다.

차이 다루기

문화적으로, 영국의 아동들은 다른 사람의 눈에 띄게 놀리는 명칭으로 부르는 것을 무례하거나 예의가 없다고 생각하여 빤히 쳐다보거나 손가락질하는 것은 안 된다는 가르침을 받으며 양육된다. 우리는 아동들이 서로를 놀리며 별명으로 부르면서 잔인해질 때 이러한 규칙을 깬다는 것을 안다. 백인 상담가들은 차이에 대한 호기심을 가지고 질문하고, 만지고, 빤히 쳐다보고 싶지만 곧 이는 '무례한 행동'이라는 것을 배우고 차이에 대해 알아차리거나 언급하지 않는 그들의 자유로운 어린이자아에 관해 이야기한다. 영국에서 자라나는 대부분의 흑인 아동들 또한 이러한 규범에 순응하는 것을 배운다. 더구나, 서구의 백인 아동들은 지배적인 인종 및 문화의 일부가 되도록 자라나며, 그들은 서로의 피부색을 볼 때 거울을 보는 듯하다. 그러나 이는 흑인 아동들에게는 해당되지 않는다. 자신의 아동기에 대해 쓴 아프리칸 카리브 여성인 Andrea Levy(2000)는 핵심을 잘 표현하였다.

> 나는 영국인이 되도록 교육받았다. 나 외에는… 모두 백인 아동들이었다. 하지만
> 그 백인 아동들은 자신들이 영국인인지 아닌지에 대해 질문하면서 자라지 않았다.

이는 흑인이 '생존'하기 위해서는 지속적으로 진행되는 적응의 수준을 나타낸다. 각 본형성은 백인이 우세한 곳에서 그들의 차이를 최소화하는 것과 연관될 것이다. 흑인 내담자들과의 작업 경험에서 소속되지 않는 것에 대한 주제와 적응하느냐 적응하지 못하느냐, 또는 얼마나 적응하느냐는 매일의 대화의 일부를 형성한다. 주류 문화에 도전하는 것은 "제도적 저항이라는 어마어마한 조수에 맞서는 것을 의미한다"(White & White, 1975, p. 179). 이는 (1) 당신 자신에게 부정적인 관심을 끄는 것이고 (2) 아프리칸 카라리브인들을 위한 스포츠나 음악, 아시아인들을 위한 행정과 상업 등 흑인들이 수용되는 사회 속에서의 적소를 거부하는 것을 의미한다.

우리가 '다문화적 영국'에서 살고 있을 때, 치료적 관계에서 그들이 제기하는 인종 및 문화 정체성과 관련된 쟁점은 더 이상 관련이 없을 수가 없다. 전이와 역전이 반응은 인

종적으로, 문화적으로, 개인적으로, 우리가 누구인지를 포함하는 준거 틀에서 모든 상담가들이 그들의 모든 자아상태 반응에 대해 이해하고 자각하는 것은 중요하다. 그래야 우리는 우리가 '다른' 인종이나 민족의 내담자들에게 미치는 영향을 자각하게 될 수 있다. 이는 우리 자신의 인종적 정체성, 편견, 편향을 자각하고 있어야 한다는 것도 포함한다.

Kohlrieser(1999)는 "문화는 드러나는 것 이상을 숨기고 있으며, 숨긴 것이 이상하게도 많고 그 문화 속에 있는 사람들에게 가장 효과적으로 숨는다."(p. 2)고 한 E. T. Hall의 표현을 인용한다. 즉, 개인의 각본신념, 도덕적 관행, 규범들은 자각되지 않은 채 당연하게 받아들여지고 우리는 우리의 개인적 준거 틀에 그들이 얼마나 영향을 미치는지를 자각하지 못한다. White와 White(1975)는 '문화적 제도'의 목적을 제공하는 문화적 각본형성에 대해 말한다. 그리고 아동들은 가족을 통해 처음으로 생존 각본을 발달시키고, 수정하고, 포기하고, 더 넓은 사회에 대한 반응으로 새로운 측면들을 발달시키는 것을 배운다. James와 Jongeward(1971)는 문화적 각본형성 다음과 같이 묘사한다. '한 사회 내에서 발생하는… 수용되는 극적인 패턴이다. 그들은 말로 표현되든 안되든 간에 그 집단의 대다수의 사람들이 믿는 가정들로 인해 결정된다'(p. 70). 더 나아가 그들은 문화적 각본이 '국민성'이라 여겨지는 것을 반영한다고 제시한다.

Denton Roberts(1975)는 문화적 각본형성을 다루는 것이 Berne이 제시한 것처럼 어버이자아 오염을 제거하는 단순한 문제가 아니라 오히려 모든 자아상태에 영향을 미치는 재결단과 관련된다는 것에 대해 논의한다.

문화적 각본형성

백인 집단과 작업할 때, 우리는 내담자들이 그들의 문화를 강조하는 어떤 상징에 이름을 붙이게 한다. 대부분의 영국 백인들은 그들의 문화에 대해 많은 이야기를 하지 못하는 것을 종종 경험한다. 그들의 일반적인 반응은 규범을 드러내는 것이다. Valerie Batts(2000)는 최근 한 콘퍼런스에서 이 점을 강조하기 위해 "물고기는 자신이 물속에 있는지 모른다."란 표현을 사용했다. 백인들은 보통 특정한 집단에 소속되는 선택을 하지만 그들이 속한 커뮤니티로 자신의 정체성을 가지는 데에는 익숙하지 않다. 반면, 대부분의 흑인들은 부분적으로 피부색이 다르기 때문에 개인으로 보이기 전에 그들의 인종적, 문화적 집단과 연결된다.

이러한 차이는 특정한 소수집단 문화에서 비롯되었을 수 있고 인종 및 인종차별적인 맥락에서 살고 있을 때 새로운 의미를 가지게 된다. 예를 들어, 많은 이슬람교 아시아인과 아프리카 문화에서 아랍어로 대략 '가문의 명예'란 의미를 가진 '이차트(izzat)'라고 불리는 중요한 개념이 있다. 이는 사회적 성, 생물학적 성 및 어른을 존경하고 커뮤니티를 존중하는 것과 밀접한 관련을 가진 개념이다. 결혼 전 여성의 '명예'는 아버지에게 소속되며, 결혼을 하게 되면 남편에게 소속된다. 이러한 명예는 그 여성으로부터 전체 가족에게까지 확대된다. 만약 여성이 남편을 떠나게 되면, 그녀는 온 가문에 불명예를 가져오게 될 것이다. 그 결과 그녀의 가족은 커뮤니티에서, 그리고 더 넓은 사회 내에서 수치를 당하게 될 것을 의미한다. 비록 '이차트(izzat)'가 주로 이슬람교 커뮤니티에 적용되지만, 우리의 경험상 그 개념은 시크교와 힌두교 커뮤니티의 여성들에게도 의미가 있다.

일반적으로, 많은 흑인 문화에서 커뮤니티는 매우 중요하다. 그들의 전통, 가치, 종교를 수용하면서 한 커뮤니티에서 사는 것은 지지의 중요한 원천이 된다. 이러한 커뮤니티는 거대한 백인 사회에 존재하는 의식적, 무의식적 인종차별로부터의 안식처가 될 수 있다. 또한 겉으로 보기에 명백한 점은 흑인 문화 내에서도 큰 차이점이 있다는 것이다. 예를 들어, 인도의 남부와 북부에 사는 사람들 간에는 역사, 종교, 문화 그리고 언어에 기초한 중요한 차이가 있고 그 내에서도 차이가 있다. 그러나 때때로 백인이 지배적인 사회에 살 때 이러한 차이는 사라진다.

모델

우리는 이러한 복잡성을 설명하기 위해 문화적 요소를 포함하는 모델을 개발했다. 우리는 개인의 각본 영향, 그들이 양육되어 온 종교 및 문화의 각본형성, 그리고 최근에 그들이 살고 있는, 백인이 지배적인 사회의 각본형성을 설명하는 삼층모델을 만들어, Steiner(1974)의 고유한 각본 매트릭스를 발달시키고 확장시켰다. 이렇게 함으로써 한 개인에게 미치는 다양한 층의 영향을 인식할 수 있게 된다. 이는 우리가 심리내적 과정 및 한 개인이 사는 사회적, 문화적, 정치적 맥락을 모두 고려하게 한다. 그 모델은 또한 상담가가 자신의 영향력을 살피도록 하며, 유사점과 차이점을 인식하게 한다.

우리는 처음에 부모로부터 전이된 메시지들과 그들에 반응하여 자녀로서 한 결단들에 기초하여 내담자의 개인 각본 매트릭스를 작성했다. 이와 함께 우리는 그들의 문화적 각본 매트릭스도 작성했다. 특별한 문화, 사회적 규범 및 성 역할의 메시지들이 전이되는 것은 바로 문화적 각본을 통해서이다. 이중 많은 부분이 확대가족과 대가족, 또한 커뮤니티를 통해 의사소통이 되는데, 커뮤니티의 연장자들, 리더들, 그리고 절, 회교 사원 혹은 교회에 의해 대변된다. 마지막으로 각본형성의 세 번째 층을 작성하였는데, 이는 백인이 우세하게 많은 사회로부터 온다. 우리의 경험상 이 세 번째 층은 그림 9.1에서 보여 주듯이 아동발달에 직접 영향을 미치며 메시지들은 학교, 정부, 미디어 등 사회 내에서 주요 기관으로부터 전이된다. 이는 인종, 피부색, 자기 가치, 그리고 소속감의 관점에서 자신과 타인에 대한 신념을 포함하게 될 것이다. 이러한 각본형성의 세 번째 층은 또한 내담자 자신의 커뮤니티, 종교, 그리고 문화에 의해 대변되는 문화적 각본 매트릭스에 영향을 미친다.

아시아 여성 내담자들

우리의 경험상 많은 아시아 여성 내담자들은 가정에서 학대와 관련된 문제를 가지고 있었다. 이 여성들 중 일부는 만약 그들이 가정을 떠나게 되면, '의절될' 것이라고 가족원이나 커뮤니티 구성원들이 분명히 말한 것을 들었다. 이는 자신의 가족과 커뮤니티가 고려되는 한 그들이 생존하지 못할 것이라는 의미이다. 상담 과정에서 여성들은 종종 그들이 남편/가족을 떠남으로 인해 초래될 결과를 생각할 때 임패스에 봉착한다. 인생을 통해 한 사람을 인도하고, 교육하고 지지하는 관점에서 보면 부모와 커뮤니티의 역할은 비숫하다. 우리의 내담자들 중 많은 여성들에게는 그들 자신의 커뮤니티 내에서 학대를 당하면서 사는 것이 더 넓은 백인 사회로 내쳐지는 것보다 더 낫다. 왜냐하면 백인 사회는 적대적이고 안전하지 않은 것으로 경험되기 때문이다. 몇몇 여성 내담자들에게 이와 관련된 상실은 너무 가혹하다.

상담가들의 유사한 딜레마

이와 같은 사례에서 상담가들의 어린이자아와 어버이자아의 감정이 어떻든지 내담자들의 결단을 깊이 존중하는 것은 중요하다. 다른 문화 및 다른 커뮤니티와 작업을 하는 심리상담가로서 우리는 심리내적 수준과 그들의 문화적 각본을 다루는 수준 모두에서 작업을 할 필요가 있다. 한 사람의 문화적 각본과 더 넓은 백인 사회로부터의 각본형성을 무시하는 것은 문화, 인종, 인종차별이 그들의 일상생활에 미치는 영향을 부정하는 것이 될 것이다. 이렇게 하지 않으면, 우리는 내담자들의 병리 위험을 무릅쓰는 것이다.

우리는 지금까지 백인 수련감독자들과 그러한 의견 대립에 대한 논쟁을 해 왔는데, 이는 일종의 인종적 고정관념을 통해 우리의 커뮤니티가 판단되고 보여질 것을 우려했기 때문이었다. 우리에게 이러한 딜레마가 있다는 것을 인정하는 것은 우리에게 내담자들의 수치심 또는 위험 감수와 더 넓은 사회 속에서 '타인'의 표본이 되는 경험을 예리하게 상기시킨다. 가족의 위험에도 불구하고 가족을 떠나기로 선택한 여성 또는 가족과 커뮤니티 상실이 너무 커서 학대적 상황에 남아 있기로 결단한 여성에 대한 우리 자신의 어린이 자아상태의 불안과 두려움은 커뮤니티의 수용이 중요하다는 점에 대한 식견으로 인해 점차 커지게 된다.

> 야스민은 이슬람교도인 파키스탄 여성이다. 가족력을 보면 그녀는 7명의 형제자매들 중 막내였다. 야스민은 어렸을 때부터 아버지로부터 신체적 학대를 받아 왔다. 그녀는 절룩거리며 걷는 장애인이었다. 야스민의 가족은 그녀가 장애가 있기 때문에 멍청하다고 생각했다. 그녀는 어머니께서 말씀하셨던 것을 상기했다. "저는 태어날 때 죽었으면 좋았을 거예요." 따라서 어머니로부터 그녀가 받았던 금지령은 "존재하지 마라.", "소녀가 되지 마라.", "네가 되지 마라."였다.

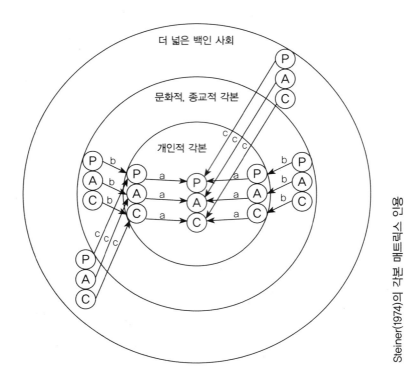

더 넓은 백인 사회

문화적, 종교적 각본

개인적 각본

Steiner(1974)의 각본 매트릭스 인용

핵심:

야스민의 개인적 각본

어머니 : P에서 P로 − 나를 기쁘게 하라. 열심히 하라. 순응하라.
　　　　 A에서 A로 − 너의 감정을 숨겨라. 너의 욕구를 포기하라.
　　　　 C에서 C로 − 존재하지 마라. 소녀가 되지 마라. 네가 되지 마라.

아버지 : P에서 P로 − 착하고 순응하라.
　　　　 A에서 A로 − 열심히 일하고 너의 욕구를 부인하라.
　　　　 C에서 C로 − 생각하지 마라. 욕구를 갖지 마라. 소녀가 되지 마라.

야스민의 종교적, 문화적 각본

　　　　 P에서 P로 − 타인을 기쁘게 하라. 타인을 위해 희생하라. 남성들이 더 중요하다
　　　　 A에서 A로 − 너의 감정을 숨겨라. 가족 커뮤니티와 종교에 우선순위가 있다.
　　　　 C에서 C로 − 느끼지 마라. 욕구를 갖지 마라. 힘을 갖지 마라.

백인이 우세한 더 넓은 사회

　　　　 P에서 야스민의 P로 그리고 야스민의 부모님들의 P로
　　　　 − 우리가 더 뛰어나다. 우리는 최선을 안다. 흑인들은 더럽고/위험하다. 이슬람교도들은 위험하다.
　　　　 A에서 야스민의 A로 그리고 야스민의 부모님들의 A로
　　　　 − 여기 배제할 방법이 있다.
　　　　 C에서 야스민의 어린이자아로 그리고 야스민의 부모님들의 어린이자아로
　　　　 − 네가 되지 마라. 네가 가진 피부색이 되지 마라. 힘을 갖지 마라.

그림 9.1 문화적 각본 매트릭스

학교에서 아동들은 야스민의 장애와 인종 때문에 그녀를 놀렸다. 그녀가 '진흙색'이었기 때문에 많은 아동들은 야스민과 놀기를 거부했다. 야스민은 예수님만이 하나님께로 갈 수 있는 유일한 길이고, 다른 종교들은 틀렸으며, 심지어 비도덕적이라고 학교에서 배웠다.

우리는 세 가지 다른 수준(학교, 문화, 더 넓은 백인 사회)에서 야스민의 각본 메시지를 밝혀내기 위해 다음에 그려진 모델(그림 9.1 참조)을 사용했다. 다음의 도표는 야스민 자신의 개인적 각본, 야스민의 시크교 문화의 각본, 그리고 그녀가 살고 있는 더 넓은 백인 사회의 각본형성이 야스민에게 미치는 영향을 보여 준다.

전이와 역전이

'흑'과 '백'에 붙은 상징

Eric Berne(*The Mythology of Dark and Fair*, TAJ, 1983)은 문화적 메시지들의 전달자로서 민속에 주의를 집중해야 하는 것이 중요함을 강조하였다. '어두운(dark)' 그리고 '공정한(fair)'의 중요성을 강조하며 그는 다음과 같은 질문을 한다.

즉, 단지 학구적 관심인가 아니면 인간의 행동에 영향을 미치는 데 있어 역동적으로 유의미한가의 여부를 묻는다. 이는 추동적인 힘이 아니라면 합리화로 가장 사악하고 억제되지 않은 적대감의 표현을 반복적으로 사용해 왔다는 것이 곧 분명해진다(p. 264).

흑색은 악, 어둠, 악마, 나쁨, 위험 등을 드러내는 종교적 상징 안에 깊이 스며들어 있는 반면 백색은 모든 선한 것을 나타낸다. 이러한 메시지는 아동들의 이야기 안에 어둠 대 빛 이라는 성인들의 이미지로 스며들어 전달된다.

Stephen Lawrence의 조사에 뒤이어 '색맹(colour blindness)'의 필요에 대해 대중매체에서 많은 논의가 있었다. 여기서 이면 메시지는 모든 사람들이 똑같이 다뤄지면 더 나을 것이라는 것이다. 인간의 지각은 문화적 규범에 영향을 받으며, 결코 중립적이지 않기 때문에 이는 "그렇다면 누구와 똑같을 것인가?"라는 질문을 하게 만든다.

흑인 아동이 자신의 피부색에 대해 부정적인 태도와 관점을 갖게 되기까지 어느 정도의 시간이 걸리는지 알려지지 않았다. 우리는 성인이 되어 영국으로 이민 온 사람들과 아동기에 이민을 오거나 영국에서 태어난 사람들 간에 인종과 인종차별에 대한 반응에서 사고와 감정과 행동에 유의미한 차이가 있다는 것을 우리 자신의 경험 및 흑인 내담자들과의 작업으로부터 관찰해 왔다. 우리는 어른 이민자 집단이 그들의 어른 자아상태에서 인종차별을 경험하며 그로 인한 적대감을 어린이 자아상태에서는 경험하지는 않는다는 사실을 관찰했다. 반면 어릴 때 이민 왔고 흑인 아동들로 이곳에서 자라온 집단은 어린이 자아상태에 있는 자신의 존재를 매우 공격하는 것으로 인종차별을 경험하는데, 이는 그들이 그러한 공격을 아주 어릴 때 경험했기 때문이다.

James와 Jongeward(1971)는 부모님이 태어난 곳과는 다른 환경에서 태어난 많은 젊은 이들이 그들의 초기 각본 주제를 오늘날 자신들의 삶과는 거의 상관이 없는 것으로 거부하고 있다고 제시한다. James와 Jongeward는 이들 젊은이들이 여전히 '생존을 위한 몸부림'에 직면하고 있다고 논의한다. 그러나 우리는 오늘날 이것이 다른 방식으로 나타나고 있다고 논의한다. 흑인과 아시아인 성인들이 영국에 올 때, 그들은 종종 자신들을 받아 준 이 나라에 감사하는 감정을 느낀다. 이는 다른 여러 쟁점 중에서도 인종차별, 실업, 열악한 주거환경에 대한 그들의 투쟁에도 불구하고 그렇다. 그들이 영국에 온 이유는 더 나은 직업을 찾기 위해서, 그들 자신과 자녀들의 교육을 위해서, 학대를 피하기 위해서 등 다양하다. 그들은 자신들의 민족 정체성을 가지고 고군분투하지 않는다. 그들은 인도인, 카리브인, 아프리카인 등이다. 고국에서 자라면서 그들은 사회에서 주어진 대로 인종과 문화를 반영하여 보았다.

반면, 많은 2세대와 3세대 이민자들은 소수 인종 집단의 일부로 자라면서 힘겹게 몸부림치며 다른 길을 걷게 된다. 그들은 더 넓은 사회에 의해 그들에게 반영되는 인종과 문화의 과정을 경험하지 않고, 아동기부터 인종차별과 편견을 경험한다. 그들의 부모님 세대와는 달리, 그들은 이곳에서 살도록 허락된 것에 대한 감사의 감정을 느끼지 못한다. 이곳에서 태어난 흑인들은 자신들이 이곳에서 살 권리를 당연히 가지고 있다고 생각한다. 그러나 많은 사람들이 자신의 인종적, 문화적, 민족 정체성 문제로 내적인 갈등을 경험한다. 이러한 갈등의 결과로 몇몇 2세대와 3세대 이민자들은 오늘날 스스로를 '흑인계 영국인' 또는 '영국계 아시아인'이라고 규명한다.

다음의 내용은 이러한 역동의 사례들이다.

유색인 내담자와 유색인 상담가

Lennox Thomas는 '검음'의 느낌은 유색인 내담자와 유색인 상담가 쌍의 피할 수 없는 부분이라고 제시한다. 다음 사례는 한 상담가가 아시아인 내담자와 했던 상담 작업과 관련하여 우리의 수련생 중 한 명이 보고한 것이다.

> 상담 초기에 사비타는 나의 훈련과 전문성 수준을 묻는 질문에 상당한 시간을 보냈다. 그녀는 아시아인 여성으로서 왜 내가 상담가가 되려는 결심을 했는지 알고 싶어 했다. 왜냐하면 그녀는 전문직으로서 심리상담을 선택한 아시아인들을 거의 알지 못했기 때문이었다. 나는 그녀가 백인 상담가들보다 더 열등한 수준에 있는 아시아인 상담가로 나를 지각하고 있었다는 점을 감지했다.

Thomas(Kareem & Littlewood, 1992, p. 143)가 말하듯이 '유색인이 전문적 지위를 열망하고 성취하려는 것은 그들에게는 미심쩍은 문제이다.' 또한 사비타는 모든 아시아 여성들이 파괴적이고 자신들의 욕구를 충족시킬 수 없다고 믿고 있었는데, 이는 사비타의 어머니와 자신이 경험한 바이기도 했다.

이상의 모델을 사용함으로써 상담가는 (1) 어머니의 전이 (2) 여성들에 대한 커뮤니티의 기대 (3) 아시아 여성들에 대한 백인 사회의 고정관념이라는 세 가지 층 모두에서 자신의 존재가 내담자에게 도전을 주었다는 것을 인정할 수 있었다.

Lennox Thomas(Kareem & Littlewood, 1992)는 다음과 같이 논의한다.

> 다른 피부색을 가진 사람들과 문화를 뛰어넘어 효과적으로 작업하기 위해서 심리상담가들은… 다른 인종 및 문화 집단에 대해 자신의 인종차별, 자신의 편견, 그리고 자신의 투사를 먼저 다룰 필요가 있다(p. 134).

푸남이 그녀의 외모에 대해 역겨움과 혐오감을 표현했을 때 상담가는 공감했지만 또한 사회적 역전이 반응을 자각했는데, 이는 그의 머리 속에서 '화장을 좀 해 보면 어떨까요? 그러면 훨씬 더 나아 보일 텐데요.'라고 말하는 목소리가 맴돌았기 때문이다. 이것은 또한 상담가가 억누른, 많은 아시아 여성들에 대한 문화적 각본형성인데 그녀의 어머니의 목소리로 "아시아 여성의 얼굴은 그들의 운명이다."라고 말한다.

백인 내담자와 유색인 상담가

- 긍정적 전이 : 에이미는 의도적으로 아시아인 상담가를 찾아냈다. 왜냐하면 어릴 때 그녀는 학교에서 백인 아동들 몇 명으로부터 왕따를 당했고, 아시아인 친구들과 친하게 지냈기 때문이다. 아시아인에 대한 그녀의 고정관념은 그들이 '믿을 만하고, 정직하며, 열심히 일하는' 사람들이라는 것이었다. 따라서 그녀는 아시아인 지역보건의(GP), 아시아인 비서, 아시아인 상담가를 찾아냈다!

- 부정적 전이 : 사이먼은 여성인 유색인 상담가와 작업하는 백인 게이 남성이다. 사이먼은 상담가에게 그의 섹슈얼리티에 대해 이야기할 수 없었다고 보고했다. 왜냐하면 그는 백인들보다 유색인들 중에 동성애 혐오자들이 더 많다고 생각했기 때문이다.

문화적 역전이

다음 사례는 같은 민족 집단 내 문화적 차이를 강조한다. 이번에는 상담가와 내담자 모두 아시아 여성들이다. 상담가는 힌두 혈통의 인도 여성이다. 내담자는 파키스탄 출신의 이슬람교도이다. 따라서 그들의 문화적 각본은 매우 다르다. 상담가는 인도에서 힌두교와 이슬람교 간의 몇 세기에 걸친 갈등과 적대감에 대해 자각한다. 또한 상담가의 조상들이 이슬람교도들의 박해에 연루되어 있었다는 것도 알고 있다. 그녀는 때때로 그녀 자신과 내담자 간의 긴장감을 느꼈는데, 거의 손에 잡힐 듯한 느낌이었다. 그녀는 때때로 내담자의 아버지가 거만하게 자신을 깔보며 자신을 놀리고 있다고 느낀다. 마치 그는

"너는 네가 누구라고 생각하지? 넌 고작 조그만 마을 출신의 인도 아낙네일 뿐이야."라고 말하는 것만 같다. 그러한 반응에서, 그녀는 자신의 어버이자아 목소리를 자각한다. 그 자아상태는 이렇게 말하고 있다. "나는 당신 같은 이슬람교 남성들이 어떤지 뻔히 알고 있어요. 항상 여성들을 억압하죠." 그녀는 어른자아에서 그것을 알기 때문에 자신이 자각한 분노에 깜짝 놀라지만 믿지 않는다. 때때로 그녀는 내담자와의 관계에서 분노를 느끼는데, 그들은 상담실에 수 세기 동안 쌓아왔던 종교적인 억압을 가져와 초점을 맞추고 있다.

Lennox Thomas(Kareem & Littlewood, 1992)는 유색인 상담가와 유색인 내담자 간의 관계가 복잡하다고 논의한다. 이는 내재화된 인종차별의 효과를 다뤄야 하기 때문이다. 그는 백인 사회에서 양육된 유색인 상담가는 많은 장애에 대항하여, 자신의 인종, 문화, 자기에 대한 긍정적인 자아정체성을 발달시킬 필요가 있을 것이라고 말한다. 따라서 유색인 상담가들은 인종 및 인종차별이 자신의 자아발달에 어떻게 영향을 미쳤는지에 대해 그들 자신의 개인 상담을 받는 것이 중요하다. 많은 유색인들이 경험해 왔고 내재화한 인종차별의 정도는 그 뿌리가 매우 깊다.

심리상담가들에 대한 함축성

심리상담가들로서 우리는 인종 및 인종차별에 대한 우리의 모든 자아상태 반응을 탐색할 책임이 있다. 우리는 우리의 부모님들, 조부모님들, 그리고 고조부모님들이 우리의 마음의 일부를 형성했음을 인정한다. 우리는 우리와 다른 사람들에게 우리의 부모 대상이 어떻게 반응하는지가 얼마나 중요한지를 생각해 볼 필요가 있다. 또한 우리의 구조적 어린이 자아상태의 내용을 알고 이 자아상태에서 우리가 어떻게 반응하는지를 아는 것도 그만큼 중요하다.

Orbach(1999)는 말한다. "인종차별은 우리가 그것으로부터 피할 수 있다는 희망이 없는 서구 사회의 어디에나 깔려 있다"(p. 120). Orbach는 상담가들이 '인종차별에 대한 심리적으로 좋지 못한 결과'(p. 121)를 처리하는 것이 중요하다는 것을 강조한다. 이러한 상황이 주어졌을 때, 상담가와 내담자 모두가 눈에 명백히 보이는 차이에 직면했을 때 떠오르는 생존 전략은 무엇인가? 우리의 전제는 상담 과정이 더 넓은 사회에 들어 있는 과정의 거울 이미지라는 것이다. Thomas(1992)는 '그들의 흼(whiteness)의 우월성에 대한 확신 속에서 양육된'(p. 151) 백인 상담가는 이러한 역동을 그들의 상담 장면으로 가지고 올 것이며, 이러한 역동이 재성립될 가능성이 있다고 말한다. 그는 Curry의 '전-전이(pre-transference)'의 개념을 인용하는데, 이 개념은 '사람들의 사회적 또는 민족 집단…에 대해 우리가 배운 것은 우리가 그들을 만나기 오래전에 그러한 집단 속에 있는 개인들을 우리가 안다고 생각하게 만든다.'(p. 151)라는 것이다. 그는 인종차별을 다음과 같이 제시한다.

> 인종차별은 자아구조의 기능적인 부분이며 우리 각자는 그것이 어떤 기능을 하는지를 알 필요가 있다. 임상상담가는… 종종 내담자의 인종에 대한 관습적인 태도를 통해 그들 자신의 역전이가 나타나는 문제로 인해 궤도에서 벗어나 있는 자신을 발견할 수 있다(p. 151).

심리상담가들에게 중요한 과업은 내담자들이 그 '말할 수 없는' 것에 이름을 붙일 수 있게 하는 것이다. Daniel Stern(1998)은 정서 조율을 나타내는 거울화(mirroring)에 대해 말한다. 발달하는 아동에게 거울화는 자기감을 발달시키는 중요한 기제가 된다. 이러한 자기감은 그들 자신의 피부색을 서로 반영하여 봄으로써 가시적으로 반영되는 존재를 포함하는가? 만약 이것이 중요하다면, 내담자-상담가 쌍에 똑같이 적용되는가? 유색인 훈련생들과 내담자들처럼 유색인 심리상담가/훈련자에 의해 우리의 검음(Blackness)이 서로에게 거울이 되어 반영되는 데 깊은 영향을 미치고 있는 것을 경험을 통해 계속 확인하게 된다. Johnson(1987)은 부모에 의한 거울화를 통해 부모에게 특별한 존재가 되고픈 영아의 간절한 소원이 경험된다고 제시한다. 만약 이러한 소망이 성취되지 못하거나 가능하지 않을 때 영아는 깊은 수치심을 경험하게 되고, 그 결과 타인들을 거울화함으로써 예를 들면, 그들을 기쁘게 하거나 스스로를 배제시키는 행동을 통해 자신들의 욕구를 묻어버린다. 소수 인종으로 자라는 유색인들에게 자신들의 인종이 소수인 것의 영향은 지대하다. 그 결과, 몇몇 유색인 내담자들은 소속되지 못한 것에 대한 감정, 충분히 좋지 않은 감정, 그리고 그들의 어린이 자아상태로부터 자신들이 백인이었으면 하는 감정을 경험한다. 이는 치료적 관계에서 전이와 역전이 반응을 할 때 종종 나타난다.

내담자들에게 내적인 과정을 외재화하는 지지적인 치료적 환경을 제공하는 것은 적합할 것이다. 그러나 이렇게 되기 위해서는 상담가 자신이 인종과 인종차별에 대한 자신의 사고와 감정을 잘 아는 것과 그러한 사고와 감정을 기꺼이 처리하려는 의지가 매우 중요하다. 또한 유색인들에게는 그들의 인종적 정체성이 지속적으로 나타나며, 그들이 '타인들'이라는 것을 끊임없이 상기하게 된다는 점도 명심해야 하는 요소이다.

내담자들이 자신의 이야기를 드러낼 때 놀라는 것은 때때로 가족 문제를 인종차별과 관련된 생존적 결단에서 기인한 문제와 분리하는 것이 매우 어렵다는 것이다. 자기혐오는 가족에 의해 잘못 조율된 결과이며 유색인들로부터 온 고정관념의 결과일 수 있다. 상담가가 자신의 고정관념적인 과정을 살피지 않고 이러한 자료를 어떻게 다룰 수 있을까? 대부분의 상담가들은 이를 가족 내에서의 아동발달에 관련된 심리적인 설명으로 접근하는 것에 더 친숙할 것이다. 인종차별에 대해 생각하는 것은 우리가 얼마나 인종적 고정관념과 결탁되어 있는지를 정직하게 평가할 것을 요구한다. 인종차별이란 용어는 유색인, 백인 내담자/상담가 모두에게 강한 감정을 불러 일으킨다. 백인 동료학자들은 죄책감과 수치심, 그리고 무엇을 OK라고 말해야 할지 모르는 채 호기심을 거두어버리는 심정을 지금까지 토로해 왔다. Valerie Batts는 이를 한 형태의 '현대적 인종차별'(1998)이라고 부른다. 유색인 동료학자들은 반감이나 정서적 혼란을 일으킬까 두려워 인종차별 문제를 거론조차 하지 않고 차이점들을 최소화하거나 비위를 맞추려 한다고 말한다. Frank Fanon(1952, 1986)은 1950년대로 돌아가 백인 사회에서 생존하기 위해서 유색인들이 마스크를 쓰고 있는 것에 대해 저술했다. 심리상담가들로서 우리는 인종차별의 역동을 이해하고 다루는 데 고유한 입장에 처해 있다. 만약 우리가 스스로에게 '유색'이란 용어가 무엇을 상징하는지, '백색'이란 용어가 무엇을 상징하는지를 잠시 물어본다면, 이는 우리에게 주어져서 채택한 문화적 각본형성의 측면들이 표면화되게 할 것이다.

어린이 자아상태의 분리

자아상태와 전이에 대한 Moiso(1985)의 연구는 흑색과 백색에 내포된 상징주의에 대해 추측하는 것과 이러한 것들이 인종차별의 과정에 어떻게 기여하는지에 대한 유용한 도구로 사용된다. 매우 어릴 때부터 전래 동화와 전통 문화는 우리에게 선과 악을 구분할 것을 가르쳐 준다. Eric Berne(1972)은 이를 동화 속 대모(godmother)와 마녀엄마(witchmother)(선과 악)의 분리라고 불렀다. Moiso(1985)는 이러한 분리는 '어른자아(A_2)를 심리내적 갈등으로부터 보호하는 방어적 영역'(p. 183)을 위한 것이라 주장한다.

흑색(악)과 백색(선)은 한쪽을 다른 쪽과 분리하기 위해 사용되었다. 이러한 분리는 문화적, 사회적, 정치적 과정을 통해 강화되며 예를 들면, 피부색의 중요성과 (또는) 유색인들의 인간성과 같은 지금-여기의 정보에 대한 디스카운트 수준을 통해 유지된다. 백인들이 유색인들을 OK로 보기 위해서는 그들의 검음이 무효화되거나 '걸렸던 마법에서' 풀릴 필요가 있다는 것이 우리의 생각이다('우리는 모두 진짜 똑같다.')(P_{1+} 전이). 다음의 사례는 이러한 분리의 효과를 보여 줄 것이다. 대체로 이는 어린이 자아상태 내에서의 긴장 상태와 관련된, 자각 밖의 과정이다.

백인 내담자와 유색인 상담가

런던의 다민족 지역에서 살고 있는 백인 내담자는 높은 불안 수준으로 인해 처음으로 심리상담을 받게 되었다. 그녀는 지역보건의에 의해 국민의료보험(NHS)으로 의뢰되었는데, 그곳에서 유색인 심리상담가가 그녀를 보게 되었다. 상담가는 내담자와 유색인들과 같은 지역에 사는 두려움을 탐색하면서 유색인 상담가와 함께 상담을 하는 것에 대한 사고와 감정을 표현하도록 하였다. 그녀는 재빨리 자신이 상담가를 같은 방식으로 보지는 않는다고 말한다. 그녀가 잉글랜드 시골에서 자랐다고 말하자 상담가는 내담자가 자신을 그녀에게 '명예 백인'이 되는 것처럼 'OK 그리고 안전한' 사람으로 여길 필요를 이해하기 시작한다. 그녀의 내담자가 점차 분리 문제를 해결하는 동안 상담가는 보여지지 않은 자신의 감정을 억제할 필요가 있다.

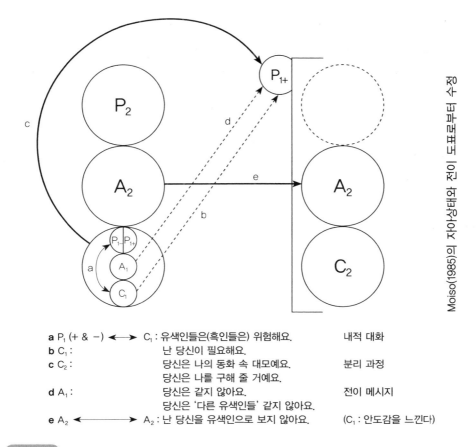

a P_1 (+ & −) ◄────► C_1 : 유색인들은(흑인들은) 위험해요.　　　내적 대화
b C_1 :　　　　　　　　　　난 당신이 필요해요.
c C_2 :　　　　　　　　　　당신은 나의 동화 속 대모예요.　　　분리 과정
　　　　　　　　　　　　　　당신은 나를 구해 줄 거예요.
d A_1 :　　　　　　　　　　당신은 같지 않아요.　　　　　　　전이 메시지
　　　　　　　　　　　　　　당신은 '다른 유색인들' 같지 않아요.
e A_2 ◄────► A_2 : 난 당신을 유색인으로 보지 않아요.　　　(C_1 : 안도감을 느낀다)

그림 9.2　피부색의 전이

　치료적 관계 내에서 이 내담자는 상담가와 관련하여 원하는 것과 필요한 것 간의 갈등을 하고 있다. 상담가가 유색인이라는 사실은 이 내담자에게는 큰 도전이 된다. 안전을 느끼기 위해서 내담자는 상담가의 인종적 정체성과 이러한 인종적 정체성이 그녀에게 어떤 의미가 있는지를 분리할 필요가 있다. 만약 내담자가 그렇게 하지 않으면 유색인들에 대한 불안은 상담실에서도 나타날 것이다. 그렇게 되면 내담자는 상담가와 가지고 있어야 하고, 필요하기도 한 유대감을 유지할 수 없을 것이다. Moiso(1985)의 자아상태와 전이 도표를 그려 보면서 우리는 이러한 과정을 추적할 수 있다.

이 과정의 다른 측면은 유색인에 대한 P_{1-}의 투사와 분리이다. 여기서 유색인은 그들의 피부색과 그들이 백인사회에서 표상하는 것으로만 보인다. 그 외 다른 모든 것은 디스카운트된다. 유색인은 그들이 누구인가의 입장에서 보여지는 것이 아니라 인종차별을 받는 쪽에서 보여진다. 이러한 투사의 효과는 Stephen Lawrence[1]의 사례에서와 같이 최소한으로는 유색인들과의 접촉을 피하는 것이 될 수 있고 최대한으로는 문자 그대로 그들을 제거하는 데 위험해질 수 있다. 우리는 P_{1+}와 P_{1-}의 투사가 다른 형태의 인종차별이라고 논의한다.

유색인 내담자

유색인 어린이 자아상태 구조에 대해 이상에서 본 과정의 효과는 복잡하고 심오하다. 이러한 학대에 대한 반응에서 한 가지 가능한 내적 결단은 유색인들이 소속되고 수용되고자 하는 희망으로 그들 자신의 검음을 부인하는 것이다. 레쉬마는 자신의 2~3세 때를 회상했다. 그녀는 더러워 보이기 싫다고 말하면서 손을 닦기 시작했다. 레쉬마는 백인이고 그래서 깨끗한 친구 엘리자베스처럼 보이고 싶었다. 아동기에 학교에서 레쉬마는 백인 친구들에게 왕따를 당했는데, 그 친구들은 그녀가 열등하고 더럽다고 생각했다. 성인이 되어 레쉬마는 종종 그녀의 백인 친구들과 동료들이 자신을 다른 아시아인들과 같지 않다고 생각했거나 아시아인으로 보지 않았다고 이야기한 것에 대해 말했다. 처음에 레쉬마는 이러한 말에 기뻐했는데, 이는 그녀가 아시아인으로서 당황스럽고 수치스러웠기 때문이었고, 그녀의 백인 동료들과 다르게 보이고 싶지 않았기 때문이었다.

구조적 자아상태 분석과 공생

이상의 과정은 유색인과 백인 내담자들 및 상담가들 사이의 치료적 관계에 대해 중요한 함축성을 가진다. 우리의 경험상 백인 상담가들과 상담하는 유색인 내담자들은 그들의 '검음'을 꺼내지 않고 최소화한다. 2차 구조적 자아상태 진단은 그들의 인종과 문화에 충성하라는 P_2 명령(우리에 관한 어떤 것도 그들에게 말하지 마라)과 C_2 수치심과 부러움, 그리고 백인 상담가가 인종 및 인종차별의 중요성을 자각하고 있다는 것이 명백해질 때까지 유보해야 할 A_2 결단을 드러낼 것이다. 차례로 백인에 대한 구조적 자아상태 분석은 그들 자신의 역사에 대한 죄책감을 드러낼 수 있다. 그때 이는 치료적 관계에 대한 개방성과 호기심에 대한 장벽으로 작용한다. 유색인 내담자의 A_1은 상담가가 인종적 차이에 대해 불편해하는 것을 알아챈다. 유색인 어린이자아는 그들 자신의 C_1 욕구를 희생시키면서 '그들'(힘 있는 사람들/백인들)을 OK로 유지할 본능적 욕구를 가진다. Schiff가(家)(1975)의 2차 구조 공생모델은 이러한 과정을 명백히 하는 데 도움을 준다. 유색인 내담자의 어린이 자아상태는 백인 상담가의 욕구를 우선시하면서 자신의 욕구를 억압함으로써 관계를 유지한다. 이러한 과정 안에 이론적 틀을 넣는 것은 모든 심리상담가들이 그들 자신의 인종적 정체성의 중요성을 다루고 이해할 필요와 이러한 통찰이 모든 인종과 다른 불평등의 영역에 있어서 내담자와의 관계에 얼마나 영향을 미칠 것인지를 강조한다.

Thomas(1992)는 다음과 같이 제시한다.

> 인종차별과 그것이 내면세계에 미치는 영향에 대해 높은 수준의 이해를 하는 유색인 내담자조차도 '백인은 옳다.'는 환상을 오랫동안 간직할 수 있다(p. 142).

한 수련생은 그녀가 상담가로부터 가치 있는 전문적 지지를 받았을 때, 백인 수련감독자와의 관계가 좋았다는 감정을 보고했다. 그러나 동시에 그녀의 일부는 자신이 누구인지에 대해 그대로 보이지 않고 있었다고 느꼈다. 그 수련생이 자신의 상담에서 이를 탐색했을 때, 그녀는 수련감독자가 자신이 유색인이라는 사실을 받아들이거나 자신을 유색인으로 보지 않았다고 느꼈음을 깨달았다. 또한 인종과 인종차별 문제를 거론하면 그들의 관계가 위협받을 것이고, 수련생은 자신이 필요로 하는 생생한 전문적 지지를 받지 못할까 봐 두려워했기 때문에 그 수련생은 자신의 수련감독자와 직면하지 않았다는 것을 깨닫게 되었다. 따라서 수련감독자와의 관계를 유지하기 위해서 그 수련생은 자신의 인종과 문화, 이에 대한 감정을 부인했다. 이 사례에서 그녀의 A_1 결단은 '이 백인 선생님과의 관계를 유지하기 위해서는 내가 유색인임을 부인하는 것이 최선이야.'였다. C_1

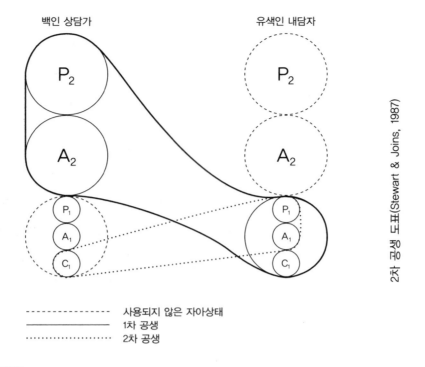

백인 상담가 　　　　　　　　　　유색인 내담자

2차 공생 도표(Stewart & Joins, 1987)

- - - - - - - - - - - - 　사용되지 않은 자아상태
─────────── 　1차 공생
··················· 　2차 공생

그림 9.3 　공생 관계에서 디스카운트된 인종차별

에서 그녀는 유색인이라는 것이 너무 부끄러웠다는 것을 깨달았다. 학교에서의 경험은 백인 위주의 사회에서 살아남기 위해 그녀의 인종과 문화를 숨기는 것이었다.

　이러한 새로운 자각과 이해로 그녀는 수련감독자에게 인종 문제를 거론하기로 결단했다. 수련감독자는 그녀가 아마도 '완벽한' 수련감독자를 원한 것 같다고 반응했다. '당신은 공연한 소란을 피우고 있군요.'라는 이면 교류를 통해, 수련생의 필요는 무시되었다. 그래서 그 수련생은 수련감독자를 '심란하게' 하고, 자신이 유색인이라는 것 ─ 예를 들어, 수련감독자와 자신이 다르다는 것 ─ 에 관심을 끌게 한 것에 대해 좋지 않은 감정과 수치심을 느꼈다. 그 후 그 수련생은 이러한 문제를 다시는 거론하지 않았다. 그렇게 함으로써 그녀는 백인은 인종차별로부터 보호받을 필요가 있으며, 자신의 피부색에 관심을 끄는 것은 매우 수치스럽다는 각본신념을 분명하게 확인했다. 그녀의 어른자아를 사용해서 관계에서 인식하지 못했던 것에 대해 계속해서 수련감독자를 직면시킬 수도 있고, 아니면 다른 수련감독자를 선택할 수 있었다는 것을 깨닫게 된 것은 유색인 동료들과 상담가와 이 문제를 탐색한 후였다. 그 수련생은 유색인 여성인 자신이 백인 수련감독자와 함께 있는 것이 어떤 의미인지, 그리고 이것이 그 두 사람 관계에 어떤 영향을 미치는가에 대해 수련감독자와 함께 탐색하기를 원했다.

이 사례에서, 어버이 자아상태와 어른 자아상태에 있는 수련감독자와 수련생 간의 1차 공생이 있다. 그러나 A_1을 사용하는 수련생은 또한 인종과 인종차별을 둘러싼 수련감독자의 방어, 죄책감, 수치심을 알게 된다. 수련감독자와 관계를 유지하기 위해 수련생은 P_1과 A_1을 사용함으로써 수련감독자의 C_1을 돌봐주기로 결단한다.

위의 사례는 백인 상담가와 수련감독자들이 사회 내 유색인과 백인의 힘의 역동에 대해 자각하고 이해하는 것이 얼마나 중요한지, 그리고 이러한 힘의 역동이 상담과 수련감독 관계에서 어떻게 반복적으로 나타나는지를 보여 준다.

결론

우리는 지금까지 인종과 문화의 심리내적, 심리외적인 역동으로부터 비롯된 문제들과 특히 이러한 문제들과 치료적 관계의 관련성에 초점을 두었다. TA는 많은 유용한 이론적 모델을 가지고 있고, 이는 문화와 인종 차이가 포함된 적용을 확장시키는 도구가 된다. 다문화적인 영국에 살고 있는 우리에게, 상담가로서의 우리가 인종과 인종차별의 역동에서 어떤 역할을 담당하고 있는지를 자각하고 이해하는 기술을 개발하는 것은 매우 긴요하다고 생각한다. 우리는 심리상담가들과 수련감독자들로서 우리의 작업에 영향을 미치고 정보를 주기 위해 우리의 모든 자아상태들을 적극적으로 관여시킬 필요가 있다.

우리는 백인층과 중류층이 주류인 심리상담의 세계에 익숙하며 이는 이러한 범주 이외의 사람들은 그 세계에 소속되기 위해 자신을 맞출 필요가 있다는 무언의 기대를 내포한다. 심리상담가들은 내담자들과 효과적으로 작업을 하기 위해 그들의 취약점들을 처리할 필요가 있다는 것이 통상적으로 받아들여진다. 억압은 우리의 개인적, 사회적, 문화적, 정치적 수준에 영향을 미친다. 문화, 인종적 정체성, 이러한 정체성의 결과로 세계에서 우리가 차지하는 위치, 그리고 우리 자신과 타인에 대해 우리가 가지는 의미의 중요성 문제는 다르지 않다.

주석

1 Stephen Lawrence 조사는 Stephen Lawrence라는 10대 흑인이 인종차별을 동기로 살인을 한 사건에 대해 경찰 수사한 맥퍼슨 보고서(Macpherson Report)를 지칭하는데, Cluny의 William Macpherson 경이 의장을 맡았고, 1999년에 발간되었다. 이 보고서를 통해 제도적 인종차별을 근절시키기 위해 전체 영국 경찰과 런던 경찰국은 수많은 개혁안을 권고한다.

2 GP : General Practitioner의 약자로 일반의(가정의), 지역사회 내 일반 의료를 제공하는 의사들을 지칭하는 용어이다.

3 NHS : UK National Health Service의 약자로 영국 국민건강보험을 지칭한다.

참고문헌

Batts, V. (1998) Modern racism: new melody for the old tunes in *EDS Occasional papers No.2*. Massachusetts: Episcopal Divinity School

Batts, V. (2000) ITA Conference, Canterbury, England

Berne, E (1961) *Transactional Analysis in Psychotherapy*. New York: Souvenir Press

Berne, E (1961) *Games People Play*. New York: Grove Press

Berne, E (1983) The mythology of dark and fair: psychiatric use of folklore *Transactional Analysis Journal* 13(3)

Carter R (1997) Race and psychotherapy: the racially inclusive model, in Thompson and Carter : *Racial Identity Theory*, New Jersey: Lawrence Erlbaum Associates

Fanon, F (1952/1986) *Black Skin, White Masks*. London: Pluto Press

James, M & Jongeward, D. (1971) *Born to Win*. New York: Signet

Johnson, S. (1987) *Humanizing the Narcissistic Style*. New York: Norton

Kareem, J. & Littlewood, R. (1992) *Intercultural Therapy*. Oxford: Blackwell Science

Kohlrieser, G. (1999) The Kosovo refugee crisis, in *The Script*, ITAA, California

Levy, A. (2000) The Guardian Newspaper, 19th February

Moiso, C (1985) Ego states and transference, *Transactional Analysis Journal* 15(3), *Volume of*

Selected Articles from the TAJ, 1981-90, California

Orbach, S (1999) *The Impossibility of Sex.* London: Penguin

Roberts, D (1975) Treatment of cultural scripts. *Transactional Analysis Journal* 5(1)

Schiff, J.L., with Schiff, A.W., Mellor, K. Schiff, E., Schiff, S., Richman, D., Fishman, J., Wolz L., Fishman, C., & Momb, D. (1975) *Cathexis Reader: Transactional Analysis Treatment of Psychosis*, New York: Harper & Row

Steiner, C. (1974) *Scripts People Live* New York: Grove Press

Stern, D. N. (1998) *The Interpersonal World of the Infant,* London: Karnac Books

Thomas, L. (1992) In Kareem, J. & Littlewood, R. (1992) *Intercultural Therapy.* Oxford: Blackwell Science

White, J.D. & White, T. (1975) *Cultural Scripting. Volume of Selected articles form the Transactional Analysis Journal*, 1971- 80. California

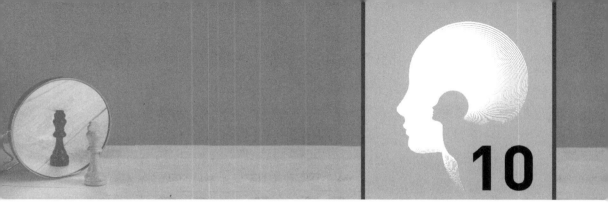

너에게 나는 누구인가

어린이 자아상태와 전이 영역

Helena Hargaden and Charlotte Sills

이 장에서는 상담/전이 관계에서 어린이자아의 영향을 분석하는 것이 핵심이다. 즉, 무의식적인 과정을 탐색하도록 하는 모델을 제시한다. 어린이자아에 대해 대조적인 모델들과 관점들이 있다는 것을 알지만 우리 저자들은 어린이자아는 한때 아동기가 있었다는 문자 그대로의 의미, 상징적 중요성, 그리고 심리상담에서 발달적 이해의 기초로 보는 관점에서 저술하였다. 이러한 논의를 하기 위해 우리는 자기와 세 가지 전이 영역에 관한 우리의 이론을 제시하였다(Hargaden & Sills, 2002). 이 모델은 주관적이고 무의식적인 과정을 보여 주는 지도를 제공함과 동시에 어린이자아에 대한 다양한 관점에서의 이해를 돕는다. 따라서 우리는 객관적 실재에 대해 의견을 진술하는 것에는 관심이 없다. 우리의 이론적 관점을 간략하게 다시 말하자면, 명료화의 정의를 내리고, 전이 영역이라는 표제 아래 TA 관계 심리상담에서 어린이 자아상태가 어떻게 긍정적인 힘과 부정적인 힘이 될 수 있는지를 보여 주는 삽화를 제시한다.

이 장을 통해 우리는 내담자와 환자라는 용어를 상호교환적으로 사용했는데, 이는 내담자는 자율성을, 환자는 상담 작업의 깊이를 제시한다고 생각하기 때문이다. 그리고 변형이란 용어는 한 유형의 전이를 구체적으로 명시하기 위해, 그리고 보다 일반적으로는 변화 과정을 설명하는 의미로 사용했다. 또한 우리는 어린이 자아상태의 실체화를 피하려고 노력했지만 어린이자아에 대한 상징적인 언급에서 시적 자유는 허용했다.

어린이 자아상태의 선물

Berne이 자아상태에 대해 처음 내린 정의는 '자연스럽게 일어나는 마음의 상태와 그와 관련된 행동패턴'(Berne 1961/1968, p. 30)이었다. Berne은 환자들이 한 자아상태에서 다른 자아상태로 변화하는 것을 관찰했다. 연구와 임상 관찰을 통해 Berne이 자아상태를 어버이, 어른, 어린이로 분류했다는 증거는 많다. Berne은 원래의 정의에서 어린이 자아상태를 '자폐적 사고(autistic thinking)와 원형적 두려움(archaic fears)과 기대(1차 과정)'로 분류했다. 우리는 많은 내담자들이 그러한 특성을 보인다는 것을 임상에서 관찰했다. 비록 몇몇 사람들이 이런 내적 퇴행 단계를 꽤 잘 위장할 수 있지만, 기민한 TA 상담가는 보이는 것이 다가 아닌 치료적 관계에서 신호들을 금방 알아차릴 것이다. 환자들은 그들의 어른 자아상태에서 조작적으로 진단을 받지만 현상학적인 조사는 다른 임상 상(clinical picture)을 끌어낼 수 있다.

Federn(1977/1953)의 연구를 발달시키면서 Berne이 심리상담 분야에 준 선물 중 하나는 어린이 자아상태를 발견한 것이었다. 이 개념은 어떤 문화, 어떤 시대의 누구에게나 쉽게 이해된다. 이 개념은 단순하고 이해하기 쉽다. 심지어 어린이 자아상태가 제외된 환자들도 이 개념을 이해한다. 어린이라는 용어는 원형적 이미지를 불러일으키고, 우리의 무의식을 떠올리게 한다. 이 용어는 단도직입적임, 인간미, 수용에 대한 필요를 나타낸다. 이 용어는 이드(id), 대상 또는 1차 과정 등 퇴행과 비슷한 표명을 할 때 설명하는 용어에서 제시되는, 좀 더 학술적이면서 경멸적인 함축에는 없는 따뜻함을 끌어낸다. 이 용어는 또한 부정적이고 무시하는 감정들을 끌어낸다.

변형을 위한 상징과 전달자로서의 어린이자아

> 아동 주제는 정신병리 분야에서는 종종 나타나지만… 신경증 치료에서 아동 주제가 가장 명백하고 중요하게 나타나는 과정은 개별화 과정(the process of individuation)이라고 명명한, 무의식 분석에서 나오는, 성격의 성숙 과정에서이다 (Jung CW9, 1, p. 279).

상징적으로, 어린이자아는 그 속에 변형의 힘을 내포한다. 결국, 각본과 라켓과 같은 다른 놀라운 장비들처럼 훌륭한 작품인 우리의 자아상을 창조한 것은 바로 우리 내부에 있는 아동이었다. 이는 역설적인 상황을 나타내는데, 왜냐하면 같은 원천에서 좋은 샘과 나쁜 샘이 흐를 가능성이 모두 내포되어 있기 때문이다. 그러한 예술 작품은 상담가로부터 최소한 상상적인 반응을 요구한다. 내담자의 영과 혼이 그 안에 있기에, 우리는 어린이자아의 생명력을 짓눌러버릴 수 있는, 지나친 환원주의적인 접근에 대해 경고한다. 우리는 '정화'라는 용어의 사용에서 상기되는 것처럼 인간미까지 없애버리는 것은 피해야만 한다. 변형의 상징인 어린이 자아상태는 상담가와 내담자 모두에게 2인용 자전거를 타는 가능성을 제공하는데, 더 나아지려고 열망하고, 치유를 위해 잠재 가능성을 열고 대립적인 자아상태들이 나타날 수 있는 공간을 허용하는 것이다. 한 내담자가 상담집단에서 말한다. "한때 나는 손에 수료증을 쥐고 세상에 다른 성취를 보여 주면서, 빛나는 영광 중에 상담을 종료할 것이라고 생각했었다. 이제 나는 정말 떠날 때가 되었다고 느끼기 때문에 떠난다…. 난생 처음으로, 내가 가고 싶어질 때까지 그냥 있을 수 있는 것은 마치 정말 말로 표현할 수 없는, 보상과 같이 느껴진다. 나는 지금 내 안에서 나 자신을 사랑하는 자유롭고도 강한 감정, 행복감을 느낀다."

상담에서 부정적인 영향을 미치는 어린이자아

불행히도 어린이 자아상태는 종종 과도하게 동정적이거나 지나치게 통제적인 반응을 불러일으킨다. 퇴행적인 내담자들에게 보호적 또는 지시적인 감정이 드는 것은 자연스러운 역전이 반응이지만 최종 분석에서는 문자 그대로 어린이 자아상태와 작업을 하는 것이 상담에 도움이 되지 않는다. 그렇게 되면 종종 성숙으로의 변화를 촉진시키기보다는 오히려 영구적 퇴행의 상태를 지지하는 방향으로 이끌게 된다. 예를 들어, 한 수련생이 쉬는 시간에 내담자를 상담소에서 집으로 데려다 주는 하나의 빌미를 제공했는데, 왜냐하면 그 내담자가 두려움과 불안을 표현했기 때문이다. 그러한 행동은 내담자가 일시적으로 돌봄을 받는다는 느낌을 가지게 하고, 아마도 더 중요한 것은 상담가 자신이 효

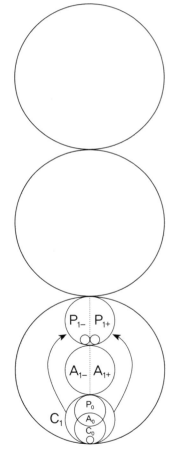

A_0는 적절하게 응집된 자기를 나타낸다.

…A_1과 P_1에서 침투할 수 있는 분리는 통합의 가능성을 나타낸다.

Hargaden & Sills(2001)

그림 10.1 응집된 자기

과적이라는 느낌을 가지게 한다. 그러나 궁극적으로 이러한 '돌봄'의 토큰 대부분은 성숙한 자아발달을 불가능하게 한다. 의도는 좋았지만, 그러한 행동은 자신의 고통을 견뎌낼 수 없을 것이라고 스스로를 의심하는 내담자를 상담가가 영아 취급하도록 만든다. 따라서 그 후 몇몇 내담자들이 상담가가 어떻게 해서든 자신의 욕구를 충족시켜야만 하고, 거의 신성시되는 욕구가 있으며, 일단 욕구가 확인되면 반드시 충족되어야만 한다는 신념을 발달시킬 수 있다는 것이 그리 놀라운 일은 아니다. 따라서 상담가는 성장의 도구가 아닌, 만족감의 도구가 될 수 있다.

어린이자아는 종종 다루지 않으면 성장을 고의적으로 숨기는 악의를 가지고 있다. 만약 부러움, 탐욕, 경멸, 무례함이 분석되지 않으면 그 상담은 무의식에 의해 침몰하고 파괴될 수 있다. 예를 들어, 만약 상담가가 적대적이고, 심술 사납고, 아마도 질투심이 가득한 어린이자아를 적절하게 반영하는 데 실패하게 되면, 악의의 측면을 지닌 자신은 의식되지 않을 것이다. 우리는 다음에 나오는 티나의 이야기에서 이 점에 대해 좀 더 자세히 탐색해 보고자 한다.

어린이 자아상태의 명료화

명료화란 상담가가 환자의 내적 어린이자아와 연결되도록 촉진하는 과정이며 경험, 감정, 감각, 즉 복잡한 마음의 상태를 치료적 관계로 가져오는 과정을 말한다. 이는 내담자가 좀 더 의식적으로 내면을 바라보게 하는 과정이다. 환자가 자신의 어린이 자아상태와 연결되면, (그림 10.1에서 C_0 내에 위치하고 벽에 둘러싸인 경험들로 묘사되어 있는) 미발달된 채 남아 있었던 자기의 일부와 연결될 것이다. 또한 P_1에 위치한 자신에게 소외감과 낯선 감정을 느끼는 자기의 일부와도 연결될 것이다. 전이 관계의 과정을 통해, 이러한 무의식적인 자료가 관계 안에서 나타날 것이다. 치료 계획은 역전이 반응을 이해하는 치료자의 주의 깊고, 사려 깊으며, 숙련된 능력과 관련된다. 명료화 작업은 치료자가 공감적 교류를 사용하면서 전이 영역을 분석하는 방법을 통해 이루어진다(Hargaden & Sills, 2002). 명료화의 목적은 원형적이고 휴면 상태, 갈등 상태에 있는 자기의 일부와 같은 무의식적인 과정을 좀 더 의식적이고, 활기차고, 성숙한 역동으로 변형하는 데 있다. 이러한 작업은 각 사람과 모든 사람들에게 독특하므로 이런 과정 안에는 신비하고 역설적인 요소가 불가피하게 존재한다. 예를 들어, 조애나는 상담을 마쳤을 때, 비탄에 빠지기보다는 미소를 지었다. 그녀가 가장 두려워하고 무서워했던 일이 일어났고, 그중 하나가 직장을 잃는 것이었다. 어떤 면에서 조애나는 많은 것을 잃었는데, 특별히 환상과 공상을 잃었다. 그러나 조애나는 "난 내 자신을 찾았어요."라며 미소 지었다. 상담가는 겸허함을 느꼈지만 상담 결과에 대해 만족했다.

자기 이론과 전이 영역

자기모델은 다른 연구(Hargaden & Sills, 1999, 2001, 2002)에서 충분히 밝혔기에 여기서는 깊이 제시하지 않고, 단 세 가지 전이 영역을 소개하기 위해 필요한 만큼만 제시하도록 하겠다.

우리는 Stern(1985)이 자기의 영역들로 봤던 것처럼, 출생 전부터 계속 발달한, 자기의 일부들인, C_1, A_1, P_1으로 구성된 어린이 자아상태를 자기로 본다. 그 후 어린이자아는 개인의 마음을 형성하며, 좋든 나쁘든 모든 만남에서 보인다. 우리가 그림 10.2에서 제시한 것은 전통적인 자아상태 도표를 수정한 것으로, 자기(C_2)와 어버이(P_2) 자아상태를 '현재 자기'(A_2)의 중앙에 배치하였다. 우리는 모든 어른자아 상호작용을 지금-여기에서의 자기뿐 아니라 시간의 흐름에 따라 정체성을 형성해 왔던 자기도 표명하는 것으로 본다.

어린이 자아상태 내 C_1은 영아와 환경(어머니) 간 일차적이고 근본적인 관계로 구성되며, 이는 그림 10.1에서 P_0/C_0로 묘사되어 있다. 이러한 관계는 어린이자아 내에 포함되어 있고, Stern(1985)의 상호작용의 내재화 모델(internalized model of interaction)로 가장 잘 이해할 수 있고, 이 모델은 일반화되고 있다. '타인'과 함께 있고 상호작용하는 생애 최초의 방법들은 '암묵적 관계를 아는 것'으로 가장 잘 이해될 수 있는 기초를 형성한다(Tronick et al., 1998). 따라서 이러한 관계는 앞으로 맺게 될 관계의 분위기와 형태에 영

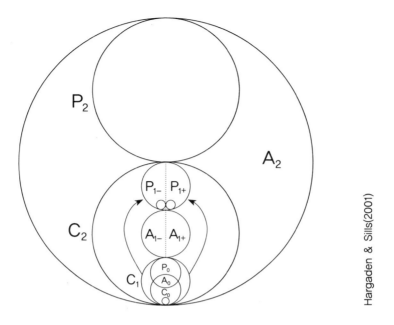

Hargaden & Sills(2001)

그림 10.2 전체 자기

향을 미치게 된다. 조율이 매우 안 되거나 거의 안 될 때, 자기의 경험은 미발달된 채로 남겨진다. "…수많은 학문 분야에서 두뇌의 성장은 사회정서적 환경에 의존하면서 영향을 받는다는 기본 원리의 핵심을 수렴하고 있다."(Schore, 1994, p. 78)는 사실을 제시하는 신경학적 증거가 있다. 따라서 미발달된 자기는 두뇌의 특정 구조들이 자궁에서부터 시작된 관계를 통해 활성화된 후에야 자율적일 수 있다. 이는 비밀의 내면세계가 한번도 활성화된 적이 없는, 정신분열 과정 유형을 제시하는데, 우리는 자기의 이러한 부분을 C_0의 벽에 둘러싸인 부분에 배치하였다. 이러한 원초적 갈망은 우리가 **내사적 전이** (introjective transference)라고 명명한 것과 연루되어 있다.

영아가 어머니 혹은 환경에 의해 억누르지 못한 감정적 경험에 의해 압도되거나 휩싸이게 되는 '어찌할 바를 모르는' 감정을 느낄 때, 영아는 이러한 감정을 억누른다. 그러한 감정은 P_1으로 경험되며, 그에 대해 '타인의' 감정을 갖는다. 이러한 '타인의' 과정은 우리가 **투사적 전이**(projective transference, P_1)라고 명명한 전이에서 나타난다. 즉, 부모의 반응에 대한 내재화된 지각과 함께 영아의 경험에 대해 거부된 요소들이 모여 있는 저장소가 P₁이다. 우리는 모든 개인들이 비활성화된 정서적 상태를 가지고 있으며, 적어도 경험한 것의 일부는 억압되어 있거나 분리되어 있다고 생각한다. 이러한 비활성화 상태의 정도는 영아와 양육자 간 상호작용에 달려 있을 것이다. 중요한 누적 외상이 있다면 분절은 더 심하다. 환자는 투사적 동일시 과정을 사용하여 정신적 건강을 유지하려 애쓸 것이다. 이러한 과정을 우리는 **변형적 전이**(transformational transference)라 명명한다.

　이러한 범주들은 상담가가 전이를 통해 나타나는 복잡한 감정들을 간략한 차트로 보여 주는 지도와 같다. 이러한 전이 영역들은 실제 상담에서 서로 동시에 나타나며, 따로 분리되어 나타나지 않는다. 전반적으로, 우리는 모든 유형의 전이를 적절한 정서적, 인지적 반응을 찾는 상담가와의 일련의 교류를 함께 형성해가는 환자의 무의식적인 시도로 본다. 전이현상들 간 이론적인 구분은 상담가에게는 도움이 될 수 있는데, 이는 전이의 강도와 유형이 환자의 자기 경험의 결과가 될 것이기 때문이다. 생애 초기의 애착이 불안정하고 분절되어 있을수록 자기감은 더 취약해질 것이고, 일부 환자들은 상담가와 다중 전이 관계(multi-transferential relationship)에 연루될 것이다.

　우리는 모든 전이의 표명이 치유의 시도인 변형 가능성과 동시에 각본의 강화 가능성 모두를 내포하고 있다고 생각한다. 상담가는 종종 자신이 선택한 반응이 변형을 이끌 수도 있고 아무 소득도 없는 결과를 초래할 수도 있는 중요한 순간을 경험할 것이다. 경험으로 미루어 보아 어린이자아 과정에 대한 해석에서 상상력이 부족할수록, 상담의 결과도 실패로 끝날 것이라고 우리는 생각한다. 상담가가 자신의 직관적 자기를 억누르거나 사용하고 분석할 수 있을 때, 어린이 자아상태에서 이용 가능한 변형적 에너지를 가지고 작업을 할 수 있게 되며, 이는 자아 에너지의 근본적인 변화를 초래하게 된다. 상담가가 계약상의 지침과 환원주의적 분석에 지나치게 의존하게 되면, 문자 그대로의 해석에 발이 묶여 결국 상담의 결과는 실패로 돌아갈 것이다. 다음에 나오는 사례에서, 우리는 세 유형의 전이를 검토하고, 각각의 전이는 어떻게 어린이자아 에너지가 변형의 상징이 될 수도 있으며, 아니면 변화의 장애가 될 수 있는 기회를 제공하는지를 설명할 것이다.

어린이자아 에너지 : 변형의 상징인가 아니면 변화의 장애인가

내사적 전이/C₀ 갈망

자기발달이 좌절되었을 때, 자기감을 발달시키고자 하는 충동은 거울 전이, 이상화 전이, 쌍둥이 전이의 심리적 분투로 나타난다. Kohut(1971)는 이러한 현상을 자기대상 전이(self object transference)라고 설명하였다.

> 내사는 방어이자 정상적 발달과정이다. 방어라고 하는 이유는 내사가 분리 불안을 줄여 주기 때문이며, 발달적 과정이라고 하는 이유는 주체를 점점 더 자율적이 되도록 만들기 때문이다(Rycroft, 1968).

이러한 유형의 전이에서 환자는 발달적 욕구를 충족시키기 위해 상담가와 공생(Shiff et al., 1975)하려고 한다. 환자는 건강과 자율성을 향한 무의식적 심리적 분투로 상담가에게 내사하려 애쓴다.

내사적 전이는 환자가 상담가를 어떻게 경험하는가를 지칭하며, 암묵적 관계로 묘사될 수 있다. 내사적 전이가 나타날 때, 환자는 상담가가 유순하고, 어떤 면에서는 중립적이며, 주의를 기울이고, 따뜻하게 관심을 가지며, 열심이고, 완벽하게 조율하고, 유능하고, 심지어 애정 어린 대상이라고 느낀다. 과도하게 자신에게만 관심 있는 부모의 자녀들이었던 환자들, 그리고 주의를 기울여 주는 환경을 경험해 보지 못했던 환자들처럼 장기적인 자기, 몰입의 경험에 대한 무의식적 필요를 가지고 있는 환자는 특히 이러한 유형의 전이를 요구하는 것으로 보인다. 예를 들어, 안나는 초기 평가를 받으려고 두 명의 상담가들을 찾아갔다. 첫 번째 상담가는 안나가 가져온 문제에 대해 해석했는데, 그녀는 자신이 병리적으로 진단받는 기분을 느꼈다. 두 번째 상담가는 몇 가지 일반적인 질문을 했고, 안나가 대답하는 것을 주의 깊게 경청했다. 그 여성 상담가는 때때로 미소 지으며 고개를 끄덕였고 캐묻기도 했지만 대체적으로는 관심 있게 주의를 기울여 주었다. 회기 중간에 안나는 미소 지으며 눈을 크게 떴는데 그런 모습의 환자는 매우 어려 보였고 상담가는 그녀가 내적으로 매우 퇴행했다는 것을 알아차렸다. "난 여기가 좋아 —

나 여기 와서 선생님하고 상담할래요." 안나는 안전하고 안정되는 느낌을 분명히 가졌고 이는 이상화 전이의 초기에 명백해졌다. 이제 첫 회기밖에 안 됐지만 상담가는 이러한 전이가 왜 이렇게 빨리 일어났는지 혹은 왜 이렇게 확실하게 필요했는지 몰랐다. 사실, 처음에는 환자가 중요한 문제가 거의 없는 것처럼 아니면 문제가 아예 없는 것처럼 보였다. 자연스럽게 상담이 진행되면서 이야기는 점점 더 복잡해져 갔다. 안나는 방어적이며 자기 집착적인 어머니와 상당한 심리적 고독감으로 괴로워했는데, 어머니는 안나가 자신을 위한 거울이 되어줄 것을 요구했었다. 안나의 아버지 역시 신체적으로나 정신적으로 그보다 열등한 존재에 대한 여성 혐오감 속에서 고정관념적으로 '여성스럽고', 스포츠도 잘 못하는 사람이 되라는 자신의 욕구를 안나가 반영해 줄 것을 요구했다.

영아기를 교묘히 빠져나갔거나 돌연히 아동기에 너무 빨리 진입을 하게 된 어린이자아의 완전한 조율 감각과 사랑스런 애착을 얻으려고 애쓰는 노력은 변화를 향한 긍정적 상징으로 작용한다.

빌이 상담하러 왔을 때, 상담가는 그가 혼란스럽고, 자신의 생각이나 감정을 명확하게 표현하지 못하는 것을 보았다. 그의 아동기에 대한 분명한 특성 중 하나는 아버지가 빌이 겨우 14세 때 돌아가셨다는 것이었다. 빌이 상담에서 처음 내어 놓은 문제는 아내가 외도로 떠나버렸고, 두 살 난 딸과 함께 했던 가정이 파탄이 났다는 것이었다. 빌은 절망, 비탄, 분노, 고통 속에 있었지만 그것을 명확하게 표현할 수 없었다. 상담가는 많은 상담 회기에서 좌절과 혼란을 느끼면서 이를 이해하려 애쓰고 경청하도록 요구받는 자신을 알아차렸다. 상담가는 빌을 상담 집단에 들어오게 했고 그가 어떻게 상담에서 자신을 이용했는지를 처음으로 더 명확하게 보게 되었다. 그는 여성 상담가를 다른 집단 구성원들에게 '명예남(honorary man)'으로 묘사했다. 상담가가 이후 단계에서 그에게 이 사실을 반영했을 때 그는 깜짝 놀랐는데, 왜냐하면 그 사실을 기억하지 못했기 때문이었다. 상담가는 그가 여성인 상담가를 남성으로 지각했던 이유를 다음과 같이 해석해 주었다. 즉, 그의 아버지께서 돌아가셨을 때, 미발달된 감정과 부담감을 느꼈지만 '한 집안의 가장'으로서의 역할을 요구받았을 때 결코 해결할 수 없었던, 성장의 과업을 완수하고 해결하려는 그의 무의식적인 분투였다. 상담 과정을 통해 그는 더 강해졌고, 더

결단력 있게 되었고, 그의 인생에서 여성들을 돌보느라 자신의 욕구와 정신적 행복을 해치는 일은 덜 하게 되었다. 본질적으로 그는 좀 더 남성스러워졌고, 상담의 목적으로 한 번도 표현된 적이 없는 방식으로 책임을 지며, 복잡한 이혼 문제를 다룰 수 있게 되었고, 새로운 관계를 맺고, 새로운 가정을 만들어나가게 되었다. 그러나 상담가는 그들이 대부분 작업했던 영역이 내사적 전이었다고 확신했다. 그는 상담가를 좋은 아버지의 존재처럼 보호 감정, 안정감, 배려심으로 이용했지만 좀 더 침투하려는 교류의 시도는 피했다. 상담가는 자신이 직관을 이용해 상담한다는 것을 알게 되었고, 동시에 상담의 감각이 더 명백해지면서 공감적 해석도 사용했다. 빌은 상담에서 진정으로 변형되었다. 비록 극적인 변화나 손에 잡힐듯한 매우 구체적인 변화는 없었지만…빌은 변화되었고, 남성이 된 것처럼 보였다.

그러나 이러한 전이 영역 내에서 어린이자아 에너지는 종종 상담 과정을 방해할 수 있다. 예를 들어, 환자가 이상화를 계속 고집하고, 융합을 계속 요구하면 개별화로의 변화는 불가능해 보이고, 상담은 한쪽으로 치우쳐져서 뭔가가 '옳지' 않은 듯한 감이 온다.

예를 들어, 모니카는 상담에서 양어머니와의 사악하고 이상한 경험으로부터 극심하게 상처입고 구타당했다고 말했다. 모니카는 매우 초기부터 상담가와 사랑에 빠진 듯했다. 이상화 전이는 거의 즉시 시작되었다. 몇 년 동안 모니카는 좀 더 자신감을 가지고 자신에게 안정감을 얻기 위해 이 관계를 이용했다. 그녀는 상담가의 이미지를 선하고, 자애로우며, 친절하다고 여겼다. 자연스럽게 상담가는 나쁜 경험들이 어디로 사라졌는지 의아해했지만 상담 과정에서 점점 더 모니카는 그 경험들에 관심을 덜 가지고, 자신의 인생에 더 몰입하는 것처럼 보였다. 동시에 상담가는 모니카가 그녀를 계속 이상화하여 보기를 고집하는 것에 낯선 감정을 느꼈다. 진정 성숙한 자아감은 없고 흠모하는 아동만 커져가고 있었다. 상담가는 투사적 감정의 일부를 다룰 때가 되었다고 느끼기 시작했는데, 상담가가 확신했던 것을 모니카는 부인했다. 동시에 그녀는 이 문제가 거론되는 것을 주저했다. 상담가가 이 문제에 대해 생각해 보길 시작했을 때, 모니카는 상담 종결 문제를 꺼내기 시작했다. 비록 여전히 양가감정을 느꼈지만 상담가는 모니카의 과거 경험이 더 부정적인 영향을 미치는 것에 대해 의아해하면서 자신을 받침대로 이용해 볼 것을 제안했다. 모니카는 매우 분개하면서 그녀의 이상화 문제를 다룰 필요가 없으며, 지금까지 지내온 방식을 '영원히' 고수하고 싶다고 반박했다. 얼마 지나지 않아 모니카는 상담가에게 그동안 훌륭했었고, 영원히 자신의 마음에 둘 것이라고 말하면서 상담을 종료했다. 돌이켜 생각해 보면 모니카가 옳았을 수 있고, 상담소라는 벽 밖에서 확고하게 지켜졌던 '자기'의 투사적 측면들과 연결되는 것을 용인할 수 없었을 수 있다. 그럼에도 비록 모니카에게는 둘 중 누구도 명료화 과정을 살펴볼 것을 요구하지(또는 살펴봐야만 한다고 하지) 않는 것이 옳아 보였더라도, 이상화를 계속 고집하며 이를 깊이 살펴보지 않았기 때문에 어떤 변형도 일어나지 않았다는 것을 상담가는 알았다.

투사적 전이(P_{1+}/P_{1-})/방어 및 분열 전이

이러한 전이들은 환자가 통합되지 않은 경험을 전체적으로 작업하기 위해 상담가에게 P_{1+}/ P_{1-}를 투사할 때 일어난다. Melanie Klein(1988)의 영향으로, 투사는 정상적 발달 과정으로 받아들여지고 있다. 잘못 조율된 양육 환경에서 영아는 선과 악 사이에서 분열된다. '자아와 대상의 분열은 부인과 투사로 연결되는 경향이 있고, 자기의 어떤 부분과 내적 대상들에 의한 정신분열적 방어를 구성하는 3인조가 분리되는데, 이를 환경 속에 있는 대상들의 탓으로 돌린다'(Rycroft, 1995, p. 173). 투사는 상담가에게 내적 갈등을 억누르는 것인 반면, 투사적 전이는 환자가 응집된 자기감을 유지하려는 기제이다.

우리는 P_2와 P_1 전이의 명확한 표명과 심리상담 과정에 P_2와 P_1 전이의 함축성을 제시한 Moiso(1985)의 연구를 토대로 하였다. 사실 우리는 어버이 자아상태뿐 아니라 어떤 자아상태에서도 2차적, 3차적 자아상태로 개념화될 수 있는 대상에 투사하는 것이 가능하다고 생각한다. 우리는 이를 매일의 일상에서 본다. 예를 들어, 한 어머니가 걸음마기에 있는 유아에게 격분할 때, 어머니의 과거에 자신에게 금지되었던 영아기의 어떤 측면을 유아인 자녀가 드러내고 있을 때, 이는 그 어머니의 P_1을 촉발시킨다. 심리상담 현장에서 내담자는 겉으로는 취약한 A_1을 투사하면서 전통적인 P_2 수준 또는 P_1 수준에서 어버이자아 경쟁 공생(competitive symbiosis)(Schiff et al., 1975)을 위한 어버이자아로 상담가를 초청할 수 있다. 그러나 대부분의 경우 상담가에게 투사되는 것은 타인으로 경험이 되었던 어버이 자아상태(P_1)이다.

다른 연구에서(Hargaden & Sills, 2001, 2002) 우리는 C_1의 토대 위에 한 개인이 그의 정체성을 형성하는 과정에 대해 설명하였다. 대부분의 사람들은 자기 자신과 타인들에 대해 좋은 경험도 쌓고 좋지 않은 경험도 쌓지만, 시간이 흐르면서 그 양면을 잘 통합하게 된다. 그러나 너무 고통스럽고, 혼란스럽고, 참을 수 없는 생애 초기의 경험들을 가지고 있는 일부 개인들은 응집된 OK 자기감이 없다. 즉, C_1의 경험은 분절되어 있거나, 분열되어 있거나 억눌려 있다. 세상에서 자기 자신(A_1과 P_1)을, '자기 자신에 대한 이야기'를 만들어가는 감각은 C_1의 외상에 다시 에너지를 집중하지 않도록 보호하는 하나의 방법으로 형성된다(그림 10.3에서 A_1 안의 분리선은 침투할 수 없다). 보통 이러한 이야기는 심리상담에서는 '자기도취증(자기애성, narcissism)'이라 명명한다. 자기도취적 상처를 가지고 있는 사람들은 A_{1+} 안에서 완벽한 자기 자신에 대한 심상을 형성하며, 영아기 때 받지 못했던, 그들이 필요로 했던, 무조건적인 인정과 존중을 그들에게 제공하는, P_{1+} 안에서의 자신에게 '완벽한 부모'를 만든다. 그러한 개인들은 빛나고 화려한 사람으로 자신들을 세상에 표현한다. 그들은 불편한 경험을 하지 않도록 스스로에게 가르쳤고, '완벽한 타인'이 흠모하는, '가장 위대한' 자가 되려는 자신의 비전을 뒤흔드는 일이 일어나는 순간에만 불편함을 느낀다. 그러한 방어를 지지하기 위해, 이러한 사람에게는 자신이 P_{1+}를 투사할 수 있는 사람들의 합리적인 공급이 필요하다. 그들의 어머니는 그들이 어렸을 때, 어머니의 자기도취적 욕구를 충족시켜 주었을 때에만 칭찬과 사랑을 주었던, 흠모하지만 접촉할 수 없는 그런 어머니였을 것이다. 이제 성인으로서 그들은 진정으로 존경해서 또는 두려워서 타인들이 과찬하거나, 적어도 승낙과 지지를 하는, 일종의 힘을 행사하는 직업을 가지고 있을 것이다. 이러한 개인들은 자신의 준거 틀을 지지하지 않는 타인은 누구든지 회피하거나 거부하거나 폄하하는 데 숙련되어 있다.

그러한 개인이 상담을 할 때, 단순하게 긍정적으로 재정의될 수 없는 무엇인가가 발생했기 때문에 그 개인은 고통스러운 감정에 노출되고, 전체 자기가 허물어지고 있다는 감각을 느끼게 된다. 그는 모든 게 좋다고 말할 수도 있는 대신에 그러한 삶은 지나가고 '분명히 뭔가 다른 일이 있음에 틀림이 없다.'고 말할 수도 있다. 그는 그를 둘러싼 세계

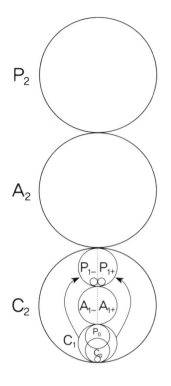

Hargaden & Sills(2001)

'분열'된 핵심자기.
─────────────── A₁과 P₁의
침투할 수 없는 분리는 좀 더
분절된 자기를 나타낸다.

그림 10.3 어린이 자아상태 : 미발달된 자기

를 통제하는 것에 대한 흥미나 돈을 버는 것에 대한 관심이나 외모를 상실해가고 있다. 기본적으로 그의 화려한 성공적 정체성을 받쳐 주었던 것들이 이제 더 이상 작동하지 않는다.

Moiso(1983)는 자기도취적 내담자들이 그들의 이상화한(우상화한 것으로도 볼 수 있는) P₁을 상담가에게 투사함으로써 상담을 시작하게 된다는 요점을 제시한다(이는 내사적 전이에서 설명한 것과는 다른 이상화이며, 다른 심리적 요구를 나타내고 있다는 것에 주의하라). 그들은 '최고'로서의 자기감을 유지하는 데에 전적으로 자신의 안정과 편안의 기반을 두고 있기 때문에 이렇게 한다. Moiso는 내담자가 자신의 준거 틀에 도전을 해 볼 만큼 안전하고 수용된다는 것을 느낄 때까지 상담가는 이러한 전이를 받아들이고, 중요한 시기에 진짜가 아닌 감정 안에서 작업할 것에 동의해야만 한다고 주의를 준다. 너무 빨리 이상화에 직면하는 것은 자기도취적 개인의 내적 안정감을 잃게 해서 상담가를 폄하하고 상담을 종결해 버리는 결과를 초래할 수 있다. 앞서 보았던 모니카의 사례가 딱 이와 같은 것이다. 비록 상담가가 이상화를 직면하지 않았지만 완전한 투사적 전이가 나타나지 않으면 상담이 갈 방향은 실제로 없기 때문에 모니카는 떠났다. 아마도 모니카가 회피한 것이 바로 그것이었다. 그때는 상담가의 절제가 필요한 순간이며 내담자가 '아주 안전한' 자기의 경계를 용기를 내어 시험하는 동안 자신을 지지하는 [Berne과 Crossman(1966)의 세 가지 'P' 중에서] 가상의 힘을 이용하려는 요구, 즉 상담가를 공생에서 문자 그대로 이용할 내담자의 요구에 대해 이전에 다른 연구에서 우리는 언급했었다.

우리는 이러한 유형의 방어를 A_1과 P_1의 침투할 수 없는 분열로 도표화했다. 그 상태에서 개인은 그의 정체성으로 A_{1+}와 P_{1+}의 고정된 순환 고리를 형성한다. 그러나 침투할 수 없는 방어가 분절된 초기의 C_1에 대항하는, 다른 새로운 방법이 있다. 아동기에 비판과 학대를 받았던 사람들은 스스로에게 똑같은 상처를 또 줄 수 있고, 그래서 자신을 위해 생애 초기의 고통을 피하는 정체성을 창조해 낼 필요가 있다. 그러나 그들을 둘러싼 세상과 일치되기 위해 그들은 A_{1-}와 P_{1-}의 내적 고리를 창조해 낼 수 있는데, 이는 명백한 자기도취자라는, 겉보기에 좀 더 동의할 수 있는 페르소나(persona)로서 세상 속에서의 자기감에 핵심적인 것이다. 그들의 근본적인 자기개념은 나쁘고, 비참하며, 서툴다. 그들이 행동화를 하고, 자학을 하며, 스스로를 질책하는 등의 행동을 할 때 그들은 스스로에게 욕을 퍼붓는데 이상하게도 가장 적절한 상태에 있어 보인다.

프란은 시작부터 상담가와 긍정적인 관계를 잘 맺는 것으로 보였다. 상담가는 프란을 좋아했고, 학대하는 남편에게 결국 버림받은 후 자녀들을 혼자 키우려고 했던 프란의 고통스러운 상황에 대해 동정했다. 그녀는 경제적으로 어려웠고, 직장에 붙어 있는 것이 어렵다는 것을 알았다. 프란은 아동기에 오랫동안 자신을 학대했던 아버지가 그녀의 불안 행동으로 인해 학교 당국에서 조사하기 시작했을 때 스스로 목숨을 끊은 기억으로 괴로워했다. 그 후 2년 동안 심리상담은 성공적으로 진행이 되었는데, 프란은 자신을 가책을 느끼는 희생자로 보고, 세상을 학대하고 박해하는 것이라 믿는 신념을 정화시켰다. 그녀는 또한 그녀의 어린 자기와 그녀의 아버지를 위해 울면서, 자신의 아동기에 대해 상담가에게 말할 때 일종의 안도감을 느낀 것처럼 보였다.

그러나 상담은 잘 진행되고 있었지만 시간이 지남에 따라 상담가는 나쁘고 '소용없는' 자신의 심상으로 다시 돌아가려는 프란의 패턴을 알아차리기 시작했다. 그녀의 인생에 일어난 변화가 무엇이든 기대하지 않았던 사건이 그녀의 희망을 박살낼 것이다. 즉, 새로운 직업은 실패할 것이고, 자녀들은 그녀에게 대들 것이며, 소득 보조는 거부될 것이다. 반복해서 그녀는 어떤 모습으로든 '권위'에 대하여 격분하면서 패배하고 희망 없는 모습을 보일 것이다. 처음 상담가는 그녀의 역경에 공감했다. 상담가는 프란이 견딘 사회적, 경제적 어려움의 존재와 중요성을 디스카운트하려 하지 않았고, 프란이 인생에 책임을 지려는 노력에 대해 매우 지지적이었다. 그러나 점차적으로 그는 점점 더 좌절되었다. 그는 또한 부적절감과 수치심을 느낀다는 것을 알아차렸다. 어떻게 이렇게 오랜 시간 상담을 한 후에도 프란은 여전히 자신에 대해 이전과 똑같이 혐오하는 신념을 가지고 있고, 세상에 대해 분개할 수 있을까? 어떻게 그는 프란의 아동기에 무능한 이웃으로 학대에 대해 알면서도 공감 이외에는 아무 것도 줄 수 없는, 성공하지 못한 구원자로 게임에 완전히 말려들었을까? 그는 그녀가 변화하도록 도전 의식을 북돋웠지만 그것은 한심한 협상이었고, 프란의 자신에 대한 자아비판만 늘었다. 그는 격려와 인정을 시도했다. 프란은 감사하며 이를 받아들였고, 일시적으로는 변화된 것처럼 보였지만 성공적으로 보인 수많은 재결단 이후 다시 처음의 상태로 돌아갔다. 상담가는 완전히 패배감을 느꼈고 그러한 감정이 어떤 것인지 안다고 맞장구를 치는 반응만을 보인 프란과 그 감정을 공유했다.

상담가는 이러한 부정적인 악순환의 고리(A_{1-}와 P_{1-})가 프란이 기능하는 데 필수적이라는 것을 이해하기 시작했다. 이것이 바로 그녀가 알아차리게 된 자기감이었다. 불안감을 느끼고 불안감을 주었던 프란의 어머니는 약하고, 나쁘고, 아무런 소용없는 존재로서 프란을 보았다. 어머니는 프란을 자주 때렸고, 다른 자녀들이 그녀를 따돌리도록 종용했다. 남편이 자살을 했을 때, 그의 학대를 드러내기보다는 전적으로 프란을 탓했다. 상담가는 이는 재결단될 수 있는 임패스가 아니라는 것을 알게 되었다. 프란은 재결단할 '다른 자기'가 없었다. 따라서 심리상담이 친밀함, 사랑 또는 필요에 대한 진짜 감정에 가깝게 되자 프란은 부정적인 고리로 다시 철수했다. 프란은 변화로의 초대를 생존에 대한 위협으로, 관계에서 근본적인 자기감의 상실로 경험했다.

따라서 상담가는 아무 것도 하지 않기 시작했다. 그는 프란의 곁에 앉아 그가 할 수 있는 한 최대한 그녀의 감정에 '가까운' 감정을 느끼려 했다. 그는 때때로 프란의 자기 혐오를 증폭시키기도 하고, 또는 지지도 반박도 하지 않은 채 프란의 곁에 그저 조용히 머물렀다. 은유적으로, 그는 프란이 자신을 양육자로 이용하도록 내어 주었다. 은유적으로, 프란은 엄마를 갈망하고 울부짖으면서 저항할 수 없는 유모의 가슴에 머리를 찧으며 유모의 넓은 수용의 무릎 위에 앉아 있는 작은 소녀였다. 조금씩 조금씩 프란은 상담가에게 좀 더 직접적으로 말하기 시작했고 상담가는 그것이 내담자에게 더 중요한 것이라 느꼈다. 프란의 패배적 희생자 의식의 느낌은 비탄과 절망 그리고 결국에는 전체감(a sense of wholeness)으로 심화되었다.

이 상담에서 어떤 일이 일어났는지에 대해 우리는 자아상태와 자기의 관점에서 이해했다. 프란은 자기를 상실할까 두려웠기 때문에 좀 더 긍정적인 정체성인, 다른 자아상태에 에너지를 집중할 수 없었다. 프란은 패배한 희생자가 아니라면 자신이 누구였는지 몰랐다. 따라서 프란의 각본신념을 변화시키기 위해 상담을 진행하는 대신, 프란이 알고 있었던 부정적인 자기에 긍정적인 관계의 작은 부분들을 통합할 필요가 있었다. 시간이 흐르면서, '상상할 수 있는 자기(conceivable self)'가 매우 조금씩 변화하기 시작했다. 프란은 자신의 C_{1-}의 분리된 경험들에 다시 에너지를 집중할 수 있었다.

우리의 경험상 이러한 유형의 A_1/P_1 구조는 극단적으로 경직되어 있고 수정되기가 쉽지 않다. 이러한 내담자의 상담가에게는 큰 인내가 필요한데, 변화를 위한 어떤 시도나 현재 내담자의 상태가 완전히 OK는 아니라는 눈치를 주지 않는 절제된 상담을 하면서 내담자의 잠재된 자기에 대한 인식은 안전하게 붙잡고 있어야 한다.

변형적 전이 C_1/P_1

환자는 과거의 관계 내용뿐 아니라 일들이 어떻게 되었고, 사건들은 어떻게 펼쳐졌는지, 즉 말만으로는 충분하지 않은 경험들을 상담하러 온다. Stern(1985)은 이러한 과정을 일반화된 상호작용의 표상이라 지칭한다. 이러한 애착 패턴은 환자의 배경에서 과거 양육자 및 의미 있는 타인들과 함께 만들어 온 것이다. 환자는 무의식적으로 그들이 무엇을 필요로 하는지를 알지만 행동적 수준 혹은 상징적 수준 이외 다른 수준에서 의사소통을 할 수 없다. 그러한 누적 그리고/또는 외상 경험의 사례에서 심정을 어눌하게 표현하는 것은 오로지 투사적 동일시의 과정을 통해 상징적으로 의사소통할 때만 가능하다. 이러한 과정은 Ogden(1992)이 설명하였는데, 영아는 스스로 경험할 수 없는 상태에 부합하는 타인의 감정 상태를 유발한다고 제시한다. 수신자는 유발된 감정 상태가 내면에서 살도록 허용하며, 영아는 외적인 대사 작용의 경험을 재내재화 함으로써 경험의 질에서 변화를 얻게 된다(Ogden, 1992). 이러한 전이에서 상담가는 그것을 수용할 수 있고, 의미 있는 것으로 만들어 그러한 경험을 변형해야 한다. 즉, 상담가는 반드시 그것을 붙잡고 있어야 하며, 내담자가 기존 경험에 새로운 것을 다룰 수 있는 방법을 만들어 내야 한다. 다음에 나오는 사례는 환자의 원형적 어린이자아의 어눌한 측면들이 상담에서 어떻게 나오는지를 보여 준다. 이 사례에서, 어린이자아는 상담을 엉망으로 망가뜨리려 하였는데, 이는 투사적 동일시에 대한 고려를 통해서만이 상담이 악의(malevolence)에서 구출될 수 있음을 보여 준다.

티나가 상담을 종결하기로 결심했을 때, 티나와 상담가는 어떻게 상담 종결까지 1년이란 시간이 걸렸는지에 대해 이야기를 나누었다. 이 기간은 티나가 일주일에 두 번은 개인상담으로, 일주일에 한 번은 집단상담으로 꽤 긴 시간 동안 참여했던 것으로 볼 때 적당해 보였다. 티나의 개인사는 격동이었다. 부모님은 두 분 모두 심하게 자기도착적으로 상처 입은 사람들이었다. 그들의 삶의 양식은 실속 없이 거창하기만 했고, 무절제했고, 현실감이 매우 떨어져 보였다. 그들은 대단히 높은 지위에서 경제적으로 추락했고, 네 명의 자녀들을 돌보는 데 실패했으며, 계속 고전했다. 다행히 네 자녀들을 위해 정규적으로 양육과 학교 교육의 필요를 사회복지사업이 채워 주었다. 따라서 티나는 뛰어난 학교 교육과 적절한 양육을 통해 생존할 수 있었다. 이러한 모든 지원에도 불구하고, 티나는 종종 예술가, 시인으로 표현했던 부모님들과의 이상적인 관계를 마음에 간직하고 있었다. 이러한 이상화는 티나의 삶을 통해 고통을 주었던 끔찍한 절망과 유기로부터 티나를 지켜 주었다.

상담을 통해 상당한 전이 과정이 있었지만 이제 티나는 이러한 과정을 다 거쳐 통과

한 것으로 보였고, 상담가는 티나가 과거보다 더 자유롭게 살게 된 것에 만족감을 느꼈다. 티나가 떠나기로 결정하기 1년 전 상담 초기에 관련되었던 학대하는 유형의 사람들과는 매우 다른 한 남성을 만났었다. 이는 티나의 마음이 변화했는지를 실험할 수 있는 기회였는데, 상담가는 티나가 상담을 종결하기를 전적으로 지지하고 싶었지만, 아직은 아니라는 것을 느낄 수 있었다. 티나는 자신이 완벽주의 유형에 휘말릴 것이라는 것을 이해하면서 이를 무시하려 했다. 하지만 그러한 감정은 사라지지 않았다.

상담이 종결로 가까워갈 때 상담가는 티나가 집단상담에 계속적으로 5분에서 10분 늦게 나타나서는 무겁고 위축된 모습으로 앉아 회기에 전혀 몰입하지 못한 채 좌절과 낙망이 점점 커져가는 것을 관찰했다. 상담가가 이에 대해 물어보고 가설을 세워 보고 도전하고 직면시켰지만 소용이 없었다. 티나는 무슨 일이 일어나는지 자신도 모르겠다고 말했다.

결국, 어느 날 저녁, 티나가 10분 정도 늦을 거라고 전화를 했다. 상담가는 전화기를 내려놓으면서, 분노를 느꼈고 "도대체 왜 신경 쓰이게 오려는 거지? 우리를 왜 그냥 두지 않지?"라는 생각을 했다. 자신의 감정을 들으면서 상담가는 자신이 공격받고, 움직일 수 없고, 무능하다고 느꼈음을 깨달았다. 티나가 20분 늦게 집단상담에 들어왔다. 상담가는 또 다시 그녀와 직면했다. 집단 속 한 명이 끼어들어 말했는데, 그날 저녁 집단상담에 티나가 뛰어들어왔을 때, 오지 말았으면 하는 강한 감정을 느꼈고, 티나에게 진절머리가 나서 가버렸으면 좋겠다고 짜증을 내며 대놓고 말했다. 또 다른 한 명이 티나가 집단상담에 관여하지도, 애착을 느끼지도 않는 것처럼 보여서 자신도 똑같은 감정을 느꼈다고 말했다. 다른 한 남성이 사실은 인지상담은 '개소리'라는 것을 그의 내면에서 확신하기 시작했다고 더 큰 소리를 내며 말했다. 이러한 발언을 들으면서 상담가는 경각심을 느꼈다. 상담가는 집단과 상담이 공격을 받고 있다고 느꼈으며, 몰락감을 느꼈다. 상담실에서는 정서적 긴장감이 감지되었고, 상담가는 그럼에도 이제 최소한의 무엇인가가 일어나고 있었는데 티나가 마침내 관여하게 되었다고 생각했다! 스스로 영감을 떠올리려 물색하던 중 상담가는 티나의 가정이 어떻게 갑자기 초토화되었는지, 그리고 그 후 곧 아버지께서 가족 누구와도 연락을 할 수 없었기에 병원에서 외롭고 고독하게 돌아가셨던 일이 생각났다. 상담가는 아버지께 어떻게 마지막 작별 인사를 드렸는지 티나에게 물었고, 평탄한 삶이 초토화되었을 때 어떤 일이 일어났는지에 대해서도 물었다. 집단상담에 참여한 사람들과 상담가들이 만들어낸 정서적 긴장의 분위기 속에서 티나는 이전에 억압된 경험과 연결되었다. 티나의 소극적인 가면은 무너졌고, 흐느껴 울면서 가정의 파괴와 아버지의 죽음에 대한 이야기를 자세히 하게 되었을 때 그녀의 얼굴은 비탄으로 일그러졌다. 티나는 아버지의 죽음에 대해 한 번도 애도하지 않았다는 것을 알아차렸다. 매우 불안했던 가족원이 야기했던 방화에 대한 외상도 티나는 다루지 않았었다. 이야기가 펼쳐졌을 때, 집단 구성원은 더 가볍게 느꼈고 상담가는 진정한 연민을 느낄 수 있었다. 티나가 흐느껴 울자 집단 구성원들이 경험했던 어두움과 무거움은 사라졌다. 이후 회기에서 티나는 다른 사람에게서 일어났던 사건들을 해석했다. 티나는 아버지를 잃은 상실과 연결되는 것, 너무 많은 것을 잃어버린 화재의 파괴적인 영향을 다루는 것에 너무 얼어붙어서 격리되어 있었다는 것을 깨달았다. 티나는 상담을 종결하는 것이 어떤 면에서는 이와 비슷한 외상의 경험이었다는 것을 깨달았다. 그녀는 이전에는 한 번도 경험해 보지 못했던 친밀하고, 서로 연결되어 있고, 헌신된 관계를 경험하며 상담을 종결했다. 티나는 자신의 말을 들어주고, 만나 주며, 반영해 주고, 사랑해 주는 것을 느꼈고, 작별 인사를 하는 것이 누적된 유기의 고통스러운 감정 및 병원에서 절망 가운데 홀로 외롭게 죽어간 아버지에 대한 끔찍한 배신감을 다시 불러일으킨다고 생각했다. 티나가 그러한 감정과 이해와 연결되어서 머무르도록 하는 데에는 많은 통합과 용기가 필요했다.

상담가가 경청을 할 때 티나는 자신의 내적 심리세계의 일부를 형성했던 파괴적이고 선망적인 힘의 전체 크기를 알게 되었다. 상담의 종결이 집단 구성원들과 상담가에게 눌려진 무의식적 압력을 통해 원형적 경험을 좀 더 의식적으로 드러내도록 극한 상황으로 몰아칠 때까지 그 힘들은 무의식적으로 남아 있었다. 악의적인 어린이자아의 힘은 티나가 그러한 파괴 앞에서 느꼈던 것처럼 무기력함을 점점 더 느끼는 집단과 상담가의 선량함을 파괴하려 했다.

이러한 변형적 과정을 통해 상담가는 티나를 향한 공감의 가능성을 발견했다. 상담가는 어떤 면에서는 좀 더 왜곡되고 적대적이고 파괴적인 티나의 자아의 부분들을 반영해 주지 못했다는 것을 깨달았다. 이제 상담가는 무시가 상담의 중요하고 은밀한 부분에서 어느 정도까지는 담당하는 역할이 있음을 인정할 수 있게 되었다. 예를 들어, 상담가는 티나가 종종 상담 시간에 늦게 오는 것과, 동시에 티나가 상담료를 상당히 내려서

낸 것도 허용했음을 자신이 무시했다는 것을 알게 되었다. 이제 이러한 측면들을 생각해 보니 상담가는 무시가 통합을 이끄는, 처벌적이지 않은 상담을 가능하게 한 것임을 자각했다. 티나는 그림자 속에 숨겨진 그녀의 일부가 반영되는 것을 느꼈을 때, 더 침착해지고 안도감을 느꼈다.

결론

자기의 비언어적 또는 억압된 부분들을 통합하도록 내담자를 촉진하는 것은 마음을 어눌하게 표현하는, 암호화된 메시지를 듣는 방법을 상담가가 발견하려고 하는 것과 관련된다. 우리는 내담자와 상담가 사이의 역동을 조심스럽게 분석해야 한다고 믿는데, 이는 상담가의 관여, 직관, 상상이 없이는 안 되며, 세 영역의 전이와 역전이 관계에 대한 이해가 이에 도움이 된다. 이러한 역동은 어린이 자아상태로부터 일어나는데, 이는 상담을 파괴하는 방해 공작원인 동시에 성장을 향한 변형적 에너지를 가진 잠재 가능성 있는 존재라고 우리는 굳게 믿는다. 이러한 잠재 가능성에 대한 인식은 상담가의 이해와 임상에 새로운 차원을 추가하는 것이다.

참고문헌

Berne, E. (1964) *Games People Play,* New York: Grove Press
Berne, E. (1968) *Transactional Analysis in Psychotherapy*, Souvenir Press, London. (First published 1961, Grove Press, New York.)
Crossman, P. (1966) Permission and Protection, *Transactional Analysis Bulletin:* San Francisco: TA Press
Federn, P. (1977) *Ego Psychology and the Psychoses* Maresfield Reprints (first published 1953)
Hargaden, H. and Sills, C. (1999) The Child ego state: an integrative view, *ITA News*. Spring Edition
Hargaden, H. and Sills, C. (2001) Deconfusion of the Child ego state, *Transactional Analysis Journal* 31(1)55-70
Hargaden, H. & Sills, C. (2002), *Transactional Analysis: A Relational Perspective*, Routledge Press, London
Jung, C. G. *Collected Works*, Vol.1 para. 279. Edited by H. Read, M. Fordham, G. Adler & W. McGuire, (translated by R. Hull). London: Routledge & Kegan Paul
Klein, M. (1988) *Envy and Gratitude and Other Works 1946-1963*. London: Virago Books

Kohut, H.(1971) *The Analysis of the Self,* New York: International Universities Press

Moiso, C. (1985) Ego states and trandference *Transactional Analysis Journal* 15(3)194-201

Ogden, T. (1992) *Projective Identification and Psychotherapeutic Technique,* London: Karnac Books

Rycroft, C. (1968) *A Critical Dictionary of Psychoanalysis,* (Second Edition) London: Penguin.

Schore, A.N. (1994) *Affect Regulation and the Origin of the Self* , New Jersey: Lawrence Erlbaum Associates

Schiff, J.L., with Schiff, A.W., Mellor, K. Schiff, E., Schiff, S., Richman, D., Fishman, J., Wolz L., Fishman, C., & Momb, D. (1975) *Cathexis Reader: Transactional Analysis Treatment of Psychosis,* New York: Harper & Row

Stern, D.N. (1985) *The Interpersonal World of the Infant,* USA: Basic Books

Tronick, E. Z. and the Process of Change Study Group (1998) Non-interpretative mechanisms in psychoanalytic therapy: the "something more" than interpretation. *International Journal of Psychoanalysis:* 79(5)903-921

신심리

통합하는 어른 자아상태

Keith Tudor

기존의 TA 문헌에는 세 자아상태 중 어른 자아상태에 관한 연구의 비중이 가장 적다. Krumper(1977)는 "어른 자아상태는 TA 이론에서 관심을 받지 못하는 것처럼 보인다."(p. 299)고 지적하였는데, 이러한 관찰은 그때나 현재나 다름이 없다. *The Transactional Analysis Journal*에서 지난 40여 년(1962~1999)간 발행된 연구논문에 관한 조사에 따르면 어른 자아상태에 관한 논문이 18편으로 나타났는데, 이는 어버이 자아상태 70편, 어린이 자아상태 27편과 비교하면 어버이 자아상태, 어른 자아상태, 어린이 자아상태에 관한 총 논문의 16%에 지나지 않는다. Berne(1961/75a)은 자아상태모델의 특성에 대한 설명에서 "직관적으로 어버이자아는 위에, 어린이자아는 아래에 배치했다."며 도표의 두 차원만을 언급했다. '어른자아에서'라는 문장을 Berne 자신이 썼던 것으로 추정해 보면 어른 자아상태는 그의 직관을 덜 끌어들인 것으로 보이는 점이 흥미롭다. 다른 TA 이론 및 실제에서와 마찬가지로 Berne의 연구에서 어른 자아상태는 모든 어린이자아와 어버이자아 요소가 다 검출된 이후 남겨진 잔여 상태이며, '땅에 발을 대고 사는 실제 생활'(같은 책, p. 60)로 축소시킨다. 이는 마치 TA 자체에 대한 종합적 증상이 모든 분석, 설계, 고려사항에서 어른자아를 배제시킨 것과 같다.

이 장을 쓰는 과정에서 나는 많은 TA 임상가들에게 어른 자아상태를 어떻게 보는지에 대해 물어보았다. 그에 대한 응답은 다음과 같았다. "어른 자아상태 안에는 아무 것도 없어요.", "비어 있습니다.", "분리되어 있어요.", "어느 누가 컴퓨터가 되고 싶어 하겠습니까?", "어른자아는 따분합니다. 그저 일만 하니까요.", "오늘은 있지만 내일은 없는 덧없는 것이죠. 즉, 오늘의 어른자아는 내일의 어린이자아일 뿐입니다.", 심지어는 "어른자아가 있습니까?"라는 응답도 있었다. 이러한 응답과 질문은 실제 현장에서 일하는 임상가들의 반응일 뿐 아니라 좀 더 포괄적으로는 TA 문헌에서도 나타나는 반응이다. Berne(1961/75a)의 통합된 어른자아의 초기 개념을 이은 최근 연구(James & Jongeward, 1971; Erskine, 1988; Erskine & Moursund, 1988, Lapworth, Sills & Fish, 1993) 개발에도 불구하고, 어른자아를 데이터 처리기로 묘사한 Berne의 서술은 여전히 TA에서 떠돌고 있다. '통합된 어른자아'는 다소 따분하고 정적인 실체로 나타나기도 한다. 이 장의 목적은 수정에서 사망까지 모든 연령대에서 지금-여기에 적절한 감정, 태도, 사고, 행동을 처리하고 통합하는, 활기가 넘치는 성격으로 특징짓는, 포괄적인 어른자아상태의 개념을 설명하고 발달시킴으로써 떠돌고 있는 잘못된 인식을 바로 잡는 데 있다. 이 현재 중심적 자아상태는 웃고, 재미있게 놀고, 바보 같은 짓을 하기도 하고, 배우고, 중요한 의식을 발달시키고 유지하고, 영감을 불러일으키고, 양가감정과 실망감을 표현하고, 공동체 정신과 사회적 정의와 영성과 그리고 더 많은 것들…을 갖기 위해 자각, 자발성, 친밀감을 가지고 독자적으로 행동하는 능력과 역량이 있다. 통합된, 또는 더 정확하게 표현하자면, **통합하는** 어른자아는 과거의 내사뿐 아니라 그 자체의 원형 상태를 반영하고 통합하며, 상담가나 내담자에게나, 삶 속에서 그리고 상담현장에서 현재 중심적인 관계를 맺는 데 그것들을 끌어오는 개인의 역량을 나타낸다.

이렇게 포괄적이고 통합하는 어른자아의 사례를 논의하고 있는 이 장은 시간을 들여 소화를 시켜야 하는 정찬 코스처럼 다섯 가지 코스로 나뉜다. Berne(1961)의 어른 자아상태모델과 문헌에 대한 비판적인 고찰을 하기 전에, 나는 먼저 일반적으로 자아상태에 대한 토론의 맥락 안에서 논의를 하였다. 그렇게 함으로써 나는 '자아상태'의 은유에 대한 함축성에 대해 논의하고, 유기체 심리학으로 TA를 고려함으로써 통합적인 어른자아의 이론적 토대를 두고자 한다. 그 후 이 장의 세 번째 절에서 TA, 특히 상호 창조적인 TA(Summers & Tudor, 2000)[1]를 위해 구성주의 접근에 기초를 두고 어른자아에 대한 수정모델을 제시하였다. 이는 어른 자아상태 확장의 실제를 위한 방법론을 제공한다. TA와 일반적인 상담 현장에 대한 구성주의 문헌에 기초하여 나는 그러한 이론과 실제의 사회적/문화적 맥락뿐 아니라 건강 심리의 관련성 역시 강조한다. 이 장은 TA 그 자체를 위해 어른 자아상태의 포괄적인 개념의 함축성에 대한 반영으로 결론을 내렸다. 이 장은 논리적인 순서로 쓰이긴 했지만 독자들은 관심과 식욕에 따라 전채요리(자아상태) 코스나, 심지어 첫 번째 요리(TA 문헌에서 어른 자아상태에 대한 절) 코스는 뛰어넘고, 두 번째 요리 코스나 메인 요리(통합하는 어른자아에 대한 절) 코스를 먼저 음미해도 좋다. 즉, 각 부분은 상호의존적이지만 독립적으로 읽을 수 있도록 구성되어 있다.

자아상태

자아상태는 TA에서 핵심적이며 사실 자아상태가 TA를 정의한다고 말할 수 있다. Berne(1970/73)은 "어버이 자아상태, 어른 자아상태, 어린이 자아상태는 TA로 인해 처음으로 체계적으로 연구되었고, 세 자아상태가 TA의 초석이며 특징이다. 자아상태를 다루는 것은 무엇이든 TA이고, 간과하는 것은 무엇이든 TA가 아니다."(p. 223)라고 제시하였다. Berne(특히 1961/75a)이 처음 연구를 한 이래로, 자아상태의 정의, 진단, 구조, 기능에 대한 많은 논의가 이루어졌다(특히 Novey et al., 1993과 이 책의 참고문헌 참조). 어른 자아상태에 대한 어떤 개념적 혹은 임상적 해체, 재구성, 확장도 어버이 자아상태 및 어린이 자아상태와 그들의 본질, 구조, 기능에 대한 현재의 고려와 분리되어 일어날 수 없다. 따라서 첫 번째 절에서, 나는 자아상태 이론에 대한 몇 가지 논의를 언급한 후에 자아상태 은유의 함축성과 자아상태 이론 및 모델에 대한 메타 관점의 가치에 대해 논의하고자 한다.

자아상태 : 자아의 상태

Berne(1961/1975a)은 원래 생물학적 은유를 사용하여 인간 정신 활동 측면을 외부 자료와 내부 자료를 조직하는 기능을 하는 '기관'으로, 좀 더 정확하게는, '정신기관(psychic organs)'으로 묘사하였다. 자아의 상태를 정의한 Federn(1953)의 연구에 기초하여, Berne(1961/75a)은 자아상태를 '현상학적으로는 주어진 주체와 관련된 감정의 응집된 체계로, 조작적으로는 일련의 응집된 행동패턴으로, 또는 실제적으로는 관련된 행동패턴에 동기를 부여하는 감정 체계'(p. 17)로 정의하였다. Berne은 성격을 복잡한 체계로 보았는데, 이는 세 가지 구조로 조직된 것으로 생각할 수 있다.

1. 지금-여기의 심리적-감정적 분석과 연결된 정교한 체계[신심리(neopsyche)]
2. 내사된 심리적 자료를 조직하는 데 목적을 두는 체계[외심리(exteropsyche)]
3. 본능적 추동, 기본적 욕구 및 1차 감정 경험의 조직과 관련된 체계[원형심리(archeopsyche)]

이 체계는 이러한 '정신기관'과 활동을 어버이 자아상태(외심리), 어른 자아상태(신심리), 어린이 자아상태(원형심리)로 명명하면서, Berne이 **자아상태**로 언급한 세 가지 구별된 심리적, 감정적, 행동적 조직의 기반을 형성한다(그림 11.1 참조).

그러나 '정신기관인 원형심리, 신심리, 외심리와 자아상태인 어버이자아, 어른자아, 어린이자아 간의 관계는 상상된 틀과 일반화된 범주로 행동을 확인하고 명명하는 것 간의 구별이다(p. 12).'라고 Jacobs(2000)는 지적한다. 더 나아가, Holloway(1977)와 Ohlsson(1988)과 맥을 같이 하여, Jacobs는 각각의 정신기관과 관련된 많은 자아상태들이 있는데, 이는 친숙한 구조적 도표가 이러한 세 가지 심리적 절대 기준의 무수히 많은 기능적 표명을 모두 반영하는 것은 아니라는 것을 함축한다고 논의한다. 어버이 자아상태들과 어린이 자아상태들이란 용어의 표현이 좀 더 정확한데, 어버이자아와 어린이자아를 고려하면 나도 이러한 Jacobs의 논의에 동의를 하지만, 신심리가 어른자아를 표명

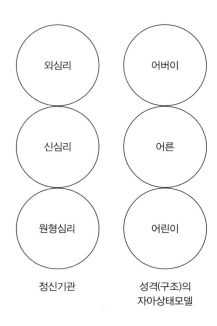

외심리	어버이
신심리	어른
원형심리	어린이
정신기관	성격(구조)의 자아상태모델

그림 11.1　정신기관과 상응하는 자아상태(Berne, 1961/1975a)

한다는 점과 관련해서는 동의할 수 없다(이에 대해서는 뒤에서 논의할 것이다). 어쨌든 Berne이 일대일식의 상응을 반영하고 암시하는 동일한 도표를 통해 정신기관과 자아상태를 제시한 것은 잘못한 선택이었다.

　더욱이 일단 Berne이 성격의 원래(1차적) 구조 이상으로 나아가게 되면, 문제는 더 복잡해진다. 사실 Berne(1961, 1975)의 원래 2차적 구조분석 자아 도표는 원래의 자아상태를, P_1, A_1, C_1으로 명명하고 P_2, A_2, C_2를 포함시키기 위해 더 세분화하였는데, P_1, A_1, C_1의 명명법으로 나중에 어린이 자아상태 내에서만 세분화하여 P_2, A_2, C_2로 다시 명명하였다! 두 번째로 복잡한 것 그리고 혼란스러운 것은 인간(아동과 이후 성인) 발달에 대한 다른 이해(그리고 자아상태 도표)에 관해서이다. Levin(1974), Schiff와 동료들(1975), Woollams와 Brown(1978), Klein(1980), Levin-Landheer(1982), Novey(Nevey et al., 1993), 그리고 Hine(1997)과 같은 많은 TA 저자들은 광범위하게 어린이, 그 후 어른, 그리고 그 후 어버이의 자아상태로 펼쳐지는 후생적 발달을 제시한다(Levin, Schiff

와 동료들, 그리고 Klein의 연구와 비교하려면 Magner, 1985를 참조). 그러나 이러한 관점들은 한편으로는 성격 구조의 표상과 이미지로서의 자아상태, 그리고 다른 한편으로는 발달단계에 대한 은유로서의 자아상태라는 은유의 융합과 혼란에 기초하고 있다. 어른 자아상태(A_2)가 12개월(Levin, Schiff et al., and Woollams & Brown), 18개월(Klein) 또는 '더 이후의 인지발달단계'(Hine, 1997, p. 285)까지는 발달을 시작하지 않는다는 주장들은 모두 자아상태에 대한 구조적 정의에 기반을 둔 것이 아니다. 만약 어른 자아상태가 '현재의 현실에 적응하는 자율적인 감정, 태도, 행동패턴들로 특징지어진 것'(Berne, 1961/75a, p. 76)으로 정의가 내려진다면, 신생아는 어른 자아상태를 가지고 있으며(Novey et al., 1993에서 Gobes를 참조), Sprietsma(1982)가 "한 개인은 실제로 '타고난 어른자아'이다."(p. 228)라고 제시한 것과 같은 맥락이다. "어른 자아상태는 늙지 않는다."(p. 277)라고 언급한 James와 Jongeward(1971)의 정신에서 논리적으로 한 단계 더 과거로 나아가, 나는 한 개인은 수정된 어른자아 또는 더 정확하게는 자궁 안에서 현실에 적응하면서, 자율적인 일련의 감정, 태도, 행동패턴들이 발달하고 있는 태아가 신심리 또는 어른 자아상태를 가지고 있는 것으로 생각될 수 있다고 제안한다(그리고 물론 자궁의 환경과 어머니와의 경험에 의존하는 것은 어린이와 어버이 자아상태 각각과 원형심리와 외심리 또한 발달시킬 수 있다. 그림 11.4와 Bale, 1999를 참조). 이러한 관점은 또한 Lake(1980), Stern(1985), Piontelli(1992)와 같은 발달 이론가들의 견해와 일관되며, 이는 세 번째 절에 제시되어 있다.

외부는 고사하고 TA 내부에서 자아상태를 논의하는 데 있어 큰 문제 중 하나는 자아상태에 대한 관점과 모델이 다르며 달라지고 있다는 것이다. 이러한 혼란은 Berne(1961/75a) 자신이 자아상태를 모순된 방식으로 정의를 내린 이래 계속되고 있다. 어린이 자아상태가 고착화된 자료만을 포함하는 것으로 정의되고 어버이자아는 내사된 자료만을 포함하는 것으로 정의될 것인지, 아니면 어린이자아와 어버이자아 모두 다 각본에서 벗어난 내사와 원형적 경험도 '담고 있는' 것인지의 문제가 현재 우리의 중심 관심이다. Stewart(2001)가 지적하였듯이 치유의 관점은 이런 두 가지 정의 즉, '완전히 치유된 사람'은 오직 통합된 어른자아만을 가지고 있는 것인지 아니면 세 자아상태 모두를 가지고 있는 것인지, 둘 중 어떤 것을 채택하느냐에 달려 있다. "두 모델 간 차이가 나타나는 것은 순전히 정의의 차이에서 나온 것이다"(Stewart, 2001, p. 144). 표준 명명법과 합의된 정의가 없는 가운데(Stewart와 달리 나는 이것이 나쁘지 않다고 생각한다), 개방적 그리고 명확한 의사소통을 도모하기 위해, 그들이 사용하는 모델과 정의에 대해 명확히 하는 것이 저자들, 임상가들, 수련감독자들과 수련생들의 의무라고 나는 생각한다. 그리고 이런 점에서 나는 Stewart(2001)의 '행동으로의 초대'에 동의한다. 정의를 사용하고 논의하는 데 있어서 나는 구성주의 철학과 일관된 철학적 논리인 '만약 ~한다면, ~될 것이다.' 공식이 정확하고 유용하다는 것을 안다. 따라서 "우리가 만약 그런 방식으로 어른자아를 정의한다면, 우리는 이런 특징 혹은 경험을 함축적으로 어린이자아나 어버이자아가 아닌, 어른자아로 고려할 것이다."

은유의 문제

이상에서 Berne의 성격에 대한 관점을 언급하면서 '자아상태'의 은유적인 '만약~처럼'의 속성을 반영하고 드러내기 위해 '~로 생각될 수 있는 것'이란 표현을 강조했다. 이런 점에서 나는 실제 '현실' 그 자체보다는, 성격을 이해하는 데 유용한 은유로 자아상태를 보는 학자들인 Loria(1990), Allen과 Allen(1991, 1995), Schmid(1991), 그리고 Jacobs(2000)와 맥락이 같다. 그러나 Berne(1961)의 연구 이후, 수많은 TA 이론가들과 임상가들은 자아상태가 실제라는 기반에서 논의를 해 왔다(이렇게 다른 전통에 대한 유용한 고찰은 Jacobs, 2000을 참조). 그러나 Federn(1953)의 뒤를 이어, Berne(1961/75a)이 어버이자아, 어른자아, 어린이자아는 '현상학적 실재'(p. 24)라는 주장을 했음에도 불구하고, 자아상태모델을 '현실적'인 것으로 주장하지는 않았다. "따라서 일련의 원들은 … 성격 구조를 나타내는 꽤 괜찮은 한 가지 방법이 될 수 있다"(p. 40).

자아상태들과 자아상태모델이 가지고 있는 문제 중 하나는 Loria(1990)가 관찰한 바와 같이 자아상태들과 자아상태모델이 구체화된 것이다.

Berne이 은유적인 혹은 실례를 보여 주는 방식으로 원래 사용했던 **자아상태** 개념은 그 자체의 구조와 존재를 지닌 무엇인가의 특징을 띠게 되었고, 그 결과 은유는 구체화되었다. Berne이 가공의 '정신기관'을 표현하였듯이… 자아상태는 담석 같이 한 개인으로부터 추출할 수 없다(p. 154).

비록 Drego(2000)가 심리적 실재의 현상학적 본질을 강조함으로써 이런 특별한 원들을 네모로 만드는 방식을 발견한 것 같지만, Jacobs(2000)는 "이 시점에서, 정신기관이 실제적 신경의 위치와 동일한지 의심이 된다."(p. 12)고 언급하였다. 그럼에도 절대적 실재로서 자아상태를 일반적으로 구체화하는 것은 은유의 본질과 사용을 오해하고 있는 것이다.

Kopp(1971)은 '하나의 대상을 다른 측면에서 표현하는 것으로, 이에 의해 묘사되는 대상의 특징을 재조명하는 것'(p. 17)으로 은유를 정의한다. 따라서 은유는 Gordon(1978)이 제시하였듯이 어떤 것에 대한 '새로운 표상'이다. 이는 실재나 지시 대상물이 아니다. 또한 지시하는 것, 이 경우에는 인간 성격을 나타내고 묘사하는 유일한 방식도 아니다. 그래서 참신함이 필요하다. 이러한 면에서 '자아상태'와 '자아상태 도표'는 단지 은유적 표현이며, 이는 성격을 대표적으로 묘사하는 데 있어서 정확성과 임상적, 교육적 그리고 조직적 실제와 사회적 변화(결국 TA는 사회 정신의학이다)를 촉진하는 데 있어서의 유용성으로 평가될 것이다. 인간중심 접근을 논의하는 데 있어서 한 동료는 이렇게 말했다. "내가 [인간-중심] 접근을 좋아하는 이유는 최고의 은유를 가지고 있기 때문이다"(P. Sanders, personal communication, January, 2001). 여기서 '최고'는 가장 유용하고, 철학적으로 응집된, 개인적으로 양립이 가능한 것 등을 의미한다. 많은 방식에서 하나의 특별한 이론적 지향을 선택하는 것은 '당신이 돈을 지불해서 당신의 입맛에 맞는 은유를 사는 것이라!'고 볼 수 있다. 다음의 세 가지 함축성은 은유에 대한 이러한 관점으로부터 나온 것이며, TA와 관련하여 간략하게 상술되었다.

은유가 은유라는 것은 은유이다

'대화요법(talking therapy)'과 관련된 상담가들 및 임상가들과 마찬가지로 TA 상담가들은 자신들의 언어를 분명하게, 언어에 대하여 확실하게 살펴보고, 그들과 내담자들이 사용하는 은유뿐 아니라 은유의 본질에 대해서도 관점을 가질 필요가 있다. 객관적 데이터 처리기로서 어른자아를 보고, 대화하는 것은 우리가 우리 자신과 타인들에 대해 생각하는 방식인 어른자아 그리고 성인이 된다는 것의 의미는 상담과 치유의 본질 등에 분명하게 영향을 미친다.

은유라고 하는 은유는 은유가 아니다

"만약 길에서 부처를 만나면, 그를 죽여라!"라는 말에 축약되어 있는, 그 길이라고 제시되어 있는 길은 길이 아니라는 도교 철학의 울림은 우리에게 그것이 이론적이든, 지적이든, 전문적이든, 조직적이든 상관없이 표준화와 규정의 위험에 대해 깨어 있으라는 경각심을 준다. 자아상태 및 자아상태모델 그 자체의 구체화와 객관화 그리고 특별한 자아상태 '안'에 무엇이 있는지(그에 대한 답은 물론 아무 것도 없다는 것이다) 지나치게 관심을 가지는 것, 심지어 집착하는 것은 Berne이 원래 구조 분석을 '체계적 현상학'으로 본 것과 상반되는데, 이는 특히 진단을 하기 위해 필요한 세부적인 것에 주의를 기울인다는 점에서 그렇다(Berne, 1961/75a).

은유는 변할 수 있다

은유는 계속 새로운 표현으로 갱신될 필요가 있다. 이런 점에서 볼 때, TA의 자아상태모델이 가지고 있는 문제는 데이터 처리장치, 컴퓨터 같은 어른자아처럼 부정확하고, 도움이 되지 않는 시대에 뒤떨어진 은유를 사용하고 있는 것이다. 또한 시대정신이 상담의 은유적 틀에 영향을 미치듯이(Sanders & Tudor, 2001), 상담의 은유적 틀도 시대정신에 영향을 미친다는 것이다. 다음의 인용처럼 상담의 은유와 언어는 시대정신과 또한 그 시대의 사람들이 구성하는 것을 반영하고, 표현한다는 점은 중요하다.

> 우리는 색다르고, 좀 더 오래 지속되며, 우리에게 좀 더 만족스러운, 은유 즉 생태학적인 은유의 관점에서 인간 심리학에 대해 생각해 보고 싶다. 생물학적 체계로서의 인간은 복잡한 거시체계에 연결되어 있고, 또 그 체계 내에 있는 복잡한 미시체계로 가장 잘 이해할 수 있다. 따라서 인간 치유에서 테크놀로지와 다름 없는

정신기법(psycho-technology)은 지금까지 자연의 힘을 길들이는 데 사용되어 왔다 (Sanders & Tudor, 2001, p. 149).

더군다나 Jacobs(2000)는 '대안적인 새로운 은유를 창조하는 것은 도움을 주는 자와 도움을 받는 자 간에 더 개인적이고, 상호적으로 구성되는 관계를 발달시킬 것'(p. 21)이라고 한다. 앞서 언급했듯이 만약 태아가 '어른자아'를 가지고 있다고 한다면, 이 시점에서 어버이자아, 어른자아, 어린이자아의 은유는 없애고, 새로운 명명법을 사용하여 새로운 은유를 다음과 같이 제시할 필요가 있다. 예를 들면 '과거 자기(past self)'나 '고착화된(경험된) 자기' (어린이자아), '타자(other self, 역자 주 : 타인에게 인식된 자기)' 또는 '고착화된(내사된) 자기' (어버이자아), 그리고 '현재 자기(present self)', '유동적 자기(fluid self)' 또는 내가 유기체론에 대한 지지를 확고히 하면 좀 더 정확하고 단순하게 '유기체'(어른자아)가 있다.

은유에서 메타이론으로

이 장의 첫 번째 절에서 지금까지는 자아상태 이론 및 모델과 관련된 것에 한해서, 은유와 관련된 같은 선상에서 비평을 하였다면 이번 절부터는 메타이론적 관점과 같이 그 이상으로부터 비평을 제시하고자 한다.

Pine(1990)은 인간의 본질을 보는 네 가지 다른 관점에 기초하여 네 가지 심리학을 규정한다. 즉, 추동이론, 자아심리학이론, 대상관계이론, 그리고 자기심리학이론이다. Sills 와 Hargaden이 이 책의 도입부에서 주목하였듯이, 이러한 분류 체계는 TA 내에서 다른, 그리고 달라지고 있는 이론 및 모델을 이해하는 데 유용한 방법론을 제공한다. 그러나 Pine이 간과한 분야는 유기체의 동기부여에 근거한 유기체 심리학이다(Woodworth with Sheehan, 1931/65; Goldstein, 1934/95; Hall & Lindzey, 1978). 인간-중심 접근과 어느 정도는 게슈탈트 심리학과 심리상담에 미친 영향을 제외하고, 유기체 심리학은 20세기 심리학 역사에서 잃어버린 전통 중 하나이다. 흥미롭게도, 우리의 현 목적을 위해서는 의미 있게도 Hagehülsmann(1984)은 TA 내 거의 대부분의 학파와 전통은 인간의 본질에 대한 유기체론적 모델을 제시하는 가정에 근거를 두고 있다고 제시한다. 표 11.1은 신심

표 11.1 유기체론 심리학으로서 TA 자리매김하기

유기체론	TA
유기체론은 통합적이다 : '유기체론(organismic theory)은 정상적 성격의 일치, 통합, 일관성, 응집성을 강조한다. 조직은 유기체의 자연스러운 상태이다. 즉, 해체는 병리이고, 보통 억압적이거나 위협적인 환경의 영향으로 야기된다(Hall & Lindzey, 1978, p. 298).	통합적 TA와 통합적 심리학으로서의 TA에 대한 관심은 증가하고 있다(Erskine & Moursund, 1988; Clarkson, 1992 참조). 건강심리학과 '정상적 성격'의 함축성은 특히 Cornell(1987)과 Summers와 Tudor(2000)가 연구하여 왔다. 이런 점에서 조직은 통합하는 어른자아(A_2)로, '해체'는 어린이자아와 어버이자아로 볼 수 있다.
유기체론은 전체적이다 : 따라서 그 구성요소는 분석을 위해서는 구별될 수 있으나, 어떤 부분도 원칙적으로는 전체로부터 따로 추출할 수 없다.	자아상태의 '부분들'에 대해 유기체론적, 전체론적 조직의 맥락에서뿐만 아니라 다양한 구성요소로 이루어진 유용한 개념으로 볼 수 있다는 점에서 일반적으로 현재의 TA보다는 성격의 보다 전체론적인 관점에 찬성하는 입장이다.
유기체론은 일원화된 추동이론에 기반한다 : 좀 더 일반적인 인본주의 심리학 분야에서 이는 보통 자아 실현의 추동으로 개념화된다(Maslow, 1967/93 참조).	이는 TA에서 현저하게 나타나진 않는다. Berne은 간간이 그의 저술에서 추동이론을 언급했을 뿐이다. Freud의 추동 개념의 영향은 Berne의 에로스(eros)와 죽음에 대한 본능(mortido)에 대한 참고문헌(Berne, 1969/81)에 나타난다. '추동이론'에 가장 근접한 것이 인간의 기아에 대한 것이다(Berne, 1970/73). 흥미롭게도, Hine(1997)은 자아상태 이론을 '추동이론의 초기 통합(엮어진 네트워크)과 자기도식이론(자기-타인 관계에서 주로 발달된 네트워크)'로 보았다(p. 284).
유기체론은 성장을 향한 유기체의 내재된 잠재력을 강조한다 : 모든 유기체와 자연은 그 자체 내에서 실현 경향성이 발견된다는 것을 말한다(Rogers, 1959, 1978, 1980 참조).	이는 Berne이 자연의 변화원리(physis)에 대해 언급한 참고문헌에 제시되어 있다(Berne, 1963, 1969/81, 1972/75b 참조).
유기체론은 모든 것을 아우를 만큼 포괄적이다 : 이는 전체 유기체를 이해하도록 유기체론이 제시하는 포괄적인 이론적 기반을 의미한다.	TA는 특히 TA를 적용하는 현장에서 전체 유기체/전인에 대한 포괄적인 이해를 제공하는 전문가에 의해 그들의 맥락 안에서 일반적으로 보인다. Berne(1961/75a)은 자아상태/정신기관의 중요한 속성에 대한 개요에서 광범위한 다학제적 지식 기반에 관해 참고하고 있다.
유기체론은 전체론적 접근으로 인간을 연구한다 : 이는 이전의 요지를 따르면서 발견학습적 연구 방법론을 강조한다.	지난 몇 년간 이루어진 TA 연구의 접근은 발견학습법보다 더 경험적인 경향이 있다.

리가 좀 더 유기체론적 관점을 가지도록 이론적 기초를 마련하는 하나의 방법으로 Hall
과 Lindzey(1978)의 유기체론 핵심과 TA의 핵심 요소를 비교하고 있다.

TA 내에서 그리고 자아상태 진단을 위해 Berne(1961/75a)이 사용한 지표에 근거해
Drego(2000)는 실제적으로는 메타 모델 또는 패러다임인 현상학적, 역사적, 행동적, 사
회적 자아상태모델을 밝혀낸다. Drego는 네 가지 자아상태모델을 인간의 삶의 질에 영
향을 미치는 '사회윤리적 측면들'이라고 언급한다. Drego는 과학을 보는 다차원적 관점
으로 자아상태를 개관적으로 설명한다. 즉, 자아상태를 은유적이면서도 실제적이고, 정
신 내적이면서도 교류적이고, 원형적이면서도 동시대적으로 본다.

어른 자아상태가 위치하고 있는 배경 또는 맥락을 고찰함으로써 나는 이제 어른 자아
상태 자체의 전경에 집중해 보고자 한다. 정찬의 두 번째 코스 요리로, 두 번째 절에서는
어른자아에 대한 TA 문헌을 고찰할 것이다. 그리고 이어 세 번째 코스에서는 통합하는
어른 자아상태에 대해 보다 상세하게 살펴보고자 한다.

TA에서의 어른 자아상태

지난 40여 년 동안 2차를 넘어 심지어 3차 수준까지 어버이와 어린이 자아상태의 구조
분석에 대한 수많은 연구들과 모델들이 개발되었던 반면, 어른자아는 여전히 큰 빈칸
으로 남아 있다. 이는 부분적으로 Berne(1961/75a) 스스로가 '구조 분석에서 가장 모호
한 영역'이라고 묘사하면서 어른자아에 대해 명확하지 않았던 것에 기인한다. 짧은 구절
로 어른자아 '성격의 미세한 구조'(Berne 1961/75a)를 설명한 장에서, 어른자아에 대한
Berne의 사고와 관련해 세 가지 요점을 추려낼 수 있다.

Berne은 어른자아 내에 '에토스(ethos)'(도덕적 자질)와 파토스(pathos)'(책임감)를 두
었다(그림 11.2 참조). 에토스와 파토스 사이에 있는 A_2는 이후 '테크닉스(technics)'로
나타나며(Kertesz & Savorgnan; James & Jongeward, 1971에서 인용), 때로는 '로고스
(logos)'로도 나타난다. Erskine(1988)은 자아구조에 대한 연구에서 에토스와 파토스를
따라, 로고스(논리적이고 추상적인 추리능력)와 테크노스(창조능력)는 "가치를 통합하

그림 11.2 어른자아의 2차 구조(Berne, 1961/1975a)

고 정보를 처리하며, 감정과 감각에 반응하고 창조적이고 접촉할 수 있도록 하는 어른 자아상태의 완전한 신심리적 역량을 묘사한다."고 제시한다(p. 16).

　Berne은 이를 어른자아의 2차 구조분석으로 제시했지만 초기에 다소 추측에 근거한 분석에 대해 무엇이 '2차'인지가 명확하지 않다.

　또한 남아 있는 A_2 원문 그대로 어른자아 안의 어른자아가 나타내는 것이 무엇인지가 명확하지 않다. 이러한 미세한 구조가 때로는 Berne의 초기의 '통합된 어른자아'를 나타 내기도 하지만, Berne 자신은 "이러한 '통합'의 기제가 자세히 설명되기 위해서는 좀 더 두고 봐야 한다."(Berne 1961/1975a, p. 194)라고 인정한다. 사실 이는 '잠정적인 표명' 이다(같은 책, p. 195).

　셋째는 우리의 관심도가 가장 높고 중요한 요점인데, Berne은 어른자아의 후생적 기 원에 대한 의견을 제시하였다.

> 많은 사례에서 아동과 같은 자질이 오염 과정과는 다른 방식으로 어른 자아상태 로 통합이 되는 것으로 나타난다… 어떤 사람들은 어른자아로 기능할 때, 아동기 동안에 보았던 것을 회상하는 본성에 개방성과 매력을 갖고 있는 것으로 관찰될 수 있다(pp. 194-195).

이는 중요한 구절인데, 자질, 태도, 감정, 행동, 사고가 어른자아로 통합되는 통합적 과정(또는 '기제')이 오염되지 않고 문제가 없는 것이라는 점을 암시하기 때문이다. 동시에 이는 어른자아의 자질이 은유적으로('마치~와 같은')가 아니라 구조적으로 원래 '어린아이 같은' 것이라는 점을 제시함으로써 어른자아를 영아화한다(Novey et al., 1993에 인용된 Gobes를 참조). 잠깐의 실수로 보이지 않도록, Berne은 이후 몇 문장을 들여 상세히 설명하고 있다.

> 교류적으로… 어른자아로 기능하는 누구나 개인적 매력과 민감성, 객관적 데이터 처리, 그리고 윤리적 책임감이라는 세 종류의 경향을 이상적으로 보이는데, 이는 신심리 자아상태로 '통합되는' 원형심리, 신심리, 외심리 요소를 각각 나타낸다 (p. 195).

이러한 관점에 대한 두 가지 원리적 함축성과 이의 제기가 있다.

1. 어른자아 안의 어른자아는 객관적인 데이터 처리기(일 뿐)라는 것. 이 관점은 인간 어른자아의 경험과 현재의 연구를 포함한 수많은 TA에 관한 사고 및 신경과학의 발달에 의해 반박된다.

2. 매력과 민감성, 그리고 윤리적 책임감과 같은 자질의 기원이 원형의 또는 내사된 자료 안에 반드시 있다는 것. Erikson이 Berne에 미친 영향을 고려해 볼 때 (Stewart, 1992), 이러한 관점은 아동발달의 후생적인 표명에 기반을 둔 것으로 추정되며(예를 들면 Erikson, 1950) 지난 15년간의 아동발달 분야 연구는 이를 반박한다(예를 들면 Stern, 1985 참조).

TA에서 어른 자아상태의 다른 모델

이러한 함축성에 내재된 문제는 또한 여러 모델들의 혼란과 일치되지 않은 정의의 차이, 그리고 구체적으로 구조적·기능적 자아상태모델의 융합에 근거한다. Berne이 서술한 구절의 '어른자아로 기능하는 누구나…'라는 표현 속에 핵심이 있다. 이는 단지 규범적이고 실무없이 거창하기만한('누구나') 일뿐 아니라 부분적으로는 기능에도 관여한다는 것이다.

어른자아의 기능과 관련하여 몇 년간 어른자아가 감정을 '억누르는 것'에 대한 상당히 많은 논의가 있었다. Steiner, James, Harris와 같은 저명한 TA 상담가들은 어른자아는 '무감정적', 감정이 없는, 정서를 드러내지 않는다는 등의 주장을 해 왔다. 유비쿼터스 컴퓨터 분석이 발달하면서 Krumper(1977)는 다른 컴퓨터와 같이 어른자아는 (레코드 테이프와 유사한) 메모리 기능(콘텐츠)(Ac)과 (중앙 처리장치와 유사한) 연상 처리장치의 기능(Aa)을 나타내는 하위체계로 분류될 수 있다고 제시하였다. 어른 자아상태의 기능에 대한 현존하는 이론을 보완하려는 시도로, Phelan과 Phelan(1978)은 '완전히 기능하는 어른자아'의 개념을 기능적으로 세분된 한 부분으로 소개하였다. 즉, 좌반구와 우반구의 특징을 연구에 적용하여 '합리적인 어른자아'와 Berne이 넌지시 언급한 통합된 행동과 '시적인 어른자아'라고 불린 통합된 행동을 설명하였는데, 학자들은 '직선적이지 않고 창조적인 사고의 차원'을 강조하기 위해 이 용어를 선택했다(p. 123). 비슷한 맥락에서 Kujit(1980)는 두 가지 어른자아의 '범주', 즉 분석적 어른자아와 경험하는 어른자아를 구별한다.

이러한 용어들과 개념들은 우리가 어른 자아상태를 이해하는 데 기여를 했지만, 대체적으로는 자아상태의 암묵적 기능모델의 수단으로 발달해 왔다. '시적인 어른자아'(복합명사)와 같은 용어들의 사용으로 특별한 어른자아의 기능을 설명하는 것은 자아의 특별한 상태를 암시하는 것이다. Erskine(1988)이 지적하였듯이, Berne(1961/75a, 1964/68)이 어린이 자아상태와 관련하여 '순응하는'과 '자연스러운'이라는 용어를 사용했을 때, 수식하는 형용사로 표현을 했는데, 이는 심리내적인 역동을 표현하고자 한 것이다. 따라서 '자유로운 어린이자아', '비판적 어버이자아' 등과 같은 용어들은 문제가 있다. 왜냐하면 그러한 묘사는 궁극적으로 사물의 본질과 관련된 존재론에 대한 접근으로서 현실주의, 지식의 근거와 관련된 인식론에서의 실증주의, 인간의 본질과 관련된 결정론과 관련된 사회과학의 본질에 대한 기본 가정에 근거를 둔 명사화이기 때문이다. 이러한 사회과학은 모두 구성주의 철학 및 그 조사방법론 및 실제와 어울리지 않는다. 이를 보다 상세하게 진술하기 위해, 이제 신심리적 통합하는 어른자아와 관련된 세 번째 주요리 코스를 제시하겠다.

통합하는 어른자아

Alf(내담자) C.I : (한쪽에 고개를 숙이고 위축되어 웅크리고 앉아 있다) 나는 내가 여기
서 뭘 하고 있는지 잘 모르겠어요. (잠시 침묵, 한숨을 내쉰다….) 중요한 게
뭐 하나라도 있는지 확신할 수가 없네요…. 만약 선생님께서 도와주실 수 있
다면….

Bea(상담가) T.I : (한숨을 내쉰다) 당신은 제가 도움이 될 수 있을지, 중요한 걸 뭐라도
건질 수 있을지 확신할 수가 없는 거군요….

C.2. Alf : (말을 가로채며, 쳐다본다) 맞아요. (약간 힘을 주며 말했다) 난 그럴만한 가
치가 없어요.

T.2. Bea : 당신은 약간 힘을 주어 말했네요.

C.3. Alf : (공격적으로) 그래서요?

T.3. Bea : 그래서…. 당신은 "난 그럴만한 가치가 없어요."라고 말했을 때, 약간 힘을
주며, 나와 눈을 맞췄다는 것이죠. 그건 마치….

C.4. Alf : 네, 그래요. 난 그럴만한 가치가 없어요.

T.4. Bea : (잠시 침묵) 당신은 내 말을 가로막아서 당신이 가치가 없다는 당신의 관점
을 유지하려는 것처럼 보입니다.

C.5. Alf : (고개를 숙이며) 죄송해요.

T.5. Bea : 당신이 미안해하라고 말한 것은 아닙니다.

C.6. Alf : (잠시 동안 조용히 있다)

T.6. Bea : 상황을 또 오해한 것이죠?

C.7. Alf : (고개를 끄덕인다)

T.7. Bea : 글쎄요, 아마 나도 또 오해했을 겁니다.

C.8. Alf : (쳐다보며) 무슨 말씀이세요?

T.8. Bea : 내 말을 가로막은 것에 대해 내가 말한 방식이 마치 내가 당신을 꾸짖은 것

으로 들렸을 수 있겠다는 것이죠.

C.9. Alf : (고개를 끄덕인다) 네.

T.9. Bea : 내가 관찰한 바로 당신은 ("나는 가치가 없어요."라고) 당신 스스로를 판단하고는 내가 말하려고 하는 것에는 문을 닫는 것처럼 보였습니다.

C.10. Alf : (긴 침묵…. 울기 시작한다, 부드럽게, 눈맞춤을 했다가 안 했다가 하면서, 상담가를 쳐다보다가 눈길을 피한다)

T.10. Bea : (눈길을 피할 때에도 Alf와 눈을 계속 맞춘다) 난 여전히 여기 있어요.

C.11. Alf : 내가 말을 안 들을 때, 엄마는 나를 장난감 정리함에 가두곤 했어요. 결국에는 엄마가 나를 끌고 가기 전에 먼저 내가 거기로 들어가곤 했어요.

T.11. Bea : 그래서 당신은 엄마가 당신을 끌고 가기 전에 문을 닫곤 했군요.

C.12. Alf : (고개를 끄덕인다).

T.12. Bea : 그땐 당신 스스로를 보호할 수 있는 좋은 방법이었던 것처럼 들리네요. (잠시 침묵) 그럼 지금-여기서 나와 함께 있는 것은요?

C.13. Alf : 글쎄요 당신을 못 들어가게 할 필요는 없을 것 같은데요…(뒤에서 계속 p. 308).

이제 이 저자가 개인 성격의 적절하고, 포괄적이고, 확대되는 측면으로 신심리를 정의 내리고 싶어하며, 이는 여러 가지 방식으로 표현될 수 있다는 것을 독자는 분명히 알 것이다. 이는 사회과학에서 객관적인 방법론과 관련된 현실주의, 실증주의, 그리고 결정론에 대한 구성주의자의 반박 때문임이 분명한데, 현 저술의 공헌은 어른자아의 체계적이고, **상호주관적인 현상학의 발달**을 찾고자 한다. 따라서 이는 어른 자아상태에 대한 다른 '객관적', 궁극적으로는 기능적인 관점을 제시하고자 하는 것은 아니다. '통합하는 어른 자아'를 발달시키고 설명하는 데 있어서 신심리의 속성은 조직하는 원리의 본질, 즉 통합으로 탐색된다. 다음은 어른 자아상태의 구조에 대한 관찰과 현재 중심의 인간발달에 대한 구성주의 관점의 함축적 의미에 대해 결론을 짓고자 한다.

속성

*Transactional Analysis in Psychotherapy*에서 중요하지만 거의 인용이 되지 않는 구절에서 Berne(1961, 1975a)은 자아상태와 정신기관의 네 가지 중요한 속성에 대해 논의하고 있다(표 11.2).

더 나아가, "한 자아상태에 대한 완전한 진단을 위해 필요한 것은 이 네 가지 측면을 모두 고려할 수 있어야 하고, 그러한 진단의 최종적 타당도는 네 가지 속성이 모두 상관 있게 나타나는 것으로 측정된다는 것이다"(p. 75). 이러한 속성은 어른 자아상태와 관련하여 여기서 간략하게 살펴보고자 한다.

먼저 어른자아의 **집행력**(executive power)은 어른자아에 대해서나 어른자아 자체보다는 다른 자아상태와 관련하여 더 많이 논의되어 왔다. 예를 들어, '어른자아는 어버이자아와 어린이자아 사이에서 효과적으로 개입할 수 있는 유일한 힘이며, 모든 상담의 개입은 반드시 어른자아에게 설명해야 한다'(Berne, 1972/75b, p. 373). 구성주의 관점에서 볼 때, TA 상담가는 어른자아의 다른 자아상태나 다른 사람들'에 대한 힘'과는 구별하여 내담자의 어른자아 '내의 힘'에 더 관심을 둔다. 이는 또한 어버이자아(어버이자아

표 11.2 정신기관의 속성, 설명, 관련 학문(Berne, 1961/75a 요약)

속성	설명	관련 학문
집행력	각각은 각자만의 특유한 조직행동패턴을 일으킨다(Berne, 1961/75a, p. 75).	정신생리학 생리학 정신병리학 신경생리학
적응력	즉각적인 사회적 상황에	사회과학
생물학적 유동성	자연스러운 성장과 이전의 경험의 결과로 반응들이 조정이 된다는 면에서	정신분석
정신력	경험의 현상들을 중재하는	심리학(특히 자기성찰적인) 현상심리학 구조심리학 실존주의 심리학

-어린이자아)의 허가 교류의 대안으로 힘을 가지고 있는 어른자아-어른자아를 제공한다. 즉, 이는 사람들의 개인적 힘을 촉진시키는 하나의 대안으로 핵심적으로 '힘을 주는' 것에 대한 것이다(Rogers, 1978).

환경(자궁, 가족, 지역사회, 직장 등)에 대한 **적응력**(adaptability)은 유기체 발달, 인간이란 존재, 아동이든 성인이든 또는 어른자아이든 상관없이, 불가피하게 사회적인 존재의 중요한 속성이다(다시 말하지만 어른자아를 '성인'의 존재와 혼돈하지 않는 것이 중요하다). 이는 단순히 우리의 환경을 수용하고 동화하고 적응하는 것을 제시하지는 않는다(이는 수동성, 디스카운트, 공생, 각본, 게임 이론과 연관해서 생각해 볼 수 있다). 순응력은 타인에 대해, 제한점과 결과에 대해, 사회적일 뿐 아니라 실증적인 과제에 대해 설명하는 것에 관심을 가지는 것이라고 인정한다. **상호주관적이고 공유된** 책임감에 대한 구성주의적 감수성이 주어졌을 때(Summers & Tudor, 2000 참조), **상호-적응력**을 여기서 강조한다.

생물학적 유동성(biological fluidity)에 내재된 '자연적 성장'은(아동발달과 같이) 계속적인 성인발달이 성숙, 학습, 사회화를 포함하며, (아동에서 성인으로의) 발달에서 연속성과 마찬가지로 불연속성 또한 있으며, 심지어 패턴화된 상호작용의 전환도 있음을 우리에게 상기시켜 준다(Neugarten, 1968). 유사하게, 성격 발달도 연속적, 불연속적 또는 방해받을 수 있다. 성장 그리고 성격에서 유동성의 개념은 Rogers(1961)의 심리상담의 과정 개념을 반영하는데, 그는 "사람은 흐름, 몰입과 운동의 결합체가 되고… 연속적 변화의 통합된 과정으로 자신이 되어 간다."(p. 158)며 고정(경직)에서 유동성으로의 움직임을 제시했다.

마지막으로 인간 정신의 모든 측면은 경험의 현상들을 중재한다(**정신력**). 이를 명백히 언급하면서 Berne은 TA를 '체계적 현상학'으로 분명히 정의 내린다. 현재 중심의 신심리가 (원형적, 경험된) **원형심리** 및 (원형적, 내사된) **외심리**와 분명하게 구별이 되는 것은 경험하고, 반영하며, 중재하고, 통합하는, 변화에 대해 통합되고 통합하는 과정이라는 것이다.

Clarson과 Gilbert(1988)는 어버이자아와 어린이자아는 어른자아와 마찬가지로 성장, 발달, 변화에 개방적이라는 점을 논의하기 위해 이러한 속성들을 이용한다. 그러나 집행력, 순응력, 정신력의 속성들은 분명히 모든 정신기관과 자아상태에 적용될 수 있지만, 외심리나 원형심리가 분명히 고착된 상태에 있을 때 생물학적 유동성을 가지고 있는 것이 이치에 맞지 않다. 어떻게 성장하는 어린이 자아상태를 가질 수 있는가?

Berne이 제시한 정신기관의 속성들은 Hall과 Lindzey(1978)가 유기체론의 원리를 요약(표 11.1 참조)한 것과 일관되지만 그들은 **자연의 변화 원리**(Berne, 1969/81)의 개념 안에 내재된, 또는 '실현 경향성'(Rogers, 1959, 1978, 1980)의 개념 안에 좀 더 준한 열망과 운동감각을 제시하지는 않는다. 자연의 변화 원리처럼 모든 형태의 유기 생물에서 발견되는 실현 경향성의 특성은 다음과 같다.

- 인간 발달과 행동에 대한 유일한 동기부여를 제공한다.
- 개인적이면서도 보편적이고, 전체론적이고, 어디에나 있고, 일정하다[이는 Drego(2000)의 어른자아의 전체성에 관한 관점과 유사함].
- 긴장 속에서 변화한다.
- 자율성을 향한, 조직적이고 열정적인, 건설적이고 지향적인 과정이다.
- 친사회적인 인간 본질을 반영한다.
- 반영적 의식은 가장 두드러진 인간의 수단이다(Brodley, 1999).

Berne 자신은 과학과 신경과학(특히 신경외과의사 Penfield의 실험적 연구)에 초기의 관심을 보였고, 이 분야의 연구가 심리상담에 미친 영향에 현재 관심을 가지는 것에 대해 감사했을 것 이다(이 책의 1장을 참조). 건축술과 두뇌의 진화에 관한 신경과학의 최근 연구는 그것이 우리의 조상들 — 파충류, 포유류, 영장류 각각의 속성을 보유하고 있다는 것을 입증한다.

- 선상체[또한 대뇌의 기저핵(basal ganglia)을 지칭함]는 자동적인 것을 포함하여 일상적인 운동에 대한 책임을 진다.

- 원시 포유류의 두뇌(또는 변연계)는 간호, 부모의 보살핌, 놀이, 영아의 고통의 울음 등과 같은 포유류에게서만 나타나는 행동뿐 아니라 감정과 행동과 관련된다. 따라서 Hargaden과 Sills(2002)가 C_0에 배치한 원초적 갈망은 여기서 어른자아/신심리의 연령에 적합한 '속성'으로 보인다.
- 대뇌 피질(또는 신생포유류의 두뇌), 인간에게서 최대한 발달이 일어난 두뇌의 영역이 바로 전전두 피질인데, 이는 계획, 유도된 주의, 만족지연, 정서조절 등(Pally, 2000)의 책임을 맡고 있다.

더욱이, 다시 언급하지만 유기체 심리학과 일관되게 특정한 두뇌의 영역에 있는 이러한 기능들이 따로 작동을 하기보다는 두뇌는 역동적으로 통합된 전체로서 작동을 한다(Edelman, 1989). 그러한 두뇌의 기능들이 유기적 유기체이며 통합된, 현재중심적 어른자아라는 사실이 분명하므로 이 연구는 신심리에 대한 토론에 있어서 매우 의미가 있다. 이러한 맥락에서 사람들이 자신들의 '내적 어린이자아'와 접촉하도록 돕는 것보다는 자신들의 '내적 파충류' 또는 '신체적 유인원'을 인식하도록 돕는 것이 훨씬 더 중요하다.

지금까지 어른 자아상태의 속성에 대한 논의를 했는데, 이제는 신심리의 통합하는 어른자아를 이해하는 데 핵심이 되는 개념인, 통합(integration)과 통합하는(integrating)의 의미에 대해 각각 살펴보고자 한다.

통합, 통합하는

현재의 연구가 통합적 심리학에 지대한 관심을 가진 포괄적인 심리상담의 현장의 맥락에서 진화한 것은 우연의 일치가 아니다. 우리가 사는 세계를 이해하고 반영하는 능력인 '통합'이 인간이 되는 것은 무엇인가와 우리의 현재 관심사가 무엇인가의 핵심에 있을 때, 그러한 관심은 우연의 일치가 아니다. Jahoda(1958)는 정신건강 개념에 대한 주요 연구에서는 특별히 성장 및 발달의 정도, 자신의 양식, 그리고 자신에 대한 태도의 통합을 정신건강의 핵심 개념으로 보았다. 다른 연구자들은 통합을 심리적 건강과 성숙에 대한 지표로 보았다. 이번 절에서 나는 통합과 신심리의 특성에 대해 자세히 설명할 것이

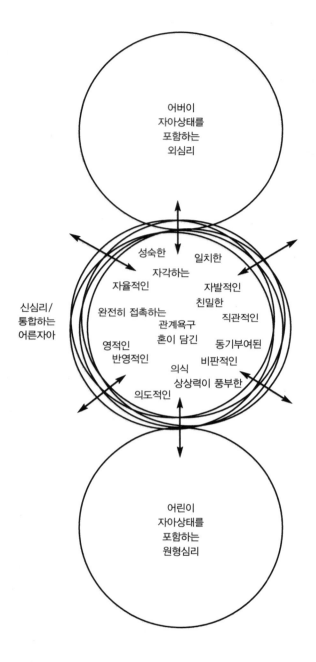

어버이
자아상태를
포함하는
외심리

성숙한   일치한
    자각하는
자율적인   자발적인
            친밀한
완전히 접촉하는   직관적인
    관계욕구
    혼이 담긴   동기부여된
영적인
반영적인   비판적인
        의식
    상상력이 풍부한
    의도적인

신심리/
통합하는
어른자아

어린이
자아상태를
포함하는
원형심리

그림 11.3 접촉과 열망의 화살표가 움직이고 있는, 통합하는 어른자아

다(그림 11.3 참조).

자율성　어른 자아상태를 '자율적'이라고 한 Berne(1961/75a)의 정의를 인용하면서 Erskine(1988)은 이는 '내사된 또는 원형적 자아에 의한 심리내적인 통제 없이 기능하는 자아의 신심리적 상태'(p. 16)를 나타낸다고 제시하였다. 통합 역량은 외부적 제약으로부터 분리와 자유를 요구한다. 독일 철학자 Kant의 실천이성 개념에 대한 연구에서 Brady(1980)는 자율성과 이성(Reason)은 실제적으로는 동일하다고 보았다. 중요하게도, Jahoda(1958)의 고찰은 정신건강은 자율성, 현실지각, 환경 통제의 관점에서 현실과 개인의 관계에 근거를 두고 있다고 제시하였다. 그리고 우리는 Berne(1964/68)의 연구로부터 인간의 자각, 자발성, 친밀감, 그리고 책임감의 역량을 드러내는 것으로 자율성을 정의하게 되었다(van Beekum & Krijgsman, 2000 참조).

관계욕구　현재 중심의, 연령에 적합한 관계욕구 ― 그리고 그 욕구를 충족시키고, 계속 충족시키려는 경향 또는 관성은 신심리와 그에 대한 이해에 핵심이 된다. Kohut(1971, 1977)의 연구 이래 관계욕구는 건강하고 발달적이며, 꼭 병리적인 것은 아니라고 보게 되었다. 전이에 대한 연구에서 나타나고 있지만 Erskine(1998)은 여덟 가지 관계욕구를 밝혔다. 첫째 안도감을 위해, 둘째 적합하고, 긍정하고, 중요한 감정을 느끼기 위해, 셋째 안정적이고, 의존할 수 있고, 보호적인 타인에 의해 수용되기 위해, 넷째 개인적 경험에 대한 확신을 위해, 다섯째 자기정의를 위해, 여섯째 타인들에게 영향을 미치기 위해, 일곱째 다른 의도를 위해, 여덟째 다른 '긴요한 것'과 마찬가지로 사랑을 표현하기 위해 관계욕구를 가진다. 이는 또한 상호적 인간 욕구에 매우 필수적이다.

의식　신심리는 각각의 인간의 두뇌와 마음이 그를 둘러싼 환경과 관련해서 작동을 한 결과 나타난 경험인, 의식이 있는 자리이다. 정확히 의식이 어떻게 특별한 신경 과정과 두뇌, 신체, 세상과의 상호작용의 결과로 나타나는지, 그리고 우리가 '특질'로 표현할 수 있는 상이한 주관적 상태들을 어떻게 이해할 수 있는지는 신경과학뿐 아니라 심리학, 그리고 사실 TA의 영역이다.

반영적 의식 자기 자신, 삶의 내용과 과정에 대한 반영을 하는 것은 인간됨 또는 '사람'의 중요한 부분(Harré, 1983)이며, '반영적 임상가'(Schon, 1983)에게는 결정적으로 중요하다. 물론, 이는 과거의, 원형적, 내사된 자아상태를 포함하는 우리 자신에 대한 다른 측면들을 반영하는 능력을 포함한다. 즉 "건강한 자아는 완전한 신심리의 기능을 하면서 원형심리와 외심리의 내용과 경험들이 통합되고(동화되는), 책임을 맡는 어른 자아상태이다"(Erskine, 1988, p. 19). 단순히 여러 기능들 중 하나가 아닌 신심리의 과정을 설명하는 명사로서, '통합하는 어른자아'를 규정하는 것은 바로 자기 자신과 타인들에 대해 반영하고, 관련되거나 더 이상 관련되지 않는 경험들이나 내사들을 말로 내뱉고, 현재를 위해 과거를 동화시키는 역량이다.

비판적 의식 '비판적 어버이자아'와 '반항적 어린이자아'와 같은 기능적인 용어가 가진 문제 중 하나는 부정적이고, 문제 있고, 궁극적으로는 병리적인 것으로 비판과 반항의 꼬리표를 붙이는 것이다. 내가 보기에 '통합하는 어른자아'의 핵심적인 특징은 이전에 추정되고, 주어지고, 받아들여진 것을 그대로 수용하지 않고 기민하게 경계하는 비판적 의식이다. 개방성, 보살핌, 진정성을 향한 갈망을 가지는 것, 전체성과 친밀감, 영적이고 중요하게 '되어가는 존재'가 되고자 하는 동경과 같은 자질에 더하여, Rogers(1980)의 권위를 가지고, 심지어 반제도적인 존재인 '내일의 사람(the person of tomorrow)'에 대한 관점은 회의론의 특성까지도 포함하고 있다는 것은 우연이 아니다. 우리의 어른자아 개념과 성인이 된다는 것은 무엇을 의미하는가, 어른자아를 확장시키면서 나는 비판적 의식, 즉 반대와 일탈을 다시 되찾고 있는 중이다. Samuels는 다음과 같이 냉담하게 말했다.

> 상담가들에 대해 내가 흥미로운 것은 그들이 얼마나 관습적인가 하는 것이다! 그들은 성적으로 이성관계를 맺는 사람들과 있을 때 더 행복해한다. 그들은 핵가족들과 있을 때 더 행복하다. 우리는 무의식적으로 많은 사례를 다루고, 변태들과 상담을 하는데도, 여전히 우리는 매우 관습적인 집단의 사람들이라는 점이 참 이상하다(Samuels & Williams, 2001, p. 3).

성숙과 동기부여 신심리는 성숙을 연령에 적합하다는 의미로 볼 때 성숙한 마음이다. 이는 Rogers식 감각의 개념이며 '완전히 기능하는' 것으로 즉, 최적의 심리적 적응과 완전한 일치와 동일하며, 경험에 개방성과 신뢰를 가지며, 현재를 집중해서 사는 능력으로 특징지을 수 있다(Rogers, 1961). 인간의 동기부여에 대한 통일되고, 통합적인 개념을 공유하면서, 신심리는 조직된 전체로 행동하고, 지각한 외부 및 내부의 현실과 상호작용하며 실현하는 경향이고 유기체의 가치 과정에 개입하고, 끊임없이 구별하면서, 항상 움직이는, 유기체와 동일하다(그림 11.3 참조). Rogers(1951)는 인간이란 종은 다른 종들과 마찬가지로 "경험하는 유기체를 실현하고, 유지하고, 강화하려는, 기본적인 경향이 있고, 이를 위해 애쓴다."(p. 487)고 제시하였다. 의지란 자아의 조직과 통합을 긍정적으로 이끄는 것이라고 본 Rank의 관점과 맥을 같이한 Amundson과 Parry(1979)는 '성격의 지향성 차원'으로 의지에 관심을 기울였다(p. 20).[2]

상상 분명히 이러한 구성주의의 개념화에는 신심리에 대한 해방감이 있다. 원형적이고 고착화된, 내사된 자료의 오염으로부터 벗어난 성숙한 유기체/사람은 아이디어나 심미학, 예술을 통해 사람뿐 아니라 사물들과의 접촉과 관계에 호기심을 가지고 개방한다. 그것은/그는/그녀는 놀기 좋아하고, 감각적이다. 이것이 순수한 이성의 자아상태이듯, 또한 극단적으로 빠른 추리로 정의할 수 있는 순전한 직관의 장소이다. 그것의(its)[3] 반영적이고 비판적인 의식을 따라 꿈과 상상을 통해 기억된 무의식의 상태가 존재한다. 마치 햄릿에 나오는 구절처럼.

> Horatio, 천지 간에는 자네의 철학으로 상상하는 것보다 많은 것들이 있다네
> (Shakespeare, Hamlet, I. v. 166).

이들이 신심리의 핵심적인 특성이라고 생각하지만, 그리고 이 맥락에서 내가 그들을 옹호하는 것이 맞지만 물론 다른 특성들도 있다. 영성 또는 영적인 열망은 본질적으로 신심리적인 것으로 볼 수 있다. 그리고 자아상태 진단에 따르면, 원형심리적 또는 외심리적이기도 하다. 예를 들어, 현재 중심적인 어른자아의 본질은 일상적인 삶에서 철학, 심리학, 그리고 실제에 대한 불교신자의 가르침과 양립할 수 있다. 그러나 속성들, 특성

들 혹은 특징들에 대한 어떠한 묘사도 충분히 유기체론적, 구성주의적, 상호 창조적, 대화적, 혹은 단순히 종합적이지 않다는 것이 분명하다. '어른 자아상태'라는 명칭에 표현되어 있듯이, 유기체론적, 진화론적 신심리의 특성들 중 어떤 것도 완전한 자아상태 진단의 관점에서 — 예를 들면, 행동적, 사회적, 역사적, 현상학적으로 특정한 개인과 관련되어 묘사되어야만 한다(Berne, 1961/75a).

어른자아를 확장하는 방법론에 대해 논의하기 전에 지금까지 논쟁해 온 것에 대한 이론적 함축성의 의미를 요약해 놓았다(미식가의 은유를 좋아하는 독자들은 이 요약 부분을 네 번째 코스 요리가 나오기 전에 먹는 샤벳으로 생각하길 바란다!).

통합하는 어른자아 : 상태 과정에 대한 구조적 요약

지금까지 진행된 논의로부터 나온 이론적인 요점은 다음과 같다.

1. '자아상태와 교류는 다른 방법보다는 의미로부터 추출되기에'(Summers & Tudor, 2000, p. 24), 어른 자아상태를 (문자 그대로) 신심리적 통합하는 어른자아(그림 11.3 참조)의 과정 개념으로 해체하여 분석하였다. 현재 중심적이고, 과정 중인 자아의 상태이므로 사전에 형성된 선입이나 기능선을 따라 세분화되지 않는다(Berne, 1961/75a; Krumper, 1977; Phelan & Phelan, 1978; Kujit, 1980).

2. 따라서 신심리/통합하는 어른자아는 개념적으로 원형심리와 외심리와는 다른데, 이들은 각각 그들의 원형적이고 내사된 본질에 따라 정의되며, 각각의 안에는 특정한 원형적이고, 고착화된, 내사된 자아상태들을 묘사하는 수많은 구별된 자아상태들이 상정되어 있다.

3. 자연의 변화원리와 '열망의 화살'은 개념적으로 원형적 어린이자아(Berne, 1972/75a)가 아닌 신심리/통합하는 어른자아 안에 위치한다. Summers(personal communication, February, 2002)는 이러한 성숙한 자연의 변화원리와 '유사 자연의 변화원리(pseudo physis)'를 구별하는데, 후자를 '자기도취적이고 원형적 어린이자아 또는 어버이자아 방어'로 본다.

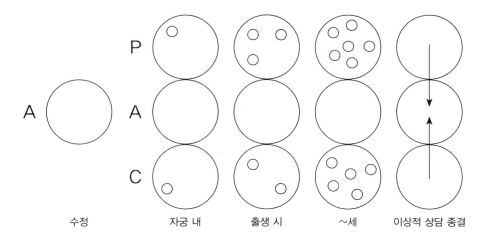

그림 11.4 통합하는 어른자아 모델의 자아상태발달(Novey et al., 1993에서 Gobes로부터 개발됨)

4. 사람들이 어른자아를 이해하게 되면서 Gobes의 자아상태 발달모델(Novey et al., 1993)은 신심리/통합하는 어른자아에 대한 현 관점과 더 일관되며, 따라서 다른 TA 발달 이론가들(Schiff et al., 1975부터 Hine, 1997)의 관점보다 더 선호되고 있다.

5. 어른자아는 수정부터 발달하므로, 그때까지 '작은 교수'(직관, 창의성 등)(예를 들어, Woollams & Brown, 1978; Hine, 1997)와 관련된 특징들과 유기체론적 과정들은 개념적으로 발달하고 진화 중인, 통합하는 어른자아(A_2) 안으로 재배치된다. 수많은 원형적이고, 고착화된 상태를 둘러싼 심리의 원형적(경험된) 부분, '작은 교수'나 'A_1'으로 명명한 부분은 유사 '어린이자아 안의 성인'(pseudo 'adult-in-the-Child')으로 지칭하므로, 그와 일관된 행동과 경험의 패턴들은 적응을 통해 배운 '영리함'으로 특징지을 수 있으며, 이는 유기체론적, 신심리의 지능과 직관(통합하는 어른자아)과는 구별될 수 있다. (발달적 용어로 A_1을 보자면 은유들을 섞는 것과 같은데, 즉 이는 어떤 시점에서 성격의 **구조**에 대한 특별한 묘사를 성격의 후생적인 발달모델과 혼합하는 것이다) 유사하게, C_0 갈망(Hargaden & Sills, 2002)과 같은 현재 중심적 감정들은 신심리적으로 통합하는 어른자아 내에서 개념화된다.

6. '비판적 어버이자아'와 '순응하는 어린이자아'와 같은 기능적 명명법은 개인에 대한 구성주의적 이해나 성격 및 자아상태의 개념화에 도움이 되지 않는다. '비판적 어버이자아', '반항적 어른자아' 또는 '혁명적 어른자아(revolutionary Adult)'를 묘사하는 용어들은 *metanoia*(변화), 확장, 그리고 해방의 과정에 있는 상담가와 내담자(와 이론가)를 도울 수 있다. 핵심적인 질문은 그러한 특징들이 통합되는가와 현재 중심의 자기감을 형성하는가 아니면 그렇지 않은가, 이다. 짧게 말하자면, 예를 들어, 만약 돌보고 보살피는 특징들이 통합되면, 그들은 '어른자아'이다(예를 들어, 진화 중인 신심리의 특징). 반면 통합이 되지 않는다면, 그들은 진단에 따라 다르겠지만 내사된 어버이 자아상태나 원형적 어린이 자아상태로 이해될 수 있다. 특별한 진단이 없고, TA 같은 체계적인 현상학을 촉진시키는 노력 중에 있다면 이러한 특징들은 '양육적 어버이자아' 등으로 혼돈하기가 쉽다.

현재의 연구는 사실 TA 이론과 실제에서 어린이 자아상태와 어버이 자아상태의 구체화를 비판한다. 그러나 구체화에 대한 반대는 통합하는 어른자아와 관련된 가능성을 포함하는 것으로 확장된다. 그 차이는, 즉 이러한 위험은 통합에는 끝이 없다는 사실에 의해 다소 완화된다. 신심리적 어른자아는 계속적인 과정 중에 있기 때문에, 임상적으로나 개념적으로나 고착화되지 않을 것이다.

신심리에 대한 새로운 관점에 관한 개념적, 이론적 근거가 세워졌으므로 이제 임상 실제를 위해 새로운 관점에 대한 방법론적 함축성에 대해 살펴보겠다.

어른자아 확장하기

이 네 번째 절(우리는 이제 디저트 코스 또는 i dolci[4]에 이르렀다)에서 임상적 심리상담 실제에 대한 참고로 실제와 방법을 위해 신심리적 통합하는 어른자아에 대한, 앞에서 보았던, 이론적 논의의 함축성에 대해 보다 상세하게 설명할 것이다. 앞서 보았던 상담장면(pp. 314-315)을 이어나가는 것으로 시작해 보겠다.

C.13. Alf : 글쎄요 당신을 못 들어가게 할 필요는 없을 것 같은데요.

T.13. Bea : (고개를 끄덕인다) 음…. 여기 상담에서 중요한 부분은 당신이 추측하고 있는 것과 당신이 당신과 나에 대해 아는 것을 가지고 놀아 보는 것입니다.

T.14. Alf : (미소 지으며) 노는 듯이요…. 그거 재미있겠네요….

C.14. Bea : (미소 짓는다)

T.15. Alf : (잠시 침묵) 선생님 말씀은 추측도 괜찮다(OK)는 거죠?

C.15. Bea : 아는 게 없을 때는 추측하는 것도 전 꽤 좋던데요.

T.16. Alf : (고개를 뒤로 젖히고, 웃은 다음, 숨을 크게 내쉰다) 안심이 되네요. 한결 더 가벼워진 느낌이에요…. 더 나아졌어요…. 내가 틀리지 않았다니.

C.16. Bea : 이제 당신은 더 가벼워지고, 더 나아지고, 옳다는 가능성을 가지고 더 쉽게 숨을 쉬게 되었군요.

T.17. Alf : (앞으로 앉으며, 숨을 크게 들이킨다) 맞아요. 그건 마치 내 눈 앞에 펼쳐진 영화를 보는 것 같아요. 이제 난 당신을 볼 수 있고, 당신이 나를 보살피는 것을 볼 수 있어요. 당신은 비판적이지 않고, 내가 틀렸다고 생각하지 않죠. 내가 추측하기에 당신은 나를 장난감 정리함에 가두려고도 하지 않아요.

C.17. Bea : 그러니까 당신은 여전히 그것에 대해 추측을 하고 있는 거군요!

T.18. Alf : (미소 짓는다) 아니에요…. 그런데 때로는 그런 것 같아요.

C.18. Bea : 그게 바로 놀이(play)입니다. 즉, 지금-여기 당신은 OK이고 가치가 있는 것을 아는 것과 때로는 당신 자신에 대해 아는 것이 없고, 당신과 관련된 나에 대해서도 아는 것이 없는 것 사이의 상호작용(interplay)이죠.

C.19. Alf : 그게 그런 거군요.

(질병에 대비하여) 건강 가정하기

전임자가 상호 창조적인 TA를 끌어낸 것처럼, 현재의 구성주의의 공헌은 건강심리학의 전통을 끌어낸다(Summers & Tudor, 2000). 이러한 준거 틀에서 우리는 좋을 수도 나쁠 수도 있다. 우리의 정신병리학(그러나 우리는 그것을 묘사하고, 규정하고 범주화한다)

과 함께 '심리건강학(psychosanology)'이 있다. 즉, 정신병 옆에 나란히 정신건강 또는 웰빙이 있다(Tudor, 1996). 이러한 관점은 현재 DSM-IV 다축 진단에 대해 여섯 번째 '건강' 축의 추가에 대해 논쟁한다(Tudor, 출간 중). 좀 더 미묘하게는, '질병'은 유기체 내 건강 위기의 일부일 수 있다. 실제에서 이는 무엇을 의미하는가? 많은 내담자들이 질병, 위기 또는 문제로 제시하는 것이 사실은 단순히 삶의 일부라는 것을 의미한다는 것이다. 내담자(그리고 수련생과 훈련생)와의 초기 교류에서, 나는 종종 구체화하고 직면하는 교류를 통해 현재의 '문제'를 이해하고 해체하여 분석했다. 종종 나는 '그게 문제네요. 그런데 뭐가 문제죠?'라는 선상에서 무엇인가를 말한다. 이 두 가지는 지각된 문제가 있다는 것과, 그렇지만 그것이 문제일 필요는 없다는 것을 인정한다. 문자 그대로 이는 별로 문제될 것이 없다는 것이거나 아니면 (실질적으로는) '문제'가 아니라는 것이거나 또는 문제를 가지고 있는 것이 그 자체로 꼭 문제는 아니라는 것이다. 이는 Freire(1972)의 억압당하는 자들의 '문제 제기' 교육학에 의해 부분적으로 알려져 있다. 이들은 무엇이 학습(Freire의 경우 읽고 쓰기 학습)을 발달시키는가에 대한 토론과 해결하기를 통해 학생들로 하여금 문제를 환영하게 하고 더 나아가 문제를 제기하도록 한다. 흥미롭게도, James와 Jongeward(1971)는 '올바른 질문을 제기하는 것'이 어른자아를 활성화하고 강화한다고 제시한다. 이상에서 보았던 상담 장면에서, 상담가가 병리학과 함께 건강을 가정한 것은 내담자가 과거(T. 12)와 현재의 '추측'(T. 13)에서 창조적인 적응을 한 것을 인정하고 있는 것으로 보인다. 현상학적인 방법론을 따라 결국 TA는 '체계적인 현상학'이다(Berne, 1961/75a) — 상담가 역시 내담자의 (C.2에서의) 자기 판단에 도전한다.

(내사된 어버이 자아상태와 원형적 어린이 자아상태와 대비하여) 어른자아 신심리 기능 가정하기

구성주의적, 상호 창조적인 TA 상담 슬로건은 다음과 같을 수 있다. "다른 자아로 입증되기 전에는 어른자아로 가정하라." 건강에 대한 가정 위에 건강과 질병을 함께 가정할 때, 이러한 상담적 가정과 태도는 내담자의 신심리적인 통합하는 어른자아 기능을 지지한다. 이상에서 살펴본 바와 같이, 원형적이고/또는 내사된 것으로 제시된 것의 일부는 이 단계에 있는 것이 아닐 수도 있으며, 정화 작업은 한편으로는 원형심리와 외심리 간 현상학적인 차이를, 다른 한편으로는 신심리와의 현상학적인 차이를 명확하게 하는 데 유용할 수 있으며, 사실상 '정화'가 어른 자아상태와의 상담 작업이라는 것은 아무런 가치가 없다. 그러나 은유는 오염을 다루는 데에만 초점이 맞춰져 있다는 점에서 한계가 있다. 더군다나 고착되거나, 오염되지 않고, 물때가 없고, 흠도 없는 성인 자아상태로서 치유의 개념을 암시한다. 성인자아를 확장하는 것은 내담자들의 의식, 자율성, 등을 확장시키기 위해 말 그대로 내담자를 초대해서 이러한 과정에서 한 발 더 나아가게 하는 것이다. 앞서 언급했듯이 비판적 의식이란 성인이 된다는 것은 무엇인가에 대한 어른자아의 정의를 계속 진화시켜가도록 요구하고 또한 진정으로 이에 공헌하는 것이다. 또한 좀 더 민감하게 한편으로는 신심리, 다른 한편으로는 원형심리와 외심리(이 책의 pp. 59-60 참조)의 다른 본질이 주어졌을 때, 우리는 어른자아와 어린이자아 또는 어버이자아 '안에' 동시에 있을 수 있다. 유사하게, 우리는 상호 창조적인 전이적(또는 부분적으로 전이적인) 관계(Summers & Tudor, 2000)와 동시에 상호 창조적인 현재 중심적이며 비전이적인 어른자아-어른자아 관계를 맺을 수도 있다. 상담 장면에서 상담가는 자신의 '실수'를 인정하면서(T. 7), 내담자를 현재의 관계에 집중하도록 초대하는 가운데(T. 12, T. 13 이후 계속), 전이적 관계와 함께 어른자아의 기능을 가정하고 있다(T. 3).

접촉하기

Rogers(1957, 1959)는 접촉 또는 '심리적 접촉'을 상담을 위한 필수조건으로 보았다. 접촉, 질문, 조율, 그리고 최근 연구들(van Beekum & Krijgsman, 2000; White, 2001)에 관한 Erskine(1988, 1993)의 연구를 제외하고, TA는 게슈탈트와 인간중심 심리학 및 상담과 비교할 때 확실히 치료적 관계에 필수조건을 덜 강조해 왔다. 본 연구에서 접촉은 상담가에 의해 구현되는 일관된 태도와 노력으로 보며 이는 내담자에게 수용과 공감을 전달한다. 무조건적 긍정적 관심과 공감적인 이해의 태도를 내담자가 받았을 때, 상상과 특히 대뇌 변연계의 많은 수준에서 내담자는 자기를 수용하고 자기 이해를 격려하며 공명한다. 어른자아를 확장해 나가는 데 있어서 그러한 접촉은 현재 중심적이며, 그때-거기에서(there-and-then) 무슨 일이 있었는지보다는 지금-여기에서 무슨 일이 일어나고 있는지에 초점을 맞추게 하고, 일어나지 않은 일보다는 일어나고 있는 일에 초점을 맞추게 하는데, 이러한 초점과 강조를 우리가 본 상담 장면에서 볼 수 있다. 비언어적인 접촉(예를 들어, T. 10)과 접촉의 끊어짐 또는 균열을 인정하는 것(T. 4에서 C. 9)을 포함한 많은 방법에서 전체 부분은 접촉을 하고 유지하는 것과 관련된다. 이런 점에서 TA는 '적절하다'. 다시 말하면, TA에서는 상담가와 내담자 간의 접촉이 온전하게 지속적으로 이루어질 때나, 접촉이 깨어졌을 때나 모두 순간순간 분석되는 것으로 보이며 그렇게 경험된다. 접촉의 분열을 인정하고 다루는 것이 상담 과정에서는 중요한 부분이며, 이는 포괄적이고 온전한 접촉을 이루는 관계를 촉진시킨다. 다르게 말하면, "공감 과정에서의 균열은, 지각이 되었든 실제로 일어났든, 상담가가 내담자로 하여금 이전에 관계가 끊겼던 자아상태들을 통합하도록 촉진시키는 기회를 제공한다"(Hargaden & Sills, 2002, pp. 57-58).

심리와 자아상태 진단하기

진단이론과 표명의 과잉으로 TA는 진단 → 처치 → 치유라는 의학 모델을 따라 한다는 비판을 받는다. 정신이상의 형태로 진단을 하는 것에 대한 Steiner(1971)의 경고는 TA에서 한때 급진적이었던 시대의 안개 속에서 크게 길을 잃은 채로 남아 있다. 그리스어로 진단이란 단어는 구분과 구별을 암시하며, 그 자체가 대증요법의(allopathic, 역자 주 : 보존요법으로 병의 원인을 찾아 없애기 곤란한 상황에서 겉으로 나타난 병의 증상에 대응하여 처치를 하는 치료법) 의학적 모델이 더 유해한 측면들과 밀접한 관련을 가지는 것에 대해 더 비난하는 것은 아니다. 기껏해야 진단은 내담자와 상담가 모두에 대한 이해를 강화하기 위한 관점을 가지고 치료적 관계에서 계속되는 질문에 기반을 둔다. 자아상태에 대한 진단의 정확성을 위해 Berne(1961/75a)은 보통 전체 진단을 위해 네 가지 요구사항의 상관관계를 보고자 임상 절차의 순차적 개요를 제시하였다. 이는 다음과 같다.

1. **행동적** 진단 : 보통은 태도, 제스처, 목소리, 사용하는 어휘, 다른 특징들을 설명하

는, 임상적 경험을 토대로 진단(앞서 보았던 장면의 C. 2, C. 5 참조)

2. **사회적 또는 조작적 진단** : 주체와 관련된 환경 안의 다른 누군가의 반응(T. 4 참조)

3. **역사적 진단** : 행동, 태도, 사고, 감정 등의 원형에 대한 주체 내부의 확증(예를 들어, C. 11)

4. **현상학적 진단** : 현재에 '완전 강렬하고 거의 변함 없이' 초기의 역사적 순간 또는 시절을 재경험하고 있는 주체에 근거한 진단(C. 1에서 C. 7 참조)

흔히 이상의 자아상태 진단 모두는 예를 들어, 비판적 어버이자아, 반항적 어린이자아와 같이 대강의 연관 분류에 기반을 둔, 특정한 행동을 외부적으로 표명하는 것을 관찰자가 해석하는 것에 근거를 둔다. 불행히도, 앞서 지적했듯이(p. 294), Berne(1961/75a) 또한 매력/민감성과 어린이자아를, 도덕적 책임감과 어버이자아를 연결시키는 똑같은 함정에 빠진다. 임상 실제에서 또 다른 위험은 임상가가 그들 자신의 문화적 준거 틀, 역전이 등의 관점에서 충분한 반영을 하지 않은 채 사회적/조작적 반응에 기초해 진단을 내리는 것이다. 확인받지 않고, 숙련되지 않은 또는 수련감독을 받지 않은 경우 교류를 한정 짓고, 책임을 전가할 수 있다. Berne의 기여에 대해 급진적이었다고 보는 것은 내담자의 내적, 현상학적 경험(역사적이고 현상학적인 지표)에 똑같은 무게를 주었다는 것과 임상가가 개인의 자아상태의 속성을 점검하는 데 철저하고, 그들 스스로와 세계를 묘사하고 이해하는 단 한 가지 방법으로만 내담자에게 제시하는 것에는 주의를 주고 탐색적인 자세를 갖도록 고무하는 이론을 제공한 것에 근거했다. 현 연구의 함축성은 상담가가 각각의 내담자와 관련해서 무엇이 어른자아이고 무엇이 아닌지를 전체 자아상태 진단을 통해 구별하고 구분할 수 있어야 하고, 또 알아야 할 필요가 있다는 것이다.

만약 이것이 진단을 위한 탐구적인 접근이라면, 어떻게 이를 전달하고, 중재하고, 진행할 것인가의 조율이 꼭 필요하다. 계약 과정이 있듯이(Lee, 1997), 진단도 과정으로서 열려 있는 것이 필요하다. 사실, 상담가의 역전이 분석을 통해, 혹은 상호 창조적인 상호 전이 관계를 인정하고 반영하는 것을 통해 진단이 되듯이, 그 과정 안에서 표명이 된다. 앞서 살펴보았던 상담 장면에서 상담가가 내담자가 했던 말을 해석하고, 진단 표명에 바로 그 연결(the link)을 하려고 했을 때[마치 하나 밖에 없는 것처럼 바로 그('the')라는 표현에 주목하라] 몇 가지 요점이 있다. 대신에 상담가는 자신도 그 놀이에서 일부 역할을 했다는 것을 인정하면서, 관계의 분열을 반영했다. '육안 관찰은 모든 좋은 임상 작업의 기반이며, 기술보다 우위에 있다.'(pp. 65-66)는 Berne(1966)의 언급을 다시 표현하자면 이렇다. 접촉, 질문, 조율은 좋은 치료적 관계의 기반이며, 진단보다 우위에 있다.

통합을 지지하는 관계 안에서 작업하기

어른자아를 확장하는 데 있어서 임상 실제의 강조점은 전이적이고 현재 중심적인, 치료적 관계의 상호 창조에 있다(Summers & Tudor, 2000). 상담가와 내담자 모두 성인이 되는 것이 무엇을 의미하는가 — "만약 내가 진짜 성인이라면, 이렇게 마음 아프게 느끼진 않을 텐데요.", "제가 진짜 성인이라면, 상담가가 될 필요가 없겠죠.", "이제 난 성인이니까 웃고 울고, 노래 부르고 흐느낄 수 있어요.", 진정한 성인이 되어 세상에서 한자리를 차지하려면 상담가가 되어야겠죠." 등 — 에 대한 오염되고 포괄적인 상담에 끌어들인다. 상담가와 내담자는 관계 안에서 서로 어떤 부분에서든 항상 상호 창조적인 관계를 맺어 나간다. 상담은 우리가 상호 창조적인 것에 참여하는 것이다. 이러한 준거 틀에서 볼 때, 상담이란 다음과 같다.

- 첫째, 상담이란 치료적 관계와 환경 안에서 유발되고, 시도되고, 시험해 보는, (새로운) 신심리의 관계 가능성(예를 들어, 앞서 보았던 상담 장면에서 '추측의' 가능성)에 대한 상호 창조이다.
- 둘째, 상담은 과거의 외상, 결핍, 제한을 다루는 것과 관련이 된다는 점에서 본질적으로 현상학적이고 실존주의적인 과정이다.

이 장에서 시도한 접근이 원형적 어린이 자아상태(예를 들어, 명료화)나 (어버이자아 인터뷰와 같은) 내사된 어버이 자아상태와 TA 상담 작업을 하는 것을 무시하는 것은 아니다. 오히려 신심리적 어른자아에 초점을 맞춤으로써 그러한 상담 작업을 재구조화할 것을 제안한다. 일반적으로 '내면 어린이자아(Inner Child)'를 지나치게 강조를 해 온 것에 직면하는 것이다. 행복한 아동기를 가지기에는 너무 늦었지만, 그러한 불행한 아동기를 고찰하고, 재구조화하고, 지금 행복해 하는 것은 늦지 않았다. 따라서 현재 중심적 어른자아가 기능하도록 강화하는 것을 선호하기에 퇴행적 상담은 일반적으로 피한다. 이것이 진정한 통합적 심리상담 과업이다. 비슷한 맥락에서, '성격장애'로 진단된 것은, 현재의 준거 틀 안에서 작업과 치유가 치료적 관계 내에서 특히, 경계의 준수, 유지, 타협에 있다고 대응하여, 성격 과정(personality processes)으로 본다.

통합하는 어른자아의 조직적 함축성

이제 결론으로 신심리적 통합하는 어른자아에 대한 현재의 관점이 TA에 어떤 조직적인 함축성을 지니는지에 대해 간략하게 고려해 보고자 한다.

만약 '자아상태'를 구체화한다면 성격 구조는 구체화되고, 아마도 경직될 것이다. 사람들은 "내 어린이자아 안에 있는" 존재, 더 악화되면, "내 어린이자아는 이렇게 느낀다….", 식으로 말할 것이다. 따라서 조직적 수준에서는 TA의 '성격' 구조가 그 에토스, 가치, 조직 안에서 고착되고, 경직되고, 강박적이고 보수적이 될 위험이 있다. 성숙하고 변화하는 성격에 대한 유기체론적 과정 관점을 제공함으로써, 통합하는 어른자아 이론과 어른자아를 확장시키는 방법론은 비평을 포함한 다양성을 받아들이고, 반영적이고 비판적이며 상상이 풍부한 TA 상담가들을 지지한다. 이는 특히 '반항'(특별히 내담자들의 반항과 훈련생들의 반항)이 종종 병리적인 것으로 간주될 때 중요하다. Moiso와 Novellino(2000)와는 달리, 나는 TA의 '반항적 측면'을 전혀 스트레스로 여기지 않는다. 오히려 정반대로, TA 초기의 진보적이고 비판적인 영성이 중요하다고 본다.

통합하는 어른자아는 TA의 조직과 TA 조직들을 포함하는 삶의 모든 측면들과 관련된 반영적이고 비판적인 의식을 가져온다, 사실은 계속 가져오고 있다고 주장한다. 상담 공동체(therapeutic communities, TCs)에게 공지하는 원리들 중 하나는 '질문의 문화'

가 있다는 것인데, 이런 문화 내에서 '모든 구성원들은… 관리 문제, 심리적 과정, 집단, 제도적 역동에 대해 질문할 수 있다…. 토론은 학습 경험과 관련된다…. 공동체 내 모든 것은 토론할 수 있다…. [그리고] 공동체에 영향을 미치는 관리 정보와 문제는 전체 공동체와 공유된다'(Kennard & Lees, 2001, p. 148). 의사소통에 개방적인 TA의 책임감과 전적으로 일관된 이러한 원리들은 좀 더 포괄적인 TA 상담 공동체를 전체 수준에서 지지하는데, 그 안에서 비평을 포함한 개방적 의사소통과, 대화를 통한 상호 학습을 촉진하도록 상담 연구소들을 훈련하는 데 유용할 것이다.

TA의 상태에 대해 특별히 고려할 점은 다음과 같다.

- 이론에 대한 전통적인 관점을 따르라는 압력 : 예를 들어, 이론과 아이디어 개발에 대해 '게재되지 않은 것은 인용할 수 없다.'는 태도와 함께, 관습을 따르는 것은 일반적으로 격려하고, 탐색은 막는, 계약과 피난용 탈출구 폐쇄
- 하나의 훈련 기관에서 훈련을 수료하라는 압력 : 이는 훈련의 주체에게는 재정적으로나 심리적으로 적절하지만, 훈련을 받는 쪽에는 적절하지 않다. 이는 특히 TA가 자율성에 대해 갖는 관점과는 모순된다. 즉, 원래 훈련의 멘토링 모델(mentoring model of training)의 관점에서 그 역사는 최근에 도래한 훈련 기관과 비교해 볼 때, 학생/임상가들, 특정 워크숍 참여, 행사와 단기 강좌 등이 모두 자격증을 위한 훈련 패키지로 함께 관여되었다. 그리고 TA 내에서 현재 조직적 구조와 시험 요강은 여전히 그러한 포트폴리오 접근을 허용하고 있다. 이 모두는 개인적인 힘과 선택의 자유를 학생들에게 더 주고자 함이다.
- 전문적 위계를 보호하기 위해 마련된 구조와 자세 :
  - TA 내에서 훈련가의 인가는 스스로가 상담 훈련가 경험을 한 훈련생들을 포함하여 일종의 훈련 피라미드 판매의 형태로 나타나며 경험되는데, 훈련을 위해 노동조합원만을 고용하는 사업장의 자세를 고무하고, 타인들의 경험은 배제하고 디스카운트한다.
  - TA 임상가는 TA 상담가로 인가를 받기 전에는 공식적으로 활동하거나 TA 임

상가라 말할 수 없다.

이러한 고려점은 ('나를 기쁘게 하라.'는 암시와 함께) '강하라.'와 '완벽하라.'는 무겁고 제도적인 TA 어버이자아의 증거로 보일 수 있다. 그리고 이는 공동체로서 그것과 우리가 낳은 적응과 TA의 강박적 특성들인 적응을 유념할 필요가 있다는 것을 제시한다. 이러한 점에서, 현 연구가 기여하는 바는 각본 예방과 자율성을 지지한다는 점에서 조직적인 위축을 직면시키기 위해 고안된 개입 또는 중재로 볼 수 있을 것이다.

맛있는 고급 요리로서, 오랜 시간에 걸쳐 여러 코스를 시식하였고, 이제 치즈 한 접시에 가급적이면 풍미가 강한 적포도주를 곁들여 마무리를 하고자 한다. 이 장은 배고픔을 만족시키기 위해서일 뿐 아니라 여러 감각들을 자극하고, 시식해 보고, 곰곰이 생각하며 여러 번 씹어도 보고, 뱉어 내기도 하고, 좋은 친구들과 함께 하는 것에 대해 반영해 보고, 잘라도 보고 확장도 해 보기 위해 제공되었다. 이 장이 자기 자신들과 타인들 그리고 세상에 대한 감각을 더 형성하도록, 그리고 자율적이고, 의식적이고, 상상적이고, 자유롭게 사고하는 인간으로서 사회적 책임감과 시민의식을 가지도록 독자들에게 그리고 궁극적으로는 그들의 내담자들에게 영향을 미칠 수 있는 데 도움을 주었다면, 준비해서 제공하고 소화시킬 만한 가치가 있었다고 생각한다.

주석

1 이 장의 많은 부분은 Graeme Summers와 내가 *Transactional Analysis Journal*, *30*(1)에 게재한 논문, 'Co-creative transactional analysis'의 내용에서 발췌한 것이다. 이 장은 혼자 썼지만 Graeme와 동료들, 그리고 Helena Hargaden과 Charlotte Sills와 계속적인 논의를 통해 내용이 더 강화되었다. 이들의 지속적인 지지와 격려와 피드백에 감사를 드린다.

2 Amundson과 Parry는 Berne이 Rank의 연구계획서의 많은 부분에서 결실을 맺었다고 주장한다. 흥미롭게도, Rank는 Rogers에게도 영향을 미쳤다.

3 이 문장에서 '그것의'라는 표현은 어른 자아상태를 구체화할 의도에서가 아니라 문학적 효과로 사용되었다.

4 이 절/코스에는 여러 디저트 모음이 있다. 즉, 몇 가지 실제와 방법론이 제시되었으나, 결코 모든 것을 다 포괄하는 것은 아니다. 궁극적으로 개인적 임상가는 어른자아를 확장시키는 자신만의 실제와 방법론을 개발하여야 한다. 이탈리아에서는 초대받은 손님들이 식사에 자신만의 조리법으로 디저트를 만들어서 가져오는 전통이 있다. 상호 창조적인 TA 실제는 바로 그러한 공유, 추출, 실험 속에서 진화해 나갈 것이다.

참고문헌

Allen, J.R., & Allen, B.A. (1991) Concepts of transference: A critique, a typology, an alternative hypothesis and some proposals. *Transactional Analysis Journal*, 21(2), 77-91.

Allen, J.R., & Allen, B.A. (1995) Narrative theory, redecision therapy, and postmodernism. *Transactional Analysis Journal*, 25(4), 327-334.

Amundson, J.K., & Parry, T.A. (1979) The willing Adult. *Transactional Analysis Journal*, 9(1), 20-5.

Bale, A. (1999) Prenatal personality formation and ego states. *Transactional Analysis Journal*, 29(1), 59-63.

Berne, E. (1963) *The Structure and Dynamics of Organizations and Groups*. New York: Grove Press

Berne, E. (1966) *Principles of Group Treatment*. New York: Grove Press

Berne, E. (1968) *Games People Play*. New York: Grove Press. (Original work published 1964)

Berne, E. (1973) *Sex in Human Loving*. Harmondsworth: Penguin. (Original work published 1970)

Berne, E. (1975a) *Transactional Analysis in Psychotherapy*. London: Souvenir Press. (Original work published 1961)

Berne, E. (1975b) *What Do You Say After You Say Hello?* London: Corgi. (Original work published 1972)

Berne, E. (1981) *A Layman's Guide to Psychiatry and Psychoanalysis*. Harmondsworth: Penguin. (Original work published 1969)

Bradey, N. (1980) Philosophical links to Transactional Analysis: Kant and the concept of reason in the Adult ego state *Transactional Analysis Journal*, 10(3)

Brodley, B.T. (1999) The actualising tendency *The Person-Centred Journal*, 6(2), 108-120

Clarkson, P. (1992) *Transactional Analysis Psychotherapy: An Integrated Approach*. London: Routledge.

Clarkson, P., & Gilbert, M. (1988) Berne's original model of ego states. *Transactional Analysis Journal*, 18(1), 20-9

Cornell, W.F. (1987) Life script theory: A critical review from a developmental perspective. *Transactional Analysis Journal*, 18(4), 270-282

Drego, P. (2000) Toward an ethic of ego states. *Transactional Analysis Journal*, 30(3), 192-206.

Edelman, G. M. (1989) *The Remembered Present*, New York: Basic Books

Erikson, E. (1950) *Childhood and Society*, New York: WW Norton

Erskine, R.G. (1988) Ego structure, intrapsychic function, and defense mechanisms: A commentary on Eric Berne's original theoretical concepts. *Transactional Analysis Journal*, 18(4), 15-19

Erskine, R.G. (1993) Inquiry, attunement and involvement in the psychotherapy of dissociation. *Transactional Analysis Journal*, 23(4), 184-190

Erskine, R.G. (1998) Attunement and involvement: Therapeutic responses to relational needs. *International Journal of Psychotherapy*, 3(3), 235-243

Erskine, R.G., & Moursund, J.P. (1988) *Integrative Psychotherapy in Action*. Newbury Park, CA: Sage

Erskine, R.G. & Trautmann, R.L. (1996) Methods of an integrative psychotherapy. *Transactional Analysis Journal*, 26(4), 316-329

Federn, P. (1952) Ego Psychology and the Psychoses. New York: Basic Books

Freire, P. (1972) *The Pedagogy of the Oppressed* (M.B. Ramos, Trans.). Harmondsworth: Penguin.

Goldstein, K. (1995) *The Organism*. New York: Zone Books. (Original work published 1934)

Gordon, D. (1978) *Therapeutic Metaphors*. Cupertino, CA: Meta Publications.

Hagehülsmann, H. (1984) The 'Menschenbild' in transactional analysis: Conceptions of human nature. In E. Stern (Ed.), *TA: The state of the art. A European contribution* (pp.39-59). Dordrecht: Foris Publications.

Hall, C., & Lindzey, G. (1978) *Theories of Personality*. New York: Wiley

Hargaden, H. & Sills, C. (2002) *Transactional Analysis - a Relational Perspective*, London: Routledge

Harré, R. (1983) *Personal Being*. Oxford: Blackwell.

Hine, J. (1997) Mind structure and ego states. *Transactional Analysis Journal*, 27(4), 278-289.

Holloway, W. (1977) Transactional analysis: An integrative view. In G. Barnes (Ed.), *Transactional Analysis after Eric Berne*. New York: Harper's College Press.

Jacobs, A. (2000) Psychic organs, ego states, and visual metaphors: Speculation on Berne's integration of ego states. *Transactional Analysis Journal*, 30(1), 10-22.

Jahoda, M. (1958) *Current Concepts of Positive Mental Health*. New York: Basic Books.

James, M., & Jongeward, D. (1971) *Born to Win: Transactional Analysis with Gestalt Experiments*. Reading, MA: Addison-Wesley.

Kennard, D., & Lees, J. (2001) A checklist of standards for democratic therapeutic communities. *Therapeutic Communities*, 22(2), 143-51

Klein, M. (1980) *Lives People Live*. London: Wiley

Kohut, H. (1971) *The Analysis of the Self*. New York: International Universities Press.

Kohut, H. (1977) *The Resoration of the Self: A Systematic Approach to the Psychoanalytic Treatment of Narcissistic Personality Disorder*. New York: International Universities Press

Kopp, S. (1971) *If You Meet the Buddha on the Road, Kill Him!* London: Sheldon Books

Krumper, M. (1977) Sub-dividing the Adult: Ac and Aa. *Transactional Analysis Journal*, 7(4), 298-9

Kujit, J. (1980) Differentiation of the Adult ego state. *Transactional Analysis Journal*, 10(3), 232-7

Lake, F. (1980) *Studies in constricted confusion: Exploration of a pre-and peri-natal paradigm*. Privately circulated publication

Lapworth, P., Sills, C., & Fish, S. (1993) *Transactional Analysis Counselling*. Bicester: Winslow Press

Lee, A. (1997) Process contracts. In C. Sills (Ed.), *Contracts in Counselling* (pp.94-112). London: Sage

Levin, P. (1974) *Becoming the Way We Are: A Transactional Analysis Guide to Personal Development*. Berkeley, CA: Levin

Levin-Landheer, P. (1982) The cycle of development. *Transactional Analysis Journal*, 12(2), 129-39

Loria, B. (1990) Epistemology and the reification of metaphor in transactional analysis. *Transactional Analysis Journal*, 20(3), 152-62.

Magner, V. (1985) *Series of comparative charts of psychological theory No.1: Child development*. Available from Metanoia Institute, 13 North Common Road, London W5.

Maslow, A.H. (1993) Self-actualization and beyond. In *The Farther Reaches of Human Nature* (pp. 40-51). London: Arkana. (Original work published 1967)

Moiso, C., & Novellino, M. (2000) An overview of the psychodynamic school of transactional analysis and its epistemological foundations. *Transactional Analysis Journal*, 30(3), 182-7.

Neugarten, B.L. (1968) *Middle Age and Ageing*. Chicago, MI: Chicago University Press.

Novey, T.B., Porter-Steele, N., Gobes, N., & Massey, R.F. (1993) Ego states and the self-concept: A panel presentation and discussion. *Transactional Analysis Journal*, 23(3), 123-38.

Ohlsson, T. (1988) A 'mandala' model of the Adult ego state *Transactional Analysis Journal*, 18(1)30-8

Pally, R. (2000) *The Mind-brain Relationship*. London: Karnac Books.

Phelan, B.N., & Phelan, P.E. (1978) The fully functioning adult. *Transactional Analysis Journal*, 8(2), 123-6

Pine, F. (1990) *Drive, Ego, Object and Self*. New York: Basic Books.

Piontelli, A. (1992) *From Foetus to Child*. London: Tavistock/Routledge

Rogers, C. R. (1951) *Client-Centered Therapy*, London: Constable

Rogers, C. R. (1957) The necessary and sufficient conditions of therapeutic personality change. *Journal of Consulting Psychology*, 21, 95-103.

Rogers, C.R. (1959) A theory of therapy, personality and interpersonal relationships, as developed in the client-centred framework. In S. Koch (Ed) *Psychology: A Study of Science, Vol. 3: Formulation of the Person and the Social Context* (pp.184-256). New York: McGraw-Hill.

Rogers, C.R. (1961) *On Becoming a Person*. London: Constable.

Rogers, C. R. (1978) *Carl Rogers on Personal Power*. London: Constable.

Rogers, C.R. (1980) *A Way of Being*. London: Constable

Samuels, A. & Williams, R. (2001) Andrew Samuels in conversation with Ruth Williams. *Transformations*, 13(Supplement)

Sanders, P., & Tudor, K. (2001) This is therapy: A person-centred critique of the contemporary psychiatric system. In C. Newnes, G. Holmes & C. Dunn (Eds.), *This is Madness Too: Critical Perspectives on Mental Health Services* (pp.147-160). Llangarron: PCCS Books

Schiff, J.L., Schiff, A.W., Mellor, K., Schiff, E., Schiff, S., Richman, D., Fishman, J., Wolz, L., Fishman, C., & Momb, D. (1975) *Cathexis Reader: Transactional Analysis Treatment of Psychosis*. New York: Harper & Row

Schmid, B. (1991) Intuition of the possible and the transactional creation of realities. *Transactional Analysis Journal*, 21(3), 144-154

Schon, D.A. (1983) *The Reflective Practitioner*, New York: Basic Books

Spinelli, E. (1989) *The Interpreted World: An Introduction to Phenomenological Psychology.* Newbury Park, CA: Sage.

Sprietsma, L.C. (1982) Adult ego state analysis with apologies to "Mr Spock". *Transactional Analysis Journal, 12,* 227-31

Steiner, C. 9 1971) Radical psychiatry: Principles in Agel, J. (Ed.) *The Radical Therapist* (pp. 3-7) New York: Ballantine Books

Stern, D. (1985) *The Interpersonal World of the Infant: A View from Psychoanalysis and Developmental Psychology.* New York: Basic Books

Stewart, I. (1992) *Eric Berne.* London: Sage

Stewart, I. (2001) Ego states and the theory of theory: The strange case of the Little Professor. *Transactional Analysis Journal, 31*(2) 133-47.

Summers, G., & Tudor, K. (2000) Cocreative transactional analysis. *Transactional Analysis Journal, 30*(1), 23-40

Tudor, K. (1996) *Mental Health Promotion.* London: Routledge.

Tudor. K. (1997) Counselling and Psychotherapy: An issue of orientation. *ITA News No.46,* 40-42.

Tudor, K. (in press) Mental health promotion. In I. Norman & I. Rylie (Eds.), *Mental Health Nursing.* Buckingham: Open University Press.

van Beekum, S., & Krijgsman, B. (2000) From autonomy to contact. *Transactional Analayis Journal, 30*(1) 52-57.

White, T. (2001) The contact contract *Transactional Analysis Journal, 31*(3) 194-8

Woodworth, R. S. with Sheehan, M.S. (1965) Contemporary Schools of Psychology (3rd edn.) London: Methuen (Original work published 1931)

Woollams, S., & Brown, M, (1978) *Transactional analysis.* Dexter, MI: Huron Valley Institute Press.

자아상태와 자아상태 네트워크

임상가를 위한 질문

(1996년 3월 15일 네덜란드 암스테르담에서 열린 TA 학회에서의 기조연설을 바탕으로)

Maria C. Gilbert

TA의 실제에서 기초는 어느 때 어떤 시점에서도 한 개인은 하나의 또는 다른 자아상태 안에 있으며, 이는 현재의 맥락에 대한 개인의 반응에 영향을 미친다고 가정한다. 자아상태는 항상 현재의 현상학적인 경험이다. Berne(1972)의 표현으로, 자아상태는 '상응하는 행동패턴으로 표명이 되는 사고와 감정의 응집된 체계'(p. 11)이며, 이는 한 개인의 계속적인 자기 경험의 블록들이 쌓여 형성된다. 하나의 자아상태는 한 개인이 자신의 경험에 현재의 살아있는 순간, 특별히 다시는 반복될 수 없는 맥락 속에서 의미를 불어넣어 자신의 현실 구성을 구현해 나간다.

현재 경험된 자아상태는 그 개인의 행동을 형성할 것이다. 하나의 자아상태는 '실제적으로 관련된 행동패턴들에 동기를 부여한 감정들의 체계'(Berne 1961, p. xvii)로 묘사될 수 있다. 한 개인이 현재 경험하고 있는 자아상태가 어떻게 그 사람의 역사에 관련되나? 현재에 개인사로부터의 한 일화를 회상하고 '다시 사는' 과정, 그 자체로 자연히 변화가 일어날까? 상담 과정에 미치는 영향으로 기억의 정확성에 대해 우리는 무엇을 알수 있을까? 이러한 질문들은 TA에서 자아상태 이론에 의해 TA 임상가들에게 제기된다.

개인의 특정한 한 자아상태를 현상학적으로 경험한다는 것은 현재에 그 개인만의 '이야기적 진실(narrative truth)'에 대한 주관적인 감각을 나타낸다. 한 개인이 환상뿐 아니라 현재 맥락에서 요소들을 경험하는 것은 그 개인의 이야기 구성에서 하나의 역할을 맡을 수 있다. 그러나 개인의 경험은 과거 사건에 자신이 부호화한 의미들에 의해 강하게 영향을 받을 것이다. TA 상담가로서 개인의 각본을 가지고 상담을 하는 우리 작업의 많은 부분은 현재에서 좀 더 효과적으로 지지하는 방식으로 개인의 이야기의 의미 변화를 촉진하는 것과 관련된다. Allen과 Allen(1995)은 "상담가의 주 과업은 내담자가 자신의 옛 이야기를 수정하기 위해 사용할 수 있는, 또는 새로운 이야기를 발달시킬 수 있도록 사용할 수 있는 하나의 맥락을 발달시키도록 돕는 것이다."(p. 330)라고 제시하였다. Bartlett(1932)는 과거를 재구성하는 능동적인 기억의 본질을 인식하였다. 그는 실험을 통해 사람들이 기억에서 자료를 수동적으로 기록하지 않는다고 결론 내렸다. 즉, 그들은 그들에게 이해가 되도록 경험을 능동적으로 재구성하는데, 이 과정에서 어떤 특성들은 강조하고, 다른 특성들은 무시한다(Baddeley, 1990에서 재인용). 삶의 과정에서 사람들은 그들의 개인적 이야기를 늘 수정하고, 만들어가며, 강화해가고, 이러한 과정에서 그들의 과거를 재구성하고 있다. TA 상담가는 내담자들이 자신의 과거사에 부여한 의미를 새롭게 재평가할 수 있도록 안전한 맥락을 제공한다. 심리상담에서 한 개인 이야기의 재구성은 자신의 모든 자아상태들과의 작업과 관련된다. Allen과 Allen은 많은 인본주의 상담가들이 그러하듯 내담자의 현재 경험의 중요성을 다음과 같이 강조한다. "우리는 현재를 산다. 이것은 우리가 살아온 시간이다. 우리는 현재에 우리의 기억들을 창조하며 그 기억들을 과거에 투사한다"(Allen & Allen, 1995, p. 330). 따라서 TA 상담가가 특정한 자아상태에 있는 내담자와 상담을 하고 있을 때, 상담가는 내담자가 지금까지 형성해 온 개인사를 가지고 현재 경험을 나누며 상담을 하면서 내담자의 과거와 네트워크를 연결해간다.

Berne의 연구의 많은 부분은 원형적인 고착화된 자아상태 또는 다른 대상에 동화된 심리적 현존에 결합된 자아상태들이 현재 행동의 자발성에 영향을 미치는 방식과 관련되어 있었다. 이는 TA 상담가에게 흥미롭고 중요한 몇 가지 질문을 제기한다. 하나의 자아상태는 하나의 기억이 아니라, 현재에 생생하게 응집되고 있는 현상학적 경험이다. 그러나 자아상태들은 기억과 관련되어 있고 과거 발달 단계로부터 축적된 경험을 끌어온다. 따라서 나는 자아상태들과 기억의 관계를 살펴보고자 하며 이후 새로운 사건에 대한 지각을 형성하는 패턴을 창조하는, 상이한 자아상태들 간의 상호 연결에 대해 논의할 것이다. 그 후 변화에 대한 몇 가지 아이디어들을 짧게 제시하고, 상담 과정과 초기 자아상태들의 회복과의 관련성에 대해 숙고해 볼 것이다.

이러한 고려점은 다음의 세 가지 질문들로 추려질 수 있다.

- 자아상태는 사건에 대한 개인의 기억과 어떻게 관련되는가?
- 한 개인이 경험하고 있는 현재의 자아상태는 전체로 응집된 자기 경험 내에서 다른 자아상태들과 어떻게 네트워크를 형성하는가?
- 완전한 자아상태들을 과거로부터 회상하고 회복하는 것이 반드시 변화 과정을 촉진하거나 변화 과정까지 관련이 되는가?

자아상태와 기억

회복된 또는 지연된 기억의 정확성, 왜곡 또는 가능한 조작은 현재 대중 의식에서 매우 흔히 나타난다. 갑자기 생생하게 떠오르는 회상(flashbacks)이나 자원하지 않은, 가끔은 원하지 않는 기억 안에서 개인은 현재에 과거로부터의 경험을 다시 한다. 과거로부터의 기억은 현재로 와서 현재 자아상태의 맥락에서 경험된다. 이전의 혹은 원형적 자아상태의 존재에 대한 Berne의 원래의 과학적 기초의 대부분은 Penfield와 그의 동료들의 연구에 기초했다(Berne, 1961, p. 248). 그는 이를 완전한 자아상태의 존재와 현재에서 이러한 자아상태를 재경험하는 가능성을 둘 다 보여 주는 증거로 보았다. Penfield 실험을 언급하면서, Berne은 현재에 생생하게 재창조되고 강한 현상학적인 현실을 갖게 하는 것은 바로 개인이 그 시간 그 사건을 구성하는 것이라는 점을 분명히 한다. Berne은 이러한 기억이 자서전적으로 정확하다고 주장하지는 않는다.

> 주체는 그 상황이 처음 자신에게 일어났을 때 느꼈던 감정을 다시 느끼고 처음 그 경험에 대해 자신이 부여했던 똑같은 해석을, 사실이든 허위이든, 다시 자각한다. 따라서 떠오른 기억은 과거 장면과 사건에 대한 정확한 사진이나 축음기 재생(reproduction)이 아니다. 이는 내담자가 보았고, 들었고, 느꼈고, 이해했던 것의 제작(production)이다(Berne, 1961, p. xvii).

Berne의 특별한 관심은 어른 자아상태가 현재의 맥락을 자각하고, 과거 사건을 다시 사는 것의 관찰자였다는 사실이었다. 그러한 경험에서, 한 개인은 어른 자아상태에서 경험(들)에 대한 현재의 평가와 대립하는 과거 사건들에 대한 해석을 평가할 수 있고, 현재의 이해에 비추어 그 기억을 재구성할 수 있다. 그러나 한 개인은 과거 사건들에 대해 기억할 때, 다시 살게 된 자아상태의 역사적 정확성을 현재에 평가할 수 없을 수도 있다. 각본분석자의 주된 문제는 바로 이러한 사건들에 기인하는 의미이다. Fonaghy와 Target(1995)는 이러한 점에 대해 다음과 같이 언급한다. "심리상담은 감정과 의미에 대한 감지하기 힘든 역사적 진실을 밝히는 데 목적을 두지 않으며, 그것이 가능한 것 같지도 않다"(p. 7).

Penfield의 연구는 몇몇 TA 상담가들을 포함한 많은 사람들로 하여금 모든 경험은 두뇌에 자세히 기록이 되며, 따라서 잠재적으로 재평가될 수 있다는 결론을 내리도록 이끌었다. 또한 이는 때때로 고착화된 어린이 자아상태를 회복하고 다시 사는 것은 하나의 역사적 경험을 정확하게 기록하고 회복하는 것에 본질적으로 기반을 둘 것이라고 가정된다. 기억에 대한 연구는 이러한 두 가정에 대해 의심을 제기한다. 명백히 우리는 주어진 순간에 우리가 인출할 수 있는 것보다 훨씬 더 많은 정보를 저장하지만, 이러한 사실이 우리의 모든 경험이 기억 저장소에 저장되고, 따라서 정확히 인출할 수 있다는 것을 의미할까? Baddeley(1990)는 기억에 관한 현재의 연구에 기반해 그러한 결론의 타당성에 의문을 제기한다. 그는 Penfield의 내담자들이 보고했던 것이 무엇이었는지, 언제 뇌

전도 검사를 했는지가 실제 역사적인 사건들이라는 것을 제시하는 증거는 없다고 말한다. 정상적인 조건에서, 당신이 경험했던 것이 확실한 사건에 대한 분명하고 매우 자세한 이미지를 갖고 있는데, 사실은 일어나지 않았던 것으로 드러날 수 있다. 더구나 건망증 환자들은 때때로 자료의 친숙함을 판단하는 능력이 방해된다는 것을 보여 준다. 따라서 개인은 정확하지 않거나 자신의 경험의 일부일 뿐인데도 그 사건을 친숙한 것으로 경험할 수 있다. Penfield 결론에 대한 비판은 물론 그 자체로 결론적이지는 않다. 그러나 그들은 모든 기억 흔적의, 즉 어린이 자아상태와 어버이 자아상태 정보의 저장소는 개인의 기억에서 온전하고 완전한 방법으로 보유된다고 가정하고, 완전한 자아상태의 회복이나 사건들을 전기적으로 정확하게 기억한다고 가정하는 데 있어서 현재 활동 중인 TA 상담가들이 지나치게 단정적이지 않도록 경고한다. 모든 기억의 흔적이 저장되고 따라서 잠재적으로 상담가가 이들을 '계속 추적해' 나갈 수 있다고 가정을 하게 되면 보유하지 않았던 것을 '회복하라.'고 내담자에게 압력을 가하게 된다.

기억에 대한 최근 연구는 심지어 생생한 기억의 내용도 반드시 정확하지는 않다 (Baddeley, 1990)는 관점을 입증한다. Fonaghy와 Target(1995)은 Minsky(1980, 1986)의 연구를 언급하면서, 기억의 지각적 특성이 그 자체로 정확성의 지표가 되는 것은 아닌데, 이는 '생생한 형상화가 반드시 회상의 진정성을 보여 주기보다는, 보통 지각과 기억 사이의 신경 구조를 반영하기'(p. 2) 때문이라고 지적한다. 이러한 이유로 감각적, 감정적 인상들을 생생하게 현상학적으로 경험하는 것은 그 자체로 정확성을 입증하는 것이 아니다. 정확성이 특정한 기억에 대한 확신과 반드시 관련된 것도 아니다. Neisser와 Harsch(1992)는 섬광 기억(flash-bulb memory)의 현상을 탐색하는 연구를 시작하였는데, 개인들이 처음 챌린저 우주왕복선 참사에 대해 들었던 상황에 대한 기억을 생생하고 자세한 경험으로 보고했지만 40명의 대상들 중 고작 3명만이 정확했다는 것을 입증했다. 그 사건에 대한 그들의 초기 보고서를 보여 주었을 때, 많은 피험자들은 그것이 잘못되었다고 주장했다(Fonaghy & Target, 1995).

얼굴에 대한 기억은 71% 정도가 인상적으로 정확하지만(Goldstein & Chance, 1971) 외상은 그러한 정확성에 유의하게 영향을 미칠 수 있다(Baddeley, 1990). 그는 증인의 증언과 정확한 회상에 영향을 미치는, 주의집중을 방해하는 특징들에 대한 연구를 했던 호주의 심리학자 도널드 톰슨에게 일어난 매우 충격적인 사건을 보고한다. 톰슨은 증인들이 범죄자가 입었던 옷에 의해 강하게 영향을 받은 것 같고, 옷만을 보고 혐의자를 구별해내는 경향이 자주 있다는 사실을 입증하는 많은 연구들을 보고했다. 그는 생방송 텔레비전 인터뷰에서 극적인 공개 토론에 많이 관여했었다. 몇 주 후 그는 경찰에 연행되었는데, 그 사람에게 강간을 당했다고 주장한 여성이 그를 혐의자로 지명했기 때문이었다. 그 후 진상을 알고 보니 그녀는 강간당한 그 시간에 생방송 텔레비전에서 그의 모습을 보았던 것이었다. 다행히, 그는 아주 훌륭한 알리바이를 가지고 있었다! 불행한 그 여성은 실제 그가 나오는 텔레비전 프로그램을 시청하던 중 강간을 당한 것으로 밝혀졌다. 그녀가 톰슨의 얼굴을 인식하는 데에는 정확했지만 강간범으로 지명을 한 것에서는 틀렸다(Baddeley, 1990). 비슷한 사례가 테르의 저서 *Unchained Memories*(1994)에서도 인용이 되는데, 그녀의 내담자 아일린 립스커는 '머리 끝만 살짝 녹색으로 염색한 아프로 헤어컷을 한 흑인'에 의해 일곱 혹은 여덟 살쯤 강간을 당했던 기억을 떠올렸다. 몇 달이 지나자 그 기억이 점차 더 예리해지면서 아일린은 강간범의 그림을 세부적으로 더 자세하게 그리게 되었다. 그때 아일린은 강간범에 대한 정신적 표상이 강간범의 벽 위에 걸려져 있었던 지미 헨드릭스 포스터에서 나왔다는 것을 깨달았다. 그녀의 머리는 그 포스터를 보는 방향으로 눌려져 있었고, 이 그림이 그녀의 기억에 새겨진 것이었다. 이 시점에서, 실제로 강간한 그 남성이 떠올랐다고 테르는 보고한다. 실제 강간범은 아버지의 친구였는데, 잘 몰랐던 사람이었다(Terr, 1994, p. 41). 이는 외상 사건을 개인적으로 경험한 데에서 인용된 두 사례이다.

기억 연구에서, 워싱턴대학에서 대학생들을 대상으로 Loftus와 동료들이 연구한 '오보(misinformation)' 실험은 그들이 이후에 그들에게 제시된 가짜 정보를 지각했다고 믿도록 유도할 수 있었고, 이를 조절하기 위해 그들의 기억을 재구성된 것을 보여 준다(Baddeley, 1990). 이는 개인 이야기의 주관적 진실을 수용하고자 추구하는, 이야기로 된 자서전적 기억의 전체 타당도를 같은 사건에 대해 여러 관점들이 거의 일치하지 않는다는 점으로 볼 때, 전기적 또는 역사적 정확성은 상대적임에 틀림이 없다는 설명과 구별하도록 해 준다. 대부분의 사람들은 한 사건의 세부적인 것을 정확하게 회상하는 데 특별히 뛰어나지도 않고, 이후에 정확하지 않은 세부 사항을 자신들의 설명에 끼워 넣도록 설득당할 수도 있다.

그러나 자서전적 기억에 관한 Baddeley의 연구 고찰(1990)의 Hudson과 Fivush의 연구, 그리고 Wagenaar의 연구에서 적절한 단서가 주어졌을 때, 자서전적 사건에 대한 기억은 높은 수준으로 회상되었고, 왜곡은 낮은 수준으로 나타난다고 지적한다. 단서란 어린 시절 살았던 고향을 재방문할 때, 친숙한 냄새를 맡거나 우리가 살았던 시절의 사람과 마주쳤을 때 즉각적으로 일어나는 즉각적 기억을 지칭한다. 또는 그것은 우리에게 세부적인 것을 상기시키는 자료를 기록했거나 한 장면에 있었던 다른 누군가로부터 초래될 수 있다. 우리는 아마도 모두 오래된 친구를 만나거나 "우리가 …했던 기억나니?" 또는 "…그때 그렇고 그랬던 애 기억나니?"와 같은 이야기를 할 때 단서로부터 기억을 회상한 경험을 많이 해 보았을 것이다.

맥락 의존 혹은 상태 의존 기억에 대한 연구 또한 흥미로운데, 둘 다 단서의 유형과 관련된다. 심해 다이버들의 맥락 의존 기억에 관한 연구에서 Godden은 수중에서 배웠던 자료는 수중에서 가장 잘 회상했음을 발견했다. Godden과 Baddeley의 이후 실험에서 환경적 단서가 관련된 기억의 흔적을 배치하는 데에 도움이 될 수 있음을 제시하였다(Baddeley, 1990). 이는 다른 곳에서 찾으려고 나왔다가 그것이 무엇이었는지를 기억하기 위해 방으로 다시 돌아온 경험이 있는 사람들에게는 새로운 소식이 아닐 것이다. 상태 의존 기억에서, 단서의 역할을 하는 것은 개인의 내면 상태이다. 누군가가 우울하면, 그 사람은 자신의 삶에서 우울했던 시기 혹은 사건을 더욱 회상하는 경향이 있다. Goodwin과 동료는 취했을 때 알았던 것은 취했을 때 가장 잘 회상이 된다는 사실을 발견했다. 이는 개인의 내면 상태가 그 기억에 접근하도록 돕는다는 사실을 보여 준다(Baddeley, 1990).

그러나 Barclay(1988)는 이러한 이전의 기억 경험에서 세부적인 것을 회상하는 정확성에 의문을 제기했다. 그는 개인이 실제로 경험했던 것과 유사한 사건의 특징들을 많이 가지고 있는, 주의집중을 방해하는 물품들이 끼워져 있는 절차를 사용하여 실험했다.

이러한 환경에서 오류가 빈번히 일어났다. 이러한 결과를 논의하면서 Barclay는 기억의 '진실'과 그 '정확성' 사이를 구별한다. Baddeley는 Barclay의 결론을 다음과 같이 요약한다. "만약 개인이 상황에 대한 일반적 경험과 그에 대한 태도를 나타내면, 즉 만약 경험의 요지를 정확하게 전달한다면, 그 기억은 진실이다. 그 세부적인 것이 정확하게 다시 재생될 때만이 정확할 것이다"(Baddeley, 1990, p. 309). 현재에 다시 살게 된 어린이 자아상태는 이러한 특성을 많이 가지고 있을 것인데, 그러한 어린이 자아상태는 의미 있는 타인들의 핵심적인 의도와 그들이 그때 그 사람에게 미쳤던 영향에 대해 이해하고 있고, 경험의 요지를 보유하고 있어서 그 사건의 암묵적 진실을 보유하고 있지만 그러한 참만남(들)의 모든 상황적 세부사항을 정확하게 반영하고 있지는 않다. Neisser(1981)는 워터게이트 공판에서 Dean의 증언이 그의 대화를 실제로 녹취한 것과 대조해서 확인했을 때 다음과 같은 범주로 판결이 난 것을 알았다. 즉, 넓은 윤곽으로는 정확했지만 세부 사항에서는 매우 부정확했다(Neisser & Hyman, 2000). Baddeley는 관련된 연구를 논의하면서 다음과 같이 결론을 내렸다.

> 나는 사건의 포괄적인 윤곽을 계속 기억하도록 고수할 때, 과거에 대한 우리의 자서전적인 기억 내용의 많은 부분은 합리적으로 오류가 없다는 Neisser의 의견에 동의한다. 적절하지 않은 기반으로부터 세부적인 정보를 따라가려고 시도할 때 오류가 나타나기 시작한다. 이는 사전 기대, 즉 잘못된 질문에 의한, 그리고 질문자를 기쁘게 하려는 바람이나 우리 자신을 좋게 표현하려는 사회적 요소들에 의한 혼란을 포함한 다양한 근원의 왜곡에 자유의 날개를 달아주는 것이다 (Baddeley, 1990, p. 310).

현재 고착화된 어린이 자아상태의 현상을 가지고 작업을 하는 TA 상담가에게 이 연구는 극단적인 보살핌에 대해 지지적이기도 하고 경계적이기도 하다. 이는 무엇을 제시하거나 덧붙임으로 내담자를 '이끌지' 말라는 의미에서 그렇다. 그러나 그 사건이 일어난 그때와 관련된 단서는 (예를 들면, 재결단 상담에서 초기의 사진이나 장면 설정을 이용함으로써) 내담자들이 초기 자아상태에 대한 기억의 요지를 작성하는 데 도움을 줄 수 있다. 상태 의존 기억과 맥락 의존 기억에 대한 지식 역시 도움이 될 수 있다. 분명히 한 개인이 특정한 사건에 대해 마음의 눈으로 그 맥락을 재현하는 데 도움을 받는다면, 그 후 점차 더 세부적인 사항을 채워나갈 수 있을 것이다. 이제 범죄의 목격자의 회상을 돕는 데 사용되는 이러한 기술은 TA 상담가들이 오랫동안 성공적으로 적용해 온 것이다.

자아상태 네트워크

Berne이 제시한 자아상태 이론은 경험의 상호작용 모델 안에 확고하게 기반을 두고 있는데, 이는 한 개인이 관계 맥락에서 어린이 자아상태로부터 어버이인 대상에게 반응하는 과정 동안 '어버이의 자아상태에 동화해간다는' 점에서 그렇다(Berne, 1961, p. 67). 한 개인의 자아상태들 중 다수는 그들이 다른 존재들과 있었던 상황과 관련이 될 것이다. 내가 특별히 확장하고 싶은 부분이 바로 이 자아상태들과 그들의 네트워크인데, 이는 자아 분석 실제의 초점 중 많은 부분을 형성하기 때문이다.

'자아상태 네트워크'란 제목의 소책자(출판연도 없음)에서, Schiff는 다른 자아상태들 사이에 존재하는 연결을 지적한다. 즉, 이러한 네트워크는 한 개인의 기억과 경험 배경의 일부를 형성한다.

> 각각의 자아상태는 내용 메시지들에 대한 그들만의 네트워크를 가지고 있으며,
> 이러한 메시지들은 내적으로 서로 얽혀 있어서 일종의 거미줄을 짜맞추어 간다는
> 것에 주목하라. 한 외적 사건이 네트워크의 일부를 자극하면, 진동은 자극된 부분
> 으로부터 시작해 사방으로 퍼져나갈 것이다(p. 16).

이런 아이디어는 또한 *The Cathexis Reader*(Schiff et al., 1975)에서 다음과 같이 간략하게 언급된다.

> 개인의 준거틀은 특정한 자극들에 반응하는 다양한 자아상태들을 통합하는, 연합
> 된(조건화된) 반응들(신경회로들)의 구조이다(p. 49).

어버이 자아상태, 어른 자아상태, 어린이 자아상태는 '전인의 특징인 전체로 기능적으로 통합되고, 구조적으로' 연결된다(Schiff et al., 1975, p. 49)는 아이디어는 TA 상담의 많은 부분을 지지한다. 한 개인의 개인사에서 자아상태들 사이의 연결은 그 개인의 관계들과 경험의 독특한 집합의 결과이다. Drego(1981)는 현상학적 자아상태모델에 대한 접근을 논의하면서 이 모델은 '체계로서의 자아상태'를 다룬다고 저술한다. Drego는 다음과 같이 자아상태의 체계적인 본질에 대해 자세히 설명한다.

> 경험 속에 드러나는 자아상태들은 서로 얽혀 있는 요소들의 복합체이다. 부모 대상으로부터 온 많은 메시지들, 태도들, 감정들, 질병들, 야망들, 재능들, 열망들, 행동과 사고의 형태들이 모두 하나의 세트가 되기 위해 서로 얽혀져 있고, 따라서 어느 때라도 어버이 자아상태는 재경험이 가능한 복합체이다. 그것은 과거 많은 순간들의 전체 혹은 선택된 망일 수 있다. 따라서 어린이 자아상태는 독특한 방식으로 한데 모인, 원형적인 장면들과 경험들의 매트릭스가 될 것이다. 활동적인 마음의 상태, 예를 들면 주어진 현재의 순간에 활동하는 자아상태는 수많은 경험들의 조합이다(Drego, 1981, p. 22).

Drego는 여기서 현재의 맥락에서 어버이 또는 어린이 자아상태의 특별한 경험을 창조하기 위해 결합하고 있는 많은 과거 경험들의 상호관련성을 강조하고 있다. 어른 자아상태에 대해서도 그러하다. 나도 실제적으로 Drego의 의견에 동의한다. 자아상태들은 비록 구별되고 경계가 있지만, 상황에 대한 우리의 현재 반응으로 많은 요소들의 통합을 반영하고 우리의 과거 경험과 밀접하게 얽혀져 있다. Berne(1961)은 분명하게 말하지는 않았지만, 원래의 모습을 잃고 비틀어진 동전들의 은유를 사용할 때 자아상태들 간의 네트워킹 과정의 존재를 넌지시 암시하고 있다. 그는 다음과 같이 저술한다.

> 어린이자아는 고착화되고, 연속체에서 전체로 연결된 부분의 방향을 변화시켜버리는 비틀어진 자아상태이다. 좀 더 구체적으로, 하나의 지독하게 비틀어진 자아 단위(정말 상태가 좋지 않은 1페니), 또는 일련의 약간씩 비틀어진 자아 단위들(정말 상태가 좋지 않은 주형으로부터 나온 일련의 페니들) 중 하나이다(Berne, 1961, p. 39).

Berne은 이어서 외상 신경증과 정신 신경증 간의 대략적인 차이점을 설명한다.

외상 신경증의 경우, 어린이자아는 내담자의 영아기 Z년 Y월 X일에 고착화된 혼란스러운 자아상태이다. 정신 신경증의 경우, 내담자의 영아기 C년 A월에서 B월에 비슷한 역경의 조건하에 날마다 반복되는, 건강하지 않은 자아상태이다(Berne, 1961, p. 39).

비록 Berne이 그의 저술에서 자아상태와 내적인 응집성의 구별되는 본질을 특별히 강조하였지만, 아동의 삶에서 반복하는 건강하지 않은 자아상태에 대한 언급은 그와 유사한 많은 경험들 간의 연계 효과가 있음을 제시한다. 어떤 자아상태의 경험도 다른 것과 동일하지 않은 것은 맥락과 시간이 계속 움직이는 경험의 흐름 속에서 정적으로 머물러 있지 않기 때문이다. 이런 점에서 심지어 외상 신경증의 고착화된 자아상태조차도 현재에서 다시 살아지거나 재경험될 때에는 변화되지 않은 채로 남아있을 것 같지 않다.

자아상태 발달과정에서, 개인은 따로 고립된 주관적 경험들뿐 아니라 전체 관계 네트워크를 내재화하고 있으며, 이는 어른 자아상태, 어버이 자아상태와 어린이 자아상태 사이의 연결 안에 반영되어 있다. 하나의 자아상태는 개인의 현재 관계 경험, 즉 현재 시점에서 다른 사람과 특별한 상호작용을 한데 기인한 의미가 응집된 집합을 반영한다. 이는 불가피하게 과거 상호작용에 대한 기억에 의해 영향을 받을 것이다. 어른 자아상태는 현재 상황에서 개인이 기능적으로 반응할 수 있게 하는, 통합되고 내재화된 관계 네트워크의 총합이다. 나는 어른 자아상태가 개인이 감각적, 정서적, 인지적, 행동적 경험의 즉시성의 역량과 함께 사건들의 지각을 통제하는, 새겨진 도식들을 갱신하는 데 관련된, 종합하고 통합하는 과정을 포함하고 있다고 믿는다. 어버이 자아상태는 동반자 감정들, 태도들, 행동들을 가지고 타인의 우세한 관점으로부터 스스로를 보게 하는, 동화된 타인의 관점을 현재에 개인이 경험하는 것이다. 그러한 경험에서 개인은 2인 관계에서 상대방 쪽으로 이동하며, 즉 자신의 인생에 대한 이야기에 대해 다른 관점을 경험하는데, 이는 자신의 경험을 강화할 수도 있고 방해할 수도 있다.

Allen과 Allen은 다음과 같이 저술한다.

하나의 텍스트 집단으로 (또는 자아상태의 연합 공동체로) 스스로를 개념화하는
것이 더 정확할 수 있는 반면, 일반적으로는 한 번에 하나의 이야기(그리고 하나
의 자아상태)와 접촉하는 것이 더 편안하다(1995, p. 333).

고착화된 어린이 자아상태는 역사의 특정한 시점에서 경험에 대한 개인의 관점을 반
영한다…. 그러나 고착화된 어린이 자아상태가 다시 사는 것이 일화기억과 어떻게 관련
되는가, 외상은 암묵적 기억에 새겨진 도식에 어떻게 영향을 미치는가, 라는 TA에 관한
흥미로운 질문은 TA에서 관심을 가지는 질문이다. McNamara와 Lister-Ford(1995)는 의
식적 자각을 잃어버린 초기 외상 기억이 어떻게 인지적 장애보다 선행하며, 이후에 나타
나는 정보처리를 방해하는가를 지적했다.

자아상태의 발달은 초기 관계의 내재화와 이후의 상호작용에 미치는 개인의 관계 '지
도'의 영향과 관련된다. 이러한 자아상태 네트워크는 우리 내면세계의 개체군을 제시한
다. 인간발달을 설명하면서 Daniel Stern(1985)은 아동이 반복되는 비슷한 경험을 통해
어떻게 주 양육자와 특별한 일화들의 'RIG'(일반화된 상호작용의 표상)를 형성해나가는
지에 대해 언급한다. 일반화된 표상은 특정한 기억이 아니라 오히려 유사한 요소들을 공
유하는 수많은 특정한 기억들의 추상적 정수(abstract distillation)라고 볼 수 있다. Stern
은 "RIG는 평균적인 경험에 근거를 둔, 사건들의 예상 가능한 과정에 대한 하나의 구조
이다. 따라서 그것은 충족되거나 위반될 수 있는 행동, 감정, 감각 등에 대한 기대를 창
조한다"(Stern, 1985, p. 97).

1932년과 같은 초기에 Frederic Bartlett 경은 도식 또는 도식들이라고 그가 용어를 붙
인 기존 구조의 관점에서 사람들이 새로운 자료를 기억한다고 가정하는 기억에 대한 하
나의 해석을 제안했다. Bartlett 경은 경험의 일부에 대한 지식을 포착하며, 의미를 추구
하려는 노력에 의해 영향을 받는, 하나의 조직화된 구조로 도식을 보았다. Bartlett 경의
헌신을 요약하면서, Baddeley는 다음과 같이 저술한다.

도식을 적용하는 것은 전형적으로 피험자가 이해하도록 도울 것인데, 이는 도식
이 세상에 대해 아는 것을 요약, 압축하기 때문이다. 그러나 제시된 자료가 기존

의 도식에 쉽게 통합되지 못할 때, 왜곡이 일어날 것이다. Bartlett 경은 이를 그의 피험자에게 익숙하지 않은 구조적 자료, 예를 들어, 북미 인디언의 민간 설화를 제시함으로써 탐색했다. 피험자들이 그 이야기를 회상했을 때, 그들은 자신들의 사전 기대나 도식들과 맞지 않았던 특징들을 생략하거나 다른 특성들을 왜곡함으로써 전형적으로 민간 설화를 왜곡했다(Baddeley 1990, p. 335).

이러한 과정은 각본의 활동을 반영한다.

도식의 개념은 Stern(1985)의 RIG 개념과 유사해 보이며, 특별한 도식은 아마도 일련의 관련된 RIG들로 구성되어 있을 것이다. 타인들과의 상호작용에서 형성한 그러한 RIG들은 관계 안에서 자기의 핵심 경험과 관련되어 있으며, 우리가 사랑하고 관계 맺는 특정한 방식들을 형성할 것이다. 그러한 RIG의 예는 다음과 같을 수 있다. "만약 내가 지지를 받으려고 가까운 누군가에게 다가가면, 곧 지지를 받게 될 것이다." 이는 내 삶 속에서 사람들과 이런 만족스러운 결과를 성취했던 경험들이 축적된 것으로부터 나올 것이다. 한 개인은 이런 도식을 형성했던 모든 개별적인 일화들을 회상하는 것이 가능하지 않을 수도 있지만 사건들에 대한 몇 가지 원형적 기억들로 축약된, 축적된 경험들에 대해 생생한 감각은 가지게 될 것이다. 그러나 원형적 경험은 분명하게 회상되거나 어린이 자아상태의 형태로 다시 살게 될 수도 있고, 또는 단순하게 의식적인 자각 없이 관계에 대한 우리의 태도를 채색할 수도 있다.

따라서 내가 현재에 '어린이 자아상태'를 생생하게 다시 경험하면, 이러한 경험은 실제로 원형적 '일화'로 축약되었던, 의미 있는 타인과의 개인적 참만남의 결합과 연관되는 것이며, 이는 유사한 종류의 경험들과 연결되어 더 세부적인 사항을 끌어오게 된다. 그러한 다시 살게 된, 또는 기억된 '어린이 자아상태'는 나에게 강력한 이야기적 진실을 가지고 통합된 형태로 원래의 경험에 대한 요지나 진실을 전달할 수 있지만 세부적인 사항은 반드시 맞거나 역사적으로 정확하지 않을 수도 있다. 하지만 나는 이러한 자아상태를 현상학적인 현실로 경험하기 때문에 그러한 경험은 여전히 생생하게 살아있으며 감각적으로도 풍성하다.

우리의 '자기' 경험에 유의미하게 영향을 미친 사람들의 존재와 관련된 일부 RIG들은 우리를 사람들 쪽으로 끌어당기든지 아니면 우리에게 친밀감에 대해 불신을 주입하는 방법으로, 이후 우리가 맺어나갈 관계의 역사에 생생한 영향을 미칠 것이다('난 사랑하고 있고, 사랑스러워' 또는 '난 골칫거리이고 불청객이야.'). 우리가 특별한 환경을 경험할 때마다, Stern(1985)이 '유발된 동반자'라고 부른, '자기를 조절하는 타인'과의 특정한 상호작용 유형을 회상하게 될 것이다. Stern은 "유발된 동반자는 자기를 조절하는 타인의 존재 앞에, 또는 함께 있는 경험이며, 이는 자각 안에서 또는 자각 밖에서 일어날 수 있다"(p. 112)라고 저술하였다. 이는 '개인이 아동다운 순응의 태도를 표명할 때 추론될 수 있는' 어버이자아의 영향에 대한 Berne(1961, p. 25)의 언급을 떠오르게 한다.

Stern(1985)은 이 개념을 Bowlby의 '어머니에 대한 작동모델' 개념에 비유한다. 그러나 그는 어떤 '작동모델'도 일련의 RIG들로 구성될 것이며, 이는 발달과정에서 아동이 창조해 낸 표상들로부터 나온 더 작은 블럭들을 형성한다고 지적한다(Stern, 1985). 이러한 원형적 이미지들은 시간의 경과에 따라 변화하고 진화해 온 특정한 관계들에 관한 다양한 기억들에 기반을 두고 있다. 이러한 원형들은 우리 관계의 역할 기반을 형성한다. 한 개인이 운 좋게도 '보통의 기대 가능한 환경'(Winnicott, 1989, p. 195)에서 자랐다면, 이후 맺는 관계에서 욕구를 충족시키는 RIG들을 발달시켰을 가능성이 높다.

Winnicott(1989)는 다음과 같이 저술한다.

> 나에게 있어서 충분히 좋은 어머니, 충분히 좋은 부모님들, 충분히 좋은 가정이란 실제로 대부분의 아기들과 아동들이 크게 실망하지 않은 경험을 제공한다는 의미이다. 이러한 방식으로 보통의 아동들은 자기 자신과 세상을 믿을 수 있는 역량을 쌓을 수 있는 기회를 가지는 것이다. 즉, 그들은 내사된 신뢰가 축적된 기반 위에 구조를 쌓는다. 그들은 더할 수도 없이 행복한 자신들의 행운을 자각하지도 못하며, 따라서 내사된 신뢰의 영역에서는 상상할 수도 없는 불안과 결핍의 인생경험을 한 사람들이 무엇을 소유하고 있는지 알아내기 어렵다(p. 196).

한 개인이 새로운 인생의 상황에 처하고 개인차를 몸소 체험하면서 내재화된 표상의 변화와 갱신의 과정은 계속된다. 타인들에 대한 이러한 경험이 성장하는 아동에 의해 어른 자아상태로 내재화되고 통합됨에 따라, 특정한 사건들은 의식적인 기억에서 사라지게 되고, 한 개인은 시간과 경험의 과정을 통해 발달되어 온 타인들에 대한 작동모델의 기반 위에서 행동하게 된다. 그러한 작동모델은 끊임없는 역동적 상호작용 과정 안에서 어버이, 어른, 어린이 자아상태 간 네트워크의 결과인데, 이는 개인이 그가 현재 처해 있는 삶의 맥락에 반응하는 데 있어서 지속적으로 자신의 경험에 반응하고 갱신하기 때문이다. 우리의 대인관계를 통제하는 중심 틀 또는 도식은 핵심 대인관계 도식(Beitman, 1992)으로 명명되었다. 이는 TA에서 라켓체계(Erskine & Zalcman, 1979)의 개념과 유사하다.

아동기와 청소년기의 내사된 타인들은 그들만의 태도, 감정, 행동, 표현으로 우리의 내면세계로 이주해 들어와 어버이 자아상태의 내용을 형성한다(Berne, 1961). 때로는 이러한 과정의 기원에 대해 의식적으로 자각하지 않고 내사된 타인 혹은 '빌려온' 자기(Weiss, 1950, p. 37)의 행동, 태도, 감정을 재생산할 것이다. 하나의 외상 사건이 기억 안에서 지워지지 않고 고착화되어 이후에 체험하는 경험에 결정적인 영향력을 행사하는 극히 드문 경우를 제외하고는, 각각의 어버이자아의 내사는 어린이 자아상태 내에 있는 특정한 일련의 경험들(Stern이 묘사한 RIG들)의 네트워크로 연결될 것이다.

Erving Polster(1995)는 그의 저서 *Population of Selves*에서 개인의 자기-발달에 대한 논의를 하면서 유사한 과정에 대해 설명한다. 그는 세계에서 자신의 존재의 부분을 형성하는 모든 것, '자기 다면성'을 구성한다고 제시한다. 그는 별무리가 성좌를 이루는 것처럼 자기를 이루는 상이한 경험들에 대한 논의에서 보다 지엽적인 자기의 측면들인 '일원인 자기들'과 핵심적 자기감인 '본질적 자기들'을 구별한다. 그는 '나의 화난 자기', '나의 사랑스러운 자기', '나의 사무적인 자기' 등 자기의 일부에 이름을 붙여서 이러한 무리들에 '생기를 불어넣는다'고 제시한다. '본질적 자기들'은 개인의 지속적인 핵심자기 경험의 일부를 형성하며, '자기'감에 대한 그러한 감각이 관계 내에서 위협을 받을 때, 개인은 강하게 보호적으로 반응하는 경향이 있다(Polster, 1995, pp. 49-52). Polster의 이러한 입장은 Ryle(1992)이 상호호혜적 역할에 대한 논의에서 제시한 개념과 가깝고, Karpman(1968)이 각본 드라마 역할로 묘사한 개념과 유사하다. Polster는 논의에서 우리 자신을 이루는 상이한 측면에 '생기를 불어넣는' 개념을 더 첨부한다. 이런 점에서 Polster는 우리의 심리내적인 구조에서 '상전(topdog)'과 '하인(underdog)'에 대해 설명한 Perls의 원래의 묘사가 그러한 경험의 생기를 구성한다고 생각한다. 사람들이 특별한 자기 경험에 '생기를 불어넣는' 방식을 밝혀냄으로써 상담가들에게 주는 이익은 TA 상담가들이 내담자들의 '자유로운 어린이자아'를 동원하도록 격려할 때 하는 것과 같이 아직 잘 인식되지 않은 차원에 활기를 주거나 새로운 차원을 활성화하는 새로운 길을 열어 주었다는 것이다.

관계 역동에 관한 우리의 내재화된 네트워크는 아동기에 우리의 부모들에게 반응하고 그들을 모방하면서 배운 '게임'을 포함할 것이다. 우리는 우리의 내면세계에 특정 게임에서 했던 모든 역할들에 관한 기록을 가지고 있으며 우리가 희생자로 빠져들어갈 때, 다른 주인공에게 박해자 또는 구원자의 역할을 투사할 것이다. 아니면 그 반대가 될 수도 있다. 이는 Ryle의 내재화된 상호호혜적 역할 개념과 직접적으로 관련된다. 관계 네트워크에 대한 우리의 내재화된 경험의 일부를 형성하는 상호호혜적 역할은 잠재의식적으로 우리가 새로운 관계를 맺는 방식에 영향을 미친다(Ryle, 1992). 어른자아 내 우리의 경험을 통합하는 과정에서 역동적이고, 유동적이며, 계속 변화하는 자아상태들 사이의 축적된 네트워킹으로부터 이러한 도식이 형성된다. 어른 자아상태에서의 이러한 통합은 모든 준거 틀의 현재 상태에 기여하는, '한 개인의 경험을 형성하고 주제화하는'(Stolorow & Attwood, 1992, p. 25) 조직원리의 기초를 형성한다.

'하위자기들' 또는 '상호호혜적 역할들'은 TA의 기능적 자아상태를 잘 구성할 것이다. TA 상담가가 자유로운 어린이자아, 순응하는 어린이자아, 반항적 어린이자아, 통제적 어버이자아 또는 양육적 어버이자아란 용어를 사용할 때, 우리는 유사한 '심적 갖춤새(mental set)'로 네트워크를 연결하고, 우리의 경험에서 친숙한 원형을 표상하는, 일련의 자아상태들을 지칭하는 것이라고 생각한다. 예를 들어, 재경험된 순응하는 어린이 자아상태는 우리의 초기 경험의 '진실'을 현상학적으로 생생하게 전달할 수 있지만 우리 과거의 얽혀 있는 많은 일화들로부터 파생한 것일 수도 있고, 그중 일부는 우리의 자서전적 기억에서 어쩌면 영원히 잃어버린 것일 수도 있다. 이는 우리가 실제 일어났던 경험을 끌어오기 때문에 "어버이자아, 어른자아, 어린이자아는 법적인 이름과 주민증을 가지고 있는 현재 존재하거나 한때 존재했던 실존 인물들을 표상한다"(Berne, 1961, p. 13)고 제시한 Berne의 진술과 맥을 같이 한다. 여기서 기억의 '진실'과 '정확성' 간 구별을 해 볼 수 있겠다. 우리가 앞서 쭉 나열한 기능적인 용어들을 사용할 때, 이는 하나의 경험 또는 시간에 맞는 하나의 일화만을 지칭하는 것이 아니다. 오히려 상호 관련된 또는 네트워크로 상호 연결된 일련의 일화들 또는 순응하는 어린이자아로 우리가 '생기를 불어넣기로' 선택한, 반복적으로 일어난 친숙한 경험 안에 축적된, 완전한 자아상태를 지칭하기 위해 이러한 용어들을 사용하는 것이다. Berne에 따르면, '어떤 면에서는… 그녀는 착한(단정한) 소녀'(Berne, 1961, p. 12)의 자아상태로 변화된 것이었다.' 내담자가 이러한 착하고 단정한 소녀일 때, 그녀는 현상학적으로 특정한 시기에 소녀로서 부모의 요구에 순응하는 생생한 자기감을 가질 것이다. 이는 그 시기 또는 그 시대에 일어났던 많은 관련된 일화들로부터 유사한 감정들과 세부적인 것들을 표상할 것이다. 그러한 생생한 경험은 내담자에게 이야기로 된 자서전적 진실이 될 것이다.

우리의 도식(각본)을 변화시키기 위해 초기의 개별적 일화 경험들을 회상할 필요가 있는가

현재의 자극에 대한 우리의 인지적, 감정적, 감각적, 행동적 반응은 지금까지 축적된 자아상태 경험들의 총합의 결과이다. 특정한 맥락에서 우리의 어른 자아상태의 반응은 그 상황과 관련 있는 도식을 형성했던, 유사하게 관련된 경험들의 네트워크에 의해 형성된다. 도식은 한 개인의 경험을 무의식적으로 조직하는 원리를 구성한다(Stolorow, Atwood, & Brandchaft, 1994). 이러한 원리들은 우리의 암묵적 기억 안에 부호화되며, 대체로 어른자아의 자각 없이 행동을 형성한다. TA 상담가가 내담자로 하여금 초기의 경험의 '기억을 더듬어 회상하고', 초기의 완전한 자아상태를 현상학적으로 재경험하여 회복하도록 격려할 때는, 내담자가 한때 이러한 경험 및 유사한 경험들과 관련되어 있었고, 결국 각본이 된 그 의미를 내담자로 하여금 자각하게 하려는 의도를 가지고 있다.

초기의 자아를 생생하게 재경험하는 것은 자서전적으로 정확하지는 않을 것이다. 그러나 종종 아동과 의미 있는 타인과의 계속되는 상호작용에 관한 '진실'을 포함할 것이다. Fonaghy와 Target는 다음과 같은 점에 주목한다.

> 그렇게 구성된 경험들은 정확하기보다는 훨씬 더 부정확할 가능성이 높다. 비록 의심할 바 없이 심성 모형(mental model) 안에 하나의 형태로 표상이 되어 추출된 포괄적인 영역의 대인관계 경험의 본질을 포함하고 있을 것이지만 말이다. 이런 면에서, 기억은 필연적으로 진실이 된다(Fonaghy & Target, 1995, p. 8).

그러나 Fonaghy와 Target는 그런 경우의 진실은 이후 축적되는 사건들, 기대들, 환상들 등에 의해 잘 채색되며, 이는 과거의 사건에 대해 우리가 기억을 계속적으로 재구성하는 방식에 영향을 미치게 된다고 계속 언급한다. 각본을 변화시키는 과정에서 초점은 개인이 안전한 치료적 관계를 유지하는 맥락에서 사건들에 대한 의미를 변화시키는 데 있다. 허가, 보호, 능력을 제공하면서, Stern(1985)의 용어로 새로운 '유발된 동반자'를 내재화하는 동안 이후로는 미래에 비슷한 경험과 관련된 신경회로로 연결될 수 있도록 TA 상담가는 내담자가 개인사에 다른 의미를 부여하도록 한다. 상담가의 과업은 내담자가 준거 틀을 변화시키도록 돕는 것인데, 이는 내담자가 현재를 보다 생산적으로 살도록 자유롭게 풀어 주는 것이다. 우리의 개인적인 이야기를 재작업하는 과정에서, 과거에 우리에게 영향을 미친 사건들의 기록을 상세하게 회복하는 것이 어느 정도 필요한지 또는 심지어 그것이 가능한 것인지는 의문으로 남아있다. 우리의 도식으로 가는 일화적 경로를 찾는 것은 변화 과정을 촉진할 수도 있고 아닐 수도 있다. 아마도 고착화되어 개인의 삶에서 발달하지 않은 채 남아 있는, 고립성 외상 일화의 경우, 어른자아 내에서 그 의미를 평가하기 위해 그러한 하나의 일화를 회복하거나 회상하는 것은 중요한 것으로 드러날 수 있다. 외상 후 희생자들이 끝낸 작업의 대부분은 이러한 원리에 기초한다. 일단 사건이 묘사되고 내담자가 상세하게 다시 살게 되면, 그 사건은 때때로 개인의 자기개념을 재조직화하거나 그렇지 않으면 인생에 부여한 의미를 재조직화하면서 개인의 이야기로 통합될 필요가 있다. Karpman의 드라마 역할 또는 TA에서 기능적인 자아상태인 내적 응집성을 가진, 하나의 하위자기를 형성하는 여러 경험들의 네트워크를 다룰 때, 개별적 일화의 세부적인 사항들은 포함될 수도 있고 아니면 기억에서 사라질 수도 있다. 개인에게 가능한 것은 원형적인 장면이거나 아니면 때로는 두드러진 개별적 일화들이다. 이들은 도식이 형성되는 맥락이 표면화되도록 재유발될 수 있으며 그 결과 재표명 또는 재결단이 가능하게 된다. Fonaghy와 Target(1995)의 심리상담적 변화의 개념을 인용하면 다음과 같다.

> 인간의 마음에 암묵적으로 부호화된 자기-타인 표상을 이해하는 심성 모형을 재평가함으로써 변화가 나타날 것이다. 여기서의 변화는 내용이 아닌, 형태의 변화이다(p. 8).

우리의 내면세계의 자기-타인 표상은 상담에서 작업할 자료를 구성한다. 우리가 우리의 역사로부터 개별적인 일화를 회복할 수 있든지 없든지 간에, 상담가와의 관계에서 역사적인(어린이) 자아상태와 동화된(어버이) 자아상태를 재실행하게 될 것이다. 우리는 상담가에게 우리의 이야기를 단지 말할 뿐 아니라, 암묵적 기억 저장고에만 있던 것을 표현함으로써 전이를 통해 실행하게 된다. 개인은 다양한 관점에서 바라보고, 서로 양립할 수 없고, 한 개인의 내적 자아상태의 개체군이 각각 하나의 이야기를 보유하고 있는, 수많은 이야기이다. 상담가는 내담자가 상담을 하러 올 때 이와 같이 물을 수 있다. "오늘은 당신 안의 누가 저와 상담을 할 건가요?"

자아상태 네트워크의 개념은 TA 상담가에게 내담자와 상담실에 함께 오는 수많은 '자기들'을 다룰 수 있는 풍성한 틀을 제공한다. 이 장에서 나는 상담가들이 그들의 내담자들의 이야기를 이해하는 것을 돕기 위해 현재 연구에서 드러난 결과와 기억을 관련시키고자 했다.

참고문헌

Allen,J.R. & Allen,B.A. (1995) Narrative theory, redecision therapy and postmodernism in *Transactional Analysis Journal* 25(4)327-334

Baddeley, A. (1990) *Human Memory : Theory and Practice*. United Kingdom: Lawrence Erlbaum Associates

Beitman,B.D. (1992) Integration through fundamental similarities and differences among the schools in *Handbook of Psychotherapy Integration* (Eds) Norcross, J.C. and Goldfried, M.R. New York: Basic Books

Berne, E. (1961) *Transactional Analysis in Psychotherapy*. New York: Ballantine Books

Berne, E. (1972/1975) *What Do You Say After You Say Hello?* London: Corgi

Coleman, A. D. & Bexton, W. H. (eds) (1975) *Group Relations Reader*. San Francisco: Univ. Calif, Medical centre

Drego, P. (1981) Ego State Models. *Tasi Darshan*, 1(4)119-146

Erskine, R.G. & Zalcman, M.J. (1979) The racket system in *Transactional Analysis Journal* 9(1)51-59

Fonaghy, P. & Target, M. (1995) *Memories of Abuse : Psychological and Psychoanalytic Perspectives*. Keynote address at University Psychotherapy Association Conference in Sheffield, England

Goldstein, A. G. & Chance, J.E. (1971) Recognition of complex visual stimuli. *Perception and Psychophysics*, 9, 237-241

Goodwin, D. W., Powell, B., Bremmer, D., Hoine, H., & Stern, J. (1969) Alcohol and recall: state dependent effects in man. *Science*, 163: 1358

Karpman, S. (1968) Fairy tales and script drama analysis in *Transactional Analysis Bulletin: Selected Articles from Volume 1 through 9*, 1976, San Francisco: TA Press

McNamara, J. & Lister-Ford, C. (1991) Ego states and the psychology of memory in *Transactional Analysis Journal* 25(2), April 1995,141-149

Minski, M. L. (1985) *The Society of Mind*, London: Heineman

Neisser, U. & Hyman, I.E. Jr. (2000) *Memory Observed* New York: Worth Publishers

Perls, S. F., (1948) Theory and technique of personality organization. *American Journal of Psychotherapy*, 2: 565-586

Polster, E.(1995) *A Population of Selves*. San Francisco: Jossey-Bass

Schiff, J.L. (undated) A Discussion of Ego States and Ego State Networks. personal publication.

Schiff, J.L., with Schiff, A. W., Mellor, K., Schiff, E., Schiff, S., Richman, D., Fishman, J., Wolz, L., Fishman, C., & Momb, D. (1975) *Cathexis Reader : Transactional Analysis Treatment of Psychosis*. New York: Harper and Row

Ryle, A. (1992) *Cognitive-Analytic Therapy: Active Participation in Change* Chichester: Wiley

Stern, D. (1985) *The Interpersonal World of the Infant*. New York: Basic Books

Stolorow, R.D. & Atwood, G.E. (1992) *Contexts of Being*. Hillsdale NJ: the Analytic Press

Stolorow, R.D., Atwood,G.E. and Brandchaft, B. (1994) *The Intersubjective Perspective*. New Jersey: Jason Aronson

Terr, L. (1994) *Unchained Memories*. New York: Basic Books

Wagenaar, W. A. (1985) My memory: a study of autobiographical memory over six years. *Cognitive Psychology*, 18, 225-252

Weiss, E. (1950) *Principles of Psychodynamics*. New York: Grune and Stratton

Winnicott, D.W. (1989) In Clare Winnicott, Ray Shepherd and Madeleine Davis (Eds), *Psycho-Analytic Explorations*. London: Karnac Books

자아상태이론 핵심으로의 여정

Steff Oates

지식은 많이 배운 것을 자랑스러워한다.
지혜는 더 알지 못하는 것에 겸손해한다.

William Cowper(1731~1800)

지금까지 수많은 자아상태모델을 이해하고 사용한 것은 하나의 진화과정이었으므
로 나는 내가 경험한 과정들을 여정으로 기록해 왔다. 이 장에서 나는 세 가지 주
요한 아이디어를 강조하고자 한다. 첫째는 TA 상담가인 우리가 우리 자신과 내담자의
이야기의 중요성의 진가를 인정하는 것이다(Allen & Allen, 1995). 둘째, 우리가 이론모
델을 지혜롭게 그리고 유동적으로 사용하는 것이다(앞에서 인용한 Cowper의 글을 참
조). 셋째, 치료적 양자관계의 상호 창조 과정에서 상담가로서의 우리 역할의 초점은 우

리가 알고 있는 것에 대한 것이 아니라, 우리가 기꺼이 누가 되고자 하는가에 있다(Summers & Tudor, 2000). 나는 자아상태와 같은 이론적 개념이 어떻게 실제로부터 단단한 기초를 형성하는지, 그리고 이러한 이론적 개념을 지혜롭게 사용하지 않으면 어떻게 상담 과정에서 중요한 것을 오히려 방해할 수 있는지, 구체적인 몇 가지 사례를 들어 설명하고자 한다.

설명

비록 그 당시에는 알지 못했지만, TA 상담가가 되어가는 나의 여정은 1980년에 겪었던 하나의 경험으로부터 출발했다. 내 첫 직장은 문제가 있는 청소년들에게 거주 시설을 제공하는 기관이었다. 지혜로웠던 내 상관은 그 당시 내가 가지고 있었던, 몇 가지 불편한 신체적 증상의 근원이 나의 정신적 문제와 상관이 있는 것은 아닌지 알아보라고 조심스럽게 용기를 북돋아주었다. 그는 기관 내부의 아동 정신과 의사와 간단한 상담을 해 볼 것을 권했다.

정신과 의사와 15분간 이야기를 한 후 나는 그가 유쾌한 사람이지만 그 당시에는 완전히 미친놈이라는 결론을 내렸다. 이 단계에서 방임적 양육에 대한 나의 관점은 완전히 자아동조적인(ego syntonic)것이었다. 그러나 가족 안에서 나의 역할에 대해 그가 질문한 것들은 매우 충격적이었다.

그 이후 21년이 지나 무수한 상담 시간을 거쳐 이제서야 내가 깨달은 것은 그 의사의 간략한 진단이 깜짝 놀랄 만큼 정확했다는 것이다. 내가 기억하기로는, 나는 그 의사에게 나의 과거사에 대해 자세히 말하지 않았고, 나의 경험에 대해 구체적으로 말하라고 특별히 격려하지 않았기에 현상학적 진단을 위해 알아야 하는 기초적 정보를 이야기하지 않았었다. 그러나 그의 직관적인 해석은 사회적이고 행동적인 진단에서 나왔다는 결론을 이제는 내릴 수 있다(Berne, 1969).

이러한 경험을 이제 돌이켜 보니, 그의 과정은 Eric Berne의 과정과 유사해 보인다. Berne은 군대 정신과 의사로 근무하며 관찰 기술과 직관력을 연마했다. Berne은 군입대

면접에서 짧은 시간 안에 자신의 앞에 앉아 있는 사람들의 직업을 얼마나 정확하게 결정할 수 있는지를 평가하면서 이를 연마했다. 이러한 경험이 쌓여 대인관계 및 심리내적인 과정을 이해하고 관찰하는 모델을 제공하는, 자아상태 이론 기초의 일부가 되었다.

자아상태 이론은 내담자의 과정과 욕구를 이해하고, 분명하게 설명하고, 반응하는 데 도움을 주는 놀라운 도구를 상담가에게 제공해 주었다. 이론이 처음 소개되었을 때, 그 강력한 간결함을 발견한 상담가라면 누구나 흥분했을 것이라고 상상할 수 있다. 동시에, 경험을 통해 내가 깨닫게 된 것은, 상담가로서 우리의 효율성은 이론의 개념에 의해 매우 향상될 수 있지만, 보다 강력한 상담가가 되는 것은 작업에 우리 전체 자기를 얼마나 전적으로 끌어들일 준비가 되어 있느냐에 근본적으로 달려 있다는 것이다.

TA 심리상담가이자 훈련가로서 내가 최근에 가치를 두는 것은 우리가 배운 정교한 이론과 관찰 기술이다. 또한 변화의 속도, 전달 태도, 겸손의 중요성과 함께 치료적 관계에서 우리 자신의 구별된, 개인적인 경험의 중요성 역시 강조하고 싶다.

자아상태

복잡성과 명확성의 수준이 매우 다양하게 표현되어 있는 자아상태에 대해 수많은 상이한 관점이 있다는 것을 나는 근래에 알게 되었다. 이러한 맥락에서, 명확하다는 것이 무엇인지를 상기하게 해 준 Ian Stewart(2001)에게 고마움을 표한다. 그는 TA 분석가들이 이론의 의미를 계속해서 논의하고 상의하며 논쟁하도록 하여 용어에 대해 광범위한 동의에 이르도록 이끌어주었다.

내가 TA 훈련을 받은 첫 해에, 훈련가가 자아상태를 가르쳤을 때 느꼈던 혼란을 기억한다. "물론, 너희들도 알겠지만, 이 중 어느 것도 사실이 아니다!"라고 그는 말했다. 그 방에서 훈련을 받던 일부 훈련생들은 겁에 질려 말도 제대로 못했다. 나는 '그럴 거면 왜 가르쳐요?'라고 생각했던 것을 기억한다. 이제 훈련가로서 나는 그때 그 훈련가가 했던 말과 결국은 같지만, 내 식대로의 버전을 사용한다. 내가 강조하는 점은 어떤 모델의 가치는 그 모델이 어떤 한 개인에게 얼마나 도움이 되느냐에 있는 것이고, 그 가치는 개인마다 다를 것이라는 점이다.

심리상담가는 이상적으로 그들이 사용하는 접근에 유용성과 겸손을 유지해야만 한다고 나는 믿는다. 나는 확고한 이론적 기초를 가지고 있는 것에 대해 기쁘게 생각하며, 나와 다른 사람들에게 모든 가능성을 열어 놓는 방식으로 그것을 가르치고, 사용하기를 원한다.

이러한 다양성의 범위에 대해 생각해 보니, 내가 상담했던 다양한 내담자들이 기억난다. 예를 들어, *I'm OK, You're OK*(Harris, 1995)를 읽고 상담을 받으러 온, 에드거란 내담자가 있었다. 책을 읽고, 에드거는 그가 가지고 있었던 어려움에 어떤 의미를 부여할 수 있게 되었다. 우리의 상담계약은 명료했는데, 도움이 되지 않았던 그의 과거 경험이 현재의 기능을 어떻게 방해하는지를 밝혀내기 위해 그는 상담을 사용했다.

우리의 상담 회기에 자아상태모델을 먼저 소개한 사람은 바로 에드거였다. 그는 어떻게 하면 '업무 중 사람들과 어린이 자아상태 '내'에서 시간을 덜 사용할' 수 있는지에 대해 알고 싶어 했다. 상담에서 나와 지지적인 관계를 형성해가면서 그가 원했던 변화를 만들어갈 수 있었다. 나는 훈련을 사용하여, 정화, 명료화, 재결단을 촉진할 수 있었다. 에드거는 다른 사람들과의 관계에서 더 많은 선택권을 가지게 된 것에 만족감을 느끼며 상담을 종결했다. 지금 에드거와의 상담을 돌이켜 보면 그가 '치유된' 상태로 느꼈던 것은 자아상태들 간에 움직일 수 있는 힘을 더 가지게 된 것과 관련이 있었다. 우리의 작업에서 그를 과거에 묶어 두었던 내사와 고착화된 자료를 명료화할 수 있었다. 이를 통해 에드거는 자신의 삶을 위해 그의 자아상태 각각이 기여할 수 있는 지금-여기의 역량을 좀 더 발달시킬 수 있었다.

다음은 내가 모드란 가명으로 부를 여성 내담자의 사례인데, 처음 12개월 동안 상담하고 나서 2년을 쉬고, 다시 상담을 하게 된 매우 영리한 사색가이다. 모드는 신경언어 프로그래밍(Neuro Linguistic Programming) 훈련을 받았는데, 첫 상담에 '자신을 살려달라.'는 급박함을 가지고 왔다. 초기 상담 동안 우리는 조금은 효과적인 상담을 했지만 정기적으로 상담에 참여하지는 않았다. 다시 상담을 하기 위해 돌아왔을 때, 모드는 자신의 삶을 통해 끈질기게 경험한 죽음의 공포를 해결할 필요가 있다고 말했다. 나는 우리의 작업에 좀 더 책임감을 가지고 정기적으로 상담을 할 필요성이 있음을 강조했다. 모드는 이에 동의했다.

작업을 시작했을 때, 모드는 여전히 이론적으로 설명해서 자신이 이해할 수 있도록 해달라는 갈망을 가지고 있었지만 이는 작업이 가야 할 길이 아니라는 것을 나는 '감지' 했다. 분석을 시작했을 때마다 사고하는 과정에 대해 우리 둘 다 편안함을 느꼈지만, 우리 사이에 해결할 필요가 있는 무엇인가를 놓치고 있었다는 것을 나는 감지했다.

'해답'을 찾기 위해 움직이기보다는 불편함을 느끼며 머물러 있을 때 어떤 일이 일어나는지를 보라고 모드와 나 자신을 격려했을 때 우리의 작업은 매우 강렬해졌다. 때때로, 내가 무엇을 해야 할지를 '알지 못함'에 대해 나는 매우 두려움을 느꼈고, 모드를 돕고 있지 않았던 것을 걱정했다. 동시에, 나는 그 작업이 그 자체의 삶을 빼앗아 가버리는 것처럼 보일 수도 있다는 점에 흥분이 되었다. 우리가 이러한 작업에 익숙해졌을 때, 모드와 나는 알지 못하는 상태에 머물면서 기다리는 데 자신감을 가지게 되었다. 마침내 모드는 깊은 절망감과 접촉할 수 있었고, 우리가 쌓아온 관계의 힘과 책임감을 생애 초기에 깊이 상처받은 유기의 문제를 치유하기 위해 '사용'할 수 있게 되었다. 돌이켜 생각해 보니, 이 작업에서 가장 만족스러웠던 측면은 모드와 내가 매 순간 서로에게 열려 있고 정직할 수 있는 역량을 더 크게 넓혀갔다는 것이었다.

매우 민감한 회기의 끝자락에 나는 우리가 막 경험한 것에 대해 이론적으로 설명하기 시작했다. 이는 그 시점에서 우리의 과정에 지장을 주었다. 이는 그 무엇보다 나 자신을 더 안심시켰을 것이었다는 점을 이제는 안다. 그 뒤에 나는 매우 서투르게 개입했고, 상담 접촉을 하지 않았던 휴회 기간이 우리 둘 모두에게 실망스러웠다는 것을 감지했다. 나는 그다음 회기에서 모드에게 그에 대해 질문했다. 모드의 대답은 자신이 보았던 영화의 대사를 인용한 것이었는데, 이는 나와의 경험을 우아하게 묘사한 것이었다. "글쎄요, 선생님. 지난 회기에서 난 물에 빠져 죽을 것 같았는데, 결국 당신이 한 건 얼어 죽을… 그 물 색깔이 뭔지 말해 주는 거였죠." 이는 잘 배운 교훈이었다.

근래에 나는 심리상담 수련생들에게 세 유형의 자아상태를 이용한 Berne(1961)의 원래의 통합모델을 가르치는데, 여기서 '치유'의 개념은 어버이, 어른, 어린이 자아상태에 자유롭게 접근할 수 있는 것으로 본다. 나는 또한 Erskine(1988)과 Gobes(1993)가 상정한 통합된 어른 자아상태모델을 가르치는데, '이상화된' 상담의 목적은 어버이 자아상태나 어린이 자아상태의 방해가 없는 온전히 통합된 어른 자아상태다.

나는 이 두 모델이 양립할 수 없다는 제안에 대해 상당한 논쟁이 있다는 것을 안다. 나는 다른 모델을 사용해서 한 모델이 틀렸다는 것을 입증하려고 시도하는 사람들이 있다고 들었다. 그러나 나는 이 두 모델이 서로 다르지만 양립이 가능하다는 것을 경험하고 있다. 따라서 나는 수련생들에게 이를 가르칠 수 있다고 확신한다. 이 단계에서 나에게 가장 잘 맞는 모델은 바로 Berne의 모델이라는 것을 말하고 싶다.

내가 교육을 하고 있던 최근에, Paul Staniland가 진지하게 생각을 하게 만드는 질문을 던졌다. "만약 우리가 통합된 어른자아를 가질 수 있다면, 왜 통합된 어린이자아나 어버이자아는 가질 수 없는 거지?" 우리는 이야기를 하면서 통합된 어린이자아 또는 통합된 어버이자아가 어떻게 보일지에 대해 생각해 보았다. 우리는 이것이 1차, 2차, 3차 구조 내 정화된 자아상태를 의미할 것이라는 것을 반영해 보았다. 이는 어버이자아, 어른자아, 어린이자아로부터 현재 중심의 관계 맺기를 의미할 것이다. 그러한 경험을 마음속에 그려 보는 시도를 했을 때, 스키 아래로 뽀드득 소리를 내며 반짝거리는 눈을 스릴과 흥분과 놀라움을 느끼면서 즐기는, 스키를 타는 나 자신을 상상했다. 그 순간에 나는 잠재적인 위험에 온전하게 깨어 있는 존재로 내 몸을 자유롭게 움직일 것이다. 다른 학자들(Summers & Tudor, 2000)은 이러한 경험을 어른자아 내에서 즐길 수 있는 것으로 본 반면, 나는 세 유형의 자아상태를 통합한 관점에서 보려고 한다.

나는 지금-여기에서의 상담을 강조하면서 통합된 어른자아 모델의 가치를 인정하면서, 이 모델에서 어른 자아상태는 연령과 관련된 사고, 감정, 행동을 아우른다는 것을 강하게 인정한다. 그러나 나는 Berne의 원래 모델(1961)의 사용을 선호하는데, 여기서 어버이 자아상태와 어린이 자아상태가 반드시 병리를 암시하는 것은 아니다. 나에게는 세 유형의 자아상태에 초점을 맞추는 것이 도움이 되든, 되지 않든, 이 순간으로 내가 가지고 온 모든 것을 설명한다. 위의 사례를 사용해 보면, 스키 초보자였을 때, 초보자용 코스에서 당황하고 불편해했던 과거의 경험을 기분 좋게 기억하면서 현재의 전문가용

스키 코스를 즐길 수 있다.

Clarkson(1992)은 다음과 같이 언급하였다.

> Berne이 기여한 바는 어버이 자아상태, 어른 자아상태, 어린이 자아상태가 이론
> 적 구성이 아닌, 실존적 현상의 세 범주라는 인식을 했다는 데 있다. 그는 성숙한
> 성격 안에 정화된 어른 자아상태를 형성하는 것이 중요하다고 강조했다. 또한 어
> 버이 자아상태, 어른 자아상태, 어린이 자아상태 중 어느 자아상태이든 각 유형의
> 자아상태는 도움이 되거나 해가 되는 방식으로 다른 자아상태에 영향을 미칠 수
> 있으며, 시간의 경과에 따라 수정될 수 있다고 인정하였다(Clarkson, 1992, p. 53).

세 유형의 자아상태를 현상학적으로 경험하였다는 점에서 나는 Clarkson의 의견에 동
의한다. 그렇지만 나는 세 유형의 자아상태를 이론적인 구성으로 보기 때문에 Clarkson
의 의견에 동의하지 않는다. 나는 나를 구성하는 세 부분이 있다고 실제로 생각하지 않
지만 나의 다양한 경험에 의미와 체계를 부여하기 위해 세 유형의 자아상태를 사용한다.
내가 현상학적으로 경험하는 것으로, 그리고 나 자신과 다른 사람들을 이해하기 위해
사용하는 모델로 자아상태를 보는 것은 바로 이러한 방식을 통해서이다.

이 모델을 사용해서 나는 어버이자아와 어린이자아를 역사적이면서도 계속적으로 업
데이트 되는 자아상태로 본다. 확장된 어른자아(Gobes, in Novey et al., 1993)는 아직은
나에게는 좋기도 하고 나쁘기도 한 나의 역사의 가치를 명예롭게 하지는 않는다.

자아상태이론 사용하기

나는 상담적 이해를 촉진하는 데 있어서, 특히 앞서 언급했듯이 내가 경험하고 있는 것
에 의미와 체계를 부여하는 데 있어서, 자아상태 이론이 매우 유용하다는 것을 안다. 또
한 자아상태 이론은 치료적 관계에서 얻고자 애쓰는 상호관계를 형성하는 데 무엇이 필
요한지를 훨씬 더 명확하게 감지할 수 있도록 나를 돕는다.

이러한 상호관계에 미치는 나의 기여는 매우 근본적이다. 매 순간 내가 가지고 들어

오는 것은 중요하며, 내가 살아온 역사는 의미 있게 영향을 미칠 것이다. 나의 과거가 현재나 관계를 맺는 역량에 한계를 그으려는 듯 보일 때마다 나는 변화의 여지를 여는 데 전념한다. 이는 현재의 사건이 완전하게 새로운 학습을 위한 필요를 자극할 수 있다는 것을 인정하는 것만큼 중요하다.

나는 '현재가 과거에 의해 영향을 받는 만큼 과거는 현재에 의해 영향을 받는다'(p. 27)는 Summers와 Tudor(2000)의 주장에 동의하며, 두 학자들이 상호 창조적 상담 학습을 강조하고, 현재 중심의 관계 형성에 주의를 기울인 점이 좋다.

> 이는 전이의 치료적 출현을 촉진시키는, 상호 전이적이고 현재 중심적인 관계 형성의 병렬로 동시에 나란히 발달하는 것이다. 상호관계 형성의 이원성은 전이적 현상이 경험되고, 공감적으로 동일시되며, 관계 안에 있도록 해 준다(Summers & Tudor, 2000, p. 30).

나와 두 학자들의 의견이 다른 점은 나는 모든 세 유형의 자아상태 내에서 현재 중심적 관계 형성을 할 수 있다고 보는 데 있다. 이는 그들의 모델에서는 불가능할 것이라고 보는 방식으로 내가 원형을 존중하고 즐길 수 있다는 것을 의미한다. 또한 나는 내담자와 상담가가 어버이자아, 어른자아 또는 어린이자아가 통합의 장소에서 '새로운 방식으로 접촉하는 관계를 상호적으로 창조'할 수 있다는 것을 알게 되었다.

Berne은 *What Do You Say After You Say Hello?*(1975)에서 자아상태를 '상응하는 행동패턴으로 표명되는 응집된 사고와 감정체계'(Berne, 1975, p. 11)로 저술한다. 그는 또한 "개인이 자신의 어린이자아를 이해하는 것은 중요하다고 보았는데, 이는 자신의 전 생애와 함께 하기 때문만이 아니라 자신의 성격에서 가장 귀중한 부분이기 때문이다"(Berne, 1975, p. 12).

세 유형의 자아상태를 모두 사용하는 모델에서 나는 치료적 관계로 내 자신의 모든 것을 가져올 수 있고, 따라서 내담자에게도 나와 같은 방식으로 하라고 초청할 수 있다. 우리가 만나는 매 시간마다 우리는 세 유형의 자아상태를 '현재 진행 중인 작업'으로 간주할 수 있다.

나는 Berne의 모델이 매우 가치가 있다는 것을 깨달았는데, 이는 매 순간마다 내담자와 내가 우리의 관계에 한때 우리였던 사람들의 메아리와 우리가 될 수 있는 사람들의 가능성을 모두 가지고 오기 때문이다. 이러한 관계가 이러한 혼합체로부터 자유롭게 상호 구성될 수 있도록 기꺼이 허용하는 것은 우리 두 사람 모두에게 무한한 가능성을 안겨 준다.

상담가에게 이러한 과정이 어떻게 중요한지를 Ken Mellor(1980a)는 다음과 같이 잘 표현하고 있다.

> 내가 경험한 바… 좋은 임상가…란 모든 세 가지 자아상태에 대해 계속해서 자각하고 있고, 그렇게 하는 것이 도움이 될 것이라고 생각할 때 적절하게 각각의 자아상태를 사용한다(Mellor, 1980a, p. 330).

퇴행 대 진보

이제 자아상태의 퇴행적인 차원에 대해 고려해 보는 것이 타당하다고 생각된다. 내가 생각하기에 자아상태 이론의 가장 강력한 측면 중 하나는 이 이론이 현재의 기능에 영향을 미치는 과거의 유물을 강조하는 것이다. Berne의 접근은 자아상태의 개념을 통해 우리의 내담자가 어린 시절 체험했던 경험에 재접근하는 것을 관찰하라고 분명하게 가르쳐 주었다.

퇴행 과정에 대한 이해를 발달시켜가는 과정에서 Frank Staemmler(1997)는 나에게 영향을 주었다. 그는 연구에서 Daniel Stern(1985)의 자기감과 관계 영역의 발달모델을 언급한다. 나는 그가 퇴행 과정의 창조적인 기능을 강조한 것이 마음에 든다. 그는 퇴행 과정을 지금까지와는 다른 자기감과 관계 영역을 포함시키는 확장의 기회로 보았다. 그는 또한 퇴행을 개인이 초기의 발달단계로 돌아가는 일시적인 과정으로 보는 가정에 도전한다. 그는 퇴행을 덜 분화된 심리적 상태로 되돌아가는 회귀(regression)로 고려해 줄 것을 요청한다. 내가 이해한 바로는 퇴행은 하나 이상의 관계 영역에 접근하는 것을 제한하는 과정과 관련되며, 반드시 초기의 영역으로 되돌아가는 것과 관련되지는 않는다.

Staemmler는 다음과 같이 제안한다.

"퇴행 과정은 주어진 상황에서 욕구에 반응하여 이전에 획득한 모든 능력을 깨닫는 한 개인의 현재의 가능성을 일시적으로 또는 지속적으로 제한하는 것이다. 그러한 제한은 심리적 발달의 초기와 후기 모두에서 획득해 온 능력과 관련될 수 있다"(Staemmler, 1997, p. 74).

이러한 제안은 퇴행 과정이 각각의 자아상태 유형 내에서 일어날 수 있는지 여부에 대해 깊이 생각해 보도록 이끌었다. 내가 믿기로는, 만약 세 유형의 자아상태가 시간의 경과에 따라 수정이 가능하다면(Clarkson, 1992), 각각의 자아상태로부터 사용할 수 있는 새로운 능력을 획득할 수 있을 것이다. 때때로, 모드와의 사례에서 나는 한 영역에서의 나의 능력을 제한할 수 있다. 따라서 만약 우리가 퇴행을 일시적인 것으로 간주하지 않는다면, 우리는 어버이자아, 어른자아, 또는 어린이자아의 덜 분화된 단계로 퇴행을 경험할 수 있다고 나는 제시한다.

모드와의 상담 사례에서, 우리의 작업에 대한 때가 적절하지 않았던 나의 이론적 설명이 부분적으로는 퇴행 과정과 관련되어 있었다는 것을 이제는 통찰할 수 있다. 일부 관찰자들은 이를 '어른자아의 임무 결과 보고(Adult debrief)'로 볼 수도 있겠지만, 모드와 상담 접촉의 상실은 나로 하여금 현재의 내가 어떻게 지난 과거의 그때 모드와 함께 있었는지에 대해 의문을 가지도록 이끌었다. 모드와 내가 관여했던 과정은 현재의 허용된 교류보다 훨씬 더 원형적인 것이었고, 내가 믿기로는 모드가 나의 부족했던 조율에 도전한 것이 옳았다. 사실, 이제는 내가 했던 것이 퇴행적이었다는 것을 깨닫게 되었는데, 이는 마치 모드가 겪었던 것처럼 원형적인 경험에 내가 반응하곤 했었던 방식이었기 때문이다. Staemmler의 모델을 사용해서 보면, 나는 이제 핵심자기 또는 출현자기의 수준에서 우리 관계의 자연스러운 과정을 내가 신뢰하거나 허용하지 않는 것으로 본다. 내 자신이 불편해서 나의 개입은 너무 이르게 언어적 자기감(a sense of verbal self)으로 변화시키려 시도한 것이었고, 이는 그 당시에 쉽게 가능하지도 않았고 자연스럽지도 않았다.

ITA News(1998)에서 내가 Ken Mellor와 인터뷰한 내용을 여기서 다시 상기해 본다.

제가 경험한 바로는 만약 우리가 우리 자신과 함께 있는 것을 연습한다면 사람들과 더 효과적인 상담을 할 수 있습니다. 이는 기본적으로 우리가 내담자와 함께 있는 전체 시간에 가능한 한 깊이 우리가 경험하고 있는 것이 무엇인지에 주목하는 것을 의미합니다. 그 접근은 내담자 곁에 앉아서 내담자를 자각하고 있는 우리 자신과 함께 있는 것입니다. 이렇게 하는 동안, 우리는 행동에 앞서 기다리도록 우리 자신을 격려합니다. 이러한 방식으로, 우리가 하는 일은 일종의 인지적 구조에서 나온 것이 아닌, 내담자와 우리가 함께 존재하는 것에서부터 나온 것이 될 것입니다(Oates, 1998, p. 26).

자아상태의 근거

나의 관점에서, Mellor가 제안한 방식으로 내담자와 '함께 존재하도록' 나 자신을 허용할 때, 나는 가능한 한 최대한으로 나의 능력의 범위를 열어 놓는다. 때로는 모든 내담자들의 어려움은 인지적인 과정을 통해서 해결될 수 있다고 가정하는 것이 염려가 된다. 이러한 염려는 나로 하여금 다른 접근을 끝까지 찾도록 이끌었고, 자아상태가 나온 역동적인 근거에 대해 깊이 생각할 수 있도록 해 주었다.

이러한 염려를 개념화하는 데 Jon Wagner(2001)의 계통 상태(phylon state)에 관한 연구가 도움이 된다. 그는 계통 상태를 자아상태 발달에 선행하는 원생 상태(proto-state)로 본다. Wagner와 나는 최근 '심리상담에서 영혼을 찾아서'란 주제의 워크샵에서 이러한 개념을 함께 보고했다.

Wagner는 다음과 같이 제시한다.

모든 인간 발달을 추적하기 위해 자아상태 이론을 사용하는 데 있어서 어려움이 있는 것은 뇌간 중앙의 처리과정에서 급진적인 차이를 보기 어렵게 하고, 개인들과 얽혀 있는 본능 및 기본적인 기질을 고려조차 하지 않기 때문이다(Wagner, ITTA conference in Halifax, Nova Scotia, 2000).

그러나 나는 임패스에 관한 Mellor의 모델에 대해 내가 이해한 내용과 Wagner의 작업을 연결할 수 있다. Wagner의 계통 상태는 Mellor가 3차 구조라고 이해한 개념의 기저를 이루면서 겹친다.

Mellor(1980c)는 1차적 고통(1차적 치료이론의 용어)의 다른 유형이 두뇌 구조와 관련해서 발달해 왔다고 언급한다. 그는 제1도, 제2도, 제3도 임패스를 해결하기 위해 다른 고려 사항이 필요하다고 보고 이를 연결한다. 즉, 제1도 임패스는 신피질 과정에 관여하며, 제2도 임패스는 중뇌 과정에 관여하고, 제3도 임패스는 뇌간 과정에 관여한다.

Wagner는 계통 상태가 자아상태와는 다른 특징을 가지고 있다고 묘사한다. 그는 계통 상태가 우리의 계통발생적 근원을 나타낸다고 생각하는데, 이러한 근원은 커뮤니티를 형성하는 데 책임을 지는 구별된 유대 반사 반응을 포함한다. 그는 이러한 반응을 창조의 리듬과 연결된 개념으로 보며, 이는 근본적인 응급 반응 체계를 작동시킨다. 계통 상태에서 사고 처리 과정은 매우 양극화되어 있다.

따라서 Wagner는 내가 흔한 실수가 될 수 있다고 보는 것을 다음과 같이 명백하게 표현한다. 그 실수란 것은 바로 우리가 내담자와 '옴짝달싹 못하게 갇힌 상태'가 자아상태의 용어로 항상 설명될 수 있다는 가정을 하는 것이다.

> 개인의 성장을 촉진하는 전문가에게 어려운 진단의 문제는 자동적인 반응이 엄격한 자아구조로부터 나온 것인지 아니면 몰두에 의한 계통 상태 학습에 의한 것인지를 결정하는 것이다. 만약 어떻게 생각하는지를 우리가 배우기 전에 반응을 하는, 계통 상태가 자동적인 반응을 일으킨 것이라면, 사고하는 것이 잠재적으로 폭력적이라 예상이 되는 상황으로 내담자를 몰아가게 된다(Wagner, ITAA conference in Halifax, Nova Scotia, 2000).

나에게 계통 상태는 Mellor가 3차 구조에 대해 이해한 개념과 결합되어 자아상태의 용어로는 지금까지 명확하게 설명되지 않았던, 원형적 과정을 믿게 해 주었다.

2001년 UKCP 심리상담 및 신경과학 학회에서 감정과 관련된 원초적 두뇌 과정을 측정하는 매우 흥미롭고 고도로 정교한 방법의 실례를 보여 주었다. 또한 심리상담가의 역할과 신경과학자의 역할 간 논쟁도 흥미로웠다. 나는 심리상담가는 "인간이 살 무형의 공중 누각을 그럴듯하게 제시하고 신경과학은 구체적인 오두막을 산출해 냈다."고 한 Lewis, Amini 그리고 Lannon(2000, p. 10)의 도전을 상기했다. 이러한 논쟁에서 일치점을 찾을 수 없을 것 같았다. 그러나 그 학회에서 나는 최근에 정서 신경과학과 영아연구가 진행되고 있다고 들었고, 이는 내가 생리학적 차원 내에 TA 이론을 보다 확고하게 닻을 내리도록 도움을 주었다. 현재의 연구는 두뇌 상태에 대한 보다 정교한 이해를 가지고 경험적인 연구를 뒷받침하기 위한 것이다. 나는 이를 TA 분석가들이 이론을 확장시키고 현재 연구에 보다 큰 기여를 할 기회로 본다.

그러나 나는 우리 TA 분석가가 기여를 하는 데 있어서 TA 이론에 대한 우리만의 '구체적인 오두막'을 창조할 수 있었다는 것을 안다. 그러나 TA 이론의 근거는 환상적인 자원이며 내담자와의 작업을 지지하기 위해 필요하지만 작업 그 자체는 아니다. 우리의 이론적 구조는 내담자와 특별한 방식으로 우리가 상담을 하도록 이끄는데, 그것이 타당하려면 우리가 작업하는 방식이 내담자보다 접근 방법과 더 관련되면 안 된다는 것을 확실히 할 필요가 있다. 예를 들어, 비록 어떤 상담은 구조 분석과 더 관련이 있을 수 있지만, 그럼에도 상담은 구조 분석이 아니다.

Winnicott(1980)은 처치는 제한된 기술을 가지고도 실행될 수 있지만 기술이 고도로 발달되어 있어도 처치가 실패할 수 있음을 강조하면서 기술과 처치에 관련된 경고를 하였다. Winnicott은 Piggle과의 연구를 언급하면서 다음과 같은 점을 지적하였다.

> 내담자가 아직 어떤 단서도 줄 수 없었던 것을 나는 이해하지 못한다는 점이 중요하다. 오직 내담자만이 해답을 알았고, 내담자가 두려움의 의미를 아우를 수 있었을 때 나도 이해할 수 있게 되었다(Winnicot, 1980, p. 48).

상담가의 역할

이러한 관점은 상담가의 역할에 대한 주요한 함축성을 가지며, '그래서 우리의 일이 무엇이지?'라는 질문을 반복해서 하도록 유도한다. Bill Cornell(ITA conference, 2000)은 Christopher Bollas를 인용하면서 그 일은 "드러내 보이고 주의를 집중하지만 생각처럼 그리 쉽지는 않다."고 말했다.

　나에게 이는 내담자와 우리 자신, 그리고 관계에서 할 수 있는 한 최대한으로 주의를 집중하는 것을 의미한다. 회기 중에 나는 자아상태 이론을 완전히 자각하고, 그 이론이 나의 임상 실제에 어떻게 영향을 미치는지를 완전히 인식하며 앉아 있지만 엄격한 의미에서 이론은 잠시 유예 상태로 놔둔다. 나는 어떻게 내담자가 나에게 영향을 미치는지, 내가 내담자에게 어떻게 영향을 미치는지, 그리고 이러한 경험이 어떻게 우리 각자에게 새로운 자각의 변화를 일으키는지를 경험하면서, 내담자와 **함께 존재하는** 것을 경험하고 있다. 무슨 일이 일어나는지를 자아상태 용어로 설명하는 것은 나중에 내담자가 이를 요청할 때나 수련감독에서 또는 작업 분석을 할 때 할 수 있다.

　이러한 방식으로 작업을 하는 것은 매우 부담스럽고 힘들게 느껴질 수 있다. 즉, 불편한 순간에 나는 단지 어색한 침묵을 메우려고 이론을 말하고 싶지만 이는 종종 작업의 핵심을 방해한다는 것을 알고 있다. 그러나 이런 방식으로 작업할 때 지금까지 나에게 영향을 주어왔고, 계속 그렇게 하는 사람들과는 다른 방식으로 작업에, 그리고 회기에 내 전체 자기를 가져오는 자유를 더 만끽하는 기쁨을 느낀다. 나는 완벽하게 조율이 된 상담가일 필요도, 완벽하게 잘 아는 상담가일 필요도 없다. 나는 관계에서의 균열에 기꺼이 책임을 지고 좀 더 치유하는 결과를 향해 내담자와 함께 작업을 할 뿐이다.

　나는 나에게 어떤 일이 일어나는지를 주목하고 내담자에게 무슨 일이 일어나는지를 물어보면서 작업을 한다. 나는 매 회기마다 나와 함께 있는, 진행 중인, 경험과 미묘한 자아상태의 변화, 오염된 사고의 순간 또는 새로운 자각이 일어났을 때의 명확성을 나누자고 내담자를 격려한다. 또한 내 자신의 반응을 자각하면서, 시시각각으로 내가 나누고 싶은 나 자신의 경험이 무엇인지, 그리고 언제 그렇게 하는 것이 치료적일지를 판단한다. 나는 거기 있는 것이 무엇이든 함께 호기심을 가지고 처음으로 받아들임을 통해 치유가 일어난다고 생각한다. 나의 경우, 내담자의 내면에서 변화가 일어났을 때 크게 축하해 준다. 내가 믿기로는 자아상태의 통합은 오염된 사고를 직접 직면하는 것보다는, 새로운 방식의 관계를 맺는 가능성과 공유된 경험을 통해 일어난다. 따라서 이러한 변화는 과정을 통해 자연스럽게 일어나는 것으로 보인다. 즉, 이러한 변화는 Berne이 초기 저술에서 언급한 것처럼 명시적이기보다는 암묵적인 자아상태의 변화이다.

나는 잭이라는 가명의 내담자와 내가 최근에 감수했던 위험에 대해 긍지를 가지고 반영해 보고자 한다. 나는 내 자신의 경험에 관해 잭에게 알릴 필요가 있는 정보를 말하게 되면 그가 매우 상처를 받을 것을 감지했다. 잭은 여성들을 물건 취급했다고 말했다. 즉, 잭은 그가 만난 여성들에게나 나에게 어떤 영향을 미치는지 명백하게 자각하지 못한 채, 종종 외설적인 말을 사용하여 자신의 삶 속에서 만난 여성들을 묘사했다. 나는 이러한 행동은 분명히 도전이 될 것이라는 것을 알았지만 회기 중 너무 이르게 이렇게 하게 되면 그가 여성들과 다른 관계에서 재실행하게 되는 결과를 초래할 것도 알았다. 이런 경우, 그는 보통 그들을 향해 폭력적으로 행동하면서 부당하게 오해받은 감정을 호통을 치며 쏟아낼 것이었다. 나는 또한 상호 전이적 관계의 가능성을 볼 수 있었는데, 그곳은 내 자신의 내면에서 역전이 반응이 일어난 곳으로, 내 자신의 어린이 자아상태가 두려움을 느낀 곳이었는데, 나는 이런 행동에 직면할 용기를 내어본 적이 결코 없었다.

그러나 나는 또한 그의 황소같이 강한 외면 뒤에 열정적이지만 매우 상처받기 쉬운 어린 소년도 감지할 수 있었다. 내가 확신하는 바, 두 가지 수준에서 작용한 내 자신의 상담과 수련감독을 통한 충분한 지지가 있었기에 치유가 일어났다고 믿는다. 한 수준에서는, 상호 전이적 관계에서 내 처지를 경험했고(Summers & Tudor, 2000), 다른 수준에서는 직면을 할 최적의 시간을 선택하는 데 자신감을 얻었다. 그렇게 한 목적은 현재 중심의 관계를 강화하는 것이었다.

나는 잭에게 반응하는 내 감정을 의식적으로 참는 것이 더 이상 편하지 않았을 때 행동을 결단할 단계에 이르렀다는 것을 알았다. 나는 그가 말하는 방식에 노여움을 느끼기 시작했다고 잭에게 설명했다. 사건이 터졌을 때, 그는 상처를 받았고 심지어 격노했다. 그는 나와 우리의 관계를 실패로 보고 단념하려고 했다. 그가 여전히 격노해서 떠났을 때, 나는 그가 상처받았다는 것을 인정했고, 우리의 관계가 이 정도의 강도는 견뎌낼 것이라고 믿었다고 강조하며 말했다. 잭이 다음 회기에 돌아왔을 때, 우리 작업의 질은 변형되었다. 우리 두 사람 모두 우리의 과거의 메아리와는 다른, 새로운 미래를 창조할 준비가 되었다고 깨닫게 된 것은 그가 돌아온 직후였다. 훨씬 더 만족스러운 것은 잭이 이제 한 여성과 사랑스럽고 친밀한 관계를 맺게 된 것인데, 이는 그가 오랫동안 원했던 관계였다. 잭이 마지막으로 나에게 '직면'했던 것은 내가 잭의 친밀한 관계에서 어른자아가 더 성장한 것으로 보인다고 말했을 때였다. 그는 이렇게 말했다. "오, 아니죠, 선생님. 세 유형의 자아상태가 모두 겹쳐 있는 무지개가 있는 걸요." 나는 매우 감동받았다.

상호 변형

이상에서 묘사한 방식으로 작업을 할 때에 상담가에게는 강한 헌신이 요구되며, 그러한 헌신은 상호 변형이 일어날 때 잘 보상받는다. 하지만 그렇다고 상담 대신 내담자와 함께 시간을 보내라고 제안하는 것은 절대 아니다. 그보다는 내담자만이 기여할 수 있는 중요성을 고려하라고 제안한다. 이는 치유의 결과가 내담자와 상담가 모두의 공동 활동이라는 것을 내가 믿기 때문이다. 어떤 자아상태의 변화도 부분적으로는 상담가와 내담자 공동으로 창조해 낸 것이며, 내 경험상 변화는 내담자 또는 상담가 중 누구라도 먼저 개시할 수 있다.

David Mann(1997, p. 180) 역시 "심리상담은 반드시 상호 변형의 과정으로 고려되어야만 한다."고 제안하였다. 이러한 접근은 내가 생각하기로 현재의 TA 문헌에 나타나 있는 불균형을 바로잡는 데 도움이 된다. 현재의 TA 문헌에는 내담자를 능동적인 주체로서가 아니라 과정의 수동적 수혜자로 표현하고 있다. 나는 각 사람이 저마다 하나 이상의 이야기를 가지고 있고, 심리상담가의 일은 내담자가 의미를 부여하고 찾도록 해 주는 일이라는 Allen과 Allen(1995)의 의견에 동의한다. Allen과 Allen은 우리가 언제 의미를 구성할 것인지를 선택할 수 있는 가능성이 수없이 많다고 논의한다. Allen과 Allen과 맥을 같이 하여, 나는 내담자가 '놓쳤거나 잊어버린 설명과 가능성을 가져오도록' 상담가가 도울 수는 있지만, '무엇을 밝혀내고 싶은지를 선택하는' 사람은 바로 내담자라는 것을 제안하고 싶다.

나는 최근에 어린 영아의 신경발달을 인식하는 여러 영상 자료를 보았다. 그중 하나에서 아버지의 조율된 반응을 즐기고 있는 갓난 아기의 공동 활동과 강력한 결정에 경탄

했다. 비록 정상분만보다 두 달 먼저 태어났지만 아기는 아버지가 주의를 딴 데로 돌렸을 때 즉각 알아차리고 항의했다. 아버지가 다시 주의를 돌렸을 때 아기는 기꺼이 마음이 진정되었고, 두 사람은 자연스러운 공명 안에서 재연합되었다.

나는 이 영상 자료가 내담자의 공동 활동에 우리가 주의를 집중하는 데 함축성을 가진다고 생각한다. 나는 또한 우리가 우리의 이론에 기반하여 고정적인 설명을 하거나 가정을 할 때는 좀 더 조심스럽게 행동할 필요가 있다고 생각한다. 즉, 신중하게 설명을 하는 것이 내담자에 대해 기본적인 예우를 갖추는 것이라고 간주한다. 이는 내담자의 통합을 존중하고, 내담자에게 무엇이 중요한지를 이해하도록 내가 명확하게 내담자의 경험에 기꺼이 열려 있도록 한다. 여기에 맞는 사례로, 어머니가 죽어가고 있었던 한 내담자와의 상담 회기를 기억한다.

나의 내담자가 어머니의 위에 튜브로 영양을 공급하지 말아 달라고 의사에게 말하는 것이 옳은지의 여부를 선택하는 문제를 호소했다. 치매로 고통을 받았던 어머니는 누군가가 밥을 먹이려고 하면 격렬하게 싸웠다. 나의 이론적인 예감은 현재와 앞으로의 비탄에 초점을 두어야 했지만 내담자의 에너지는 어머니의 심술 궂은 항의에 훨씬 더 초점이가 있었다.

내담자의 유형은 정서 표현을 회피하는 것이었기에 나는 이를 내담자가 감정에 그리고 비탄을 표현하는 것에 저항하거나 방어하는 것으로 해석할 수 있었다. 나는 P_1과 C_1 사이 임패스의 해결에 상담의 방향을 둘 수 있었는데, 내담자가 이러한 작업에 저항하는 것을 감지했다.

대신, 나는 내담자가 강하게 유지하고자 하는 욕구에 좀 더 주의를 기울였다. 조심스러운 호기심을 가지고 상담을 진행하고 있었을 때 우리는 인생 말년에 내담자 어머니가 보이신 정신을 존경하는 데 내담자가 큰 가치를 두고 있는 것을 발견했다. 내담자가 자신의 어머니를 타당하게 항의하고 경계를 설정하는 분으로 보았을 때가 바로 강력한 순간이었다. 사실 내담자 또한 자신의 인생에서 고군분투하며 애써 왔던 것이었다. 내담자에게 그 의미는 마치 임종 때 어머니가 자신의 딸이 스스로 한계를 지었던 방식을 생생하게 인정하도록 돕고 강하고 새로운 허가를 주고받는 것과 같았다. 그것을 내담자가 깨닫자 그녀 자신만의 시간에 자신만의 속도로 조용히 비탄에 빠지게 되었고, 자신이 알았던 것과 평화를 맺을 수 있었다. 내담자는 자신과 어머니에게 매우 도전이 되었던 시간에 자신의 비탄의 감정에 열려 있으면서도 좀 더 품위 있게 그 감정을 느끼며 상담을 종결했다.

Lewis와 동료(2000)는 *A General Theory of Love*에서 이러한 방식의 작업을 요구하는 개방성의 가치에 주목한다.

> 이렇게 개방적인 탐색을 하는 모험에 관여할 수 없는 상담가는 타인의 핵심을 파악하는 데 실패할 수 있다. 개인이 어떻게 느껴야 하는지에 대한 상담가의 모든 선입견은 그 개인이 진짜 어떻게 느끼는지에 대해 잘못 인도할 위험이 있다. 상담가가 변연계 두뇌로 감지하는 것을 멈추면 치명적으로 공명을 대체 추론해 버리기 쉽다(Lewis, Amini & Lannon, 2000, p. 183).

Mann(1997) 또한 내담자의 공동 활동을 강조한다. 그는 첫 발을 내딛는 쪽이 주로 내담자이며, 이를 기회로 삼아 활용해서 내담자를 돕는 쪽이 상담가라고 믿는다. 내가 앞서 언급했던 젊은 청년, 잭의 공동 활동은 그가 다른 관계에서 반복했었던 바로 그 유형의 관계를 고집스럽게 나에게 보여 준 것이었다. Mann이 언급한 대로, 나는 기꺼이 새로운 변형의 대상이 되고자 하였고, 그 결과 우리는 우리의 결합된 역사의 반복을 피할 수 있었고, 좀 더 창조적인 관계를 형성할 수 있었다.

우리가 무엇을 아는가보다는 우리가 누구인가에 대해 보다 집중해서 상담가의 역할을 보는 것이 바로 이 과정을 통해서이다. 나의 경험상, 우리가 우리 자신의 일치되지 않은 부분, 즉 남아 있는 자아상태의 손상을 정성을 들여 돌보도록 초대된 곳이 바로 여기다. 우리의 내담자에게는 여전히 열려 있으면서, 동시에 이 영역을 돌보고 무의식의 지혜를 기꺼이 존중함으로써, 우리는 내담자와 우리 자신, 그리고 우리의 관계가 변형되는 상호 과정으로 들어갈 수 있다.

따라서 나는 우리가 상호적으로 변형하는 방식으로 작업을 하려면 우리 자신의 집을 잘 정돈할 책임이 있다고 확신한다. 다시 한 번 Ken Mellor(1998)와의 인터뷰에서 발췌한 내용을 다음에 제시한다.

책임감의 관점에서 만약 우리가 '심리상담가'를 나타내는 간판을 내려 놓는다면, 우리는 그들 자신의 모든 것과 함께 하는 사람들을 초대하고 있는 것이다. 작업을 할 좋은 조건을 확실하게 갖추는 것이 우리가 할 일이다. 상담가의 존재는 심리상담에서 일차적인 도구이다. 한 사람으로서 내가 누구냐는 사람들과의 작업에서 주요한 도구가 된다. 나는 그 도구를 오염되지 않은 상태로 지킬 필요가 있다. 그것이 불가능할 때에는 상태를 수정하거나 내담자를 다른 상담가에게 보낼 필요가 있다. 우리는 마치 끌이나 톱날을 날카롭게 갈아서 작업을 잘할 수 있도록 우리의 도구를 일상적으로 돌보는 목수와 같다. 심리상담가로서 우리는 우리가 요구하는 작업을 신체적으로나 정서적으로나 어떤 수준에서든 문제의 소지가 없도록 유지할 필요가 있다(Mellor in Oates, 1998, p. 29).

결론적으로, 지금까지 나는 내가 중요하다고 느낀 세 영역에 대한 개요를 서술하였다. 즉, 우리의 개인적인 경험과 우리 각자가 그 경험에 부여한 의미의 통합을 인정하는 것, 이론의 가치와 이론을 지혜롭게 사용하는 것을 인식하는 것, 그리고 심리상담의 과정에 우리 자신과 내담자의 기여가 모두 중요하다는 가치를 인정하는 것이다.

나는 의도적으로 우리 작업에서 겸손과 품위를 존중하는 것이 중요하다는 점을 강조하기 위해 내 자신의 여정과 임상 사례를 사용하였다. 나는 활발한 이론적 논의를 즐기며, 이러한 논의가 치료적 관계의 힘을 제한하기보다는 명백하게 향상시키길 기대한다.

참고문헌

Allen, J.R., & Allen, B.A (1995) Narrative theory, redecision therapy and postmodernism. *Transactional Analysis Journal,* 25, 327-334

Berne, E. (1961) *Transactional Analysis in Psychotherapy,* New York: Grove Press

Berne, E. (1969) *A Layman's Guide to Psychiatry and Psychoanalysis,* UK: Andre Deutsch

Berne, E. (1975) *What Do You Say After You Say Hello: The Psychology of Human Destiny,* London: Corgi. (Original work published in 1973)

Clarkson, P. (1992) *Transactional Analysis Psychotherapy - An Integrated Approach,* London: Routledge

Cowper, W. (c.1800) in *Oxford Dictionary of Quotations* (1985) Oxford, University Press

Erskine, R. (1988) Ego structure, intrapsychic function and defense mechanisms. A commentary. *Transactional Analysis Journal*, 18, 15-19

Gobes, N. (1993) Ego state development in the 'integrated adult' model, in Novey, T.B., Porter-Steele, N. Gobes, N. & Massey, R.F. (1993) Ego states and the self-concept: A panel Presentation and discussion. *Transactional Analysis Journal*, 23(3)123-38

Harris, T. A. (1995) *I'm OK, You're OK*, London: Arrow

Jacobs, M. (1995) *D W Winnicott*, London: Sage

Lewis, T., Amini, F. Lannon, R. (2000) *A General Theory of Love*, New York: Vintage

Mann, D. (1997) *Psychotherapy: An Erotic Relationship*, London: Routledge

Mellor, K (1980a) Reframing and the Integrated Use of Redeciding and Reparenting *Transactional Analysis Journal*, 10(3) 204-212

Mellor, K (1980c) Impasses, A Developmental and Structural Understanding *Transactional Analysis Journal*, 10(3) 213-220

Oates, S. (1998) An interview with Ken Mellor, *ITA News 50*

Staemmler, F. (1997) Understanding regressive processes in Gestalt Therapy. *Gestalt Critique - The Gestalt Therapy Newsletter*. Issue 1

Stern, D. N. (1985) *The Interpersonal World of the Infant*. New York: Basic Books.

Stewart, I. (2001) Ego states and the theory of theory: the strange case of the Little Professor *Transactional Analysis Journal*, 31, 133-146

Summers, G. & Tudor, K. (2000) Cocreative Transactional Analysis, *Transactional Analysis Journal*, 30, 23-40

Wagner, J. (2001) Searching for the soul in psychotherapy *Conference papers from ITA conference, Keele, UK, 2001*.

Winnicott, D.W. (1980) *The Piggle: An Account of the Psychoanalytic Treatment of a Little Girl*, London: Penguin Books

찾아보기

편저자 및 기고자 소개

이 책은 *Key Concepts in Transactional Analysis Contemporary Views* 시리즈의 첫 번째 책이다. 앞으로 출판될 책들은 현대 임상가들이 도전하는 핵심개념이나 주제를 다룰 것이다. TA 심리치료와 상담 분야의 새로운 저자들뿐 아니라 기존의 학자들도 그들의 아이디어를 제공하기 위해 초대될 것이다. 이 시리즈가 TA의 뿌리를 단단히 자리 잡게 하며 세계 곳곳에서 사용되고 발전하게 되는 길을 조성하고 수행하기를 희망한다.

편저자

Charlotte Sills, MSc.(심리상담) 런던의 Metanoia 연구소에서 TA를 가르치고 수련감독하는 TA 상담팀 책임자이며 개인 상담소에서 심리상담가와 수련감독자로 일하고 있다. *Transaction Analysis Counselling*(Lapworth, Sills, & Fish, Winslow Press, 1993)과 *Transactional Analysis-A Relational Perspective*(Hargaden & Sills, Routledge, 2002)를 포함한 다수의 상담 및 심리치료 분야의 저서와 논문의 저자이며 공동 저자이다.

Helena Hargaden, MSc.(심리상담) 런던 동남부에 거주하며 개인 상담소에서 심리상담과 수련감독을 하고 있는 TA 상담가이다. Metanoia 연구소에서 TA 심리상담 프로그램 석사과정을 지도하고 있고 *Transactional Analysis-A Relational Perspective*(Hargaden & Sills, Routledge 2002)의 공동 저자이며 다수의 논문을 발표했다. 특히 무의식의 형태에 대해 관심이 있다.

기고자

William F. Cornell, MA. 미국 피츠버그 근교의 개인 상담소에서 심리상담을 가르치고 수련 감독하는 TA 상담가이다. 스위스 제네바에서 집단을 훈련하고 수많은 논문의 저자이며 TA, 신체 작업, 심리 분석과 관련한 세미나에 자주 등장하는 강연자이다.

Fanita English 미국심리치료학회의 회원으로 심리상담을 가르치고 수련감독하는 TA 상담 가이다. 시카고대학교에서 강의를 했고 시카고에서 개인 상담소를 운영했었다. 이후 1970년 에 필라델피아에서 개인 연구소를 개소했다. 1981년 이후 처음으로 유럽(독일, 프랑스, 이탈리아, 오스트리아, 스위스)의 임상현장과 비즈니스 단체에서 자신의 도구를 적용해 전문적 훈련을 했다. 독어, 불어, 이탈리아어로 서적을 저술했으며 수많은 전문서적의 챕터와 논문을 출간했다. 이론 작업(1978, 1998)으로 두 번의 Eric Berne 과학상을 수상했으며, 3년마다 오스트리아 빈에서 열리는 세계심리치료학회 회의에 기조 강연자로 세 번 초대받았다.

Richard G. Erskine, PhD. 심리상담을 가르치고 수련감독하는 TA 상담가로, 뉴욕의 통합 심리상담 기관의 수련감독자이자 영국 더비대학교의 초빙 교수이다. 정신 내적인 라켓 분석에 대한 개발로 Marilyn Zalcman과 함께 1982년에 Eric Berne 기념상을 공동 수상했고, 1998년에 Rebecca Trautmann과 함께 8편의 TA 논문과 *Theories and Methods of an Integrative Transactional Analysis : A volume of selected articles*(TA Press, 1997)를 출간했다.

Maria C. Gilbert 공인 임상심리학자이며 UKCP에 통합심리상담가로 등록되어 있다. 현재 런던 서부에 있는 Metanoia 연구소 심리치료와 상담 통합부서의 책임자이다. 심리치료사, 수련감독자, 상담가 및 훈련자로서 개인 상담소를 운영하고 있다. Kenneth Evans와 *Psychotherapy Supervison : An Integrative Relational Approach*(Open University Press, 2000)의 공동저자이다.

Katarina Gildebrand, MSc.(심리상담), Dip COT. 런던에 있는 Metanoia 연구소의 TA 상담 및 심리치료 훈련가로, 심리상담을 교육하고 수련감독하는 임시 TA 상담가이다. 상담가, 심리상담가, 수련감독자로 일하고 있으며 BACP의 승인을 통해 UKCP에 등록되어 있다. 스웨덴에서 태어났으며 1977년에 영국으로 와서 진로상담가로서 훈련받았다. 이후 10년 동안 정신건강센터에서 일을 했고 1990년에 개인 상담소를 개소했다. 특히 두뇌의 구조 및 과정과 관련된 변화 과정의 이해에 관심이 있다.

Helena Hargaden 시리즈 편저자 참조

Mita Hiremath, MSc.(심리상담) BACP에서 공인되었고 UKCP에 심리상담가로 등록된, 공인 심리분석가이다. Asian Women's Counselling Service에서 파트타임으로 일하고 있으며 개인 상담소를 운영한다. 또한 프리랜서 훈련가 및 상담가로 일하고 있다.

Adrienne Lee, BA., PGCE(교사자격 인증 석사) 심리상담가이며 NLP 마스터 프랙티셔너로, 심리상담을 가르치고 수련감독하는 TA 상담가이다. 25년 이상 대학에서 강의한 심리상담가이며 영국에서 최초로 TA 훈련을 받은 사람 중 한 명이다. 영국의 TA 연구소(ITA)의 초창기 멤버이며 전 소장이기도 하다. 1975년부터 Ian Stewart와 함께 TA 훈련프로그램을 운영하고 있고, 영국 노팅엄에 있는 Berne 연구소의 설립자이며 공동 대표이다. Berne 연구소는 창의성, 학습의 용이성을 결합하여 지역사회와 상호 연결되어 뛰어난 TA 심리상담 및 훈련을 제공한다.

Michele Novellino 심리상담을 가르치고 수련감독하는 TA 상담가로서 정신과 의사이자 심리학자이다. 로마에서 거주하며 활동하고 있고 Eric Berne 연구소(IEB)의 책임자이며 대표이다. Carlo Moiso와 함께 정신역동적 TA 학파의 원칙을 따르는 개발자로서 정신분석적 TA 접근을 창시했다. TA 심리치료이론과 실제에 대해 광범위하게 저술했는데, 가장 최근의 두 가지 주요한 저서는 *La Sindrome di Pinocchio*(1996)와 *L'Approccio Clinico all'Analisis Transazionale*(1998)(Franco Angeli Editore)이다.

Steff Oates, BA., PGCE 심리상담을 가르치고 수련감독하는 급진 TA 상담가이다. 심리상담가, 수련감독자로서 맨체스터 남부에서 개인 상담소를 운영하고 있으며 심리치료와 상담 훈련을 위한 Cheshire 연구소의 공동 책임자이다. 상담가와 내담자 모두의 존엄성과 진실성이 존중될 때 치료적 관계의 가능성의 범위가 확장된다는 것에 계속 매료되어 있다.

Suhith Shivanath, MSc.(심리상담) UKCP와 BACP에서 공인된 심리상담가이자 심리상담을 가르치고 수련감독하는 급진 TA 상담가이다, 자신의 주요한 내담자인 흑인, 노동계급의 백인, 다른 소수민족 지역사회가 있는 런던 도심의 국립건강서비스(NHS)에서 일하는데, 인권운동 분야에서 20년 이상 일을 해 왔다. 심리상담가로서 프리랜서 훈련가이며 개인 상담소를 운영한다.

Diana Shmukler, PhD. 심리상담을 가르치고 수련감독하는 TA 상담가이며 남아프리카 공화국 요하네스버그 위트와테르스란트대학교의 응용심리학 부교수였다. 현재는 영국 런던에서 교육과 훈련을 하고 있다. 임상 수련감독 훈련과 더불어 호주, 남아프리카, 영국에서 상담과 통합적 심리상담 훈련프로그램을 가르치고 있다.

Charlotte Sills 시리즈 편저자 참조

Rebecca, L. Trautmann, R. N., MSW. 뉴욕에서 심리상담을 하고 있으며 Richard Erskine과 통합적 심리상담연구소의 공동 설립자이다. 1998년 국제 TA 협회에서 Richard와 함께 그들이 쓴 논문으로 Eric Berne 과학상을 받았다. *Transactional Analysis Journal*의 전(前) 편집자이다.

Keith Tudor, MA., MSc.(심리상담) 심리상담을 가르치고 수련감독하는 급진 TA 상담가이며 조력 전문가로서 25년 이상 자격을 갖춘 사회복지사이자 심리상담가이다. 영국 셰필드에서 심리치료, 수련감독, 상담을 제공하는 소규모의 개인 상담소를 운영하고 있다. 또한 인간중심 심리치료와 상담 대학원 및 석사 후 훈련과정을 제공하는 Temonos의 파트너이며 공동 설립자이다. 그는 상담에 대한 다른 이론적 접근들의 통합 및 다른 접근들 간의 대화에 관심이 있다.

역자 소개

박의순

이화여자대학교 인간발달소비자학과 가족학 박사

Eastern Michigan University, 의예과 수료

한국TA상담협회 회장

가족연구소 마음 소장

한국NLP상담학회 고문

한국NLP전문가협회 경기분당지부장

사)한국매체상담협회 고문

다중지능교육연구소 자문위원

덕성대학교, 명지대학교 대학원 아동학과 객원교수

강진경

이화여자대학교 인간발달소비자학과 가족학 박사

University of Oxford, MSc in Education

한국TA상담협회 대표

가족연구소 마음 부소장

중앙대학교 심리학과 겸임교수